BIBLIOTHÈQUE
CHRÉTIENNE ET MORALE

APPROUVÉE PAR

MONSEIGNEUR L'ÉVÊQUE DE LIMOGES.

Tout exemplaire qui ne sera pas revêtu de notre griffe sera réputé contrefait et poursuivi conformément aux lois.

PANORAMA

DE

LA LOMBARDIE.

NICE.

PANORAMA
PAYSAGISTE, MONUMENTAL ET HISTORIQUE

DE

LA LOMBARDIE

STÉRÉOSCOPIE

DE

MILAN, PAVIE, PARME, PLAISANCE, MODÈNE, CRÉMONE, MANTOUE,

PLAN DU FAMEUX QUADRILATÈRE

FORMÉ PAR PESCHIERA, VÉRONE, LEGNANO ET MANTOUE ;

MYSTÈRES DU CASTELLO DE MILAN ;

LA CHARTREUSE ET LE CHAMP DE BATAILLE DE PAVIE ;

LÉGENDES TÉNÉBREUSES

DES TORRIANI, VISCONTI, SFORZA, BECCARIA, SCOTTI, FARNÈSE, D'ESTE, GONZAGUE, ETC.

PAR

ALFRED DRIOU.

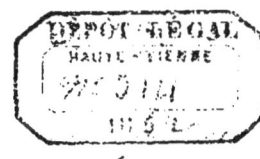

LIMOGES,
IMPRIMERIE DE BARBOU FRÈRES.
1862

I

A MADAME DRIOU-LEROY, A PARIS.

Milan. — Entrée dans la ville. — Observation d'un touriste. — Pas un mot de politique! — Lettres de France. — L'Albergo del Pozzo. — Où l'on nous fait gentilshommes. — Le Dôme. — Ascension au Jardin de marbre. — Un peuple de pierre. — Milan à vol d'oiseau. — Erudition d'un guide. — Descriptions. — Une horrible peste. — Les canaux de Milan. — Milan en relief. — La Lombardie vue du sommet du Dôme. — Le crépuscule du soir. — Aspects de Milan aux feux du gaz. — Tableau du Dôme. — Milan chrétienne. — Remords d'un Visconti. — Les carrières de Candoglia. — Les architectes du Dôme. — Opinion du Président Desbrosses sur la façade du Dôme. — Physionomie extérieure. — Splendeurs de l'intérieur. — Détails. — La Cuve de Porphyre. — Les Tombeaux. — La Confession de saint Charles. — Les deux Chaires. — Un Ecorché. — Le Trésor du Dôme.

Milan, 24 octobre 185...

Comme vous le voyez, ma chère tante, c'est de Milan que je vous écris, c'est à Milan que je me trouve. J'ai fait mon entrée solennelle dans la capitale de la Lombardie, dont elle est le diamant royal, diamant bien souvent et bien cruellement disputé! le 20 de ce mois, à deux heures de relevée, par un temps doux et voilé, ma valise au bras, mon bâton de voyage à la main, et mon cher Emile à mes côtés. La *Porta Nuova*, qui tient le juste milieu entre la *Porte*

Orientale et la *Porte Occidentale*, nous a vus nous faufilant, modestes et timides, dans la ville de notre François I. Emile maugréait quelque peu d'être à pied; mais, que voulez-vous? les véhicules font défaut, à Milan. Quand on en voit la moindre espèce, il faut s'en emparer tout d'abord, sans quoi long chômage! Première observation d'un touriste sage et précautionneux.

Seconde observation d'un touriste sage et curieux. Autant, à Turin, les rues sont calmes et rectilignes, autant, à Gênes, elles sont escarpées, raides, assassines pour les jambes, autant, à Milan, une fois dans la vraie ville, elles sont sinueuses et tourmentées. Je dis : Une fois dans la vraie ville, parce que, lorsqu'on a franchi l'enceinte des portes et de mille canaux qui entourent Milan, on pénètre dans une première zône qui a hôtels, maisons et rues, avec jardins immenses et même terres arables. Or, ce n'est pas encore là Milan, le vieux Milan. On n'entre, plus loin, dans le Milan bien peuplé, bien serré, qu'après avoir franchi ce premier quartier solitaire qui l'entoure d'une assez vaste circonférence.

Troisième observation d'un touriste sage et peureux. Quand vous êtes bien décidément dans le vieux Milan, dans la ville historique, qu'amoureux de l'imprévu, vous tendez le cou à chaque coin de rue pour en voir la physionomie, l'aspect, les tenants, les aboutissants, afin de vous pâmer de bonheur en découvrant ici et là, un peu partout, souvent même, de ces vieux palais à portiques profonds, à gigantesques cariatides au dehors, à colonnades intérieures, avec fresques naïves qui vous promènent l'esprit du IXe siècle au XVIe, vous vous heurtez à chaque pas contre des carabiniers, portant sur leur casque de cuir bouilli le relief en cuivre de l'aigle bicéphale de S. M. I. et R., et, sur leur épaule, le fusil d'une surveillance incessante. Aussi vous examinez mieux et vous comprenez de suite que Milan est gardé à vue, de jour et de nuit, comme un écolier rebelle, toujours prêt à recommencer le lendemain son escapade de la veille, si l'œil du maître se voile un seul moment. Aussi je préviens Emile de mettre un verrou de sûreté à sa langue, surtout dans le voisinage des officiers, qui comprennent très-bien le français et se montrent partout en aussi grand nombre que leurs soldats.

Pauvre Milan! Tous les siècles et tous les peuples ont passé par son enceinte, chacun y laissant sa trace, qui subsiste, sauf toutefois celle des Romains, dont il ne reste que des thermes en ruines. Mais le peuple qui a tenu le plus à sa conquête, *unguibus et rostro*, et, certes! elle en mérite la peine, du reste, c'est l'Autriche. Elle se sent, elle se voit détestée; mais elle ne lâche pas sa proie!

Où m'égaré-je donc? J'arrive de Monza, par un chemin de fer qui nous transborde d'une ville à l'autre en une demi-heure, à travers des plaines de Lombardie, si fertiles qu'on dirait d'un vaste verger, et voilà que je pique sans retard une tête dans la politique, juste au moment où je bâillonne mon compagnon de voyage! Arrière! Les prisons de Milan, puis les plombs de Venise, ont été fatals à Silvio Pellico. Un bon averti en vaut deux. Gare le Spielberg, et silence!

Enfin une voiture libre se croise avec nous au coin de la *Contrada di Brera*. Nous la saisissons au passage, et, une fois installés, nous la faisons courir *alla Posta*. Il nous tarde d'avoir des lettres de France. A merveille : une, deux, trois lettres ! Oh ! quand on est loin de la patrie, si vous saviez comme on vous aime, mes chers amis ! Avec quelle avidité on reçoit vos lettres ! Quel feu vous brûle le cœur ! Quel bonheur de les lire ! Et, si l'on rencontre un... ami, non, mais un simple Français, comme vous vous plaisez à parler avec lui, à redire la langue du pays natal, à causer de votre ville, de votre Paris, de vos familles, que pourtant vous ne connaissez pas !

Nos lettres nous apportent de bonnes nouvelles. C'est parfait. Cela nous portera bonheur à Milan.

— *Albergo del Pozzo!* crié-je à notre phaéton.

Mon homme se gratte le front, caresse son cheval d'un coup de fouet, et nous roulons. Soudain le *Dôme*, le fameux Dôme de Milan se montre à nous, une seconde, au détour d'une rue, puis il s'efface rapidement, comme un nuage qui fuit. Quelle apparition fantastique ! Toute rapide qu'elle soit, cette vue du Dôme me fait une impression qui subsistera ; je la sens qui me remue. C'était magique ! Une admirable masse de marbre blanc, surmontée d'une forêt aérienne de pics taillés dans ce marbre !

— Albergo del Pozzo ! dis-je de nouveau.

— *Ecco ! ecco !* me répond le cocher.... *Voilà ! voilà !*

Et enfin il arrête à la porte d'un vrai palais. J'entre pour prendre langue. L'explication faite, il se trouve que notre automédon a pris le nom de Pozzo pour le nom d'une famille russe qui réside à Milan, et nous a conduits à sa demeure. Mais je n'ai pas le droit de me fâcher : la faute en est à moi. J'ai prononcé Pozzo comme je l'écris là : tandis que la prononciation italienne demande que l'on dise Posso, qui alors signifie *Puits*.

— Oui, hôtel du Puits !... fait Emile. Mais j'y songe, cher, c'est une triste enseigne que vous choisissez là, ajoute-t-il, nous courons le risque de n'y boire que de l'eau...

Que les terreurs d'Emile ne vous saisissent pas, ma chère tante : nous sommes gens de précaution. Nous avons en portefeuille, non pas des billets de banque, mais des lettres de recommandation pour l'hôtel du Puits ; elles sont d'un certain comte qui a fort bonne renommée à Milan. Or, bonne renommée vaut mieux que ceinture dorée, dit le proverbe, quoique, en voyage, à vrai dire, la ceinture dorée ne nuise pas. Seulement, il y a inconvénient à être patroné par un comte : voici que l'hôtelier est convaincu que, ami d'un comte, je dois être pour le moins marquis, et il m'affuble, malgré toute résistance, d'un perpétuel : *Signor Marchese ! Seigneur Marquis !*... Quant au logis, on nous installe dans un appartement très-confortable qui a vue sur la *Contrada d'Assole* ; et, de nos fenêtres, le premier objet que nous voyons en face de nous, quel est-il ?... Devinez ! Les éternels soldats autrichiens, le fusil en bandouillère, qui nous regardent...

— Décidément tu es signalé à la police, mon pauvre ami ! dis-je à Emile.

— Eh bien ! allons dîner... me répond-il philosophiquement.

Dîner parfait ! ma très-chère tante ; soyez donc en paix !

Mais l'homme ne vit pas seulement de pain... surtout quand il est est à Milan. Il faut le Dôme au touriste, le Dôme avant tout, le Dôme surtout ; le Dôme, c'est Milan, et Milan, c'est le Dôme. Ayez le bois de Boulogne à Paris ; à Venise, glissez en gondole sur les lagunes ; promenez-vous sur la Chiaja à Naples ; à Vienne, allez voir le Prater ; mais, à Milan, courez au Dôme, visitez-le et le revisitez. D'ailleurs, c'est une œuvre éminemment digestive. Je ne parle pas du Dôme à l'intérieur ; c'est autre chose, cela ! Pour l'étudier, l'admirer, il faut être recueilli, calme, libre d'esprit et de corps. Mais je parle de l'aspect, de l'examen extérieur, de l'ascension du Dôme. Le prodige du Dôme est au-dehors, et non pas au-dedans.

Donc, comme exercice hygiénique, nous partons, et nous voici gravissant les escaliers de marbre du Dôme ; nous arrêtant, pour respirer, sur les paliers de marbre; nous appuyant, pour regarder, aux contre-forts de marbre; montant l'une après l'autre les rampes de marbre; haletants, les coudes appuyés sur les balustrades de marbre; nous extasiant au plus haut des plate-formes de marbre; gravissant de nouveau, gravissant encore, gravissant toujours; perdant presque de vue la terre; nous rapprochant des cieux, et enfin arrivant quand les pieds n'ont plus rien à escalader, mais après avoir compté quatre cent quatre-vingt six marches. Ouf! Alors, au-dessus de nos têtes, cent huit pyramides s'élancent vers les astres. Puis, voici des clochetons à ne plus en finir, et des statues couronnant les pyramides, et des statues surmontant les clochetons. D'abord la Vierge, Mère de Dieu, se dresse sur l'obélisque central, le plus élevé de tous, et l'or couvre sa belle image. Puis viennent Adam et Eve les statues les plus remarquables, sur des aiguilles qui entourent; et puis des anges et des archanges; et puis des saints et des saintes; et puis des empereurs, puis des rois; puis enfin Napoléon Ier, empereur des Français et roi du monde! Et dans des niches, et sur des consoles, et le long des galeries, à la suite des attiques, douze cent vingt-trois statues. Or, pyramides, clochetons, obélisques, aiguilles, Vierge-Mère, anges, archanges, saints, saintes, empereurs, rois, statues de toutes formes prêtes à s'envoler dans les cieux, sont du marbre le plus blanc, le plus pur, le mieux poli, le plus habilement taillé, buriné, sculpté par l'artiste. Aussi, marbre blanc sur vos têtes, marbre blanc sous vos pieds, marbre blanc autour de vous, c'est à en être ébloui, surtout quand luit le beau soleil d'Italie; c'est à en avoir le vertige; c'est à rêver pendant un mois de pâles fantômes et de blanches apparitions. Rien de plus sublime!

Versailles, votre Versailles est grand, est noble, est beau; mais Versailles pâlit en face du Dôme de Milan. Le Dôme de Milan l'emporte sur Versailles.

Vous dirai-je ce que nous voyons au-dessous de nous, au-dessous du Dôme qui nous sert de piédestal, dans la ville qui se range autour de sa cathédrale, comme une nombreuse couvée de poussins se blottit autour de la mère-poule qui les nourrit et les protége? Oui, car vous avez désiré prendre part à mes impressions de voyage : vous m'avez demandé des récits, des tableaux, des connaissances sur les hommes et les choses de l'Italie. Mon oreille n'a pas été sourde, que vos yeux se gardent d'être paresseux. D'ailleurs c'est un ami qui vous parle, écoutez-le en amie, c'est-à-dire avec patience. En outre, n'étant pas homme à m'embarquer sans biscuit, j'ai pris avec moi un cicerone habile que le maître de l'hôtel du Puits a recommandé à *M. le marquis*; et pendant que le brave guide me donne un bras pour me soutenir et m'empêcher de céder au vertige, de l'autre bras il me montre les objets, et parle avec une faconde qui a son charme. Jugez-en :

— Vous le voyez, Signori, nous dit-il, la ville forme autour du Dôme, qui en occupe à peu près le centre, une immense circonférence décagone. Elle est située au milieu d'une plaine vaste et fertile, mais qui, descendant des montagnes du nord, tend toujours à s'abaisser vers le sud. Elle a une enceinte de murs bastionnés qui datent du xviie siècle, et sont l'ouvrage de *Ferrante Gonzaga*, gouverneur de Milan, au temps de la domination espagnole.

Au nord, cette enceinte de remparts compte trois portes : la *Porta Tenaglia*; la *Porta Comasina*, sur la route de Como, avec un arc d'ordre dorique, surmonté des quatre rivières du nord : le Pô, le Tessin, l'Adda et l'Olona, élevé, en 1826, aux frais des marchands; et la *Porta Nuova*, qui date de 1810.

— Oui, oui, dit Emile en clignant de l'œil, celle qui nous a vus faire notre entrée triomphale et brillante!

— Au levant, reprend notre orateur, vous voyez la *Porte Orientale*, de l'architecte *Vantini*, élevée en 1829, et l'un des plus beaux monuments de ce genre. Il est composé de deux pavillons latéraux, carrés, d'ordre dorique, que décorent des bas-reliefs et des statues par *Cacciatori*, *Monti*, *Gandolfi* et *P. Marchesi*; et la *Porta Tosa*, mot qui veut dire de la *jeune fille*, sans que nul, à Milan, puisse dire l'origine de cette dénomination.

Au sud, vous distinguez facilement la *Porta Romana*, arc-de-triomphe dû à *Rossi*, à la date de 1598, et construit pour faire honneur à Marguerite d'Autriche, fiancée de Philippe III, roi d'Espagne et duc de Milan; puis la *Porta Vigentina*, la *Porta Lodovica*, et la *Porta Ticinese* ou du *Tésin*, formée de deux édicules à bossages qui unit une grille. De l'autre côté du fossé, en face de la Porta Ticinese, se dresse un arc-de-triomphe soutenu par quatre colonnes de granit, ouvrage de *Cagnola*, en 1815.

Enfin, à l'ouest, remarquez la *Porte Occidentale* ou *Vercellina*, de *Vercelli*, élevée, par *Canonica*, pour l'entrée solennelle de Napoléon, lorsqu'il vint mettre sur sa tête la couronne de fer de Monza, comme roi d'Italie.

Mais entre la Porte Occidentale et les portes du nord, Tenaglia et Comasina ou de Como, voyez-vous cet arc-de-triomphe qui termine la route de Milan à Paris par le Simplon, appelé l'*Arco di Simplone* ou *della Pace*? C'est l'ouvrage de votre grand Napoléon, qui le fit élever comme complément de cette magnifique route. Il fut commencé en 1817, et il est la reproduction des arcs-de-triomphe des anciens. On avait décidé d'y inscrire les victoires de l'immortel empereur, et sa statue colossale devait se dresser sur le faîte. Mais la chute de cet infortuné soldat fit qu'on y grava les noms de ses défaites : la capitulation de Dresde ; la bataille de Leipsig ; l'entrée à Paris des armées alliées ; le congrès de Vienne ; l'entrée des Autrichiens à Milan, etc., toutes choses dont, nous autres Italiens, nous nous serions bien passés. En élevant ici ce monument, on a fait erreur : sa véritable place est à Vienne, chez l'Autrichien. Savez-vous bien qu'il a coûté près de cinq millions ? L'Empereur d'Autriche, François Ier, lui a donné le nom d'*Arc de la Paix*. La figure de la Victoire tient, sur le quadrige, la place de la statue de Napoléon. Ils ont beau faire ! le souvenir de votre empereur les tient à la gorge...

— Quel est donc cet immense espace qui s'étend entre cet Arc de la Paix et un antique Château-Fort, qui est adossé à la vieille ville ? demandai-je.

— L'antique forteresse ? C'est le *Castello*, palais qui fut tour-à-tour la résidence des Torre ou Torriani, des Visconti et des Sforza, ducs de Milan... me répondit-il. Si vous allez interroger ses voûtes et ses murailles, elles vous raconteront de terribles drames...

— Oh ! M. Valmer ne manquera pas d'y aller, n'est-ce pas, cher maître ? me dit Emile, en faisant une moue ironique.

— On a enlevé à ce Castello tout ce qui constituait sa défense militaire, pour ôter aux Milanais l'idée de s'en servir encore en un jour de rébellion contre le gouvernement d'Autriche... continua notre cicerone. Mais sa masse imposante n'en rappelle pas moins de grands souvenirs.

Quant à l'espace vide dont vous parlez, c'est le *Campo di Martio*, notre Champ-de-Mars, faisant face au Castello, qui est occupé maintenant par une garnison autrichienne. Si vous le visitez, vous remarquerez dans le pourtour du Castello que tout est prêt pour résister immédiatement à une révolte, fût-elle rapide comme la pensée.

— *Si vis pacem, para bellum !* fait Emile (1).

---

(1) Si vous voulez la paix, tenez-vous toujours prêt à faire la guerre.

— Quand on veut la paix, monsieur *le baron*, dit le cicerone, qui, décidément, prétend nous anoblir à son tour, inspiré sans doute par l'hôte de l'Albergo del Pozzo, et qui, du reste, par ses manières et ses dires, prouve qu'il a été autre chose qu'un mercenaire, quand on veut la paix, on se fait aimer de ses peuples par la douceur et la paternité de son gouvernement, et on n'a pas recours à la violence, à la corde, aux fusillades, à la mort, drames affreux par lesquels à Milan, à Brescia, à Vérone, à Mantoue, etc., on a prétendu ramener de pauvres égarés... L'histoire de Silvio Pellico est l'histoire de beaucoup de victimes qui n'ont pas su se plaindre comme lui. Oh! oui... quand on veut...

J'interrompis soudain la dangereuse tirade de notre Milanais, en lui disant :

— Mais, à côté de la place d'Armes ou de votre Champ-de-Mars, si vous aimez mieux, à droite, quelle est cette vaste enceinte en forme d'hippodrome?

— Là, monsieur le marquis, jadis les Romains, dignes prédécesseurs des Autrichiens, avaient des *Arènes* dans lesquelles ils faisaient combattre les nouveaux chrétiens contre des bêtes féroces, des gladiateurs et des esclaves, pauvres gens arrachés à la patrie!

— Bien, bien, je comprends...

— Mais en 1805, sur les ruines et la forme elliptique de ce vieux monument, par l'ordre de je ne sais quel original, un Français, je crois, l'architecte *Canonica* construisit cet amphithéâtre à la façon des anciens. Son grand diamètre n'a pas moins de sept cent cinquante pieds et le petit trois cent cinquante. Trente mille curieux peuvent trouver place dans son enceinte. Au centre, du côté du Campo di Martio, on a élevé un élégant portique, composé de huit colonnes de granit d'ordre corinthien. Vous y retrouverez le *Pulvinar* (1) et les *Carceres* des arènes d'autrefois : un *Euripe* coule même autour de l'enceinte, et l'arène, en peu d'heures, peut être couverte d'eau de manière à permettre de livrer dans l'enceinte un vrai combat naval.

— Ce qui n'a jamais eu lieu? demanda Émile.

---

(1) *Pulvinar*, sorte de loge de spectacle chez les Romains. *Carceres*, prison des esclaves, loges des animaux, écuries des chevaux dans les arènes.

— Ce qui se fit en 1807, en présence de votre Napoléon, reprit le cicerone : seulement, au lieu d'une naumachie on donna de simples régates. Mais voici venir le grand-duc Maximilien pour visiter sa bonne ville de Milan; il sera fêté dans cet amphithéâtre que l'on dispose à cet effet...

— Et vers la Porte Orientale, *extra muros*, quelle est donc cette vaste construction carrée, que signalent ses tuiles rouges autant que son immensité ? ajoute Emile.

— *Il Lazzaretto*, le Lazaret... répond le guide.

— Ah ! s'écrie mon jeune admirateur de Manzoni, c'est donc là que se sont passées les terribles scènes de la fameuse peste de Milan, si merveilleusement décrites dans les *Fiancés* ?

— En effet, messieurs, ce fut une horrible année que celle de 1625 ! Après une disette qui fut cruelle, vint le passage de troupes de Ferdinand, se rendant à Mantoue. Condottieri et lansquenets arrivaient par bandes, stationnaient dans les villages, pillaient le peu qui restait, polluaient, saccageaient, semant à Colico d'abord, puis à Bellano, puis à Lecco, le germe d'une peste sans égale. Définitivement elle éclata dans les Corpi Santi de la Porte Orientale, près d'un couvent de Capucins, chez un pauvre diable qui, ayant acheté des hardes aux soldats allemands, fut la première victime.

— Pardon, Signor, demandai-je, qu'appelez-vous *Corpi Santi* ?

— En Lombardie, Monsieur, on désigne les faubourgs et la banlieue d'une ville, *extra muros*, sous le nom de Corpi Santi. Quelle est l'origine de ce nom ? Je ne saurais vous la dire. Les Corpi Santi de Milan s'étendent jusqu'à trois milles de la ville. Leur population totale est de quarante mille habitants. On les désigne par le nom des portes auxquelles ils touchent.

Donc, Signori, dans toute la ville, bientôt, les maladies, la mort, accompagnés de spasmes étranges, de palpitations, de léthargie, de délire, commencèrent à devenir très-fréquentes. On mourait sur les places, dans les rues, sur les grands chemins, partout. Le bruit se répandit que des bandes d'empoisonneurs s'étaient jetées sur Milan. Cette absurde persuasion se propagea comme la contagion même. Un voyageur rencontré par un paysan hors de la grand'route, ou qui, même sur le chemin, ralentissait le pas, ou s'étendait pour se reposer; un inconnu auquel on trouvait sur la figure ou dans les habits quelque chose de suspect, étaient des empoisonneurs. Au premier cri du premier venu, au cri d'un enfant, le tocsin sonnait, on accourait : les infortunés étaient lapidés ou conduits en prison. On crut voir un jour sur les murailles et les portes de la ville, sur celles des édifices et des maisons, des matières vénéneuses, des substances jaunâtres dont on les avait stigmatisées. On débita soudain que ce poison se composait de crapauds, de serpents, de pus et de bave de pestiférés. La peur fit croître la contagion. Il n'y eut plus de demeure qui n'en fût atteinte. Les malades de ce Lazaret de deux mille s'élevèrent à douze mille, puis à seize mille. Cinq cents victimes mouraient chaque jour d'abord ; mais ensuite leur nombre fut porté à mille, puis à quinze cents, puis à deux mille. On creusa près du Lazaret une fosse immense qui, en peu de jours, regorgea de cadavres. D'innombrables pestiférés restaient sans sépulture dans la ville : les rues étaient jonchées de leurs cadavres ; les bras manquaient pour les relever. Les médecins firent défaut dans le Lazaret, tous étant saisis par le mal. C'était chez les prêtres seuls que se faisait remarquer la constance la plus entière et la plus admirable pour se dévouer aux pénibles travaux de ces pénibles jours. L'archevêque Borromée donnait l'exemple de tous les dévouements : consolations, argent, soins, prières, processions, secours de toutes sortes. La perversité des méchants, au milieu d'un pareil deuil, mettait à profit cette affreuse position. Enfin le mal fut à son comble.

Je n'ajouterai rien à ce tableau, messieurs ; mais, comme le dit M. le baron, ce Lazaret fut le théâtre de la plus inimaginable calamité que le ciel puisse envoyer à la terre.

— Pour effacer les sinistres impressions de ce cruel tableau, parlez-nous maintenant de la vieille ville, du Milan historique, de Milan proprement dit, fait Emile dont l'œil ne reste pas oisif.

— Eh bien ! laissons de côté les Corpi Santi et cette partie plus moderne de Milan qui est comprise entre les fortifications et ces canaux que vous voyez briller au soleil, d'autant plus qu'il ne nous reste rien à dire, continua notre cicerone. Veuillez donc porter vos regards sur ces *Naviglii* qui forment la ceinture du Milan proprement dit.

Le *Naviglio Grande* est un canal qui sort du Tésin et vient, à l'ouest, pénétrer dans la ville près de la Porta Ticinese. Ce canal est navigable et n'a pas d'écluses. Il est de 1255. Il fait le tour de Milan, du vieux Milan, à l'aide d'un plus petit canal qui le met en communication avec

Le *Naviglio della Martesana*, de 1451, près de la Porta Nuova. Celui-ci provient du lac de Como, par l'Adda, et fut l'ouvrage de Francesco Sforza.

Par ces deux grands débouchés, le nord et l'ouest envoient leurs productions à Milan; Milan, à son tour, les expédie vers le Pô, et, par le Pô, vers la mer Adriatique, au moyen

Du *Naviglio di Pavia*. Ce canal de Pavie, dérivation du Naviglio Grande, date de 1359.

Ces trois canaux, d'une longueur de vingt-sept milles le premier, de trente-huit milles le second, et le troisième de trente-trois milles cent mètres, portent des bateaux de trois cent quatre-vingts quintaux. Les voyageurs peuvent même naviguer sur leurs eaux à l'aide de bateaux-poste, comme cela se pratique tous les jours de Milan à Pavie, avec d'autant plus de charme que le cours d'eau étant à fleur de terre, le touriste n'en jouit que mieux de la beauté des sites.

Tels sont les éléments de succès que possède le commerce de Milan, éloigné de la mer, et cependant centre d'une immense activité d'affaires, comme d'un grand mouvement intellectuel.

Remarquez, je vous prie, Messieurs, et du point où nous sommes la chose est facile, comme les rues de Milan, inégales, semblent rayonner en quelque sorte d'un centre commun, les unes; les autres, formant des cercles inégaux, courir autour de ce centre, coupées par les premières, de manière à composer une quantité d'îles. A Turin, les rues prennent le nom de *via*; à Gênes, on les nomme *strada*; ici, on les appelle *contrade* au pluriel, *contrada* au singulier. Leur pavé n'est autre qu'un cailloutage de galets pris aux rivières; mais chaque rue possède plusieurs rails formés de granit en dalles larges, sur lesquelles les voitures roulent facilement, les unes montant, les autres descendant. Du centre de la ville, faites attention que voici plusieurs rues plus larges, plus spacieuses, qui se dirigent vers les principales portes, et auxquelles on donne le nom spécial de *Corso*. Le Corso le plus à la mode, le mieux fréquenté, le plus marchand, est celui qui part du chevet de cette cathédrale, sous le nom de *Corso Francesco*, et aboutit sous celui de *Borgo di Porta Orientale*, à cette porte de l'est qui possède un monument que vous avez admiré.

Mais le centre de Milan n'est pas exactement le Dôme : le voici là, en face du portail, derrière ce pâté de maisons, à l'ouest. C'est la *Piazza de' Mercanti.*

Cette *Place des Marchands* est digne de votre examen. Elle affecte la forme d'un parallélogramme étroit et resserré; mais ses quatre côtés ont chacun ce genre de beauté qui donne à l'ensemble un aspect, une physionomie à part. Aussi peut-on placer la Piazza de' Mercanti parmi les monuments de Milan. La façade du nord, édifice dû au pape Pie IV, supporte une fort belle *Tour de l'Horloge* qui date de 1272. C'était jadis le *Collège des Jurisconsultes;* aujourd'hui la *Bourse* a pris sa place. Une statue de Philippe II, d'Espagne, décorait une niche creusée sur l'entablement du portique. En 1796, à l'aide d'un poignard qu'on lui mit à la main, l'autorité de Milan fit un Brutus de ce roi : puis, une recrudescence d'opinion le fit jeter dans le Naviglio Grande, en 1799.

— Alors Milan s'est fait à elle-même une mauvaise niche; l'entablement du portique est veuf de statue... dit Émile qui aime le calembourg.

— Nenni pas, monsieur le baron; une statue de saint Ambroise, le patron de Milan, remplace aujourd'hui et Brutus et Philippe II.

En regard de la Bourse se presse un autre édifice dans le style du précédent, élevé, en 1628, pour servir aux *Ecoles Palatines,* alors fort célèbres. Cet établissement possédait une imprimerie, et ce fut elle qui livra au monde les publications fameuses de *Sigonius* et de *Muratori* (1). *Beccaria* professa dans cette école (2). La façade est ornée des deux statues d'*Ausone* (3) et de *saint Augustin,* qui, l'un et l'autre, professèrent à Milan, le premier la poésie, le second l'éloquence.

A l'ouest de la place, vous verrez le *Pallazo della Ragione,* que supportent des portiques, ouvrage de 1235, destiné au *Conseil des Huit-Cents,* réduits successivement à soixante. On l'emploie aujourd'hui à servir de dépôt aux *Actes des Notaires,* et la date en commence en 1290. On ne peut arriver à cette

---

(1) *Sigonius et Muratori,* fameux érudits italiens du xvii° siècle.
(2) *Beccaria Lebar Bonesuma* (marquis de), criminaliste et littérateur, né à Milan en 1735, mort en 1792.
(3) *Ausone Decius Magnus,* célèbre poète latin du iv° siècle, né à Bordeaux en 309, mort en 394.

salle aérienne que par un escalier ; l'édifice reposant tout entier sur les piliers de la galerie.

Enfin, à l'est se trouve la *Loggia degli Osii*, que les Visconti élevèrent, en 1316, pour publier les lois. A cette heure, c'est la *Chambre du Commerce*.

— Voici la nuit qui tombe, dis-je au cicerone ; veuillez donc me désigner, par ordre d'intérêt, les points de Milan les plus curieux, d'abord sous le rapport des ruines, puis au point de vue de l'histoire...

— Milan possède peu de ruines, monsieur le marquis, me répond le guide ; et cette rareté de ruines romaines s'explique par les désastres éprouvés par Milan, surtout par les ravages qu'y exerça Attila en 452, et par le sac que fit de cette cité Frédéric Ier Barberousse, en 1162, car alors tout fut détruit et on sema du sel sur le sol...

Cependant, là, au sud-ouest, sur le *Corso di Porta Ticinese*, au milieu même de la voie publique, vous remarquerez seize colonnes en marbre de Carrare, de vingt-sept pieds et demi de haut, en y comprenant la base et le chapiteau d'ordre corinthien. Elles faisaient partie du péristyle des *Thermes d'Hercule*, construits par l'empereur Maximilien, et que le poète Ausone a célébrés dans ses vers. Ces ruines magnifiques font face à l'église San-Lorenzo.

Ensuite, tournant à droite, vous trouverez le Jardin d'Alipius, l'ami de saint Augustin, dans lequel jardin eut lieu le miracle de la voix d'ange, disant à Augustin : *Tolle, lege...* Augustin, ayant pris alors le livre, et lu dans le livre, qui n'était autre que la sainte Ecriture, se convertit et devint le saint dont l'Eglise s'honore.

Continuant à marcher encore vers le nord, vous arriverez à la *Chiesa di Santo-Ambrogio*, une église qui date de 387 ; église historique, car ce fut de là que saint Ambroise repoussa Théodose, après le massacre de Thessalonique.

— Bonne journée, demain, hein, maître ! me dit Emile d'un petit ton railleur qui lui sied à merveille.

— Alors vous sortirez de l'enceinte de la vieille ville, en passant le Naviglio ; et, prenant à l'ouest la *Strada della Grazie*, qui gagne la route de Novare, vous trouverez à votre droite l'ancien *Monastère S. Maria della Grazie*, près la porte Vercellina. Là, dans le réfectoire du couvent, transformé en écurie, puis redevenu salle d'honneur, vous verrez le *Cenacolo*, la fameuse *Cène*, de *Léonard de Vinci*...

Enfin la *Bibliothèque Ambroisienne* vous appellera, et, après la Bibliothèque,

L'intérieur de cette cathédrale, sous la coupole de laquelle vous visiterez la chapelle souterraine chargée de bas-reliefs en vermeil, dans laquelle repose la châsse en cristal qui renferme les reliques de saint Charles Borromée;

Puis la *Chiesa di S. Gottardo*, où le duc Philippe de Visconti a été assassiné, là, au sud-est;

Et puis le *Museo di Brera*, etc.

Notre guide cessa de parler : il vit, à mon regard, que mon attention se portait ailleurs que sur les curiosités de la ville dont il me dressait le catalogue. En effet, le soleil se couchait en ce moment, et l'horizon nageait dans de telles splendeurs, que tout autre chose s'effaçait devant les beautés du soir. Nous avions la plus admirable vue qui se puisse imaginer. Au nord-ouest, la haute et longue chaîne des Alpes, dont, en vérité, je ne devrais plus parler, ayant tant de fois déjà essayé de la peindre, s'étendait en un immense éventail. Au-delà de la vaste plaine verte, fleurie, sillonnée de cours d'eau, capitonnée de taillis plantureux, nous voyons des villes et des villages se coucher dans la brume, et plus loin encore, comme des spectres s'élevant dans un ciel de feu, les noires silhouettes des ondulations du Piémont, de la Superga de Turin, peut-être, puis les escarpements de montagnes pittoresques des rivages des lacs : et partout une végétation puissante, partout des pans de murailles colossales qui nous révélaient quelques ruines fameuses d'édifices plus fameux encore dans les temps passés. Mais tous ces aspects poétiques s'endormaient dans les ombres du soir. Quelques nuages, encore empourprés d'un dernier rayon, signalaient la fuite du soleil; les étoiles s'allumaient silencieusement une à une dans l'éther; quelques-uns des géants alpestres brillaient comme elles de lueurs phosphorescentes qui allaient s'affaiblissant; et, à leur tour, ces dentelures des monts se voilaient d'un crépuscule clair-obscur. En quittant le nord-ouest pour le sud-est, c'étaient d'autres tableaux tout aussi sublimes. La nuit régnait déjà dans ces contrées; mais une nuit transparente, presque lumineuse, semée de blancheurs qui me révélaient ici, Pavie, là, peut-être, Crémone, plus loin Brescia, que sais-je? Mais peu importe! c'était bien une nuit d'Italie, nuit toute de parfums, de douces brises.

De la place du Dôme, avec ses antiques galeries, ses vieilles maisons difformes, s'élevaient des accords de harpes et des sons de guitare. On chantait près des cafés qui débordent sur le pavé; on riait, on causait. La ville se constellait de ses mille becs de gaz et de ses sept cents lampes-Argant. Et nous, nous étions à cent mètres au-dessus de toutes ces magnificences, royal piédestal qui nous révélait les secrets de Dieu et les labeurs de l'homme, entourés d'un peuple de statues, d'une forêt d'aiguilles, au plus haut de cet édifice, œuvre de *Henri Arler de Gmund*, ou *Gamodia*, comme disent les artistes amis du sobriquet, et dont Galéas Visconti posa la première pierre en 1386, et Napoléon la dernière en 1807.

J'allais vous souhaiter le bonsoir, ma chère tante; mais Emile vient de faire une découverte, et il ne veut pas que je me couche sans l'avoir expérimentée. Donc, il me fait aller au café della Colone, sur le Corso Francesco, et là il crie solennellement :

— *Bottega, zambajon!*

On nous apporte aussitôt une boisson, mais une boisson!...

— Comment, dis-je à mon partner, il a fait aujourd'hui une chaleur de quarante degrés, et voici que tu nous fais servir un liquide incendiaire! Quelle est cette drogue?

— Drogue? s'écrie-t-il furieux, drogue! Sachez donc que ce zambajon, vieux mot espagnol, resté à Milan avec la boisson qu'il signifie et représente, est un punch mousseux, composé de jaunes d'œufs, de vin de Madère, de canelle et d'autres épices...

— Qui ont la puissance brutale de mettre le feu au corps, et ne possèdent nullement la vertu de rafraîchir les sens, mon très-cher. Conviens donc qu'après avoir allumé ce feu, tu crieras tout-à-l'heure : A la pompe! à l'eau! à la fraîche! afin d'éteindre l'incendie.

— Eh bien! quel malheur, après tout? Mais, au contraire de vous, mon cher maître, j'ai la prétention de guérir ma souffrance du moment, occasionée par la chaleur extérieure, par une boisson portant à l'intérieur une chaleur double d'intensité, qui chassera la première, *similia similibus*, c'est de l'homœopatie, cela. Quant à l'eau nécessaire pour éteindre le feu, mettons-nous en mesure, et ayons le remède à côté du mal.

Alors mon homme ajoute aussitôt :

— *Bottega, sorbetto per signore, et panna all'amaretto per me !...* Ce qui veut dire : *Garçon, un sorbet pour monsieur, et une crême amère pour moi !...*

Vous voyez qu'Emile est toujours de bonne précaution. Ce sorbet, cette crême, et le zambajon ne sont pas ruineux, ma chère tante : une lire d'Autriche pour le tout, c'est-à-dire un peu moins d'un franc, quatre-vingt-cinq centimes seulement.

Les soirées sont charmantes à Milan. La foule remplit les rues, les places, les corsi. On va, on vient dans tous les sens. Les équipages se croisent, les voitures de place roulent bruyamment, les cavaliers galoppent. Les Milanaises ne diffèrent en rien des Parisiennes pour la coquetterie. Au jardin public, au Corso Francesco, en mille endroits, on se croirait au bois de Boulogne, sur les boulevards, ou dans nos belles rues de Paris. Les boutiques sont bien éclairées. Il faut avouer que l'on n'en voit pas d'aussi richement décorées, ni d'aussi magnifiquement assorties que dans nos beaux quartiers; mais les chalands ne manquent pas; les passants restent ébahis devant leurs étalages. Le peuple se promène, lui aussi, au milieu de la fashion. Hommes et femmes, se donnant le bras, parlant haut, gesticulant, riant, courent aux promenades, où les musiques autrichiennes se font entendre. Il y a du mouvement, de l'animation, de la vie. Or, rien ne réjouit l'œil d'un touriste comme une ville qu'il parcourt en artiste, en observateur, en philosophe, et qu'il trouve pleine de force, de vigueur, de santé. On rencontre si souvent des cités mortes, que l'on pourrait prendre pour de vastes tombeaux, qui vous affligent de leur aspect sinistre et sépulcral, et vous donnent le spleen, que l'on se sent revivre dans une ville comme Milan, où l'on retrouve partout la trace de la pensée, l'activité de l'esprit, la présence d'une énergie qui dort, mais à laquelle le moindre choc peut rendre la puissance et communiquer la violence de la poudre.

Il y avait long-temps que je ne vous avais écrit, chère et bien-aimé tante; mais vous ne prenez pas inquiétude de moi, n'est-ce pas ? D'ailleurs, vous voilà rassurée. Vous avez la certitude que je vais bien, que je suis en quête de curiosités, d'études, de merveilles, d'émotions. Suivez-moi donc en esprit, et ayez la conviction que je vous reviendrai bourré de récits à vous endormir, après dîner, chaque soir de cet hiver.

La grande beauté de Milan, c'est son Dôme. Aussi, c'est à vous que je veux en faire la description. Vous comparerez ensuite cette merveille avec nos églises de Paris, et vous verrez que si Paris est à nul autre pareil, la cathédrale de Milan n'est à nulle autre comparable.

C'est un dimanche, à l'heure où les fidèles étaient absents, que nous lui avons rendu notre première visite. En bons catholiques que nous sommes, nous avions d'abord entendu la messe qui se disait au maître-autel, selon le *rit Ambroisien*, établi à Milan par saint Ambroise, dont il a pris le nom. Mais ce rit abrége tellement les cérémonies du saint Sacrifice, que la messe était dite et le prêtre avait disparu que j'arrivais à peine au *Credo* dans mon livre.

Le Dôme, je vous l'ai dit, chère tante, est situé à peu près au centre de Milan. C'est au Dôme, *il Duomo*, que strada, contrada, corso, via, vicolo, tous les genres de rues viennent aboutir. Il est le cœur de toutes les artères de la ville. Tout autour une place s'étend, dégageant l'édifice, surtout en face du portail, mais ne suffit pas, il s'en faut, pour permettre d'étudier, d'examiner, d'admirer le monument. A un tel colosse, il fallait une immense piazza, telle que la conçût Napoléon Ier, qui voulait que cette place s'étendît du Dôme à la place des Marchands, de manière à ne faire qu'un tout avec celle-ci. C'est donc sur cette place du Dôme et au Dôme lui-même que je vous prie de venir avec nous.

L'église épiscopale primitive existait au lieu même qu'occupe le Dôme actuel. Milan, dès l'origine du christianisme, ayant été évangélisée par l'apôtre saint Barnabé, avait eu de bonne heure un temple fréquenté par des fidèles d'autant plus fervents et nombreux, que la naissante Eglise de Milan fut arrosée du sang de beaucoup de martyrs, Celse et Nazaire, Fauste et Félix, Gervais et Protais. Quand la foi nouvelle eut été cimentée de la sorte dans Milan, son église prit des accroissements merveilleux, et, pour en rappeler la gloire, il suffit de nommer saint Ambroise, dont la suave éloquence mérite d'être comparée à un rayon de miel; il suffit d'ajouter que trente-trois des évêques de Milan ont obtenu la canonisation. Ainsi, c'est au lieu même qu'occupe actuellement le Dôme que se tenaient les assemblées des fidèles, et c'est de l'église primitive qui se dressait sur cette place que saint Ambroise, écrivant à sa sœur Marceline, disait la *Grande Basilique neuve*. Elle subsistait encore au milieu du ve siècle. Mais les hordes des Huns, faisant irruption en Italie à cette époque, sous la conduite du terrible Attila, les maisons de la ville et le temple même du Seigneur furent détruits par cette trombe vivante, qui nivelait tout sur son passage.

La tempête passée, on reconstruisit une nouvelle église; mais alors ce fut un violent incendie qui dévora l'édifice, comme avait fait la colère des barbares.

Sans se décourager, en 1075, les chrétiens de Milan, pieux et fervents toujours, se mirent à l'œuvre et élevèrent une autre basilique qu'ils décorèrent d'une haute tour. Ce clocher porta malheur à l'église. Quand éclatèrent les querelles des Guelfes et des Gibelins, et que la violente opposition des Milanais fit marcher contre eux Frédéric I, empereur d'Allemagne, le farouche Barberousse jeta bas l'église par crainte de voir sa haute tour transformée en un donjon de citadelle, d'où partiraient contre lui les plus mauvais coups.

Vint la domination des Visconti, tyrans peu commodes, qui tinrent à Milan la verge de fer suspendue toujours sur la tête de leurs concitoyens. L'un d'eux, Jean-Galeaz Visconti, en manière de passe-temps, ayant fait périr l'un de ses oncles, un gredin du nom de Bernabo, et les deux fils de son oncle, ses deux innocents cousins, fut pris de tels remords, se vit pourchassé de si près par les fantômes de ses victimes, et souffrit si cruellement à la pensée des jugements de Dieu, que, pour expier sa faute, il résolut d'élever les deux plus beaux édifices qu'il y eût au monde.

Ces édifices devaient être : le Dôme de Milan, et la Chartreuse de Pavie.

L'un et l'autre furent conduits à terme.

C'était en 1386 que Jean Galéas Visconti, seigneur de Milan, en premières noces époux d'Isabelle de France, mère de Valentine de Milan, mariée plus tard au duc d'Orléans, ce qui donna dans la suite à la France des droits à la possession du Milanais, posait la première pierre du Dôme; et ce fut sous et par notre Napoléon Ier que ce magnifique palais de Dieu était enfin achevé. Jusque-là les échafaudages le masquèrent; jusque-là, lentement, bien lentement, il sortit peu à peu de terre; jusque-là, des mains de *Henri Arler de Gmund*, surnommé *Gamodia*, qui en fit les plans et en commença les travaux, il passa aux mains des architectes français *Nicolas Bonaventure*, de Paris, en 1388, de *Jean Champmousseux* et *Jean Mignot*, en 1599, puis de l'artiste italien *Filippo Brunelleschi*, de Florence, qui venait alors d'achever la célèbre coupole de l'église Santa-Maria-del-Fiore, et l'église du Saint-Esprit, à Florence, de poser au Pô des digues infranchissables, près de Mantoue, et de bâtir la citadelle de Milan. Enfin, à sa mort, vers 1480, Jean Galéas Sforza, l'un des membres de la nouvelle famille qui s'était élevée sur les ruines des Visconti, écrivait aux magistrats de Strasbourg, pour leur demander le maître maçon de leur cathédrale, *Hammerer*, afin de continuer et d'achever le dôme de Milan.

Pour l'exécution de cette basilique admirable, Visconti, outre une somme d'argent vraiment énorme, avait donné de riches carrières de marbre blanc qui se trouvent à *Candoglia,* sur la route du Simplon, au-delà du Lac-Majeur. Rien d'agréable à l'œil comme le ton jaunâtre, légèrement doré, que le soleil et le temps donnent au marbre très fin de Candoglia.

Cependant saint Charles Borromée monta sur le trône épiscopal de Milan, et bientôt il imprima aux travaux la plus grande activité. Les plans de la façade ayant été égarés, il chargea de les refaire, en 1560, un artiste fameux déjà par des peintures faites à l'Escurial et des édifices construits en Espagne, à la grande satisfaction de Philippe II, *Pellegrino Tibaldo de Pellegrini*, ou simplement *Tibaldi.* Or, Tibaldi imagina, pour le portail du Dôme, une macédoine de tous les styles qui pouvait être du goût du temps, mais qui, certes! est bien en désaccord avec le reste de l'édifice. Nombre d'oppositions arrêtèrent l'architecte dans cette œuvre, mais son plan triompha et fut exécuté. Le genre gothique et le style romain se virent pour la première fois confondus ensemble. Ainsi, un vaste et large escalier conduit à cinq portes qui ouvrent sur cinq nefs. Cinq fenêtres romaines, c'est-à-dire à plein ceintre, couronnent les cinq portes. Trois autres fenêtres, gothiques, avec colonnettes, trèfles, rosaces, surmontent les trois fenêtres centrales. Portes et fenêtres sont séparées l'une de l'autre par six pillastres saillants de plusieurs mètres, également gothiques, et terminés par des aiguilles que surmontent de colossales statues. La forme complète de cette façade est triangulaire, comme la cathédrale de Como, comme celle de Monza. Quarante sept bas-reliefs, deux cent cinquante statues, et les sculptures des pilastres brodent cet ensemble, qui ne laisse pas d'offrir un grandiose et imposant aspect.

Dans ses *lettres sur l'Italie*, écrites en 1739 et 1740, il y a plus de cent ans, le président *C. de Brosses*, dit, en parlant du Dôme de Milan :

« Il y a si long-temps que j'entends prêcher des merveilles inouïes de ce fameux Dôme, dont la façade est la *cosa la piu stupenda, la piu maravigliosa,* que je n'eus rien de plus pressé à faire, en arrivant, que d'y aller. Vous avez vu, ou même vous possédez la belle estampe qui représente cette façade: gardez-la précieusement, car voilà ce qui en existe. Mais il faut rendre justice à l'ouvrage; s'il était vrai qu'elle existât, ce serait une belle chose. Je ne lui sais de défaut que de n'être pas. Raillerie à part, à peine y a-t-il une troisième partie de cet édifice qui soit faite. Depuis plus de trois cents ans qu'on y travaille, et quoiqu'il y ait tous les jours des ouvriers, il ne sera probablement pas fini dans dix siècles, c'est-à-dire qu'il ne le sera jamais. Si on l'achevait, ce serait le plus vaste morceau de gothique qu'il y eût au monde... »

Le Président de Brosses, qui sacrifie souvent la vérité au plaisir de railler, avait compté ici sans Napoléon Ier. Depuis le voyage du Président en Italie cent ans se sont passés, Napoléon Ier est venu, et le Dôme de Milan a été achevé, complètement achevé; son beau marbre brille partout au soleil sans que le moindre échafaudage lui fasse ombre et sans que le plus petit caillou entrave ses abords.

Donc, ma bonne tante, représentez vous cette belle façade blanche du Dôme, triangulaire; le sommet du triangle dentelé de crêtes de coq dans toute sa largeur, surmonté des clochetons élégants des pilastres couronnés de statues; les fenêtres ogivales sveltes et gracieuses, les croisées romaines dominant les cinq portes; de la base de ces cinq portes, entre chacune d'elles, les six pilastres s'élevant comme de magnifiques obélisques, ciselés, brodés, chantournés, sculptés, creusés, ornés de statues, décorés de bas-reliefs, le tout reposant sur ce colossal escalier, qui prépare l'œil à voir sortir de terre cette magnifique apparition de l'œuvre la plus splendide.

Faites le tour de ce Dôme, vous le pouvez: levez la tête, voyez s'élever des combles ces milliers de statues, anges, archanges, chérubins, saints, saintes, patriarches, apôtres, vierges: comptez ces étonnantes fantaisies d'artiste qui pullulent sur les murailles, enveloppent les fenêtres, fourmillent sur les attiques, festonnent les frises, sillonnent les pilastres, embellissent les contreforts, brillent de ces tons chauds et cuivrés qui jouent l'or et flattent le regard: admirez jusqu'aux gargouilles qui s'élancent dans l'espace comme des âmes en peine cherchant à s'envoler dans le néant, et vous aurez une idée bien mesquine de cet édifice fantastique qui semble la création des fées ou le nuage de brouillard sur lequel les sylphes vont, viennent, dansent, chantent, voltigent, s'ébattent, et livrent aux vents les draperies flottantes de leurs longs voiles de vapeurs, sous les rayons de la lune, jusqu'au lever de l'aube.

Pénétrons dans l'intérieur, maintenant. On monte les marches de l'escalier, on traverse la vaste plateforme qui précède les portes, on passe sous le porche du milieu, on entre, et.... on s'arrête ému, impressionné, recueilli... Les mille colonnes, puissantes, élancées, qui montent de terre vers la voûte, les hautes arcades, les voûtes profondément creusées, le peuple de statues qui apparaît à la partie supérieure des piliers, la mystérieuse obscurité que sillonnent quelques jets lumineux, or, opale, cinabre, outremer, azur, se détachant des vitraux anciens du transept, et où glisse furtivement l'arc-en-ciel qui s'échappe des vitrines des nefs collatérales, tout vous saisit et vous étonne. Atôme dans l'immensité, pygmée en face du géant, vous avez devant vous une merveilleuse enceinte de quatre cent cinquante pieds de profondeur, large dans les cinq nefs réunies de cent quatre-vingts, et haute de cent quatre-vingt douze du pavé à la coupole, c'est-à-dire, le temple le plus vaste de la chrétienté, après la basilique de Saint-Pierre de Rome. Cette grandeur du vaisseau, les doubles bas-côtés, la forme bizarre des chapiteaux, l'éclat des murailles, les innombrables sculptures qui découpent le marbre, la splendeur du sanctuaire, la magnificence des fenêtres absidales, vous pénètrent d'admiration, vous plongent dans le silence, se montrent à vous avec leur caractère majestueux et monumental qui vous subjugue.

Voici d'abord les deux colonnes monolithes de granit rouge qu'ont données les carrières de Baveno, dont j'ai vu le beau site sur le Lac-Majeur, et qui supportent le balcon couronnant à l'intérieur la porte du milieu. Ces colonnes n'ont pas moins de trente-deux pieds de haut, sur trois pieds et demi de diamètre. Un Milanais nous dit avec orgueil, qu'avant les colonnes employées dans la nouvelle église grecque de Saint-Isaac, à Saint-Pétersbourg, ces granits de Baveno étaient les deux plus grands monolithes de l'Europe.

Les deux héros de Milan, saint Ambroise et saint Charles Borromée, colossales statues, la première de *Monti*, la seconde de *P. Manchesi*, décorent ce balcon, qui ne possède pas d'orgues, comme on pourrait le croire.

Les autres colonnes du Dôme, octogones, hautes de soixante-quinze pieds, au nombre de cinquante deux, soutiennent les voûtes ogivales des cinq nefs. Leurs chapiteaux affectent la forme de tambours décorés de niches, de dais et de statuettes. Mais ce caprice artistique brise les lignes et ne plaît pas à l'œil. C'est l'ouvrage de *Filippino*, de Modène. En ne tenant pas compte de la brisure des lignes, il y a grâce et poésie à voir, de ces niches délicatement sculptées, mille figures de vierges et de séraphins s'envoler vers le ciel pour y porter les prières des fidèles qui sont agenouillés sur le marbre, comme Moïse, sur la montagne, levant vers Dieu les bras pour ceux qui combattaient dans la plaine.

Malheureusement, à l'intrados, c'est-à-dire à la partie intérieure et concave de la voûte, au lieu de sculpter réellement le marbre, on a placé des peintures qui représentent des nervures multipliées à l'infini et des entrelacs interminables. Cette inutile décoration nuit à l'effet grave des voûtes gothiques.

A gauche de la nef principale, sans avancer encore dans l'intérieur de l'église, voici la magnifique *Cuve de Porphyre*, qui jadis appartenait aux Thermes d'Hercule, bâtis par Maximilien, et dont les ruines excitent l'admiration au beau milieu du Corso di Porta Ticinese. C'est dans cette cuve que, selon le rit Ambroisien, on baptise par immersion, c'est-à-dire en plongeant tout entier le corps de l'enfant ou du catéchumène que l'on admet au baptême.

Avançons. Ici et là, voyez ces lampes fumeuses qui, comme de nébuleuses étoiles dans le crépuscule, brûlent à la base de quelques colonnes, devant une fresque sous verre de la sainte Vierge ou de quelque patron de la ville. La foule les entoure. Des femmes du peuple, de jeunes filles en cheveux, sans autre coiffure qu'une légère voilette noire, sont agenouillées en face de la Madone et prient de tout leur cœur. Ne vous étonnez pas de cette absence de coiffure des femmes, même dans les églises. C'est l'usage à Milan, c'est l'usage dans toute l'Italie. Le climat oblige les femmes à agir de la sorte. Avec leurs chapeaux, les lionnes ont beaucoup à souffrir de la chaleur.

A droite et à gauche, remarquez ces monuments funèbres. Ici repose le cardinal *Marino Caraccinolo*; là, dorment les archevêques *Othon et Visconti*. Près de l'entrée du Trésor de la Cathédrale et près de l'escalier qui conduit sur les hauteurs extérieures du Dôme, ce beau cénotaphe, en bronze, est le mausolée des *Médicis*, frères de Pie IV, et c'est *Michel-Ange* qui l'a dessiné. On peut le croire, c'est une œuvre véritablement magistrale.

En avant du sanctuaire, voici un vide creusé dans les profondeurs des souterrains du Dôme. Une balustrade de bronze doré l'entoure. En Italie, ces sortes de chapelles souterraines s'appelle la *Confession du Saint* dont on honore les reliques. Ici c'est Saint-Charles Borromée, le pieux évêque qui fit l'inauguration du Dôme, avec une pompe incomparable, parce qu'il s'agissait de la gloire de Dieu, et qui pratiqua la vertu et la charité dans l'humble mystère des ténèbres, parce qu'il s'agissait de lui, dont la dépouille mortelle repose dans un splendide sanctuaire, où l'art le dispute à la matière. Nous visiterons tout à l'heure la Confession de Saint-Charles : mais laissez-moi vous signaler les cent petites lampes qui constellent l'ouverture de la Confession, de leurs feux symboliques, comme les constellations aériennes signalent le bleu pavillon du ciel, séjour de l'éternel Gehovah.

Adossées à deux des quatre piliers de la coupole, ceux qui forment l'entrée du chœur, admirez, ma tante, deux immenses chaires, tout en bronze doré, couvertes de riches bas-reliefs et reposant sur de colossales cariatides, œuvre de *Brambilla*, les quatre Evangélistes pour la chaire du côté droit, et les quatre grands Docteurs de l'Eglise Latine, pour celle du côté gauche. Ces deux chaires ont été coulées en bronze par *Busca*. Commandées par saint Charles Borromée, elles ne furent placées contre ces piliers que sous l'administration de son neveu Frédéric Borromée, qui fut ensuite archevêque de Milan.

Pénétrons dans le sanctuaire. Quatorze lampes brûlent à son entrée, et un énorme chandelier à sept branches y rappelle le somptueux chandelier d'or de Moïse, brûlant devant le Saint des Saints. Ce candelabre, en bronze doré, se compose de charmants rinceaux gothiques, entremêlés de statuettes, dessinées avec une grâce naïve des plus pures. La figure de la Vierge, tenant sur ses genoux l'Enfant Jésus, au milieu de la tige principale et dans le méandre d'un splendide achevètrement de feuillages, explique cette magnifique allégorie de bronze. C'est un beau travail du XIII° siècle.

L'autel, comme l'église, est tout de marbre. Il paraît nager dans les mille vapeurs d'encens, aux teintes variées qui planent encore dans le sanctuaire et que colorent les immenses vitraux de l'abside. Un Français, *Nicolas Bonaventure*, est l'auteur de la belle verrière qui domine l'autel, comme une aurore étincelante.

Faisons le tour du sanctuaire à l'extérieur, et sachez que dix-sept bas-reliefs, de toute beauté, décorent la partie supérieure des murs qui forment l'enceinte de cette nef principale. Quelle vie, quelle animation dans tous ces personnages ! poses, attitudes, expression de physionomie, et perspectives même, tout récrée et rappelle à l'esprit la naïveté primitive et pure de l'art chrétien.

Approchons-nous de cette statue de saint Barthélemy, dont le corps vient d'être soumis au scalpel du bourreau, chargé par les juges d'écorcher vif le saint martyr. Certes! le sculpteur savait l'anatomie. Quelle vérité frappante dans ce pauvre écorché! L'auteur de ce chef-d'œuvre est un certain *Marco Agrates*, qui a modestement tiré son nom de l'oubli, en l'associant à celui de Praxitèle. Si l'artiste, qui a du mérite, n'avait pas gravé sur le marbre le vers que voici, son beau travail serait resté anonyme, et ç'eût été dommage :

Non me Praxiteles sed Marcus finxit Agrates.

Voici la porte ouvrant sur l'escalier qui descend à la *Confession de Saint-Charles*. Lisons le mot gravé sur la dalle qui précède la crypte : *Humilitas!* C'était la courte et très-éloquente devise du Saint. Nul mieux que lui ne la mit en pratique. De quelle sainte vénération l'homme est involontairement pénétré quand il approche des restes d'un mort qui, pendant sa vie, fut grand aux yeux du monde, plus grand encore aux regards du ciel! Voilà donc le corps de ce vertueux prélat, qui passa en faisant le bien! Tout le Dôme est en marbre; dans tout l'édifice, on ne trouverait pas une seule pièce de bois. Le marbre a été taillé de mille manières pour servir à tous les usages. Ici, dans cette crypte, tout est en argent : l'argent a été tordu, bossué, façonné de mille manières, pour servir à tous les usages. Châsse? Argent et cristal. Autel? Argent en bosses, argent en bas-reliefs. Murailles? Argent plaqué, ciselé, gravé. Objets du culte? Argent encore. Voûtes? Argent toujours, et argent doré, argent en rayons, argent en guirlandes, argent en gerbes, en faisceaux, en girandoles. Que sais-je? Le prix de cette chapelle ne s'éleva pas à moins de quatre millions. Mais n'oublions pas le *Fulgebunt justi sicut sol* (1).

Au *Trésor du Dôme* à présent! Riche statue du Christ, attachée à la colonne de la Flagellation, par *Solari*, dit le *Gobbo*. Statues en argent de saint Charles et de saint Ambroise, don de la ville en 1698. Paix en or du plus délicat travail. Parement d'autel en argent massif, offert en 1835 par le *Comte Saint-Taverna*. Coffret d'or merveilleusement ciselé, avec figurines dont des émaux forment les draperies. Ciboire en cristal de roche. Calices niellés très-antiques..... etc.

---

(1) Les justes auront l'éclat du soleil. (*Biblia Sacra.*)

Tel est le Dôme de Milan, chère tante.

Ai-je tout dit? A peu près. Il n'y a plus qu'une chose qu'il me tarde d'ajouter, c'est la plus courte à dire, et la plus longue à penser, car je la porte toujours, là, dans ma poitrine : Je vous aime de tout cœur et vous embrasse à tort et à travers.

Valmer.

II

A M. ET MME EUGÈNE BAR, A PARIS.

Le n° 4754. — Un galant homme. — Les Thermes d'Hercule. — Met-Lawn. — Mediolanum. — Encore les Guelfes et les Gibelins. — L'Allemagne et l'Italie. — La famille des Torriani. — Mystères du Castello. — Othon Visconti. — Matteo, Galeas, Azzo Visconti. — Luchino, Giovani Visconti. — Matteo II, Galeas II et Bernabo Visconti. — Physionomie du Castello. — Le rôti de cailles de Matteo. — Comment Bernabo rend la justice. — Vingt-sept jours de tortures. — Bernabo et les Légats. — Galeas II et Pétrarque. — Le comte des Vertus. — Jongleries de Jean Galeas III Visconti. — Le pèlerinage à la Madona del Monte. — La fin de Bernabo. — Valentine de Milan, fille de Jean Galeas III. — La duchesse Catharina. — Les cinq cadavres sans têtes. — Où et comment Catharina perd la vie. — Le parc du Castello. — Chasses de Jean-Marie Visconti. — L'église San Gottardo. — Drame de Binasco. — Beatrix Tenda. — Le condottiere Attendolo. — Les Sforza. — La tragédie de l'église San Stephano in Broglio. — Francesco Sforza. — Galeas-Marie Sforza. — Ludovic le More. — Le jardin d'Alipius. — Luttes d'une mère avec son fils. — Le triomphe de la foi. — Saint Augustin.

Milan, 28 octobre 185...

Vous rappelez-vous ce bourgeois gentilhomme, un certain M. Jourdain, qui faisait de la prose sans le savoir? Eh bien! vous, mes chers amis, vous faites des vers sans vous en douter. Je tiens à la main, j'ai même la faiblesse de serrer sur mon cœur, une lettre illustrée de votre griffe, que je viens de trouver à la poste, m'attendant patiemment dans sa case, et regardant depuis deux jours tous les voyageurs qui se présentent pour me reconnaître et me sauter aux yeux. Je l'ouvre, et la voilà qui fait jaillir sur moi tout un torrent de mauvaise humeur. Quelle verve! Corneille n'eût pas mieux dit : il me semblait entendre sa Camille s'écrier :

> Rome, l'unique objet de mon ressentiment!
> Rome, à qui vient ton bras d'immoler...

seulement, au lieu de : Rome, etc, je lisais, j'ai lu, je lis cette tirade :

> Ingrat, qui, sur le seuil, nous promis une lettre!
> Ingrat, que...
> Ingrat, dont...

Quoi! vous voulez une lettre d'un touriste, d'un antiquaire plongé jusqu'au cou dans le moyen-âge et ses horreurs? mais cette lettre sentira le moisi, elle aura des parfums de vieilles tours, l'odeur du sang, elle ne montrera que poison, poignards, dagues, oubliettes et supplices! On ne parle dans une lettre que de ce qui nous occupe, de ce que l'on entend raconter, de ce qui vous frappe! Réfléchissez-y bien.... Vous voulez cette lettre? Une fois.. Deux f... La voici.

Oui, la voici. Je ne prends même pas le temps de m'excuser de son retard, vu les tribulations absorbantes qui peuvent assaillir un étranger, dans une ville inconnue, comme Milan par exemple, où nous arrivons à peine, et j'entre de suite en matière, vaille que vaille, et coûte que coûte.

Parmi les lettres de recommandation dont est bourré mon portefeuille, il en est une à l'adresse d'un M. Eymar, Strada Sant, Antonio, n° 4734. Que dites-vous d'une rue qui compte jusqu'au n° 4734 et plus sans doute? Je me suis cependant décidé ce matin à braver cette effrayante série de numéros, pour aller chercher là un cicerone intelligent et dévoué.

Nous y avons gagné, Emile et moi, d'abord de passer devant un bel édifice, tout de rouge peinturé, qui a nom *Ospidale Maggiore*. C'est le grand hôpital de Milan, immense construction, élevée en 1456, par un seigneur de Milan, Francesco Sforza et Bianca Visconti, sa noble femme.

Mais ensuite, c'eût été grand tort à nous de ne pas aller à la recherche de

M. Eymar et de l'effrayant n° 4734. Ce numéro n'est pas un numéro de rue comme les nôtres ; il signale les maisons du quartier, qui ont bien le droit de s'élever de cinq à six mille et plus, tandis que ç'eût été fort insolent et très sans façon de la part d'une rue. Ce M. Eymar n'est pas professeur de belles lettres seulement : il est écrivain. C'est un penseur, un philosophe, un homme dont la conversation enchaîne et dont les aperçus séduisent. Il se met à notre disposition tout d'abord, et quitte résolument sa jeune femme et sa petite famille, pour se faire notre compagnon pendant notre séjour à Milan. Digérez maintenant les évolutions et les récits qu'il va nous imposer, et puisque vous voulez une lettre, une lettre de voyageur, lisez...

Nous nous dirigeons avant tout vers le Corso di Porta Ticinese, où nous voulons saluer les *Ruines des Thermes d'Hercule*, et rappeler les souvenirs de *Maximilien*, leur fondateur, et du beau *Lucius-Verus*, leur architecte. Rien n'est pittoresque comme ces colonnes du plus beau marbre de Carrare, fort élevées, d'ordre Corinthien, dispersées ici et là, debout toujours au milieu même du Corso, et attestant la splendeur du monument que chanta dans ses vers notre poète *Ausone*. Heureusement le Corso est fort large en cet endroit. On voit que l'incendie qui, en 1071, dévora l'Eglise San-Lorenzo, qui se dresse derrière ces belles ruines, endommagea les colonnes, noircies et comme calcinées d'un côté. En outre, le temps a écorné les acanthes et rongé quelque peu les cannelures ; mais elles n'en gardent pas moins leur fière attitude et cette grandeur dont l'antiquité mettait le cachet sur toutes ses œuvres. C'est au milieu d'aussi riches débris des temps passés, que l'on aime à faire revivre les peuples qui ont cheminé par-là. Aussi, l'occasion de rappeler les grandes scènes dont Milan fut le théâtre, était trop belle pour que notre Milanais ne la saisît pas. Je vais donc redire ici, tout exprès à ton intention, mon cher petit Charles, car tu es l'ami du savoir et tu en feras ton profit en lisant cette lettre adressée à tes parents, l'entretien que M. Eymar commença au milieu des ruines, et qu'il continua tout en nous dirigeant vers les points qu'il tenait à nous faire connaître.

— Cette belle contrée, dit-il en s'adressant à Emile qui me paraît l'écouter très volontiers, fut occupée dans les premiers temps par les *Insubrii*, qui, sous la conduite de Bellovèse, vinrent de Gaule en Italie, cinq cent quatre-vingt dix ans avant Jésus-Christ. La Gaule étant alors trop peuplée, Bellovèse et Sigovèse, son cousin, tous deux parents du roi Ambigatus, le chef des Insubriens de Gaule, se dirigèrent, celui-ci vers la Mer Caspienne, et celui-là vers l'Italie, avec la jeunesse gauloise qui aimait les aventures et le péril.

Bellovèse franchit donc les Alpes par la gorge de Turin, ou Pas de Suze, remporta plusieurs victoires sur les Etrusques, qu'il refoula vers les rivages du couchant, et fonda la ville de Milan, dans des marais qui existaient alors en ce lieu voisin de deux grands fleuves, l'Adda et le Tésin. Ces marais prirent le nom de *Champs Insubriens*.

Ce nom de Milan dérive, selon les uns, de *Med-land, pays fertile*; selon les autres, de *Met-lawn, milieu des landes,* ou encore, du latin *In medio amnium*, le *milieu des deux fleuves,* le Tésin et l'Adda.

Quoi qu'il en soit, les Romains firent la conquête de Milan et de son territoire, deux cent vingt-deux ans avant Jésus-Christ. Dès-lors Milan entra dans la *Gaule Transpadane*, sous le nom de *Mediolanum,* et à l'époque de la splendeur de l'empire romain, elle était devenue une ville magnifique; ces ruines, que vous admirez, l'attestent. Au IIIe siècle de notre ère, Milan prit de l'importance, sous l'empereur Maximien, qui en fit la capitale de l'empire d'Occident. Il ne fut pas le seul empereur qu'elle vit régner dans son enceinte. Après lui, Dioclétien, Constance, Julien, Valentinien Ier, Valens, Valentinien II, Théodose-le-Grand y établirent leur cour, jusqu'à l'invasion des Barbares; et alors Milan joua un grand rôle dans l'histoire.

Vinrent les Lombards en 566.

Pavie fut bien la capitale de cette fraction des hordes barbares qui, de l'Asie, roulaient sur l'Europe, comme une avalanche; mais Milan resta toujours la rivale de Pavie, dont elle est fort peu éloignée, et qu'elle écrasait par le contraste de ses splendeurs.

Charlemagne, après avoir rayé les Lombards du nombre des peuples de l'Occident, réunit la Lombardie, nom qu'ils avaient donné à cette contrée, à l'empire Frank: et ses descendants la possédèrent jusqu'à l'an 960.

Mais à cette époque, Milan et la Lombardie passèrent sous la domination d'Othon-le-Grand, empereur d'Allemagne.

Ce fut alors qu'éclatèrent les fameuses *Querelles des Guelfes et des Gibelins*, dont vous devez connaître l'origine et le dénoûment.

— Oh! oui! fit Émile, avec un profond soupir.

J'aurais demandé compte à Emile de ce soupir, dont je ne voyais pas la raison d'être, si M. Eymar n'avait aussitôt continué :

— Des luttes terribles ensanglantèrent Milan, à cette époque de douloureuse mémoire... Mais la liberté devait sortir de cette géhenne.

En effet, vers 1150, Milan put s'ériger en République.

Puis au XII° siècle, l'*Etablissement des Communes* se faisant dans tout le nord de l'Italie, et ce mouvement d'affranchissement exigeant une grande force pour repousser les empereurs d'Allemagne, bientôt se forma une Confédération, qui prit le nom de *Ligue Lombarde*. Milan se mit résolument à la tête de cette ligue.

Mais, hélas! de nombreuses rivalités se font jour dans ce moment solennel qui, au contraire, aurait demandé beaucoup d'abnégation. Néanmoins Milan conserve sa prépondérance, et usant de son autorité, use de rigueur en 1111, rase la ville de Lodi, toujours en opposition, et soumet ses habitants à la plus cruelle tyrannie.

Que font les empereurs d'Allemagne? Ils connaissent le proverbe : *Divide, ut regnes*; *divisez, afin de régner*, et les voici qui profitent de ses dissensions intestines, pour ressaisir leur domination perdue. En 1162, Frédéric I*er*, dit Barberousse, pénètre même en Italie, marche droit sur Milan, l'assiége, la prend, la rase à son tour, et sème le sel sur ses débris.

Il est aidé dans cette œuvre de destruction par les habitants de Pavie, de Crémone, de Como, de Lodi surtout, qu'il appelle à lui, et aux vengeances desquels certains quartiers de Milan sont assignés, à raison de la conduite des Milanais, dans leurs guerres antérieures et leurs démêlés avec ces villes.

Mais à peine le farouche vainqueur s'est-il éloigné, que nos Milanais font entendre un cri de révolte, et les citoyens de Turin, de Novarre, d'Asti et d'autres cités, répondent à cette convocation, accourent, relèvent Milan de ses ruines, font sortir de terre de nouvelles murailles, ressuscitent la cité morte; et, quand, en 1176, Barberousse se présente une seconde fois en Italie, il est vaincu à la bataille de Legnano, par la ligue lombarde renouvelée, appuyée par le Pape Alexandre VII, et fortifiée par la création d'une nouvelle ville forte, Alexandrie, que l'empereur allemand assiége, mais qui lui résiste et le repousse.

Le Milanais et sa capitale recouvrent donc leur liberté : toutefois, déchirés par de nouvelles luttes entre le peuple et les nobles, et les nobles entre eux, ils ne peuvent se soutenir à l'état de République, et, successivement, les chefs des factions, formées dans son sein, deviennent ses maîtres et ses oppresseurs.

Le premier de ces despotes qui saisit le pouvoir à Milan, fut un membre de la *Famille des Torriani*, ou *della Torre*, que l'on accusait sourdement d'être en relation secrète avec Barberousse. Ces Torriani usent d'une tyrannie sans limites, dans la ville de Milan, et sur ses habitants.

Ils construisent en tête de la ville une forteresse avec tours, donjons, machicoulis, barbacanes, courtines, fossés, ponts-levis et oubliettes, et alors, dominant la ville du haut des plates-formes de cette forteresse formidable, ils inspirent la terreur et l'effroi.

Alors commence la longue série des *Mystères du Castello*.

Les cachots, les prisons et les oubliettes du Castello absorbent, sans jamais les rendre au grand jour, ceux des Milanais qui se posent en adversaires de la puissance des Torriani.

Toutefois, dès le xe siècle, il était, à Milan encore, une autre famille, la *Famille des Visconti*, dont on ignore l'origine, qui bientôt chercha à lutter contre les despotes du Castello. Le premier fondateur de cette maison des Visconti fut *Othon Visconti*, archevêque de Milan, en 1158.

Il fit héritier de son influence son neveu *Matteo Visconti*, qui lutta d'abord péniblement contre la faction della Torre, et vécut même deux ans en exil ; mais, en 1227, il vint à bout d'enfermer dans une cage de fer, qu'il attacha extérieurement au château de Baradello, près de Como, Napoleone della Torre, son cruel ennemi. Celui-ci resta, ainsi exposé, aux intempéries des saisons, jusqu'à dix années, comme une bête fauve, n'ayant de liberté que pour marcher quelques pas dans sa prison aérienne. C'était bien là une horrible vengeance ! Enfin, après de longues et inexprimables souffrances, Napoleone Torriano, dans un accès de désespoir, mit fin à ses jours, en se brisant le crâne contre les barreaux de sa cage.

Alors Matteo Visconti, ayant réussi à chasser le dernier Torriano, Guido della Torre, et se trouvant ainsi seul maître de Milan, du castello et des châteaux-forts des Torriani, se posa à son tour en souverain seigneur de la contrée.

L'empereur d'Allemagne Henri VIII, étant venu à cette époque en Italie, voulut se gagner Matteo Visconti. Pour ce faire, le prince lui donna le titre de gouverneur impérial de la province de la Lombardie, titre que Matteo accepta, se reservant bien d'être même l'empereur de Milan, si bon lui semblait.

Mais il expira en 1322, laissant pour lui succéder son fils *Galéas Visconti*, qui fut attaqué par de puissants ennemis, au nombre desquels il eut la douleur de compter ses propres frères. Ceux-ci l'enfermèrent dans le château de Monza. La mort s'en empara peu après, à Brescia.

Son fils *Azzo Visconti*, né en 1292, lui succéda. Aussi brave dans les combats que doux et bienfaisant durant la paix, il fut très-aimé des Milanais, qui le virent mourir avec regret, sans postérité, en 1329.

Luchino Visconti, son oncle, fils de Matteo, prit sa place. Il agrandit encore les possessions de sa famille, et fut le premier qui se déclara le protecteur des arts et des sciences. Ami de *Pétrarque*, et, comme lui, cultivant la poésie, il entretenait une correspondance suivie avec le poète. Luchino mourut en 1339 : mais tous ses faits et gestes ne sont pas sans reproches.

Son frère et successeur, *Giovanni Visconti*, archevêque de Milan, soumit la ville de Gênes et, à l'exemple de Luchino, favorisa les arts libéraux. Il chargea une réunion de savants de commenter le *Dante* dont alors la *Divine Comédie* faisait bruit, protégea l'Université de Bologne, honora Pétrarque, qu'il accueillit splendidement à son arrivée à Milan, et lui confia d'importantes missions auprès de la république de Venise.

Après sa mort, arrivée en 1354, ses trois neveux, *Matteo II*, *Galéas II et Barnabo Visconti*, lui succédèrent.

Tout en parlant, M. Eymar nous faisait remonter le Corso di Porta Ticinese. Nous avons tourné à gauche, en le quittant, pour pénétrer dans un dédale de rues tortueuses; et, à leur sortie, nous nous trouvâmes subitement au grand air, sur un vaste terrain découvert très au loin, et à l'extrémité duquel se montrait, du côté de la ville et la dominant, la masse imposante et lourde d'un immense château-fort.

— Voici la place d'Armes, et voici le terrible Castello! nous dit M. Eymar, lorsqu'il achevait à peine d'articuler le nom de Bernabo Visconti, dernier mot de sa phrase précédente. Voici le terrible repaire des Torriani, devenu le séjour des Visconti, continua-t-il. C'est là que Mattéo II, perdu de débauches et ne s'entourant que de femmes qu'il enlevait au calme du ménage, de filles qu'il ravissait à leurs mères, passait sa vie dans la dissolution et d'affreuses orgies. Mais, un jour, ayant fait appeler un notable de Milan, dont l'épouse était jeune encore, et lui ayant ordonné, sous peine de mort, d'amener lui-même cette nouvelle victime dans les prisons où il tenait renfermées ses martyres, le notable vint se jeter aux genoux de Bernabo et lui raconta la violence dont il était le but. Bernabo consulta Galéas, et, le soir-même, Mattéo, mangeant des cailles à son souper, mourait dans les convulsions de l'empoisonnement.

Sur cette exécution sommaire, et d'après cet indice de justice, n'allez pas croire que Bernabo valut mieux que son frère. Non, certes! Sa principale occupation fut de faire la guerre à l'Eglise et de se livrer à mille odieuses exactions vis-à-vis de ses sujets, pour en tirer de l'argent. C'est ainsi qu'il procédait dans ses violences : Voulait-il dépouiller un riche? il le faisait saisir. A partir de la première heure de sa captivité, le supplice du prétendu criminel devait durer quarante jours. Des tortures avaient lieu tous les jours pairs ; les jours impairs, on livrait le patient à un affreux repos. Le premier, le troisième, le cinquième, et le septième jours, on leur faisait subir cinq tours d'estrapade, c'est-à-dire qu'on les tirait avec des cordes enroulées sur des tourniquets jusqu'à ce que toutes les jointures des os craquassent. Les neuvième et onzième jours, on leur faisait boire de l'eau mêlée de chaux et de vinaigre. Les treizième et quinzième jours, après leur avoir arraché la peau de la plante des pieds, on les forçait à marcher sur des pois chiches. Le dix-septième et le dix-neuvième jours, on leur arrachait successivement un œil après l'autre. Les vingt et unième, vingt-troisième, vingt-cinquième et vingt-septième jours, on coupait le nez, puis les deux mains, puis les deux pieds, et enfin les bras des suppliciés. Bref, la dolente victime était tenaillée dans les jours qui suivaient, et finissait ses souffrances avec sa vie sur la roue. C'était dans ce castello que se passaient ces monstruosités.

Un autre exemple de la férocité de ce Bernabo :

Le pape Urbain V lui avait envoyé, un jour, deux légats pour lui porter une bulle d'excommunication, que certes! il méritait bien. Bernabo écoute avec un calme apparent le message dont le cardinal de Belfort et l'abbé de Farfa sont chargés. Puis il les conduit jusque sur le pont du Naviglio, l'un des canaux qui entourent ou sillonnent Milan. Arrivés sur le haut du pont du Naviglio, et parlant tout-à-coup aux ambassadeurs d'une voix mielleuse :

— Choisissez, leur dit-il, avant de me quitter, de manger ou de boire...

Et comme les légats, étonnés, ne répondaient rien :

— Ne croyez pas, ajouta-t-il, mais alors avec d'effroyables expressions, que nous nous séparions sans que vous ayiez mangé ou bu de manière à vous souvenir de moi !

A ces mots, les légats jettent les yeux autour d'eux : d'une part ils se voient entourés des gardes du tyran et d'un peuple esclave; de l'autre, ils remarquent la rivière au-dessus de laquelle le tyran les tient arrêtés. Alors l'un d'eux répond :

— J'aime mieux manger que de demander à boire auprès d'une si grande eau...

— Eh bien ! reprend Bernabo, voici les bulles d'excommunication que vous m'avez apportées : vous ne quitterez pas de ce pont que vous ne mangiez ces parchemins, les sceaux de plomb qui y pendent et les liens de soie qui les attachent...

En vain les légats réclament contre la violation de leur double caractère d'ambassadeurs et de prêtres; il leur faut se soumettre et accomplir l'ordre du tyran sous les yeux de ses gardes épouvantés.

Quant à Galéas II, tout en accablant ses sujets d'impôts, il payait mal ses employés, vendait la justice et tourmentait, par son avarice, les provinces qui lui étaient échues en partage. Toujours en guerre avec ses voisins, les villes mêmes qui relevaient de lui se soulevaient fréquemment, tant était lourd le joug qu'il leur imposait. Il fit le siége de Pavie, dont la famille Beccaria, lui était particulièrement odieuse. Enfin, il finit par s'emparer de cette ville, où il construisit un castello pour son propre usage, laissant celui de Milan à son père Bernabo. Alors il se prit à y exercer la plus épouvantable tyrannie et y livra les citoyens à des supplices sans nom.

En même temps, ce Galéas II, nouveau Mécènes, faisait tous ses efforts pour retenir Pétrarque à sa cour et l'employait dans certaines missions qui demandaient de l'adresse et du tact. Ce fut même par ses conseils qu'il fonda l'Université de

Pavie, afin de rappeler, si possible, quelqu'affection au cœur des habitants de cette ville désolée.

A tels parents, tels fils : c'est l'ordre de Dieu.

La main du Seigneur s'étant appesantie sur Galéas II et l'ayant enlevé de la terre, Giovanni Galéas ou Jean Galéas, son fils, prit le titre de *Comte des Vertus*, et succéda à son père, sous le nom de Galéas III, dans le gouvernement de la moitié de la Lombardie, et siégea à Pavie.

Bernabo conserva l'autre moitié et ne quittait pas son castello de Milan.

Mais cet homme astucieux, après avoir partagé à ses nombreux enfants les villes qui dépendent de lui, voudrait bien y joindre Pavie, la seconde capitale, héritage d'un neveu qu'il abhorre. Il se met à ourdir des trames dans ce but.

Jean Galéas III, qui, chaque jour, à Pavie conquise, humiliée, ensanglante le castello de son père de cruels et monstrueux supplices, et qui a des espions sur tous les points, a vent de ces intrigues de Bernabo. Néanmoins au lieu de se venger, il semble prendre son parti et se mettre en dehors de toute humaine ambition. Le voici même qui se jette dans la dévotion. Un rosaire à la main, il visite les églises et y demeure en prières devant les images des saints.

Bernabo attribue ce nouveau genre de vie à la pusillanimité de son neveu. Il est même convaincu de son absence de courage, quand il apprend que Jean Galéas double ses gardes et témoigne de l'effroi au moindre mouvement qui se fait autour de lui.

Enfin, au printemps de 1385, le comte des Vertus annonce hautement qu'il veut aller en pèlerinage au *Temple de la sainte Madone de la Montagne*, au-dessus de Varèse, entre le lac majeur et le lac de Como.

— *Madona del Monte!* dit Emile : ce sanctuaire magnifiquement étagé sur la montagne, et que nous avons visité nous-mêmes l'autre jour.

— Précisément… reprend M. Eymar.

Jean Galéas Visconti se met en route en effet, de Pavie vers Milan, avec une garde nombreuse qui ne s'écarte pas de lui. Il arrive à Milan, le 6 mai au matin, par la *Porta Romana*, où Bernabo vint à sa rencontre, avec ses deux fils aînés. Jean se jette au cou de son oncle, le baise sur ses deux joues, le serre dans ses bras, sans descendre de cheval.

— Mon oncle, mon digne oncle! lui dit-il.

Puis, il se retourne vers deux capitaines, fameux par leurs services près de Jean, Jacques di Verdu et Antoine Porro, et leur parlant en langue allemande, qui était alors la langue militaire de toute l'Europe, il leur donne l'ordre d'arrêter Bernabo. Aussitôt les soldats se précipitent sur Bernabo, lui arrachent la bride de sa mule, coupent le ceinturon de son épée et l'entraînent loin des siens, malgré ses cris, malgré les prières qu'il adresse à son neveu, de ne pas être traître à son propre sang.

Alors Milan ouvre ses portes à Jean Galéas III, qui entre en maître dans la ville et s'établit en souverain dans le castello de son oncle.

Cependant Bernabo est conduit à *Trezzo*, l'un de ses châteaux-forts, entouré d'une garde nombreuse, et on l'y plonge dans un cachot avec ses deux fils. Pendant sept mois que dure sa captivité, trois fois on lui fait manger des mets empoisonnés, et trois fois ce corps de fer résiste à la violence des toxiques. Mais enfin il succombe le 18 décembre 1385, et va rendre compte à Dieu de son épouvantable vie.

Il va sans dire que Jean Galéas III, seul maître de toute la Lombardie, dépose le masque religieux qu'il a emprunté un moment et tourne contre ses voisins les forces qu'il a enlevées à son oncle.

En 1396, l'empereur d'Allemagne Wenceslas, érige en sa faveur le Milanais en duché, moyennant cent mille florins, et lui abandonne en même temps, l'année suivante, l'autorité souveraine sur toutes les villes de Lombardie relevant de l'empire.

Ce premier duc de Milan soumet alors à son pouvoir despotique, et par la force des armes, Pise, Sienne, Pérouse, Padoue et Bologne.

Puis, en 1397, il pose la première pierre du magnifique monument qui fait sa gloire et celle de Milan, à savoir du *Dôme* que déjà, Messieurs, vous avez certainement admiré.

Il n'oublie pas non plus sa ville de Pavie, le théâtre de son orageuse jeunesse, et il y fait construire, sur le Tésin, un *pont couvert*, qui facilite le commerce et les rapports de cette cité.

Il inscrit aussi son nom sur beaucoup d'autres édifices qui lui sont dus, car il cherche à rendre son nom populaire dans toute l'Italie.

On dit même qu'il aspirait au titre de roi de la Péninsule. Ce qu'il y a de certain, c'est qu'il favorisa les lettres, les sciences et les arts, en accueillant à sa cour les hommes les plus célèbres de tous les pays. Il venait même de réorganiser l'Université de Plaisance et de fonder une grande bibliothèque, lorsque la peste éclata en Lombardie. Pour l'éviter, notre Visconti quitta Milan et vint s'enfermer à *Marignano*. Mais la contagion l'y poursuivit. Alors une comète ayant fait son apparition dans les cieux, Jean, qui était adonné à l'astrologie judiciaire, comme beaucoup de gens de cette époque, ne douta pas que cet astre, phénomène très-naturel pourtant, ne fût l'annonce de sa mort.

— Je remercie Dieu, disait-il, de ce qu'il a bien voulu qu'un signe de mon rappel de la vie apparût dans le ciel aux yeux de tous les hommes!

Il mourut, en effet, le 3 septembre 1402, et la balance de l'Italie, qu'il avait presque renversée, se releva d'elle-même.

Cependant peu à peu les Visconti perdaient l'affection des Milanais par leur propre faute. On en eut la preuve à la mort de Jean Galéas.

Jean Galéas III laissait trois fils : *Giovanni-Maria*, dont on fit le petit nom *Giammeria*; *Filippo-Maria*, et *Gabriel*, fruit d'une union illégitime. Il laissait, en outre, une fille, *Valentine*, que l'on maria, en France, au duc d'Orléans, celui qui périt assassiné de la main du duc de Bourgogne, au coin de la rue Barbette, non loin de l'hôtel Saint-Pol. La renommée de cette princesse est devenue fameuse sous le nom de *Valentine de Milan*, et ce fut parce que Valentine était devenue duchesse d'Orléans que la France revendiqua si long-temps, dans la personne de Louis XII et de François Ier, l'héritage du duché de Milan. Ces enfants étant trop jeunes pour régner, la veuve de Jean Galéas III, la *duchesse Catharina*, se fit régente et eut un conseil nommé par elle et par le peuple, pour l'assister. Or, cette femme altière, voyant les Milanais mécontents d'un certain *Barbarara*, président du conseil, que l'on supposait en trop bonne intelligence avec elle, fit appeler, dans le castello, *Pozzi* et *Aliprandi*, deux conseillers nommés par le peuple, et là, ses satellites leur coupèrent la tête, et leurs corps furent exposés, mutilés, sur la voie publique.

Cette exécution mit la ville en émoi. Mais ce fut bien autre chose, quand, un matin, au mois d'avril, on vit devant la porte de l'église Santo Ambrogio, cinq cadavres, vêtus de noir et privés de leurs têtes, offerts aux regards de la foule par la main du bourreau. On sut bientôt que la duchesse Catherine espérait que ce supplice mystérieux, infligé à de notables citoyens de la ville, raffermirait son pouvoir en glaçant d'effroi les esprits mécontents. Elle se trompait. Milan se souleva : on courut aux armes. Le peuple triompha même. Alors la duchesse dut livrer ses forteresses aux bourgeois. Le jeune duc Jean-Marie fut mis entre les mains des Gibelins élus par le peuple ; la demeure de Barbarara fut saccagée, pillée, démolie, et la veuve de Galéas III alla s'enfermer dans le castello de Monza, sous la protection de *Pandolfo Malatesti*.

Alors on vit dans Milan les factieux emprunter le nom de Giameria ou Jean-Marie, l'aîné des fils de la duchesse-mère, pour favoriser la guerre contre la régente. Chaque jour le parti de Catharina et le prétendu parti de Giameria se combattaient dans les rues et dans les villes. Aussi vint un moment où la régente fut castello de Monza, enfermée, comme prisonnière d'Etat, dans le castello de Pavie, et *François Visconti*, frère de Jean Galéas et oncle des jeunes princes, lui ayant fait boire un breuvage empoisonné, Catharina mourut le 16 octobre 1404, dans ce donjon témoin de tant de crimes.

Bientôt après les deux orphelins se partagèrent les provinces du duché de Milan. Mais leur mésintelligence et leurs forfaits affaiblirent bien davantage le pouvoir des Visconti.

Giameria s'établit dans le castello de Milan, et Filippo-Marie dans celui de Pavie.

Mais Giameria ou Jean-Marie, ce nom est plus commode, ne se réserva d'autre part dans le gouvernement que celle d'ordonner les supplices et d'y présider. Il se faisait livrer les criminels afin de se donner le divertissement de les chasser, aux chiens courants, dans cette vaste enceinte qui précède le castello, maintenant place d'Armes ou Champ-de-Mars de Milan, mais jadis *Parc du Castello*. Son piqueur, *Squarcia Giramo*, nourrissait de chair humaine d'horribles dogues, afin de les accoutumer à cette chasse royale. Cet homme ignoble était le favori du prince. La veille d'une chasse, il faisait jeûner ses bêtes, afin de les rendre plus féroces. Un jour que les victimes manquaient, Jean-Marie fit déchirer et dévorer par ses chiens, *Jean de Pusterla*, *Antoine Visconti* et *François Visconti*, ses oncles, et bon nombre de gentilshommes, sous le prétexte qu'ils étaient Gibelins. Il livra de même, à la dent meurtrière de sa meute affamée, le fis de Jean de Pusterla, pauvre enfant de douze ans. Mais l'innocente créature, se voyant poursuivie dans le parc, se jeta à genoux pour demander grâce, et les dogues, s'arrêtant, ne voulurent pas le toucher. Moins sensible que les brutes, Squarcia, de son couteau de chasse, égorgea la faible victime, sans que les chiens consentissent à boire son sang chaud et à toucher aux débris du petit corps de cette innocente victime.

Il advint que la férocité de Jean-Marie, lui ayant attiré la haine des Milanais, une conspiration se forma dans l'ombre. Les *Pusterla, Biagio, Trivulzi, Mantegazzi,* et d'autres citoyens de premier rang, résolus à étouffer une si odieuse tyrannie, attaquèrent le duc, un soir, le 16 mai 1412, alors qu'il se rendait à la petite église *San-Gothardo,* attenante à un vieux *Palais d'Azzo Visconti,* non loin du Dôme, et le massacrèrent sans pitié.

On croit que les conjurés devaient aussi faire périr Filippo-Maria, afin de rendre l'héritage des Visconti à Hector, fils naturel de Bernabo; mais, en apprenant la mort violente de son frère, Filippo-Maria, s'assura de la garde du Castello de Pavie où il demeurait, et épousa en toute hâte *Béatrix Tenda*, la veuve de *Facino Cane,* l'un des capitaines de Jean-Marie tué en même temps que son maître, afin de recueillir ses richesses, et de les partager à ses soldats, pour se les gagner. La cupidité et le désir de se rendre dévouée sa milice, présidaient seuls à cette action, car Béatrix Tenda était plus âgée que lui de vingt ans.

Alors Philippe-Marie vint s'établir à Milan, où il régna pendant trente-cinq ans. Mais il eut à subir toutes les vicissitudes de la fortune.

D'abord les Florentins lui enlevèrent la ville de Pise; et puis les Vénitiens lui arrachèrent Pavie, Pavie sa seconde capitale, et Vicence, et Vérone, et Brescia, tous les fleurons de sa couronne de duc.

Mais en outre, dans ses dernières années, les troupes de Venise, conduites par *Carmagnola,* accompagné d'autres *condottieri,* vinrent le braver jusque sous les murs de Milan, ravageant toute la contrée sur leur passage. Aussi, pour s'étourdir, Philippe-Marie se livrait à mille plaisirs sans nom, dans l'obscurité de son Castello, ou bien il s'abandonnait à l'ivresse du sang qu'il versait à l'égal de son frère, Giameria.

Entre Milan et Pavie, au pied d'un monticule pittoresque, il est un joli village, que vous admirerez en le traversant, vous qui allez bientôt me quitter pour aller à Pavie, messieurs les touristes, et qui a nom *Binasco*, continua M. Eymard. Le sommet du mamelon est couronné par la masse imposante d'un vieux manoir dont les vastes ruines, maintenant accouplées à une jeune villa, vous frapperont et appelleront votre regard. C'était dans cet antique château, que Philippe-Marie tenait à l'écart la trop âgée, la douce et bonne Béatrix Tenda. Vous le savez, cette épouse du tyran avait le tort d'être plus âgée que lui de vingt ans. A Milan, Béatrix Tenda eut gêné Philippe-Marie. Cependant si la générosité, la patience et la noblesse de caractère peuvent tenir lieu à une femme de jeunesse et de beauté, Béatrix méritait d'être aimée. Mais fatigué de ses vertus, un jour de sombre mémoire, son mari l'accuse d'avoir violé la foi conjugale, avec un des plus jeunes courtisans. *Michel Orombelli* avoue; Béatrix, l'innocente Béatrix nie. Aussitôt elle est mise à la torture. Sous les violences de la douleur, la patiente en appelle à Dieu. Néanmoins la pauvre fille du marquis de Tenda, la duchesse de Visconti est condamnée comme coupable d'adultère. On la contraint de s'agenouiller devant le bourreau, et sa tête roule sur les dalles du préau, en murmurant encore qu'elle est innocente et qu'elle fut fidèle.

C'est à de telles œuvres que Philippe-Marie consacre les loisirs que lui laisse la guerre. Voulez-vous juger le personnage par son portrait? Le voici : Philippe-Marie Visconti est d'une très-grande taille; maigre dans sa jeunesse, il a pris un embonpoint excessif dans un âge plus avancé. Son visage est d'une laideur presque effrayante. Ses yeux sont fort grands, mais son regard est toujours incertain. Il néglige sur sa personne tout ce qui peut servir à plaire : l'élégance et même la propreté lui semblent odieuses, et il ne permet jamais l'accès auprès de lui à ceux qui sont habillés avec luxe. Ses seuls divertissements sont la chasse et les chevaux. D'ailleurs il est sombre, timide, craignant les éclairs et le tonnerre, les paroles mêmes qui peuvent le faire penser à la mort...

Mais il eut beau fuir cette pensée de la mort : elle vint le saisir, avant qu'il eût rien pu faire pour sortir des ruines qui s'amoncelaient autour de lui. Ce fut en 1449 qu'il quitta la terre pour aller à Dieu. A ce moment fatal, il ne cessait de répéter les paroles qu'avait prononcées Béatrix Tenda, au pied de l'échafaud, et qu'elle adressait à l'infâme Michel Orombelli, espérant toujours se sauver par une calomnie ; et tout en prononçant ces paroles, il repoussait le spectre de Béatrix qu'il croyait s'approcher pour le saisir.

J'ai parlé tout-à-l'heure des condottieri qui marchaient à la suite de Carmagnola. Ces condottieri n'étaient autres que des officiers de fortune, qui louaient leur courage et leurs services à qui voulait les payer et les employer, pour se disputer la possession de provinces. Ces guerres intestines entre les Républiques Italiennes et les familles puissantes, n'étaient pas des guerres normales, mais une guerre lente qui n'épuisait pas les ressources du pays et ne menaçait pas l'existence des grandes villes. Les condottieri, qui les faisaient, livraient bien bataille en conscience, mais ils changeaient volontiers de drapeau. Il arriva même que des condottieri, en feignant de servir les princes qui les avaient à leur solde, songèrent à leurs propres affaires, et se ménagèrent peu à peu l'avènement à une puissance qu'ils convoitaient.

C'est ainsi que Philippe-Marie Visconti, pour repousser les Vénitiens qui l'attaquaient jusqu'à Brescia, et voyant Carmagnola, qui était son beau-frère, ayant épousé une de ses sœurs, séduit par les propositions du Doge de Venise, Foscari, lui opposa un aventurier qui s'était fait un grand nom par son adresse et son courage. Ce condottiere, illustre déjà, était *Francesco Sforza*, fils naturel d'un paysan. Afin de se l'attacher, il lui donna en mariage sa fille illégitime, *Bianca Visconti*. Dès lors, Francesco, oubliant son origine, voulut s'anoblir et prétendit que son père le paysan, qui avait pour nom véritable *Muzio Attendolo*, descendait en ligne droite du brave Romain Mucius Scevola.

Aussi, fier de sa prétendue filiation, Francesco Sforza, se prit à aspirer au pouvoir du Visconti. Il profita donc de la mort de Philippe-Marie, en 1449, pour s'emparer de Milan, à main armée ; et, comme les Milanais accueillirent d'eux-mêmes ses prétentions, parce qu'ils aimaient Blanche Visconti, et que Philippe-Marie mourait sans autre postérité, l'aventurier, l'heureux condottiere Francesco Sforza se mit la couronne ducale sur la tête, en 1450.

Voici comment Muzio Attendolo, son père, avait changé son nom en celui de *Sforza* :

Etant né dans le petit village de *Cotignola*, entre Imola et Faenza, le 10 juin 1369, le jeune paysan s'était fait pâtre dans les montagnes voisines. Or, un jour qu'il gardait ses troupeaux sur la route, il entendit la musique sauvage d'une horde de *Compagnies-Franches*, bandes soldées qui, comme leurs chefs les condottieri, vendaient leur sang aux princes assez généreux pour le payer richement. Aussitôt il éprouva un belliqueux enthousiasme, qu'on l'engagea soudain à mettre à l'épreuve. Muzio Attendolo s'en remit au sort pour la résolution qu'il allait prendre. Ayant lancé sa cognée dans le tronc d'un arbre, elle y resta enfoncée très-profondément.

— Je me fais soldat! s'écria le pâtre.

Cet acte de vigueur lui fit donner alors, par ses nouveaux compagnons, le surnom de *Sforza*, qui veut dire *Vaillant*.

Brave, sobre, doué de vrais talents militaires, le nouveau Sforza ne resta pas long-temps dans les derniers rangs. Il se fit de lui-même condottiere, et appela sous sa bannière ceux qui voulurent le suivre. Alors il servit alternativement Florence d'abord ; puis les Papes Jean XXIII et Martin V ; les maisons d'Este et de Ferrare les Milanais et la reine Jeanne II, de Naples, dont il fut le favori.

Il devint gonfalonier de l'Église ; fut créé comte de Cotignola par Jean XXIII, puis il fut revêtu par deux fois du titre de grand connétable du royaume de Naples. Mais par deux fois aussi, Attendolo courut risque de la vie. La première fois, son rival près de la reine Jeanne, *Pandolfo Alopo*, le fit arrêter, puis le tira de prison et lui fit épouser sa sœur, comme gage de réconciliation. La seconde fois, incarcéré et mis à la torture par ordre de Jacques de Bourbon, époux de Jeanne II, lequel venait de mettre à mort Pandolfo-Alopo, Sforza dut la vie à la fermeté de sa sœur Margareta, qui fit saisir dans son camp quatre envoyés napolitains et relâcher son frère, en menaçant fièrement d'user de représailles sur les ambassadeurs du roi de Naples, si la liberté n'était pas rendue au brave condottiere.

Maintenant, voici comment périt ce hardi soldat : Il était à la tête des troupes de la reine Jeanne, alors que *Braccio* commandait celles d'Alfonse d'Aragon, en guerre avec Naples. Braccio assiégeait *Aquila*. Sforza marche au secours de la ville, et arrive sur les bords de la rivière *Pescara*, l'ancien *Aterno*. Entré dans le fleuve, tout armé, le casque en tête, avec une troupe d'audacieux soudards, Sforza repousse l'ennemi. Mais en traversant de nouveau le courant, pour ramener son armée à sa suite, il est entraîné par les eaux, au moment

La Lombardie.

même où il se penchait pour tirer à la surface un de ses pages qui se noyait. Alors, succombant sous le poids de ses armes, il fut englouti sans que l'on pût même retrouver son corps. C'était le 4 janvier 1424. Il avait alors cinquante-quatre ans.

Francesco Attendolo, qu'il avait eu de Lucia Terzana, en juillet 1401, prit son nom de Sforza, et à la fleur de l'âge, servit d'abord la reine Jeanne, puis René d'Anjou, que cette princesse avait fait son héritier. Mais, appelé bientôt par Philippe-Marie Visconti, pour lutter contre Carmagnola, qui désertait le parti de son beau-frère pour épouser celui de Venise, je vous ai dit comment il arriva, par degrés, à se faire couronner duc de Milan.

Une fois satisfait dans son ambition, Francesco Sforza se montra prince fort habile. Il gouverna les Milanais avec sagesse, fonda quelques établissements utiles, et créa le grand hôpital connu sous le nom d'*Ospedale-Maggiore*. Sa femme, Bianca Visconti, s'unissait à lui pour ces œuvres sages et pieuses.

Seulement, il prit soin d'écarter les Français d'Italie, tout en servant la France, où son fils Galéas commandait une armée, au service de Louis XI, favorable à l'ambition de Francesco, par antipathie pour son compétiteur, le duc d'Orléans, qui, ayant épousé Valentine de Milan, fille de Jean-Galéas Visconti et de la duchesse Catharina, avait des droits au duché de Milan.

On reproche cependant à Francesco, entre autres fautes graves, le meurtre de *Piccinino*, fils du général de ce nom, contre lequel, ayant guerroyé jadis, il conservait une sourde haine.

Galéas-Marie Sforza, fils de Francesco et de Bianca, revint de France et prit la couronne ducale, à la mort de son père arrivée le 8 mars 1466. Ce jeune prince, par sa conduite débauchée, ses prodigalités, sa férocité et les drames cruels dont il fit de nouveau le Castello l'infâme théâtre, fut le digne représentant de ses aïeux maternels, Bernabo, Jean-Marie et Philippe.

Aussi, continue M. Eymar en joignant l'action à la parole, pour vous raconter convenablement ce qui le concerne, entrons dans cette Eglise. Comme San-Gothardo pour Jean-Marie Visconti, *San-Stefano in Broglio* va devenir le théâtre d'une scène sanglante pour Galéas-Marie Sforza. Vous le voyez, elle est également située près du Dôme, à l'Orient, et elle date du ve siècle. Plusieurs fois détruite, elle a pu renaître de ses ruines : mais la voici telle qu'au jour où elle vit s'accomplir la tragédie que je vais dire. Asseyez-vous dans cet angle solitaire, plongé dans la pénombre, recueillez-vous et veuillez m'écouter encore :

Galéas-Marie Sforza était un monstre vomi par l'enfer. Sous le gouvernement de son père, Milan avait revu de beaux jours; mais il rappela bientôt sur elle les ténèbres et les douleurs de la misère et de l'oppression. Il n'est pas de crimes qu'il n'ait commis. Après avoir abreuvé d'outrages et couvert de honte d'innocentes victimes, ce monstre les faisait enterrer. Mais on ne les enterrait pas mortes... C'est vivantes, pantelantes, pleines d'effroi, que le maudit Castello les voyait plonger dans les entrailles de ses souterrains. Il en forçait plusieurs à se nourrir d'excréments humains et les faisait mourir lentement par cet effroyable régime. Aux supplices il joignait de féroces plaisanteries. Il lui arriva même de combler le déshonneur de certaines familles, en livrant les femmes aux hontes de lupanars.

Jérôme Obligati comptait une sœur parmi les victimes de la brutalité du tyran. Jugeant de l'irritation universelle par la sienne, il rechercha *Lampugnani* et lui proposa de mettre fin à une tyrannie insupportable. Ils s'associèrent *Charles Visconti*, et se lièrent tous par des serments mutuels. C'était dans le jardin de la basilique de Saint-Ambroise qu'ils tinrent leur première conférence. « Au sortir de cette réunion, écrivait Obligati, quelques jours après l'évènement, j'entrai dans l'Eglise : je me jetai aux pieds de la statue du saint Pontife qu'on y révère et je lui dis : Grand Saint, espérance et gardien du peuple de Milan, si les projets que tes enfants ont formé pour repousser loin d'ici la tyrannie et les débauches monstrueuses sont dignes de ton approbation, sois nous favorable dans les dangers auxquels nous allons nous exposer pour sauver notre patrie !... Pendant les jours qui suivirent, nous nous exerçâmes à l'escrime avec des poignards... La sixième heure de la nuit avant le jour de Saint-Etienne, désigné pour l'exécution, nous nous rassemblâmes encore une fois comme pouvant ne plus nous revoir... Le lendemain, de grand matin, nous nous rendîmes dans l'église Saint-Etienne, (celle-ci même, Messieurs), et nous priâmes le Saint de ne pas s'indigner si nous souillions ses autels par du sang, puisque ce sang devait accomplir la délivrance de notre pays. A la suite de ces prières nous assistâmes au saint sacrifice de la messe, célébré par l'archiprêtre de cette basilique; puis je me fis donner les clefs de la maison de cet archiprêtre, pour nous y retirer... (1) »

---

(1) *Confessio Hieronymi Oligati morientis*, apud Ripamontuum Hist. Medion LVI, p. 649.

Les conjurés (1) étaient dans cette maison, auprès du feu ; car un froid violent les avait fait sortir de l'église, lorsque le bruit de la foule les avertit de l'approche de Galéas-Marie Sforza.

C'était le lendemain de Noël, 26 décembre, 1476.

Galéas marchait vers l'église entre l'ambassadeur de Ferrare et de Mantoue. Jean-André Lampugnani s'avança au-devant de lui, dans l'intérieur de l'église, jusqu'à la pierre des Innocents. De la main et de la voix il écartait la foule. Quand il fut tout près du duc, il porta la main gauche, comme par respect, à la toque que Galéas tenait à la main : il mit un genou en terre, comme s'il voulait lui présenter une requête, et en même temps de la droite, dans laquelle il tenait un court poignard caché dans sa manche, il le frappa au ventre de bas en haut. Jérôme Oligati, au même instant, le frappa à la gorge et à la poitrine, Charles Visconti à l'épaule et au milieu du dos. Le duc tomba entre les bras des deux ambassadeurs qui marchaient à ses côtés, en criant :

— Ah ! Dieu !

Les coups avaient été si prompts que ces ambassadeurs eux-mêmes ne savaient pas encore ce qui s'était passé.

Au moment où le duc fut tué, un violent tumulte s'éleva dans l'église : plusieurs tirèrent leurs épées ; les uns fuyaient, d'autres accouraient. Mais les gardes du duc et ses courtisans, qui avaient reconnu les meurtriers, s'animèrent bientôt à leur poursuite. Lampugnani, en voulant sortir de l'église, se jeta dans un groupe de femmes qui étaient à genoux ; leurs robes et leurs mantes s'engageaient dans ses éperons : il tomba, et un écuyer maure de Galéas l'atteignant, le tua. Charles Visconti fut arrêté un peu plus loin et massacré par les gens du duc. Quant à Jérôme Obligati, sorti de l'église, il se présenta chez lui : mais son père ne voulut pas le recevoir. Un ami lui donna retraite : hélas ! il n'y fut pas long-temps en sûreté. Vers le soir, ayant entendu les vociférations de la populace qui traînait dans la boue le corps déchiré, mis en lambeaux, de son ami Lampugnani, glacé d'horreur et perdant courage, il se livra. Il fut aussitôt soumis à une effroyable torture ; et, ce fut avec le corps brisé, les os disloqués, les membres sanglants, qu'il écrivit la relation circonstanciée de la

---

(1) *Hist. des Rép. italiennes au Moyen-Age,* par Sismonde de Sismondi.

conspiration dont, tout-à-l'heure, je vous donnais un fragment. Il la termina par ces mots :

« A présent, sainte mère de notre Seigneur, et vous, ô princesse Bonne ! je vous implore pour que votre clémence et votre bonté pourvoient au salut de mon âme. Je demande seulement qu'on laisse à ce corps misérable assez de vigueur pour que je puisse confesser mes péchés suivant les rites de l'église, et subir ensuite mon sort. »

Obligati, qui avait alors vingt-deux ans, fut tenaillé et coupé vivant par morceaux. Il supporta le supplice avec un courage inexprimable. Le bourreau, en lui arrachant la peau de dessus la poitrine, lui fit pousser un cri. Mais il se reprit aussitôt, et dit en latin :

— *Mors acerba, fama perpetua, stabit vetus memoria facti* (1) !

Giovanni-Galéas Sforza, fils aîné du duc, fut alors reconnu duc de Milan. Mais, comme il n'avait que huit ans, on nomma régente la *princesse Bonne*, qu'avait invoquée Obligati, dans son manuscrit. La princesse Bonne de Savoie, belle-sœur de votre Louis XI, était la veuve du duc égorgé, et la mère du jeune duc régnant. A peine s'était-il écoulé quelques années, que le pauvre enfant mourait empoisonné en 1494.

Ludovic Sforza dit *le More*, à cause de son teint basané, frère du duc assassiné qui lui avait recommandé de veiller sur son fils, et oncle du jeune prince, était l'auteur de cet empoisonnement. Exilé deux fois de Milan, d'abord par Galéas-Marie Sforza, puis par la régente, Bonne de Savoie, Ludovic rentra sournoisement dans la ville, se promettant bien de n'en plus sortir et de prendre la couronne ducale.

Il avait épousé la fille des ducs de Ferrare, Béatrix d'Este, personne accomplie, mais cependant ambitieuse. On prétend même qu'elle ne fut pas étrangère au crime de son mari. Celui-ci appela en Italie le roi de France Charles VIII, qui désirait le royaume de Naples, en lui promettant son concours, à la condition de garder le Milanais qui devait revenir à la France, comme héritage de Valentine Visconti, femme du duc d'Orléans, tué dans la rue Barbette par Jean-Sans-Peur,

---

(1) Cette mort est dure, mais la renommée me survivra : la gloire de mon action est éternelle.

duc de Bourgogne. Charles VIII, arrivé en Italie, en fit la conquête avec une effrayante rapidité. Alors Ludovic Sforza, changeant de politique, se ligue contre les Français avec le pape, les Vénitiens, l'empereur d'Allemagne, le roi d'Espagne et la reine Isabelle. Heureusement pour votre nation, la victoire de Fornoue rouvre à Charles VIII le chemin de la France; mais elle le laisse sans pouvoir en Italie. Aussi Ludovic se croit affermi pour jamais sur le trône de Milan. Il est bientôt désabusé.

Voici que le bruit se répand dans Milan d'une nouvelle invasion d'une armée française, qui soumet en un clin d'œil au roi Louis XII tout le duché de Milan. Après avoir envoyé en Allemagne sa femme, ses enfants et ses richesses, Ludovic Sforza est obligé de fuir lui-même devant ses vainqueurs. On est alors en 1500.

Mais les Français, trop ardents toujours, se livrent à mille désordres dans cette ville. Aussi, rappelé par les regrets des Milanais, Ludovic reprend presque toutes ses possessions à l'aide d'une armée suisse, et met le siége devant Novare. Ce fut là qu'il trouva le terme de ses succès et le prix de ses perfidies. Les Suisses l'abandonnent. Ludovic essaie en vain de se sauver, sous l'habit d'un obscur fantassin : trahi par son confident, l'usurpateur des Milanais est livré aux Français, transféré dans votre Touraine et enfermé au château de Loches, où il meurt accablé de chagrins, en 1512.

— Mais il me semble, dit Emile, en interrompant, fort courtoisement du reste, M. Eymar, que nous ne devons pas trop vivement jeter la pierre à ce Ludovic Sforza, tout maure qu'il était, car enfin, c'est un prince qui a protégé les lettres et les arts. Une fois au pouvoir, ce pillard et cet empoisonneur devint un flambeau. Il fit écrire par son secrétaire *Bartolomeo Catchi*, un savant, certes! à tous les hommes fameux de l'Europe, et de l'Italie surtout, pour les attirer à sa cour. Il accueillit magnifiquement l'illustre peintre *Léonard de Vinci*, en 1489, le priant d'élever une statue à son père, Francesco Sforza. Il fut toujours son protecteur et son ami. Ce fut même pour le remercier de toutes ses intentions délicates, que Léonard de Vinci, dont le talent s'appliquait à toutes choses, composa, pour Ludovic, une lyre d'argent, dont il tirait les sons les plus harmonieux.

J'ai souvenance aussi d'avoir vu à Gênes, au palais Vivaldi-Pasqua, appartenant aux Grimaldi, le magnifique portrait, peint par Léonard, de la belle Béatrix d'Este, femme de Ludovic Sforza. A la juger par la noblesse, la beauté, la bonté même de ses traits, on se demande si jamais elle put être complice de son mari dans le parricide qui lui donna la couronne de Milan. Du reste, cette peinture est un des nombreux chefs-d'œuvre de l'illustre Vinci.

— Ce qui me reste à dire se réduit à peu de chose, reprit notre aimable Milanais.

Jules II, ayant rêvé l'affranchissement de l'Italie, forma la *Sainte-Ligue* pour l'expulsion des Français. Louis XII perdit donc le Milanais.

Alors *Maximilien Sforza*, fils de Ludovic, en 1512, reçut la couronne ducale du Milanais. Mais il se rendit tellement odieux aux habitants de Milan par ses exactions, qu'en 1515, il dut se retirer en France après avoir cédé son duché à François Ier qui, en échange, lui fit une pension de trente mille ducats. Ce fut à Paris que mourut Maximilien, en juin 1530.

Mais la bataille de Pavie fit encore perdre cette couronne à votre noble François Ier.

Cette fois, le second fils de Ludovic, *Francesco-Maria Sforza*, vint essayer du pouvoir à Milan. Il régna peu de temps, néanmoins, et institua pour héritier Charles-Quint, déjà maître de l'Allemagne, de l'Espagne et des Flandres.

A l'époque de la guerre de la succession d'Espagne, en 1700, le Milanais passa à la maison d'Autriche, qui acquit aussi le duché de Mantoue.

En 1796, les Français envahirent bien le Milanais : mais le traité de Campo-Formio ne rendit qu'une courte indépendance à notre pays, qui devint la répupublique Cisalpine, avec Milan pour capitale.

En 1805, le Milanais fit partie du royaume d'Italie ; puis, en 1815, il retombe sous la domination de l'Autriche, sous la dénomination de royaume Lombard-Vénitien. Mais c'est avec peine qu'il se soumet. Aussi le 18 mars 1848, quand votre révolution eut réveillé ce nom de république, les Milanais coururent aux armes, se soulevèrent, et, après cinq jours de combat, les troupes autrichiennes se retirèrent de Milan et se concentrèrent dans les forteresses. Un gouvernement provisoire fut établi et dura cinq mois, tant que put durer la guerre entreprise par le vaillant Charles-Albert, roi de Piémont. Alors les Autrichiens rentrèrent dans Milan, le 6 d'août...

— Et depuis le 6 d'août 1848, les Autrichiens sont vus de plus mauvais œil encore qu'auparavant... fit Emile. De leur côté, les Autrichiens surveillent de près les Milanais, témoins ces soldats armés qui viennent à nous, le fusil en bandouillère, et se promenant d'un air paterne, n'est-ce pas ?

— Monsieur, dans votre panégyrique de Ludovic le More, vous avez omis tout-à-l'heure, reprit froidement M. Eymar, au moment où les carabiniers se croisaient avec nous, qui descendions vers l'ouest de Milan par le *Corso della Grazie*, vous avez omis de nous dire que ce fut par le désir qu'en exprima Ludovic Sforza, que Léonard de Vinci composa, pour le réfectoire des dominicains du monastère de Sainte-Marie-des-Grâces, le fameux tableau de la Cène, son merveilleux *Cenacolo*, le chef-d'œuvre des chefs-d'œuvre, le prodige de la peinture.

On cite aussi, à l'honneur de Ludovic, le théâtre qu'il fit construire à Milan, comme le premier temple élevé par les modernes à l'art dramatique. Malheureusement il est détruit, et c'est un souvenir de perdu.

— Toujours est-il, dis-je à mon tour, que, des Sforza, nul reste : tandis que la race des Visconti existe toujours. Cette illustre famille a pris dans les arts et dans les sciences le rang qu'elle a perdu dans le monde. *Ennio Quirino Visconti*, né à Rome, le 1er novembre 1751, et qui, à treize ans, traduisait en Italien l'*Hécube* d'Euripide, est devenu le plus célèbre archéologue de notre époque. Aussi, le Pape le nomma-t-il sous-bibliothécaire du Vatican. En 1787, il était conservateur du musée du Capitole. Lorsque les Français, commandés par Berthier, arrivèrent à Rome, Visconti fut nommé ministre de l'intérieur, par le gouvernement provisoire. Au mois de janvier 1798, il devint l'un des Consuls de la nouvelle et éphémère République romaine. Puis, attaché au sort des républicains, il quitta Rome en 1799, et vint à Paris, où le pouvoir d'alors le nomma professeur d'archéologie, et conservateur des antiques et du musée du Louvre. Il mourut à Paris, en 1818.

Nous arrivions en ce moment au *Corso di Porta Vercellina*. Mais, en approchant de la *Contrada di Meravigli*, M. Eymar nous fit pénétrer, à droite, dans un réseau de rues solitaires et paisibles, et là, près de la *Contrada di San-Vito*, notre cicerone nous précédant dans un jardin situé au fond d'une cour silencieuse, nous fit signe d'y entrer après lui, et lorsque, réunis sous des arbres verts et près de charmilles antiques, nous le regardions pour l'interroger, il nous dit :

— Veuillez vous asseoir sur ce banc de bois : je n'ai malheureusement pas d'autre siége à vous offrir... Ne vous sentez-vous pas ému? ajouta-t-il, d'un air de mystère. Le poids d'une pensée sainte ne pèse-t-il pas sur vous, comme quand vous entrez dans une enceinte consacrée par quelque grand événement? Pour moi, et il en est de même pour vous, je le vois à l'expression de vos visages, rien n'a de charme et de poésie comme ce verger ombreux, déjà rétréci par les empiètements successifs des maisons voisines que l'on y a bâties. Quelques arbres couvrent de leur ombre la pelouse de ce jardin, qui, du reste, voit peu le soleil. Mais dites-moi, je vous en prie, si c'est une illusion de mon cerveau : il me semble qu'il plane ici quelque chose de saint qui porte au recueillement? Je me sens tout pénétré d'un profond respect en foulant cette terre dont la gloire compte déjà quinze siècles...

— Mais de quoi s'agit-il? balbutiait l'impatient Emile.

— Oui, en levant les yeux sur ces figuiers, rejetons sans doute d'un figuier fameux, et...

— Mais quel est ce mystère? Que voulez-vous dire? Où sommes-nous? dit Emile, plus intrigué encore de la solennité mystique de notre ami.

Le Milanais sourit avec tristesse, sembla se réveiller et dit enfin :

— Où nous sommes? dans le *Jardin d'Alipius !*

— Le Jardin d'Alipius? Qu'est-ce qu'Alipius? fit Emile.

— Ce que je veux dire? continua M. Eymard, parlant comme s'il n'avait pas été interrompu, écoutez-le :

Il y a de cela mille cinq cent quatre-vingt-quatre ans. C'était en 374. Mon début ressemble à celui d'un roman, n'est-ce pas? Mais gardez-vous de croire que ce soit une fiction! C'est une histoire vraie, une histoire réelle que vous allez entendre. Donc, en 372, arrivait ici, à Milan, et venait se fixer dans une maison qui a été remplacée par celle qui nous fait face, et qui avait pour verger ce jardin resté tel qu'à cette époque, un jeune Africain, au noble visage, barbe touffue, face brunie par le chaud soleil du midi, yeux noirs et pleins de feu. Il était accompagné d'une femme de Carthage dont la main guidait les pas mal assurés encore d'un enfant.

Cette maison et son jardin appartenaient à un Milanais du nom d'Alipius.

Et, à voir l'empressement qu'il mettait à bien accueillir l'Africain, on comprenait qu'une noble pensée d'admiration et de dévouement inspirait son cœur. En effet, il arrivait avec son hôte, le connaissait déjà, et semblait l'apprécier beaucoup.

En même temps que ces nouveaux personnages s'installaient dans la maison dont cette demeure a pris la place, survenait aussi à Milan, et s'établissait dans une rue voisine, une inconnue d'un âge mûr déjà, mais dont le visage, sombre et pensif, indiquait que la main d'une calamité quelconque pesait sur elle. Toutefois, de ses traits recueillis rayonnait un regard suave et doux, mais fixe, qui semblait creuser l'avenir, et s'adressait souvent au ciel comme pour en invoquer le secours et la force. Cette femme, vêtue de deuil à la mode romaine, se faisait appeler Monique.

Le jeune Africain, né en 354, à Tagaste, petite ville de Numidie, assez voisine d'Hippone, avait eu pour père un Numide, du nom de Patricius, encore adonné au culte des idoles, mais qui, saintement inspiré par sa femme, pieuse et craignant Dieu, nommée Monique, avant de mourir, avait demandé le baptême et avait été régénéré par ses eaux salutaires. Instruit par sa mère des mystères de notre religion, et fait cathécumène, notre Africain, à l'inverse de ses parents, n'était ni idolâtre, ni catholique. Il était amant de la science et du plaisir. Après avoir eu tous les genres de succès dans de profondes études, à Madaure, puis à Carthage, où une liaison illégitime avec la jeune femme, sa compagne de voyage, lui avait donné un fils qu'il appelait Adeodat (1), il était venu à Rome, ouvrir une école de Belles Lettres. Là, ses succès l'avaient bientôt fait connaître de toute la ville et spécialement de Symmaque, préfet de Rome. Il était advenu alors qu'une députation de la ville de Milan étant arrivée à Rome, pour demander à Symmaque un maître habile dans les Lettres pour professer à Milan, le préfet de Rome avait aussitôt choisi le jeune Africain et l'avait envoyé occuper, à Milan, la chaire d'éloquence et de rhétorique.

Ce nouveau professeur avait nom Augustin.

Cependant, tout en se livrant à l'étude et aux plaisirs, ses deux grandes

---

(1) *Adeodat, Adeodatus, donné par Dieu, don de Dieu, à Deo datus.*

passions, Augustin n'était pas heureux. Il avait l'âme trop grande, le génie trop vaste, les idées trop saines pour rester sans croyances. Il comprenait qu'il devait exister un Dieu, auteur et maître de toutes choses : il devinait que le monde, imparfait comme il le voyait, subissait une réprobation quelconque du ciel irrité; il jugeait qu'au-dessus des passions des hommes devait planer une vérité céleste, suprême, qui seule renfermait le bonheur, la force de l'âme, la paix du cœur, le calme de la conscience. Mais, où se trouvait cette vérité ? Tel était le mystère que chaque jour creusait Augustin : telle était la question qu'il traitait avec ses amis, avec Alipius son disciple, avec les savants et les penseurs de cette époque. La doctrine de Jésus, nouvelle et sublime, divine et pure, était bien là, à sa portée ; mais comment adopter une doctrine qui proscrivait le plaisir, éteignait les passions, étouffait l'ambition, et à la gloire, à la renommée substituait l'obscurité, l'abnégation, l'humilité. Aussi Augustin frémissait-il à la pensée de ne trouver la vérité que dans la religion du Christ ! Il préférait l'expliquer à sa façon ; et, pour se donner à lui-même une excuse à l'endroit de ses appétits grossiers, il aimait mieux adopter l'erreur des Manichéens. Ainsi la recherche de la vérité le jetait dans le mensonge. Mais comme l'Ecriture a dit : *Irrequietum est cor nostrum donec requiescat in te !* ou bien encore : *Non est pax impiis !* (1) Augustin souffrait mille anxiétés; Augustin était en guerre avec lui-même; Augustin était malheureux.

A cette époque, Milan était devenue la capitale des empereurs d'occident, de préférence à Rome, d'où, à raison du foyer d'intrigues et d'insurrection perpétuelle qui s'y était établi, on pouvait difficilement surveiller les Barbares qui menaçaient l'empire romain. Valentinien le Jeune tenait donc sa cour à Milan, et chacun des princes, qui se succédaient sur le trône, prenait à cœur d'embellir cette ville, déjà si heureusement favorisée par la nature.

Un jour, Augustin, devant prononcer aux calendes de janvier, 385, le panégyrique de l'empereur et du consul nouvellement élu, et qui devaient faire partie de l'auditoire, s'inquiétait beaucoup du succès. Aussi, traversant vers le soir les rues de Milan, il vit un mendiant qui, sans soucis et fort joyeux, se divertissait devant la foule et amusait le public de ses lazzis grivois.

— Voici un misérable qui s'étourdit sur ses peines à l'aide des aumônes

---

(1) *Notre cœur est inquiet tant qu'il ne se donne pas à Dieu... Il n'y a pas de paix pour l'impie.*

qu'il a reçues ce matin! dit-il. Certes! sa joie n'est pas réelle : mais celle que recherche notre ambition, notre folie à nous, l'est-elle davantage? Non! nous sommes aussi misérables que lui! Il doit y avoir un autre bonheur que celui de l'ivresse et de l'ambition.

A quelque temps de là, une femme voilée se présenta mystérieusement dans la demeure de l'archevêque de Milan, Ambroise, qui occupait alors le siége archiépiscopal. Ambroise était un digne représentant du sacerdoce de Jésus : nous aurons bientôt l'occasion d'en parler ailleurs qu'ici. Une fois admise devant le prélat, cette femme laissa tomber son voile et, montrant un visage maigri par la douleur, inondé de larmes brûlantes, elle s'agenouilla.

C'était l'inconnue qui avait pris gîte dans le voisinage d'Augustin.

— Vous avez parmi vos ouailles, dit-elle à l'homme de Dieu, un habile rhéteur, du nom d'Augustin, venu depuis peu dans cette ville. C'est un savant que la cité tout entière admire, mais qui scandalise la cité par la conduite qu'il mène. Il déshonore son foyer par mille désordres. Hélas! Père en Dieu, priez le ciel pour la conversion de cet enfant égaré, qui désole sa mère, osant à peine vivre dans son voisinage, fuyant un toit sous lequel il ne réside pas seul, et pleurant tous les jours de sa vie sur la perte de son fils!

— Je devine qu'Augustin est le fruit de vos entrailles, répondit le prêtre : vous êtes Monique, sa mère! Réjouissez-vous donc, sainte femme. Votre fils, un fils de tant de larmes ne périra pas. Je le connais : il vient me voir; il visite souvent Simplicien, l'un de mes prêtres. Augustin cherche la vérité, à cette heure il lit Platon : bientôt il lira saint Paul. Sa conversion est proche...

Or, un Africain du nom de Pontitien, ayant à la cour un emploi considérable, et qui était chrétien, frappait ce même jour et à la même heure, à la porte de la maison, que celle-ci a remplacée. Pontitien venait visiter Alipius et le grand rhéteur Augustin. Le premier objet qu'il vit sur une table fut le livre des *Epîtres de saint Paul*. L'Africain prit texte de ce livre pour parler de sujets religieux : il se mit à raconter aux deux amis les prodiges de la vie de saint Antoine, mort depuis peu, et dont ils ne connaissaient pas même le nom. Il leur apprit aussi, à leur grand étonnement, qu'il y avait hors des murs de Milan, un monastère rempli de serviteurs de Dieu, qui vivaient dans une grande ferveur sous la conduite d'Ambroise, l'archevêque de Milan.

Puis, Pontitien, les voyant fort attentifs aux discours qu'il tenait, leur dit :

— Tout récemment l'empereur était à Trèves, et je l'y avais suivi avec la cour. Pour faire honneur au prince, la ville donna de grandes fêtes : il y eut même des combats dans le cirque, vers la chute du jour. Nous étions là quatre amis ne voulant pas assister à ce cruel spectacle, et nous allâmes nous promener dans les jardins contigus à la ville. Nous marchions deux à deux. Ceux qui nous précédaient s'éloignèrent insensiblement, d'un pas plus rapide, et arrivèrent au pied d'une colline. Là, dans un vallon fort solitaire, quel ne fut pas leur étonnement de trouver quelques huttes appuyées aux rochers, dans lesquelles ils virent de pauvres ermites vivant loin du monde, priant Dieu, et cherchant le ciel. Un livre était abandonné sur une pierre du chemin : ils l'ouvrirent. C'était la vie de saint Antoine. L'un des deux compagnons se prit à lire, et, tout en lisant, il se faisait en lui une grande admiration, de l'enthousiasme, un changement. Cet homme était collecteur d'impôts à la suite de la cour : il avait mis son ambition à se faire remarquer de l'empereur. Soudain il s'arrête dans sa lecture, et s'écrie :

— Mais, en vérité, où prétendons-nous arriver ? Nous nous donnons beaucoup de mal pour obtenir un seul regard d'un empereur qui ne fait pas attention à nous, tandis qu'en servant Dieu, nous pourrions nous donner un ami qui ferait notre bonheur présent et futur ! Oh ! je reste : retournez seul ; désormais, je suis au Seigneur !

— Je demeure comme vous, dit l'autre : comme vous je sacrifie la vie présente, bien triste, certes ! à la vie future...

— Sur ce, nous arrivions, nous, continue Pontitien. Nos amis nous apprennent leur résolution subite : nous leur faisons certaines objections qu'ils écoutent. Mais c'était chez eux parti pris.

— Et vous revîntes seuls à Trèves ? demande Alipius.

— Seuls ! fit Pontitien.

Pontitien avait à peine quitté Alipius et Augustin, que celui-ci, marchant avec feu dans l'appartement, dit à son hôte :

— Comment pouvons-nous souffrir que des ignorants s'élèvent et gagnent ainsi le ciel, tandis que nous, avec toute notre science, nous sommes sans cœur, et nous croupissons dans un vain attachement aux choses périssables de la terre? Rougirons-nous de suivre ces collecteurs d'impôts, et tant d'autres qui nous précèdent? Mais quelle honte y a-t-il à les suivre?...

Augustin prononçait ces paroles avec un ton de voix qui indiquait une extrême émotion. Son visage se transformait. Subitement, prenant les épitres de saint Paul, il entre dans ce jardin. Alipius, étonné de son agitation et de l'énergie de son accent, passe avec lui dans le verger. Ils s'assoient l'un et l'autre le plus loin de la maison qu'ils peuvent. Augustin portait en son âme une violente tempête, mille pensées lui traversaient l'esprit. Il sentit que des larmes allaient couler de ses yeux ; et, comme on pleure plus librement quand on est seul, il se lève, se met à l'écart d'Alipius stupéfait, et se jetant la face contre terre sous un figuier, donne un libre cours à ses larmes qui coulent en abondance (1).

— Jusques à quand, jusques à quand dirai-je : A demain, à demain ! Pourquoi pas aujourd'hui? balbutiait-il à mi-voix.

Tandis qu'il parle de la sorte, le cœur plein de douleur et pleurant amèrement, il entend, dans une de ces maisons qui avoisinent le jardin, une voix, comme la voix d'un enfant, qui dit en chantant :

— Prends et lis, prends et lis !

Augustin change aussitôt de visage, se soulève de terre, écoute encore, et cherche dans sa mémoire s'il n'y aurait pas quelque jeu où les enfants auraient coutume de chanter ces paroles. Et, comme jamais il n'a rien entendu de semblable, il cesse de pleurer et se lève, persuadé que c'est un avertissement du ciel. Il retourne aussitôt près d'Alipius, prend les Épitres de saint Paul, et lit en silence au hasard :

« *Ne passez pas votre vie dans les festins et dans l'ivrognerie, ni dans la débauche et l'impureté, ni dans l'avarice et la contention d'esprit : mais revêtez-vous de notre Seigneur Jésus-Christ, et gardez-vous de satisfaire les désirs déréglés de la chair...* »

---

(1) *Confessions de saint Augustin*, liv. VIII, ch. 2 et suivants.

Augustin n'en veut pas lire davantage, cela n'est pas nécessaire ; un rayon de céleste lumière vient d'éclairer son âme. Il était converti.

C'était au mois d'août de l'an 386 : Augustin avait alors trente-deux ans.

— Et c'est dans cet endroit même, dans ce jardin, en face de cette maison, qu'il se convertit, mais... convertit sérieusement? dit Emile, en voyant M. Eymar ne plus rien ajouter à son récit.

— Ici même, dans ce jardin, en face de la maison que celle-ci a remplacée, et si sérieusement, dis-je à mon tour, qu'Augustin fit partir pour l'Afrique la jeune Carthaginoise qui l'attachait si fort à la terre; que sa mère, la vertueuse Monique, vint s'asseoir aux côtés de son fils; que le ciel lui ayant retiré, à la fleur de l'âge, et malgré les belles espérances d'avenir qu'il donnait, son cher Adéodat, Alipius, Augustin, Monique, sa mère, et Navigius, son frère, se réfugièrent dans une campagne voisine de Milan, pour préparer au baptême les deux nouveaux néophytes...

Je vous laisse à penser, mon cher Eugène et ma bonne Angélique, si nous sommes pénétrés d'un saint respect dans ce jardin d'Alipius. Notre silence à tous les trois nous révèle les émotions de nos âmes. L'impression de ce lieu sacré sera l'une de mes douces impressions de voyage ! Je la conserve au plus profond de mon cœur et me garde bien de la déflorer par trop de paroles.

Mais voici le moment de vous dire adieu, car j'entends mon Milanais et mon cher Emile qui m'appellent pour aller prendre les *pezzi* (1) et *l'arancia semata all'uovo* (2), dont Emile est fou, en même temps que nous jouirons de la belle musique des Autrichiens qui se fait entendre au *Jardin Public*, superbe et vaste promenade située près de la porte Orientale. Il ne me reste plus qu'à vous dire que je vais bien ; à faire des vœux pour qu'une avalanche de couronnes tombe sur votre petit Charles à la distribution des prix, et à vous souhaiter *una felicissima notte* (3), jusqu'à ce que vienne le *benedetto giorno* (4) où j'aurai le plaisir de vous revoir.

A vous, tout à vous, partout, toujours.

VALMER.

---

(1) *Pezzi*, glaces dures.
(2) *Arancia semata all'uovo*, orgeat battu avec un jaune d'œuf.
(3) *Una felicissima notte*, une très-bonne nuit.
(4) *Benedetto giorno*, l'heureux jour.

III

A MADAME F. DOULET, A PARIS.

Un festin de fiançailles au moyen-âge. — Les blancs et les noirs. — Laure et Pétrarque. — Sonnets t Canzoni. — L'église Saint-Ambroise. — Atrium antique. — Portes de cyprès. — Le serpent d'airain. — Le Paliotto. — Une plaque d'orfèvrerie de 4,000,000. — Opale grosse comme un œuf. — Mosaïque du IX° siècle — Un siège épiscopal de seize cents ans. — Drames dont cette église fut le théâtre. — Théodose le Grand. — Comment un cocher massacra cinq mille hommes. — Un empereur en pénitence publique. — Un essaim d'abeilles autour du berceau d'un enfant. — Ambroise, évêque. — Hymne ambrosienne. — Palimpsestes. — Lettre et cheveux de Lucrèce Borgia. — Théâtre de la Scala. — L'abbaye Santa Maria delle Grazie. — La merveille des merveilles. — Le Cenacolo, de Leonardo di Vinci. — Le lion et le roi. — Musée de Brera. — Perles et diamants. — Une exécution imprévue. — Santo-Celso. — Santo-Eustorgio. — San Lorenzo. — Les palais de Milan. — Un souvenir de la Carcere Duro. — L'Autriche et son Spielberg. — Départ.

Milan, 4 septembre 185...

Il y a quelques jours, à l'heure où les rayons du soleil ne tombent déjà plus qu'obliquement sur la terre et laissent les rues des villes dans une demi-teinte lumineuse, si douce à l'œil, je me trouvai dans un verger de Milan que l'on nomme le Jardin d'Alipius. On ne le connaît pas à Milan même, ce jardin : on le confond avec tant d'autres terrains vagues et plus ou moins plantés, qui sont disséminés un peu partout, et presque personne ne le visite. Cependant quel intérêt il mérite! Sombre et frais, possédant à peine quelques figuiers, furtivement éclairés, quand nous y étions, par des reflets de lumière dans lesquels se jouait leur feuillage d'un vert tendre, il me voyait assis, sur un banc rustique, entre deux amis, et en face d'un grand souvenir.

Ce souvenir mettait en scène devant moi, Dieu et une femme, un fils et une idole de chair. Il y avait lutte entre eux. Dieu et la femme triomphèrent, le fils et l'idole furent vaincus... Vous devinez mes héros; il suffit de les nommer :

Monique, une seconde fois, enfantait Augustin !

Monique, mère sainte, et Augustin, fils pieux, étaient bien faits pour inspirer celui de nos poètes qui écrit des poèmes avec ses pinceaux : je veux parler d'*Ary Scheffer* dont la France porte aujourd'hui le deuil. Ary nous a légués, avant sa mort, un admirable tableau qui représente ces deux vénérables personnages. Quelle idéalité mystique n'ont-ils pas inspirée à l'artiste ! Je trouve cette page, l'une des plus sublimes du poète, si merveilleusement inspiré cependant dans toutes ses œuvres.

Ah! ma bonne mère, si jadis Milan posséda de grands saints, plus tard elle compta aussi dans ses murs de bien profonds scélérats. Il suffit de nommer les Torriani, les Visconti, les Sforza. Quelle série de crimes ! Je les passe sous silence; j'aime mieux vous parler d'une fête qui fut donnée par le plus farouche de ces Visconti, le terrible Bernabo. Je voyais hier une peinture faite en commémoration de cette fête : il m'a suffi d'étudier le tableau pour connaître l'histoire. Je vous la raconte telle que je l'ai lue dans les groupes de personnages en action sous mes yeux.

La scène se passe au Castello, ce formidable théâtre de tant d'affreux supplices : mais en ce jour il a déposé son aspect sinistre, et il est couronné de fleurs, habillé de guirlandes, ceint de gros bouquets de fleurs, pavoisé, tapissé, écussonné, presque coquet, l'infâme brigand.

On marie *Violante*, fille de Galéas II Visconti, avec *Lionel, Comte de Clarence*, l'un des nombreux fils du roi d'Angleterre, Edouard III, et frère du célèbre Prince-Noir. Comme Galéas II demeurait à Pavie, c'est une visite de noces que l'on rend à Bernabo, son frère, oncle de l'épousée, qui habite Milan. Aussi Bernabo s'est mis en frais : vraiment, pour un tel homme, il fait noblement les choses.

D'abord une chevauchée, composée de diverses compagnies d'hommes et de femmes, et conduite par Bernabo, en grande robe constellée de pierreries, avec ceinture d'or, écharpe d'or, s'avance à la rencontre des jeunes époux, et l'on complimente le prince anglais. Malgré son nom, Violante porte une douceur angélique sur sa blanche physionomie. Quant au comte de Clarence, il est raide et fier, comme un Anglais.

Vient ensuite une seconde chevauchée de trente demoiselles d'honneur, toutes vêtues de robes blanches brodées d'or et ornées de franges et de bandelettes de même métal. Elle précède le frère de Violante, Galéas Visconti, qui porte déjà le titre de Comte des Vertus, qu'il doit à son mariage avec Isabelle de Valois, fille de notre roi Jean. Ce jeune prince au visage narquois et rusé, s'avance à la tête de trente chevaliers et de trente écuyers, vêtus d'habits uniformes, et montés sur de superbes palefrois, tout équipés pour la joûte et le tournoi qui doivent être célébrés après le festin. La selle et la housse des chevaux resplendissent d'or et de pierreries.

Toute la ville de Milan a mis des oriflammes au faîte de ses maisons, aux fenêtres, aux tours et aux clochers ; et dans ses rues, elle étale la foule compacte de ses manants endimanchés, et de ses bourgeois en grands parements de gala.

Il est difficile de rien imaginer de plus splendide que la salle du banquet. Les tables nombreuses, car elles débordent de la salle à manger d'honneur, et les grands bahuts et buffets, ainsi que les hauts siéges armoriés et sculptés, sont établis jusque sous la feuillée du parc. On ne compte pas moins de dix-huit services : encore sont-ils entremêlés de riches dons de pierreries, d'habits, d'étoffes de velours, de soie, d'argent et d'or, que présentent les corporations et métiers de Milan ; ou de meutes de limiers, bassets et lévriers accouplés qu'amènent des piqueurs ; ou bien d'étalons, de cavales, et de légères haquenées, qu'accompagnent des palefreniers, tous houssés, costumés, et portant les armoiries du prince et de la princesse. A leur tour, les jeunes époux répondent à la courtoisie qui leur est faite, par des dons qui surpassent en richesse les offrandes qu'ils reçoivent. On voit arriver et disparaître des vases de vermeil, des candélabres d'or, des hanaps, des colliers de perles, des diadèmes de saphirs, des parures d'émeraudes, tous les trésors que peuvent embellir l'émeraude, la turquoise, l'opale, le rubis et le diamant. Puis vient l'heure de vider et de remplir les coupes, pour les vider de nouveau, et boire sans fin à l'honneur et au bonheur des époux. Six barils d'argent doré contiennent les vins de Malvoisie et un agréable vin clairet de Toscane, chanté par *Dante*, dans son *Purgatoire*, et connu sous le nom de *Vernaccia*.

Tout le monde est à la joie : Galéas II rit de travers; Bernabo paraît ivre; le Comte des Vertus chantonne; tous les fronts s'épanouissent. Un seul personnage semble étranger à la fête, et ne prend point part à ce monstrueux festin qui prouve l'amour de la bonne chère chez les Milanais, et justifie à l'avance ce vers d'*Alfieri* :

<blockquote>I buoni Milanesi han gusto a banchettare (1).</blockquote>

Ce personnage, soucieux et triste, est noble de visage et de tête. Son œil fauve brille d'un feu sacré. Pas de barbe au menton, mais une suave expression de finesse dans la bouche, dont le pli semble cacher toujours une sublime beauté prête à s'envoler. Il est entièrement vêtu d'écarlate, sans que sa robe soit serrée à la taille, et son capuchon, doublé d'hermine, retombe sur ses épaules en une longue pointe. Assis à la table de sire Lionel, d'un comte de Savoie et d'un grand nombre de barons, chevaliers et gentilshommes, il tient à la main une lettre, dont le contenu, sans doute, a fait naître sa mélancolie.

Enfin je reconnais ce héros de la table de sire Lionel. C'est *Francesco Petrarca*, c'est le bon, le généreux, le grand *Pétrarque* dont la vie, les soucis, les tendres canzoni me reviennent à la mémoire.

Alors que Guelfes et Gibelins déchirent l'Italie et que chacun de ces partis, divisé en une infinité de factions, joint à la guerre générale autant de guerres particulières que l'Italie compte de villes, les habitants de Florence, qui sont Gibelins, se partagent, dans leur cité, en *blancs* et en *noirs*. Blancs et noirs se bannissent alternativement. Le vieux Pétrarque, *blanc*, subit la loi du plus fort. Il est en exil à *Arrezo*, dans le val de l'Arno, près de Florence, et de là, pendant une nuit tiède, celle du 20 juillet, 1303, avec d'autres blancs, il tente infructueusement de surprendre Florence. A la même heure de la même nuit, Eletta, sa femme, met au monde Francesco Petrarca, notre mélancolique et soucieux convive.

---

(1) *Les bons habitants de Milan aiment à banqueter.*

C'est moins le peu de biens séquestrés par les noirs que la considération dont il jouit dans sa patrie que regrette le vieux Pétrarque. Néanmoins il espère se retrouver auprès du pape Clément V, qui venait de transférer le Saint-Siège à Avignon : il s'y rend donc avec sa famille. Jusqu'alors, son fils, âgé de neuf ans, et que plus d'un danger menaça pendant ce voyage, n'a reçu de soins que d'Eletta, sa tendre mère. Mais arrivé en Provence, on l'envoie à Montpellier étudier la théologie et le droit, sciences considérées comme indispensables à cette époque, mais auxquelles le jeune Pétrarque préfère l'étude de Cicéron, de Virgile et de nos troubadours. Son père, loin d'encourager ce penchant, brûle les livres favoris de l'adolescent, dont l'imagination précoce s'est exaltée dès l'âge de dix ans, à la vue de la Fontaine de Vaucluse. Pétrarque devint savant par obéissance, mais demeura poète. Toutefois la mort de son père et de sa mère ramène Pétrarque à Avignon, de Bologne où il se trouvait alors. Il a vingt ans, tient peu aux richesses, mais découvre que l'infidélité de son tuteur le réduit, ainsi que son frère Géraldo, à la nécessité de travailler pour vivre. Géraldo, pieusement élevé, se fait Chartreux ; Pétrarque, poète par-dessus tout, compose des vers. Bientôt on le recherche à la cour pontificale de Jean XXII, et il devient l'ami de Giovanni et Giacomo Colonna, deux illustres courtisans.

Un jour, c'était le lundi saint, 6 avril, 1327, Pétrarque allant à l'Eglise Sainte-Claire, assister à l'office, à six heures du matin, se trouve face à face avec une jeune femme de vingt ans, blonde, fraîche, dont les yeux expriment la pureté des pensées, le parfum et quelque chose de la tristesse d'un esprit élevé que le devoir place et maintient dans l'oppression. Pétrarque est ému : il devine la douleur cachée sous ces nobles traits, il se sent pris d'une sympathie qui ne doit s'éteindre qu'avec sa vie. La jeune femme a nom Laure de Noves. Elle est l'épouse de Hugues de Sade, gentilhomme distingué, mais dont le caractère difficile et l'humeur impérieuse doivent rendre et rendent, en effet, très-pénible la vie intérieure. Pétrarque ne s'est pas trompé : Laure est une victime ; sa tendresse redouble pour elle. Cette rencontre décide de la vie de Pétrarque : à Laure il sacrifie son goût pour la solitude ; et l'entoure de l'amitié la plus pure. On le connaît alors davantage. La société d'Avignon, si brillante à cette époque, s'empresse de rendre hommage à ses connaissances immenses et variées, et à son beau talent poétique que mettent en relief les admirables *Sonnets* qu'il adresse à Laure de Noves, et que tout le monde admire.

Cependant, pour se distraire, Pétrarque quitte Avignon : il parcourt la France et voyage jusque dans les Pays-Bas ; mais il ne peut vivre éloigné de Laure et de Vaucluse, et revient en Provence, où les vertus de la dame de Sade, les eaux de la Sorgue et les prés qu'elle arrose lui inspirent ses immortels *Canzoni*.

Les dissensions de l'Italie et l'abandon de Rome l'affectent profondément. Plongé dans des idées graves, il prend les ordres, et, en 1335, il peint dans des vers latins, adressées à Benoît XII, les maux de la patrie et le désir de voir retourner à Rome son souverain. Ces vers ne persuadent pas le Pontife; mais leur auteur est nommé chanoine de Lombez. Pétrarque profite de l'aisance que lui donne cette faveur pour visiter l'Italie, puis il revient encore à sa maison de Vaucluse, et écrit son épopée latine, *Africa*. C'est alors qu'au milieu d'une fête, l'empereur d'Allemagne, passant par Avignon, rencontre Laure et lui demande courtoisement la permission de baiser les *beaux yeux* que célèbrent de si *beaux vers*. Ce trait fait juger de la réputation qu'ont acquise à Pétrarque ses sonnets italiens. Toutefois il acquiert encore d'autres titres à la gloire. En 1341, il est appelé à Rome pour y recevoir la couronne lauréale décernée au premier poète de l'époque. Il se rend dans cette ville, en passant par Naples, où il soutient durant trois jours un examen sur l'histoire, la littérature et la philosophie, avec un tel éclat, que le savant roi Robert, émerveillé, se dépouillant de sa robe, le prie de l'accepter et de la porter le jour de son couronnement. C'est cette même robe que je vois à Pétrarque, sur le tableau en question. Donc, le jour de Pâques, 8 avril 1351, Pétrarque monte au Capitole pour y recevoir la couronne de laurier qu'il va ensuite déposer sur l'autel de saint Pierre, à travers une foule dont les acclamations expriment l'enthousiasme.

Alors aussi, le duc de Parme fixe Pétrarque auprès de sa personne avec le titre d'archidiacre de l'Eglise de Parme. A partir de ce moment, Pétrarque est honoré de diverses missions politiques. Chargé par la ville de Rome de solliciter Clément VI d'y reporter le Saint-Siége, il passe et repasse souvent les Alpes. Clément VI lui-même le prie de faire valoir les droits du Saint-Siége à la régence de Naples. Louis de Gonzague, duc de Mantoue, l'envoie intercéder auprès de l'empereur Charles VI, pour qu'il rende la paix à l'Italie. Visconti, maître de Milan, le fait aussi son ambassadeur pour opérer la réconciliation de Gênes et de Venise. Enfin on le charge d'aller en France féliciter sur sa délivrance le roi Jean II, qui tente vainement de le retenir près de lui. Vers le même temps, Florence le réintègre dans son droit de cité qu'a perdu son père et lui offre la direction de son Université.

Il était à Vérone, en 1348, quand il apprend que le 6 avril de la même année,

Laure est morte le même jour, à la même heure, où pour la première fois il l'a rencontrée dans l'église Sainte-Claire d'Avignon, fait et date qu'il constate lui-même en l'inscrivant sur le Virgile en vélin dont il fait sa lecture. Alors, plus que jamais, il chante ses vertus et la pureté de sa vie. Mais aussi, disposé aux méditations les plus graves par cette mort cruelle due à la peste de cette triste époque, pendant le jubilé de 1350 qu'il passa à Rome, Pétrarque se met à vivre dans la solitude, le silence et la prière. Il se retire à Venise qui, par honneur, le loge dans un palais, et à qui le poète, en échange de bons procédés, fait don de sa bibliothèque. Il n'interrompt ses exercices religieux que pour se livrer à l'étude. Sexagénaire, il apprend le grec. De Venise il se rend à Arqua, près de Padoue. Là, il occupe cinq secrétaires, et, épuisé par le jeûne et par les pénitences, à peine de fréquentes maladies interrompent-elles ses travaux. Mais un jour, hélas! le 18 juillet 1374, on le trouve mort dans sa bibliothèque. Padoue toute entière, et les plus grands personnages de Venise assistent à ses obsèques, et il est pleuré de tous les hommes illustres de l'Europe.

Sa sobriété était grande, dit-on, et grande aussi son aversion pour toute espèce de licence. Sa gaîté faisait les délices des réunions où il se trouvait. Il était homme probe, bon citoyen, fidèle et généreux ami. La piété, vers ses dernières années, semblait exalter encore les nobles penchants de son âme. Austère pour lui, indulgent pour les autres, sa religion fut toute de justice et de charité.

J'espère que je trace là une épitaphe en règle.

Dans sa première jeunesse, Pétrarque avait eu un fils qui vécut peu d'années, et une fille qu'il retira près de lui, après l'avoir mariée à Brossano, un inspecteur des bâtiments du duc de Milan, Galéas II, qui demeure à Pavie. Cette fille a un enfant que la mort vient de lui ravir. Or, au moment où l'artiste représente Pétrarque sur le tableau que j'ai sous les yeux, on vient de lui remettre la lettre qui lui annonce cette mort fatale. Aussi, dans ce moment même, le poète compose des vers, qu'il fera ensuite graver en lettres d'or sur le tombeau de l'enfant :

<pre>
Sol bis, luna quater, flexum peragraverat orbem,
Obvia mors, fallor, obvia vita fuit.
Me Venetum terris dedit urbs, rapuitque Pavia,
Nec queror, hinc cœlo vestituendus eram.
</pre>

« Le soleil avait deux fois et la lune quatre fois achevé son cours, quand la mort, je me trompe, quand la vie vint me trouver. Venise me donna le jour, Pavie m'enleva à la terre : je ne m'en plains pas : c'est de là que je devais retourner au ciel !... »

N'est-ce pas ainsi que les joies sont toujours mélangées de douleurs ?

Je vous enlève à la grande fête dont je vous donnais la description, et aux tournois, et aux joûtes, ma bonne mère. Nous avons tant à faire à Milan !...

A présent, mon récit vous transporte à l'occident de la ville, non loin, mais un peu au sud du couvent de Notre-Dame-des-Grâces, où le Cénacle de Léonard de Vinci étale sa fresque immortelle sur les murs d'un réfectoire.

Donc, à l'ouest de Milan, près du Naviglio qui enserre la vieille ville, entre des casernes et un hôpital militaire, œuvre de *Bramante*, avec fresque de *Calisto de Lodi*, au centre d'un quartier calme et silencieux comme un sépulcre, il est une église fort antique, elle date du IIIe siècle, qui a nom *Santo Ambrogio*.

A mon sens, cette église, au point de vue de l'histoire et comme curiosité artistique est, sans contredit, la perle de Milan. Alors que Milan appartenait encore aux Romains, et se voyait à la veille de tomber aux mains des barbares qui fondaient sur l'Europe, cette même église, avec les mêmes murailles, colonnes, portiques, etc., existait déjà. Elle était le siége de l'évêque, la cathédrale de la cité qui se faisait catholique. Chacune de ses pierres a vu les événements les plus mémorables : chute des empereurs ; évêque parlant à l'un d'eux avec l'autorité d'un juge ; invasion des barbares, luttes intestines des Milanais ; et sous ses voûtes ont passé tour à tour les Ambroise, les Augustin, les Borromée ; puis les Torriani, puis les Visconti, puis les Sforza ; ses dalles ont été foulées par nos rois de Rome, et le pied géant de notre Napoléon ; enfin, elle voit glisser contre son chevet, le fusil au dos, l'Autrichien épiant sa proie. J'espère qu'il y a là des souvenirs.

Nous arrivons. Voici le détail de ses curiosités :

D'abord immense *Atrium*, parvis d'une longueur de soixante pieds sur quarante de largeur, construction hébride, toute de briques rouges non revêtues de chaux ou de ciment, appendice de beaucoup postérieur à l'érection de l'église qu'il précède, et sorte de musée dans lequel on a placé une foule de fragments antiques, cipes, tombeaux, colonnes, chapiteaux, inscriptions etc., toutes choses trouvées dans des fouilles successives faites dans le voisinage.

Puis, sous les voussures qui forment le portail, trois *Portes de Cyprès*, merveilleux travail, fines sculptures du ixe siècle. Cela seul mérite une heure d'admiration d'étude.

On descend quelques marches, ainsi qu'il arrive pour tous les monuments que les âges ont enterrés en formant dans leur pourtour un exhaussement du sol, œuvre de l'alluvion des temps, et on pénètre dans la véritable église. Trois nefs d'architecture romaine, surchargées, vers 1305, de voûtes ogivales, bigarrure choquante que d'intelligentes restaurations ont réduite ; colonnes revêtues de stuc imitant le marbre blanc ; ensemble bizarre, mais vénérable, qui impressionne.

On avance. A gauche, dans la nef du milieu, *Colonne de Porphyre*, assez peu élevée, mais que surmonte une étrange curiosité. C'est un *Serpent d'Airain*, le même serpent que Moïse éleva dans le désert, en face des Israélites, et qui doit siffler à la fin du monde. Je vous laisse à penser si nous examinons cette merveille que la croyance populaire entoure de sa vénération.

A droite, dans la nef latérale et sous une chapelle à cintre surbaissé, Tombeau antique de sainte Marceline, sœur du pieux évêque Ambroise.

En reprenant la nef du milieu, à gauche, un peu plus près du sanctuaire que le serpent de Moïse, *Chaire en marbre*, portée par huit colonnettes délicates, œuvre du xiie siècle. Cette chaire est longue de huit pieds, de sorte que l'orateur peut marcher et se promener en parlant. Il n'y a point d'abat-voix. Les panneaux, fragments bien plus anciens que le reste, représentent une *Agape*, un repas, une cène. Onze personnages de face, et les mains posées sur la table, le composent et décorent la partie postérieure de cette chaire. Ce fut de cette chaire que se firent entendre tant de saintes homélies, prononcées par saint Ambroise dont la bouche distillait le miel, dit l'auteur qui fait ainsi allusion à sa douce et persuasive éloquence.

Sous la chaire, qui forme dais, supportée qu'elle est par des colonnes, on voit un tombeau très-ancien, que l'on prétend être le *Tombeau de Stilicon*, général romain, sous Théodose le Grand, décapité en 408. Mais rien n'est moins prouvé.

Voici l'Autel, l'autel où saint Augustin abjura ses erreurs, l'autel du haut duquel saint Ambroise parla aux habitants de Milan pour les rappeler à la soumission, l'autel près duquel plusieurs rois d'Italie reçurent le diadème. C'est vous dire la haute antiquité de ce monument. Pendant que nous en examinons ce qui est apparent, s'approche de nous un *Custode* en soutane qui nous offre de nous faire voir le Paliotto, moyennant six lires d'Autriche.

Qu'est-ce que ce *Paliotto?* Ce paliotto mérite-t-il vraiment les cinq francs que l'on réclame? Oh! oui, ma bonne mère. Un Français, un Français fort aimable même, sans préjudice pour la jeune femme qui l'accompagne, demande à partager avec nous la somme afin de partager notre curiosité. Force clefs sont apportées; on ouvre sept ou huit serrures; on détache d'énormes panneaux de bois, et alors nous apparaît le fameux Paliotto que je proclame une merveille.

C'est une énorme plaque d'orfèvrerie qui entoure l'autel sur ses quatre faces. Ce fut en 855 que l'archevêque *Angilbert Pusterla* gratifia l'Eglise de ce magnifique travail fait au repoussé, offrant une série de scènes bibliques délicieuses, d'arabesques et de dessins parmi lesquels on compte par centaines les diamants, les rubis, les opales, les saphirs, les améthystes, les camaïeux, les topazes, les smaragdes, que sais-je? toutes les pierres précieuses les plus rares et les plus fines... Je vous signalerai l'opale du centre qui a au moins la grosseur d'un œuf de poule. C'est à être ébloui de tant de richesses. On estime à quatre millions la valeur de ce Paliotto.

L'autel qu'il enveloppe ainsi domine le centre d'une crypte, et sert de couronnement au Tombeau de Saint Ambroise, que renferme cette crypte.

Du sanctuaire nous passons dans le chœur.

Là, au sommet de l'abside, splendide *Mosaïque*, du ixe siècle;

Et au fond, occupant le centre de l'hémicycle de stalles qui décore le chœur, *Trône Antique*, en marbre, des premiers évêques de Milan, mais que l'on désigne plus volontiers sous le nom de *Chaire de Saint-Ambroise.*

Vous dire maintenant le nombre d'inscriptions, de bas-reliefs, de bustes, de monuments des premiers siècles de l'Eglise que renferme Santo-Ambrogio, serait impossible. On va, on vient, on s'arrête, on admire. Il y a partout quelque curiosité qui vous appelle, vous intéresse et vous impressionne.

Mais l'idée principale qui émeut et qui domine, ce n'est plus seulement le souvenir d'Augustin abjurant ses erreurs au pied de cet autel, ni la grande image de saint Ambroise s'agitant sous les arceaux de cette vieille basilique : c'est l'ombre de Théodose, de Théodose le Grand s'humiliant dans ce sanctuaire, en face de tout un peuple, lui, le maître du monde. Voici le fait :

C'était en 390. Les barbares, comme une horrible avalanche humaine, roulaient de l'Asie vers l'Europe, envahissant toutes les contrées. Déjà une armée romaine avait péri sous leurs coups ; déjà leurs mains sanglantes avaient immolé un empereur. Théodose, jeune guerrier d'origine espagnole, fait reculer ces hordes sauvages, et venge sur les Goths la mort de Valens. Puis, une fois souverain de l'orient et de l'occident, ce prince vaillant, ferme et pieux, abandonne ses deux capitales, Rome et Constantinople, pour venir se fixer au centre des belles plaines de la Lombardie, à Milan, comme l'ont fait ses prédécesseurs.

Or, un matin, c'était fête à Milan, et dès la première aube, il y avait dans l'air, au-dessus de la cité, au-dessus de ses plaines, comme un grand cantique, comme un hymne de joie qui résonne. On allait célébrer la Pâque, la Pâque du christianisme naissant. Il était beau de voir toute une grande ville s'émouvoir pour une solennité : c'était un imposant spectacle que toute une population en habits de fête, s'acheminant vers les autels du Seigneur ! Mais il était encore plus beau de voir le maître tout-puissant du monde, du monde idolâtre encore ! Théodose, suivi du somptueux cortége de sa cour, se rendre au sanctuaire pour y adorer le Dieu des bergers et des rois. La religion avait déployé toutes ses pompes : les autels resplendissaient de fleurs, de reliquaires, de chandeliers d'or. Plus de voiles sur les anges adorateurs. L'encens fumait à gros nuages ; le velours et le brocart ornaient les lévites. La mitre brillait au front du vénérable pontife Ambroise, et la crosse resplendissait dans sa main.

Ce que je dis là se passait à Milan, dans la basilique de Santo-Ambrogio, cette même église où je suis, la même ! mêmes murailles, mêmes colonnes, même architecture, même enceinte. Il y a de cela quinze cents soixante sept ans, de 390, où le fait a lieu, à 1857, que je vous l'écris, ma bonne mère.

Soudain un grand mouvement se fait dans la basilique. C'est l'empereur Théodose, qui, après avoir traversé l'atrium, arrive à la porte de l'église, pénètre sous la nef, et vient, selon sa coutume, se présenter à l'entrée du sanctuaire. L'évêque, lui aussi, a entendu le bruit ; il a vu l'oscillation de la foule… Il ne dépose point sa mitre, il ne dépose point sa crosse, mais, couvert des insignes du représentant de Dieu, voici qu'il marche d'un pas ferme à la rencontre du maître tout-puissant, et du bras arrêtant Théodose :

— Arrière ! lui dit-il d'une voix vibrante, arrière ! fils des ténèbres ! La maison de Dieu ne peut recevoir celui qui a trempé ses mains dans le sang ! Le Seigneur veut que le cœur de l'homme soit pur, et le vôtre est immonde ! Retirez-vous, prince, au nom de Dieu, votre maître et le mien, retirez-vous !

— Mais David, lui aussi, pécha contre le ciel, et le ciel lui pardonna ! répond Théodose, dont le sang monte au visage.

— Si vous avez imité David dans ses crimes, imitez-le dans son repentir ! lui répond fermement Ambroise.

Les Milanais, témoins d'un tel acte d'autorité, tremblent pour leur saint archevêque. Ils savent quelle est la violence de l'empereur. Ils s'agitent à l'entour des acteurs du drame dont la basilique est le théâtre ; mais ils se rassurent bien vite. Humilié, vaincu, et plein de foi, Théodose-le-Grand baisse la tête, s'incline, se soumet, s'éloigne, et se retire dans son palais.

Pourquoi donc cette sévérité d'Ambroise et pourquoi cette soumission de Théodose ? Le voici :

Buthéric, commandant des troupes impériales, en Illyrie, et résidant à Thessalonique, non loin de Constantinople, avait fait incarcérer un cocher du Cirque, pour avoir séduit une jeune fille attachée au service de sa maison. Vinrent bientôt des jours de fêtes. C'était l'usage alors que des jeux fussent donnés dans le Cirque. L'acteur principal devait manquer : c'était le cocher coupable et retenu dans les fers. Le peuple demanda sa liberté : Buthéric la refusa. On court aux armes ; une sédition éclate. Plusieurs officiers de l'empereur sont tués à coups de pierres : on insulte leurs cadavres ; on les outrage ignominieusement en les promenant dans la fange des rues. Buthéric lui-même est saisi, et après mille avanies, on le livre à une mort cruelle…. A la nouvelle de pareils désordres, transports de colère de la part de Théodose, naturellement violent. Il médite de terribles représailles. Mais Ambroise, le pieux Ambroise intervient : il s'empresse d'intercéder pour les coupables. Théodose promet leur grâce.

Le maître des offices était alors Rufin, homme violent, vindicatif et possédant la confiance de l'empereur. Il s'inquiète peu du serment de Théodose fait à l'archevêque ; mais, au contraire, il monte l'esprit du prince de telle sorte qu'un courrier part de Milan pour Thessalonique, porteur de dépêches mystérieuses dont on ne connaît que trop tôt la signification. En effet, peu après, le bruit se répand que les soldats de Thessalonique ont profité du moment où le peuple était assemblé dans le Cirque, et que, pendant trois grandes heures, ils ont impitoyablement massacré sept mille citoyens, sans merci, sans distinction de coupables... Telle a été la brutalité de la soldatesque démuselée, que femmes, enfants, vieillards, esclaves, ont été victimes dans cette horrible hécatombe.

Jugez si le saint évêque de Milan fut pénétré de douleur en apprenant les détails de cette scène tragique. Vous comprenez dès-lors le drame dont la basilique de saint Ambroise est le témoin quand, le jour de Pâques, s'y présente l'empereur Théodose... Mais, en même temps, admirez l'admirable foi de ce monarque. Huit mois entiers se passent pour lui, renfermé dans son palais, dans l'exercice de pénitence imposé par l'Eglise aux pénitents publics. C'est après ce long temps seulement, le jour de Noël, quand la saison des neiges est venue, alors que la nature entière est attristée par un aspect de mort, mais au moment où le temple saint resplendit des mille feux qui éloignent les ténèbres de la nuit où l'Enfant Jésus va naître, que l'empereur s'achemine vers le sanctuaire. On le prévient en hâte qu'Ambroise, irrité, va le repousser de nouveau...

— J'irai, répond humblement le prince, et je recevrai l'affront que je mérite...

Il n'en fut rien. L'évêque accueillit l'empereur et lui pardonna. Puis, à quelque temps de là, en 395 pour celui-ci, et en 397 pour celui-là, la mort vint ouvrir la tombe d'Ambroise et celle de Théodose. Après avoir établi Valentinien II, empereur d'Occident, l'empereur d'Orient mourait saintement à Milan entre les bras de l'évêque qui prononçait son oraison funèbre, et son corps était triomphalement porté dans sa capitale. A son tour, mourait Ambroise, dont la dépouille mortelle était ensevelie dans la crypte placée sous l'autel principal de la basilique de Santo-Ambrogio, où je la vénérais tout-à-l'heure.

Jadis, en 340, à Trèves, dans le palais du préfet des Gaules, était né un fils au magistrat suprême qui gouvernait, au nom de l'empereur, les Gaules, l'Italie, l'Allemagne, la Grande Bretagne, etc. Un jour que le nouveau-né dormait, la bouche ouverte, dans une cour du palais de son père, un essaim d'abeilles vint prendre ses ébats autour de son berceau. Quelques-unes de ces abeilles s'étant arrêtées sur son visage, entraient dans la bouche de l'enfant, et en sortaient les unes après les autres. La nourrice étant accourue, les vit alors s'envoler et s'élever si haut qu'elle les perdit entièrement de vue.

Cet enfant était Ambroise.

Son père, se rappelant un pareil prodige, prodige que l'on raconte aussi de Platon, trouva dans cet événement le présage d'une haute destinée. Mais il mourut bientôt, et alors la mère d'Ambroise, se faisant suivre de son fils, de Satyre et de Marcelline, ses autres enfants, revint à Rome, sa patrie, où Satyre et Ambroise acquirent bientôt une connaissance peu commune de la langue grecque. De Rome, les deux frères vinrent à Milan, où ils suivirent la carrière du droit. Ambroise plaida quelques causes à la cour et avec un tel succès qu'il fut choisi pour assesseur du préfet. Puis Valentinien Ier, le nomma gouverneur de la Ligurie, c'est-à-dire de tous les pays de Milan, Turin, Gênes, Ravenne et Bologne. Probus, préfet du Prétoire, lui dit, en se séparant de lui :

— Allez, et agissez plus en évêque qu'en juge !

Mais l'évêque arien qui avait usurpé le siége de Milan, Auxence, étant mort, la ville se divisa en deux partis pour l'élection d'un nouveau pontife. Les uns voulaient un arien, les autres un catholique. La fermentation des esprits faisait craindre une sédition. Ambroise, pour la prévenir, se rendit à la basilique, notre basilique de Santo-Ambrogio encore, où se tenait l'assemblée, et là, dans un discours plein de sagesse et de modération, ramena le calme et la paix. Il parlait encore, qu'un enfant cria :

— Ambroise, évêque ! Ambroise, évêque !

Le tumulte cessa sur-le-champ, et, saintement inspirés par cette voix de Dieu, catholiques et ariens se réunirent pour proclamer à l'unanimité leur gouverneur, évêque de Milan.

Vainement il refusa cette dignité, car, s'étant enfui pendant la nuit, et, se croyant sur le chemin de Pavie, le lendemain, au point du jour, il se retrouva avec effroi aux portes de Milan. Aussi s'empara-t-on de lui. Le baptême lui fut donné, et huit jours après, on le sacrait évêque. L'Eglise célèbre cet évènement le 7 de décembre.

Doux, humain, sensible, modeste, saint Ambroise ne fit usage de son influence que pour le bonheur de son peuple et le bien de l'Eglise.

On le compte parmi les quatre grands Docteurs. Il a laissé des ouvrages qui ont un grand renom. On lui attribue le *Te Deum*, que l'on nomme vulgairement l'*Hymne Ambrosienne*.

On lui doit aussi la réforme du chant de l'Église d'Occident et le Rit Lithurgique connu sous le nom de *Rit Ambrosien*. C'est lui également qui rétablit le baptême par immersion. Le Rit Ambrosien et le baptême par immersion sont, en effet, en usage à Milan ; et dimanche, en sortant de l'Eglise, je remarquai la vaste cuve de porphyre, placée sous un Dôme, à l'entrée latérale de gauche, qui sert de fonts baptismaux. On prétend que cette cuve appartenait jadis aux Thermes d'Hercule, dont je vous ai dépeint les colonnes encore debout, sur le Corso di Porta Ticinese.

Puisque je vous parle ici de tout ce qui est Ambroise et Ambroisien, permettez-moi de vous entretenir maintenant de la fameuse *Ambrosiana* ou *Bibliothèque Ambrosienne*. Elle a un tel renom qu'il est impossible que vous n'attendiez pas avec impatience, que je vous en dise quelque chose. Elle est située *Piazza San-Sepolcro*, à l'ouest du Dôme, non loin de la Place des Marchands et au centre de la ville. C'est une construction qui, au-dehors, parle peu à l'œil. Le bâtiment principal est précédé d'un avant-corps avec fronton grec. Le cardinal *Frederigo Borromeo*, le pieux prélat dont parle Manzoni dans ses Promessi Sposi, en est le fondateur. Elle compte cent mille volumes, et possède une foule de manuscrits, de curiosités artistiques et de palimpsestes. Nous trouvons les salles, médiocrement grandes, occupées par de studieux lecteurs, voire même quelques lectrices, et des curieux. Aussi nous avançons fort respectueusement et en silence.

Des curiosités sans nombre voici les plus dignes de fixer votre attention :

D'abord, sur une sorte d'écorce d'arbre, traduction latine de *Flavius Josèphe*, par *Rufin*, douze cents ans d'existence ;

Ensuite un *Virgile*, copie et notes de la main de *Pétrarque* ;

Lettres de *Lucrèce Borgia* au cardinal *Bembo*, avec une boucle de ses jolis cheveux blonds, non plus séparée de la lettre par l'influence d'un touriste philosophe, comme on l'a prétendu, mais parfaitement attachée à cette lettre, fort expressive, de la belle Lucrèce :

Des sonnets de *Pétrarque* ;

Les épîtres de *Torquato Tasso* ;

Des lettres de *Galilée* ;

Un manuscrit de *Léonard de Vinci*, dont les caractères sont tournés de droite à gauche ;

L'Iliade d'*Homère*, illustrée d'antiques miniatures ;

Et cent autres manuscrits vénérables et intéressants.

Viennent alors les palimpsestes. Les *Palimpsestes*, ma très-bonne mère, sont d'anciens parchemins dont on a gratté la première écriture pour y mettre autre chose. On les appelle aussi *Liber lituarius* ou *Livre raturé* et *Charto deletilis* ou *Manuscrit effacé*. On usait apparemment du stylet pour faire disparaître les anciens caractères. C'est ainsi qu'on a détruit une multitude d'ouvrages précieux de l'antiquité ; mais dans l'antiquité même, cet usage s'était établi à raison de la cherté et de la rareté des matières sur lesquelles on écrivait (1). Donc, la difficulté et le curieux du palimpseste sont de rechercher, de retrouver et de relire les anciennes choses écrites sous les nouvelles. Avec de la patience et de l'expérience, on en vient à bout cependant. Toutefois il y a des pages très-difficiles : il convient de les rapprocher avec soin, les feuillets n'ayant pas toujours été griffés dans le même ordre pour la copie nouvelle que pour l'ancienne écriture. Les traces sont très-difficiles à reconnaître, et, pour lire certains endroits, il faut un beau soleil et un jour serein. Une autre difficulté, c'est que les mots se suivent sans séparation, sans virgule, et c'est tout au plus si de temps à autre on trouve quelques points. *L'Abbé Mai*, grand et célèbre connaisseur, prétend que les curieux palimpsestes d'Italie, et notamment ceux de Vérone, proviennent du siècle d'Auguste ; et il en compare les caractères à ceux des inscriptions de Pompeï et d'Herculanum. Il trouve, en outre, que les parchemins ont bien pu avoir cette durée.

Mais assez comme cela sur les palimpsestes. Sachez seulement que nous nous

---

(1) Ciceron écrit à Trebatius, le jurisconsulte : « Vous m'avez écrit en *palimpseste*. J'approuve l'économie ; mais je me demande ce que contenait donc ce parchemin, que vous avez préféré l'effacer à ne point écrire. Etaient-ce peut être nos formules ? Je ne suppose pas, en effet, que vous effaciez mes lettres pour y mettre les vôtres... » *Ad Familiares*, III, 18.

MILAN.

arrêtons assez de temps pour voir, connaître et juger ces reliques de l'antiquité : épargnez-nous-en le détail qui n'aurait pour vous nul intérêt, et suivez-nous dans les Galeries de la Bibliothèque.

Voici la Vierge et l'Enfant, d'*Hemling*. Que c'est beau !

Voici une charmante Tête de Femme, par *Léonard de Vinci*.

Puis une Sainte Famille, du *Titien*.

Puis les Etudes du Jugement dernier, de *Michel-Ange*.

Voici, de *Raphaël*, le célèbre carton devant servir à peindre la belle fresque de l'école d'Athènes, que l'on admire au Vatican, à Rome.

Puis, de *Luini*, une délicieuse Sainte Famille.

Puis encore du *Bordone*, du *Garofolo*, du *Bronzino*, du *Volasquez*, de l'*Albane*, une Adoration des Mages de *Lucas de Leyde*, et des portraits par *Holbein*, et des *Guido Reni*, des *Correggio*, des *Andrea del Sarte*, etc.

Enfin, dans une salle du rez-de-chaussée une fresque sublime du *Luini*, Jésus couronné d'épines.

Je passe sous silence une foule de curiosités dont le catalogue serait trop étendu. Parmi elle, je cherche vainement l'épée de saint Maurice, le chef de la légion thébéenne, égorgée toute entière dans la vallée du Rhône, près de Saint-Maurice, dans le Valais. Cent ouvrages m'ont dit qu'elle se trouvait à l'Ambrosiana de Milan. Nul, ici, ne peut m'en donner de nouvelles.

Pour m'en dédommager, je trouve une autre curiosité vivante : c'est un Anglais haut de six pieds, maigre comme un échalas, jaune comme un samoyède, ayant des favoris qui effleurent ses épaules, dont toute l'attention est concentrée sur une porte figurant des livres, à l'aide de dos cloués sur ses panneaux. Il sue et s'obstine à vouloir tirer l'un de ces livres dont le titre le charme... Nous le laissons à son intelligent labeur...

Des choses savantes passons aux choses frivoles. Afin de nous détendre le cerveau, et de rappeler le rire sur nos lèvres, le soir de ce jour si bien occupé, qui était un samedi, nous avons convié notre nouvel ami, M. Eymard, à notre table de l'Albergo del Pozzo, et nous lui avons fait fête. Puis, comme les affiches nous avaient annoncé que, par extraordinaire, il y avait fête à la Scala, et qu'il est fort rare que la Scala ouvre ses portes pendant l'été, nous avons profité de l'occasion, et nous sommes allés à la Scala.

Ce *grand théâtre de la Scala*, qui n'a pour rival en Italie que le théâtre de San-Carlo, à Naples, et, à Venise, celui de la Fenice, a pris ce nom de l'église *Santa Maria della Scala*, qu'avait fondée Santa della Scala, de Vérone, femme de Bernabo Visconti, et sur l'emplacement duquel il fut construit par *Piermarini*, en 1778, aux frais d'un certain nombre d'actionnaires. C'est, en effet, l'une des plus splendides salles que l'on puisse voir. Un immense vestibule, ouvrant sur le *Corso del Cardino*, vers le nord-est de Dôme, conduit au parterre et a deux grands escaliers débouchant sur cinq rangs de loges. Ces loges sont fort vastes, et ont chacune un petit salon. L'or et le velours resplendissent de toutes parts. Je vous laisse à penser si l'assemblée fut nombreuse. Comme c'était pour une bonne œuvre que le théâtre était ouvert, la *Banda Civica*, c'est-à-dire la musique de la ville, commença par un concert fort bien composé, après quoi le rideau se leva pour nous dérouler les péripéties de la *Traviata*, de *Verdi*. Mise en scène parfaite, excellents ténors, mais surtout délicieuse Prima Donna. Méthode incomparable ; âme, sentiment, exquise intelligence dans chaque phrase : voix plus belle, plus pure, plus vibrante que les plus pures et les plus vibrantes. Gerbes de sons mélodieux, cascades de gammes étincelantes, roulades d'une puissance inouïe, fioritures d'une souplesse inimitable. Aussi quels transports ! On dirait qu'un courant magnétique circule dans cette vaste salle, quand la Diva chante : à peine cesse-t-elle, toutes les mains battent, toutes les voix crient : *Bravo !* On est enivré, enlevé, ravi. Et, vingt fois, l'enchanteresse, la fée, la reine de la Scala, est obligée de revenir savourer les applaudissements, et de recueillir les couronnes... Le nom de la magicienne ? Hélas ! je l'ai écrit au crayon, et le crayon s'est effacé...

Savez-vous bien que la Scala compte deux cent soixante-cinq pieds de longueur, et cinquante sept de largeur ? La scène n'a pas moins de cent vingt pieds de profondeur. Mais on y cause, on y rit, on y joue à donner des attaques de nerfs aux dilettanti. On fait plus : on se rend des visites à la Scala, comme à la ville.

Le lendemain dimanche, toutes les antiquités vues, étudiées, enregistrées, bien connues, nous avons décidé de revoir, mais en conscience, mais en hommes de goût, deux choses, dont l'une avait excité déjà notre enthousiasme, à savoir Notre-Dame-des-Grâces, et Bréra.

Nous commençons par l'*Abbaye Notre-Dame-de-Grâces.* Nous allons y voir et revoir le chef-d'œuvre des chefs-d'œuvre, le fameux et admirable *Cœnacolo* de *Léonard de Vinci.* Les peintures de cet artiste éminent que déjà nous avons vues à Gênes et ailleurs, nous ont révélé tout son mérite. Nous savons à l'avance que Léonard naquit au château de Vinci, dans le Val d'Arno, près de Florence, en 1452, temps heureux où le feu sacré se rallumait de toutes parts, où les esprits semblaient plus actifs, plus studieux, et le génie plus entreprenant et plus prompt. Nous savons que Léonard étudia la peinture sous *André Verrocchio*, et qu'il se distingua à la fois comme peintre, comme sculpteur, comme ingénieur, comme mécanicien, et comme architecte. Quelle universalité de talents! Chose étrange! Ser Piero, le père de Léonard, eut le mérite de deviner son fils. Nous savons que Léonard a produit une foule de merveilles; nous avons même vu les neuf tableaux de cet artiste que possède le Louvre, et entre autres la vierge aux rochers, le portrait de Charles VIII, et *la Lisa del Giacondo*, la Joconde, en un mot. Mais nous ne connaissons que par la gravure la Cène, cette œuvre magistrale qui complète sa gloire. C'est Milan qui la possède, et dans Milan l'Abbaye Notre-Dame-des-Grâces : or nous sommes à Milan, et nous approchons de l'Abbaye. Déjà le recueillement nous saisit, ainsi qu'il arrive quand on sait qu'on va se trouver en face d'une des grandes merveilles devant lesquelles l'univers entier s'incline et admire. Aussi nous entrons en silence, respectueusement, le chapeau bas.

Que vous dirai-je, ma bonne mère? Il est de ces grands spectacles, il est de ces impressions ineffables que l'on doit éviter de traduire par des mots, sous peine de les affaiblir, au lieu de les faire comprendre. Je m'abstiens donc de parler. Je m'écrierai seulement :

— C'est beau ! c'est admirable ! c'est sublime !

Notre Seigneur Jésus-Christ est à table, à la table de la dernière cène qu'il va faire avec ses disciples, dans la salle modeste d'une modeste maison de Judée. C'est le moment où le Christ annonce qu'on le trahit... à ceux qui l'entourent.

A ces mots de trahison, Barthélemy, qui est la première figure à la gauche du spectateur, est *incertain sur ce qu'il croit avoir entendu;*

Jacques le Mineur *interroge ses voisins;*

André paraît *saisi d'étonnement et de stupeur;*

Pierre *montre de la colère au front*, *et son regard est menaçant*;

Judas, *stupéfait*, *dévoilé*, *deviné*, affecte une assurance mal jouée;

Jean, se tournant vers saint Pierre qui lui parle, laisse, par un mouvement d'attention, ressortir la divine figure du Rédempteur;

Jésus, doux, grave, montre la douleur; mais ne regarde personne de crainte de faire rougir le traître, ou de troubler l'innocent;

Jacques le Majeur *a les traits effarés*, par l'imprévu de la nouvelle;

Thomas *fait serment de venger la victime*;

Philippe *proteste de son amour et de son dévouement*;

Matthieu *confirme avec amertume* les paroles du Sauveur;

Thaddée *conçoit des soupçons*;

Simon *doute* qu'un tel crime soit possible.

Pour vous rendre bien compte de ces divers sentiments dans chacun des grands acteurs de ce drame divin, ma bonne mère, passez sur notre boulevard, entrez chez Goupil et compagnie, achetez là une de ces magnifiques épreuves de la Cène que j'y ai vues et admirées, et jugez la peinture de Léonard de Vinci! Avec quel enthousiasme vous allez applaudir à la grandeur de la composition, au caractère si varié des têtes, à l'harmonie de l'ensemble, à l'idéal de certaines parties, et reconnaître que ces différentes qualités suffisent pour rendre cet ouvrage l'égal des plus belles pages de Raphaël.

Qu'était-ce donc lorsque le temps n'avait rien enlevé à la perfection des détails, et à l'éclat général? Mais, hélas! d'abord le mur sur lequel est appliqué le Cœnacolo, mal préparé dès le principe, laissa bientôt la peinture s'écailler, lorsqu'elle comptait à peine cinquante ans d'existence. Puis, l'humidité du réfectoire, après de longues pluies qui tombèrent en 1500, lui fut très-fatale. En outre, en 1632, les Dominicains, possesseurs de l'Abbaye, furent assez pauvres d'esprit pour couper les jambes du Sauveur et de ses voisins, sous le stupide prétexte d'ouvrir une porte plus large et plus haute pour entrer dans leur réfectoire, car le Cœnacolo est dans l'ancien réfectoire des Religieux. Vint 1726. Alors un misérable barbouilleur ne craignit pas de profaner ce travail sacré, inspiré par la foi d'une prétendue restauration. En 1770, un autre rapin, tout aussi infâme, promena, non plus ses pinceaux, mais son grattoir sur ce splendide Cœnacolo. Enfin, en 1796, l'armée française chassa les moines de l'Abbaye, et trouva que leur réfectoire ferait une charmante écurie, la Vandale! Un râtelier fut donc adapté au mur, juste au niveau de la peinture, et ce, par ordre d'un général! L'écurie devint ensuite un magasin à fourrages. A leur tour, les Autrichiens, autres Welches plus ignares, trouvèrent fort spirituel de tirer à la cible sur les apôtres. En dernier lieu, une inondation vint battre la muraille, en 1800, et l'imprégner d'une nouvelle humidité. En 1807, heureusement, et il était bien temps, après des ordres très-précis de Napoléon Ier, et sous la surveillance d'Eugène de Beauharnais, vice-roi d'Italie, on restaura, autant que possible, l'œuvre sublime de Léonard de Vinci.

Que de calamités mortelles pour une page immortelle! Eh bien! malgré tout, cette noble ruine est vivante encore, est vivante à tout jamais. Elle parle aux yeux, elle parlera long-temps.

— Ah! si votre François Ier, épris d'admiration, avait réalisé son envie! nous dit M. Eymar. Il avait conçu le projet de transporter en France cette merveille unique. Mais les difficultés de l'exécution l'effrayèrent, et cela se conçoit.

— Pourquoi donc? m'écriai-je. Nous avons déjà vu, en Italie, des fresques détachées des édifices avec la muraille même qui les portent, et, entourées de cercles de fer qui leur tiennent lieu d'encadrement, être transportées dans les Musées, où elles pourront traverser les siècles, et frapper les yeux de toutes les générations à venir...

Pauvre monastère de Sainte-Marie-des-Grâces, tu dates de 1463; ta riche coupole est de *Bramante*; ton cloître, porté par les plus élégantes colonnettes, charme le regard de l'artiste; ton sanctuaire possède des fresques de *Ferrari*, la Flagellation et le Crucifiement; tu te glorifies à bon droit du trésor sans prix dont te dota Léonard de Vinci, et cependant l'Autriche fait de ta riche et belle construction, une caserne où se débraille la plus inintelligente soldatesque! Oui, ma mère, l'uniforme blanc du soldat autrichien remplace aujourd'hui dans Santa Maria delle Grazie, la pieuse robe des lévites, et, au lieu des solennels accents de la prière, les échos répètent... *Infandum!*

Aussi, nous sommes arrivés au couvent, joyeux, mais recueillis; et nous nous en éloignons tristes et sombres...

— Dire que c'est à un lion que François Ier dut de connaitre et d'apprécier Léonard de Vinci! s'écrie M. Eymar, quand nous sommes un peu loin du cloitre, nous dirigeant vers Bréra.

— A un lion? demandé-je, étonné.

— Oui, à un lion! reprend le bon Milanais. Le lendemain de la victoire de Marignan, votre François Ier recevait ici, à Milan, dans le Castello, en la salle du trône, les félicitations des notables de la ville. Or, soudain voici venir, en face même du roi, un lion énorme, qui marche avec aisance, sans trop de colère, et qui, s'arrêtant avec respect, s'ouvre subitement et se change en une splendide corbeille de fleurs. C'était un ingénieux mécanisme inventé et exécuté par le bon Léonard...

— Qui est aussi l'auteur de votre *Naviglio della Martesana*, que lui fit créer Ludovic Sforza... ajouté-je.

En parlant ainsi, nous arrivions à Bréra, assez peu éloigné de Notre-Dame-des-Grâces.

Bréra n'est autre chose que le *Palais des Arts et des Sciences*. Autrefois *Couvent des Humiliés*, ce fut de là que sortit le fanatique assassin qui, armé d'une arquebuse, alla s'embusquer derrière Charles Borromée, afin de le tuer, lorsqu'il monterait à l'autel. Cette demeure fut retirée aux Moines, et passa aux Jésuites. Depuis quelques années, le *chevalier Bréra*, ayant donné cet édifice à la ville de Milan, pour en faire un Musée, Bréra est devenu le nom du Palais. On entre dans Bréra par une vaste et fort belle cour, entourée d'un double étage de portiques, que soutiennent des colonnes géminées du plus bel effet. Non-seulement Bréra est un Musée, mais c'est aussi le Gymnase, l'Ecole des Beaux-Arts, l'Observatoire, la Bibliothèque, le Cabinet Numismatique, l'Institut des Arts, des Sciences et des Lettres du royaume lombard.

Douze salles composent la riche galerie des Tableaux.

Les merveilles de cette galerie sont les fresques de l'Ecole Lombarde, enlevées, murailles et peintures, aux églises qui les possédaient, ou détachées du mur qui les portait, et replacées sur des panneaux de bois. Plusieurs de ces fresques sont de *Luini*, peintre d'une délicatesse, d'une suavité féminines ; plusieurs appartiennent à *Marco d'Oggiono*, élève de Léonard de Vinci ; d'autres sont dues aux pinceaux de *Bramantino*, de *G. Ferrari*, de *Vincenzio Foppa* et de *Lanini*.

Une exposition de tableaux modernes, l'exposition annuelle des peintres vivants, a lieu en ce moment à Bréra : c'est vous dire qu'il y a beaucoup de belles peintures de grands maîtres cachées et perdues pour nous. Malgré l'affluence des amateurs, nous pouvons néanmoins circuler à notre aise, et nous donner la jouissance de contempler une foule de splendeurs. Si je vous en donnais le catalogue, ma lettre ne finirait pas. Je vous signalerai cependant la Salle n° 7. Là, pour peu que l'on ait l'instinct des belles choses, on court droit au diamant du Musée. C'est *le Spozalizio*, ou Mariage de la sainte Vierge.

Un tableau avait été commandé pour la petite ville de Citta di Castello, dans la marche d'Ancône. L'artiste qui en fut chargé n'avait que vingt et un ans : il devait avoir de l'imagination et ne pouvait faire payer cher ! Mais cet artiste se nommait *Raphaël Sanzio*, et il produisit le chef-d'œuvre que voici : L'exécution montre bien encore quelque hésitation, une timidité qui se trahit ; mais quel ton vif et harmonieux dans les couleurs ! quel suave et virginal agencement dans la chevelure, la pose des mains, les draperies ! Y a-t-il jamais plus angélique pudeur que celle de Marie recevant l'anneau des épousailles ? Un doux et pâle ciel bleu, sur lequel se profile un temple aux marbres dorés par le soleil, forme le fond de cette scène magnifique. Aussi comme les figures ressortent richement sur ce beau clair lumineux ! Non, certes ! il n'est pas de composition plus splendide et mieux parfumée de sainte et divine poésie.

En acceptant Raphaël pour élève, et après avoir vu son début dans le travail, Pérugin avait dit avec l'accent d'un prophète :

— Qu'il soit mon élève ! Mais... bientôt je l'aurai pour maître !

Pérugin avait dit vrai. Toutefois, comme Pérugin aimait l'art, il dut grandement se réjouir en trouvant dans le Spozalizio de son élève l'accomplissement de la prophétie du maître.

Du diamant allons à la perle, en passant par la salle n° 12.

Figurez-vous trois délicates et candides figures de jeunes-filles, malignes et rusées pourtant, quand on les regarde bien, et tout cela bien fondu ensemble, qui jouent au jeu si vulgaire de la main-chaude. Rien de plus trivial, n'est-ce-pas? Eh bien! de cette vulgarité, *Luini* (1) a su faire un chef-d'œuvre de grâce. Voyez comme cette petite main blanchette, effilée, va sournoisement frapper sur l'autre main potelée, fine de celle qui a les yeux bandés! Croyez bien que c'est une simple caresse qu'elle dépose sur cette main. Mais que cette petite scène a de charmes! Or, c'est une fresque, ne vous déplaise. Une fresque pour un tel enfantillage? Oui. Et, l'illusion est si parfaite qu'il me semble voir un des témoins des naïfs plaisirs de ces jeunes filles, enveloppé de sa blanche tunique, se détacher du tableau pour venir à moi. A son sourire, je croirais qu'on m'accuse d'être l'auteur de la tape qui vient d'être appliquée sur sa main, si je ne voyais ce sourire ombragé d'une certaine paire de moustaches. L'illusion se change en réalité. Seulement le quidam, tout de blanc vêtu, ne se détache pas du tableau, il s'en éloigne seulement pour venir à moi et me tendre la main. Mon personnage n'est autre que M. G.... fils, qui, sorti de Paris depuis trois jours, passe sur le nord de l'Italie comme une blanche comète, fort rapide, et court en poste vers Venise, où certainement il nous précèdera. Après quelques mots échangés, nous nous séparons.

... Trahit sua quemque voluptas!

Il y eut un jour un artiste italien, que la République de Venise envoya, comme ambassadeur, à Constantinople. Or, une fois en présence du sultan, Mahomet II, M. l'ambassadeur, oubliant son caractère, se prit à parler d'art, par instinct. Là, se trouvait une peinture représentant un martyr du despotisme. Le peintre critique l'aspect du corps de la victime et la façon dont était rendu le cou, après l'amputation de la tête. Le sultan, souriant, laisse notre artiste observer et critiquer. Mais il fait signe à un esclave de se mettre à genoux; à

---

(1) *Bernardo Luini*, surnommé quelquefois *Luvino* ou *Luvini*, né en 1528, à Luino, près du lac Majeur. Il y a beaucoup de Raphaël dans Luini. Ses grisailles ont autant de style et quelquefois plus de sentiment. Ses anges sont moins fiers, mais plus aimables. Le musée Bréra renferme non-seulement ses peintures à l'huile, mais un grand nombre de ses fresques, qui ont été soigneusement transportées sur panneaux. Charmantes fresques, d'un ton tranquille et blond! Il y est toujours expressif, intime, ingénu, élégant. Combien d'artistes l'ont pillé sans rien dire! Un peintre allemand, M. A. Muke, et M Lehmann ont tout simplement, ou à peu près, copié la sainte Catherine morte, portée par les anges. (Charles Blanc.)

un eunuque il fait un autre signe. A l'instant le peintre se sent frappé à la jambe. Il regarde. Que voit-il, avec horreur? La tête de l'esclave qui roule avec une affreuse grimace, et le corps de l'infortuné qui s'agite dans une dernière convulsion. Alors Mahomet II lui dit avec un imperturbable sang-froid :

— Regarde ce cou, comme il se contracte; étudie l'effet des muscles... Et conviens que tu juges mal la chose...

Ce peintre n'est autre que *Gentile Bellini*; qui, par suite de son aventure, rêva sans doute de musulmans, car il en sert souvent à ses admirateurs sur ses toiles. C'est vous dire que le tableau de ce peintre offre une scène orientale, une scène turque. Et pourtant, voici un Missionnaire qui prêche. Certes! on ne dira pas au moins qu'il prêche dans le désert! Vaste place publique, mosquée, minarets, au dernier plan. Au premier, foule nombreuse de caïds, de fakirs, de muphtis, de mahométans de tous grades. Et puis, de-ci, de-là, femmes coiffées du turban, accroupies sous leurs longs voiles, mais hasardant un œil noir qui ne laisse pas de lancer des éclairs. Aux angles et pour utiliser toute espace vide, caravane de chevaux, de mulets, de dromadaires, voire même une girafe à tête béate et placide. C'est un fort curieux ouvrage. Aussi j'entends dire que Gentile Bellini est presque l'égal de *Giovani Bellini* (1), son frère, l'illustre précurseur du Giogione, du Titien, de l'Ecole Vénitienne en un mot.

Je vous dirais bien un mot encore de l'Assomption, grande toile du *Borgognone*, « peinture naïve et bizarre tout à la fois, où les têtes sont d'un beau caractère, en même temps que le soin des détails est porté jusqu'à la minutie des petits flamands (2) »; mais je ferais jaloux *Mantégna*; *Luca di Cortona*, *Moretto*, *Salvator Rosa*, etc., qui marchent ici presque son rival.

Croiriez-vous que *Léonard de Vinci*, qui vécut à Milan, qui dota Milan de son merveilleux Cenacolo, n'a, au musée Bréra, qu'une toile, La Vierge et

---

(1) *Jean et Gentil Bellini*, frères par le sang, le furent aussi par le talent. Ils naquirent à Venise, Gentil en 1421, Jean en 1426. *Giacopo*, leur père, peintre peu remarquable, leur enseigna avec beaucoup de zèle ce qu'il savait. Tous les deux devinrent bientôt célèbres. Gentil a plus d'imagination que Jean; il aime les grandes machines et les figures par centaines. La décoration est son grand art.

(2) *Louis Viardot*, Musées d'Italie.

l'Enfant, ouvrage superbe quant au dessin, mais composition inachevée du peintre, inconstant et mobile par excellence.

Je vous signalerai encore la Danse des Amours par l'*Albane* (1); charmant groupe d'enfants qui doit bien réjouir le cœur des mères,

Les noces de Cana, de *Paul Véronèse* (2);

Saint-Pierre et Saint-Paul, du *Guide*;

Un *Sasso-Ferrato* (3), la Vierge, et l'enfant Jésus endormi dans ses bras, « excellent, mais ressemblant à toutes les œuvres de ce peintre, qui, n'ayant trouvé qu'un sujet et qu'un type, semble avoir passé sa vie à répéter et à copier et recopier son premier, son unique ouvrage (4) ».

Enfin le Martyre de sainte Catherine, par *Gandenzio Ferrari* (5). « La sainte est à genoux entre deux roues que des bourreaux vont tourner. Un de ces bourreaux, en habit vert à raies orange, vu de dos, la tête renversée en arrière, est d'un relief prodigieux. Tout le tableau est d'une exécution étonnante; peinture serrée, précise, violente; une fanfare de tons éclatants. Pas de perspective. Trois figures de femmes, témoins éloignés du supplice, sont finies avec autant d'énergie que le reste (6) ».

---

(1) *Francesco Albani*, qu'on a surnommé le *Peintre des Grâces, l'Anacréon de la Peinture*, naquit à Bologne, en 1578, d'un marchand de soie. Il se forma dans sa ville natale, puis se rendit à Rome, où il devint le rival du Dominiquin et du Guide. Il excelle surtout dans les peintures gracieuses, femmes, anges et enfants. On dit que, marié à une belle femme, il eut jusqu'à douze enfants remarquables par leur beauté. Son talent déclina dans la seconde moitié de sa vie. Il fut dépassé par ses rivaux, et surtout par Annibal Carrache. On lui reproche un peu de mollesse et de monotonie. Il avait quatre-vingt trois ans quand il mourut, en 1660. Il a produit un grand nombre de sujets de piété.

(2) *Paul Caliari*, surnommé le *Véronèse*, parce qu'il naquit à Vérone, en 1528 ou 1530. Il était fils d'un sculpteur. Il révéla de bonne heure son grand talent. Il se proposa pour modèles le Titien et Tintoret. Mal apprécié à Vérone, il se rendit à Venise, et embellit cette ville d'une foule de chefs-d'œuvre. Il brille par l'élégance, la richesse des ornements, la fécondité de l'imagination. On lui reproche les plus bizarres anachronismes. *Apothéose de Venise, Cènes, Noces de Cana*, voilà ses grandes œuvres. Il mourut en 1588.

(3) Peintre né à Sassoferrato, ville de l'Etat de l'Eglise, dont il prit le nom.

(4) *Louis Viardot*, Musées d'Italie.

(5) *Gaudenzio Ferrari*, né à Valdugia, en 1484, et mort en 1550. Ce peintre fait de l'art à outrance: il le pousse aux tons les plus aigus. Si c'était un chanteur, on dirait qu'il a donné son *ut* de poitrine. (Charles Blanc.)

(6) *Charles Blanc*, de Paris à Venise.

Du Musée nous passons dans la Bibliothèque, qui renferme près de quatre-vingt mille volumes, mais qui est peu riche en manuscrits et en curiosités.

De la Bibliothèque nous pénétrons dans l'Observatoire. Ce fut là que, pendant cinquante ans, l'astronome *Barnabé Oriani*, qui naquit maçon, et qui fut créé comte et sénateur par Napoléon, étudia les mystères des cieux.

Pour achever en artistes notre journée, nous nous rendons par le Corso Francesco, que sillonnent les nombreux équipages des riches Milanais, au Jardin Public, dont j'ai parlé déjà, où la musique des régiments autrichiens fait entendre ses plus beaux morceaux. Nous sommes là tout près de la Porte Orientale, et nous avons sous les yeux le *Palazzo della villa Réale*, bâti pour le général L. Belgicjoso, en 1790, aujourd'hui maison de plaisance de la cour, qui l'a mise à la disposition du feld-maréchal Radetsky. Mais ce qui nous occupe le plus, ce n'est ni le feld-maréchal, ni la porte, ni le jardin, ni les toilettes des Milanaises, mais bien la charmante musique que nous y entendons. J'ai peu de sympathie pour MM. les Autrichiens, certes! cependant je suis obligé de reconnaître l'excellence de leurs musiques. Quelle verve et quel entrain dans l'exécution! Chaque homme est un artiste qui comprend et traduit merveilleusement la pensée du maître. L'énorme masse d'instruments produit une expression grandiose. On est enlevé par la puissance formidable de l'orchestre, et ravi par le brillant et le fini de la composition.

Le lendemain et les jours suivants, ma bien-aimée mère, nous avons rendu tour à tour nos hommages et nos visites intéressées aux parties de Milan qui appelaient nos égards. Des églises qui nous restaient à voir, je vous signalerai les principales.

D'abord *Madona di Celso*, près la *Porta Ludovica*. Saint Celse, martyrisé à Milan, est un des patrons de la ville.

Figurez-vous le plus délicieux atrium qu'un génie bien inspiré puisse créer dans un espace étroit. Revêtez-le des plus beaux marbres, des plus charmants bas-reliefs, et des exquises statues d'Adam et d'Eve, par le Florentin *Stoldo Lorenzi*. Dans un riche portique corinthien, dont le fronton profile sur le bleu du ciel de hautes statues, percez cinq portes d'une forme gracieuse. A l'intérieur, surmontez chaque colonne d'admirables chapiteaux de bronze; ouvrez dans la voûte une coupole dodécagone élancée, que décorent de splendides fresques d'*Ap*-

piani (1) ; dressez au centre du sanctuaire un autel de marbre du plus beau dessin, couronné d'une gigantesque thiare papale ; enfin, au transept, creusez d'autres coupoles quadrangulaires. Alors faites descendre de partout des grappes de lampes d'argent; mettez des cariatides colossales pour support à l'orgue ; sur les murs représentez-vous des peintures dues à *G. Ferrari*, à *Procaccini*, à *Moretto*, etc. (2), et vous aurez une idée à peu près juste de la belle église de Saint-Celse.

Près de la Porta Ticinèse, voulez-vous voir *Santo Eustorgio?* Arrêtez-vous d'abord sur la place qui précède l'église, et remarquez la façade qui mérite votre examen, surtout à cause d'une chaire antique, en pierre, appliquée à la muraille, de manière à faire partie de l'édifice. Du haut de cette chaire historique, saint Pierre, un saint dont les plus grands artistes ont illustré le martyre par leurs pinceaux, réfutait jadis les erreurs des hérétiques que son éloquence éclairée ramenait souvent au droit chemin. C'était là sa tribune, et certes c'est un souvenir vénérable.

Dans l'intérieur de l'église, qui fut fondée au IVe siècle, on voit le tombeau du même saint. C'est un monument de l'art au XIVe siècle.

En remontant le Corso de la même Porta Ticinèse, entrons dans *l'église San-Lorenzo*, que précèdent, je vous l'ai dit, les belles ruines des Thermes d'Hercule. Cette église, la proie d'un incendie jadis, s'écroula en 1573. Saint Charles-Borromée la reconstruisit sur les plans de *Pellegrini* (3), modifiés par *Bassi*. Elle est octogone. Quatre de ses côtés, disposés en portions de cercle, ont dans leur enfoncement deux rangs de colonnes superposés qui servent de galeries tournantes. Les quatre autres côtés, en lignes droites, n'ont qu'un rang de

---

(1) *Appiani*, peintre milanais.

(2) *Procaccini Hercule*, dit *l'Ancien*, naquit à Bologne, en 1591 ; ouvrit à Milan, avec ses fils, une école de peinture célèbre. Ses fils *Camille*, *Jules-César*, *Charles*, *Antoine*, *Hercule* et *André*, sont devenus fameux comme lui.

(3) *Pellegrini*, Tibaldo, peintre et architecte, né en 1527, dans le Milanais, mort en 1592, résida tout d'abord à Bologne, où il fit plusieurs de ses plus beaux tableaux. Il devint ensuite ingénieur en chef du duché de Milan ; puis fut appelé en Espagne par Philippe II, y éleva de beaux édifices, peignit le cloître et la bibliothèque de l'Escurial, et exerça une grande influence sur le goût espagnol. Son frère, *Dominique Pellegrini*, fut aussi peintre et architecte.

colonnes, mais alors elles sont de hauteur double de leurs sœurs. Le dôme reposant ainsi sur ces colonnes disparates, produit un ensemble curieux.

Voici une singularité de cette église qui a son prix :

Par une porte latérale on pénètre de San-Lorenzo dans une autre petite église, que la plus grande semble tenir par la main, comme une mère son enfant. Je ne sais quel vocable lui a été donné : mais on dit ce sanctuaire l'œuvre de *Galla Placidia*, fille de Théodose le Grand, et femme d'Ataulphe, beau-frère du terrible Alaric. Il est intéressant de parcourir cette église, et d'y rencontrer l'étrange tombeau de cette héroïne du Bas-Empire.

Laissez-moi vous signaler encore, en nous rapprochant du Domo, la *Chiesa San-Georgio*. Ce fut là que saint Augustin reçut le baptême, et ce motif seul mérite le pèlerinage.

Je vous parlerais bien de *Santa-Maria della Passione*, située près du chemin de fer de Venise, à l'est de la ville, qui a des merveilles de peinture dues à *Daniel Crespi* (1), à *Charles d'Urbin* (2), à *Luini*, *G. Ferrari*, *Procaccini* et d'autres artistes célèbres.

Je vous montrerais bien volontiers l'*Eglise San-Fidele*, près de la Scala, où l'on voit un portique témoin du meurtre de *Prina*, et du sac de son palais, par vengeance populaire contre ce ministre de Napoléon Ier, inculpé de favoriser le parti autrichien;

Mais alors j'aurais des volumes à vous écrire.

Quand nous aurons vu la *Piazza-Fontana* et ses eaux jaillissantes retombant dans des vasques de granit rouge ;

---

(1) *Daniel Crespi*, né à Milan, en 1590, mort de la peste, en 1630. On lui doit une *Déposition de la Croix*, une *Lapidation de S. Etienne*, et la *Vie de S. Bruno*, à la Chartreuse de Milan.
Crespi fut aussi le nom de plusieurs peintres célèbres de Milan et de Bologne, tels que *J.-B. Crespi*, dit le *Cérano*, né en 1557, mort en 1633. Il s'attacha au cardinal F. Borromée et dirigea l'Académie de Milan. Le *Baptême de S. Augustin* ; *S. Charles et S. Ambroise* ; le *Rosaire*, telles sont ses œuvres les plus remarquables.
(2) *Charles d'Urbin*, peintre, né à Urbin, et qui travailla long-temps à Milan.

L'*Archevêché* qui en est voisin, où l'on vénère le lit modeste du héros populaire de la ville, saint Charles-Borromée;

Le *Palazzo Impériale*, débris du vieux manoir que construisit, en 1330, Azzo Visconti, et qu'habitèrent conjointement avec le Castello, les Visconti et les Sforza qui en firent souvent le théâtre de leurs débauches;

Sur le *Corso Francesco*, n° 605, à la hauteur du premier étage, l'*Homme de Pierre*, sculpture grotesque, mais populaire à Milan, comme la statue de Pasquin, à Rome;

Dans la *Strada Omenoni*, la façade du *palais Leone Leoni*, construit en 1607, par cet artiste, et les huit cariatides gigantesques qui vous font la grimace, et ont valu, à la rue, ce nom d'Omeoni, *hommes sauvages;*

Nous n'aurons plus rien à connaître dans cette capitale de la Lombardie, et nous lui dirons adieu!

Milan, 7 novembre 185...

Nos valises sont fermées, ma bonne mère, nos notes payées, nos passeports vus, revus, signés, contre-signés, timbrés, etc.; et, dans quelques jours, nous partons pour Pavie.

Nous venons de passer notre dernière soirée sur la place du Dôme, en face de cet immense *jeu de quilles de marbre*, comme l'ont nommé certains de nos littérateurs français; en regard de ces *colossales chinoiseries*, d'après l'expression d'autres écrivains; en présence de cet édifice soutenu par des *lisières de fer*, comme l'a dit Vignole; sous l'ombre de ce merveilleux palais de Dieu, que tout-à-l'heure la lune éclairait de ses doux rayons, et faisait ressembler à un *magique glacier* taillé en forme de temple, ainsi que le dit Théophile Gauthier.

Quelle douce et belle soirée! Nous prenions des glaces sur le Corso Francesco, et notre conversation avait une tournure philosophique qui m'embrouillait les idées. Nous parlions aussi de Silvio Pellico, et comme notre digne vétéran et ami, M. Valmer, avait en poche *Mi Prigioni*, il nous a lu d'une voix dolente cette triste époque de deuil qui commence par ces mots:

« Le vendredi, 13 octobre 1820, je fus arrêté à Milan, et conduit à Sainte-Marguerite. Il était trois heures de l'après-midi... Pendant tout ce jour, et d'autres encore, on me fit subir un long interrogatoire...

» Ma chambre était au rez-de-chaussée, et donnait sur la cour. Prisons à droite, prisons à gauche, prisons au-dessus de moi, prisons en face... Je me disais :

« — Il y a un siècle, ceci était un monastère. Les vierges saintes et pénitentes, qui l'habitaient, auraient-elles jamais imaginé que leurs cellules retentiraient, un jour, non plus de gémissements de femmes pieuses et d'hymnes sacrées, mais de blasphèmes d'hommes criminels, et de chansons infâmes ?... »

Noble Silvio ! Il aimait bien sa patrie, et pour avoir trop désiré rendre libre sa belle Italie, on le mit dans les fers !...

Bientôt nous le retrouverons à Venise.

Plus heureux que lui, je vais me coucher dans un bon lit ; plus heureux que lui, je vais jouir de ma liberté en m'élançant demain vers des horizons nouveaux ; plus heureux que lui, dont le *carcere duro* (1) mit à trépas sa mère désolée, je vais me livrer à mille plaisirs, et, à mon retour dans la patrie, je retrouverai ma bonne mère m'ouvrant ses bras... pour me serrer sur son cœur !

En attendant cette heure fortunée, ma mère, à vous tous mes baisers les plus tendres, à vous toutes les pensées de mon âme, à vous toutes les caresses de mon cœur.

E. DOULET.

---

(1) *Carcere duro* signifie *prison dure*. L'Autriche a fait de la forteresse du *Spielberg*, dans la Moravie, une prison d'État pour les prisonniers politiques qui doivent subir le carcere duro, ceux qui sont bien traités, et le *carcere durissimo*, pour ceux que l'on veut punir plus sévèrement. Carcere duro ou carcere durissimo, la punition est horrible, surpasse l'imagination, et est de beaucoup au-dessus du délit, qui, généralement, se réduit à quelque tentative de conspiration. — La forteresse du Spielberg défend, à l'ouest, la ville de *Brurnn*.

IV

A MONSIEUR GEORGES CABEL, A PARIS.

Le vieux Milan. — Curieuse statistique. — Origine du nom de certaines rues. — Aspect des maisons au moyen-âge. — Prosopographie des vieux palais. — Contrastes. — Autre statistique. — Illusion des contemporains du xixe siècle. — Ce qu'étaient les hommes du vieux temps. — Scénographie d'une cavalcade au xiiie siècle. — Armoiries. — Fantômes des cités antiques. — Le spectre de Milan. — Les Visconti. — Leur blason. — Le serpent dévorant un enfant. — Légende explicative. — La *Via delle Ore*. — Pèlerinage des manants au clocher de Saint-Gothard. — La porte de la tour. — *Osteria delle Bisone*. — Aménité des Visconti. — La *Ça dei Cani*. — Les *Forni* de Monza. — Les *Zélie* de Padoue. — Hors la Porta Romana. — Une prison. — Gehenne des captifs. — Un mot sur Marguerita Pusterla. — Le *Broletto Nuovo* ou place des Marchands. — Lieu des exécutions des grands personnages. — Description. — Théâtre sanglant. — Comédie. — Le dernier Visconti. — Le palais de la *via S. Bernardino alle Monache*. — Archéologie. — Portrait d'un fou. — La prairie de la potence. — La *Colonna Infame*. — Le joyau sans prix de S. Maria delle Grazie. — La chambre de François Ier. — Milanais et Milanaises. — Peintures et scènes de mœurs. — Où l'on se croit à la Puerta del Sol, à Madrid. — Mœurs des Lombards. — Gourmandise. — La nuit à Milan. — Chants fantastiques. — Guitares et mandolines. — Adieux.

Milan, 8 novembre 185..

A vous, mon très-cher, à vous, musicien par excellence, dans une lettre datée de l'Italie, dois-je parler trille, stretta, fugue, trait, basse, ténor ou baryton, que sais-je? Non, certes! car alors ce papier ne serait qu'un inutile imbroglio : il ne vous porterait plus les choses du cœur, celles qui font que les hommes font avec bonheur échange de leurs pensées, se communiquent volontiers leurs idées, et, dans leurs entretiens, se préparent à l'étude et à l'admiration d'objets qui excitent l'attention générale. Mais à vous, artiste par nature, et curieux observateur, puisque je parcours la terre des grands souvenirs, et que vous allez me suivre parmi les mille curiosités qui hérissent le sol de cette riche péninsule, je veux ouvrir la voie et vous dire quelques mots de Milan et des Milanais, afin qu'en arrivant ici, où la moisson est des plus amples, vous n'ayez plus à vous préoccuper de vous renseigner, mais que vous alliez tout droit, et sans encombre, aux points les plus remarquables par l'intérêt qu'ils peuvent offrir.

Sachez d'abord que Milan, comme toutes les villes anciennes, forme un vaste dédale de rues tortueuses, étroites, s'entrelaçant, s'enchevêtrant l'une l'autre, sillonnant des carrefours et aboutissant généralement à la place du Dôme d'une part, et au Castello de l'autre. Ces rues, nonobstant leur étroitesse et leurs zig-zags sans fin, comptaient jadis treize mille habitations, six cents puits, quatre cents fours à pain, dont un pour la cuisson du pain blanc, cent cinquante auberges et mille tavernes. Il y avait, en outre, près de cent fabriques d'armes, outre les ateliers subalternes de ferronnerie qui occupaient jusqu'à dix mille personnes. Les armures que l'on fabriquait alors à Milan, brillantes comme des miroirs, étaient fort recherchées. On en expédiait jusque chez les Tartares et les Sarrazins. Aussi trouve-t-on encore bon nombre de rues qui portent le nom de rues des Orfèvres, des Bijoutiers, des Ciriers, des Fourbisseurs et des Armuriers, et rappellent les professions que l'on y exerçait alors. Pour se bien représenter ces rues du vieux Milan, il faut savoir que la plupart des maisons étaient, à cette époque, précédées de portiques où l'on étalait les marchandises, de jour, et où, le soir, on se réunissait pour causer, pour accueillir ses amis, pour rire et badiner ensemble, autant qu'on pouvait rire et badiner en ces temps-là. Aussi c'était chose curieuse, aux heures de vente et de travail, de voir appendus pêle-mêle, ou disposés en forme de trophées, des haches, des pertuisanes, des poignards, des dagues, des couteaux de chasse, des arbalètes, des zagaies, des glaives de toute sorte, des cuirasses de mailles, des cuirasses de fer plein, des heaumes, des armets, des pavois, des gantelets, des casques, des cuissards, des brassarts, des boucliers en métal et en acier de toute forme, ronds, en cœur, en lozanges, etc. Sur tous les points, dans ces rues sonores, qui doublaient le bruit, les marteaux frappaient sur les enclumes, les limes grinçaient sur les étaux, les soufflets mugissaient, le feu pétillait, les meules tournaient, le fer rouge rugissait plongé dans l'eau, les patrons beuglaient leurs ordres, et les ouvriers, sans souci, chantaient et caquetaient...

Ici et là se montraient de hauts et vastes palais, surmontés de tourelles, de tours, de donjons et de beffrois. C'étaient les demeures des nobles seigneurs milanais, assises côte-à-côte avec les humbles tanières du peuple, véritables symboles de la société d'alors, partagée en deux classes, l'une très-élevée, l'autre très-basse. Aux murailles de ces palais, construites en pierres de taille, et percées de fenêtres aux solides grilles coudées, de gros anneaux fixés donnaient la facilité d'attacher les chevaux; et pour les monter, on trouvait le long des mêmes murs des pierres de granit. La porte, bardée de fer et d'énormes verrous, le pont-levis suspendu à ses chaînes, faisant face à la tour carrée de la porte, semblait dire au passant : Garde-toi de nous frôler de trop près ! Beaucoup de ces habitations n'existent plus ; mais auprès de Sant'Ambrogio cependant, encore à présent, on peut voir, et je vous engage à la visiter, une de ces énormes tours qui aident l'imagination à reconstruire le vieux Milan.

A cette époque, Milan ne comptait pas moins de deux cents avocats, trois cents médecins, mille notaires, soixante-dix maîtres d'instruction élémentaire, quinze professeurs de grammaire, cinquante copistes de livres ou libraires; puis venaient les bouchers au nombre de quatre cents, les poissonniers jusqu'à trois cent trente-cinq, trente fabricants de sonnettes, et des marchands de soiries, et des marchands d'habits à n'en plus finir. Avec cela Milan avait alors quatre foires par an et un marché tous les jours. Il est facile de juger dès-lors combien nombreuse était la population de cette ville, où deux cent mille chevaux, ânes et mulets, dont un cinquième seulement pour les soldats, trouvaient un emploi permanent et facile.

Nous nous figurons toujours, nous autres, gens du xixe siècle, que nous sommes arrivés à une époque souveraine, qui laisse de beaucoup les autres derrière soi. Nous nous imaginons que les hommes d'autrefois ne marchaient, ni aussi fièrement, ni avec un luxe aussi élégant, que ceux d'aujourd'hui. Erreur! Pour nous faire une juste idée des hommes du vieux temps, voyons-les tout bardés de fer, vêtus de manteaux magnifiques, de pelisses, de colliers d'or, portant leurs heaumes surmontés de plumes aux vives couleurs, de larges épées au côté, des masses d'acier aux arçons, des vautours ou des faucons sur le poing, et noblement campés sur de généreux coursiers, noirs comme de l'ébène, caparaçonnés de pourpre à franges d'argent. Voyons les dames, demoiselles et écuyers, dans leurs plus splendides atours, équitant sur des palefrois de taille moyenne, couleur baie, balzan des deux pieds, et laissant flotter sur leurs housses, vert de mer ou bleu de ciel, leurs longues robes bordées de peau de vair. Que nous sommes mesquins et étriqués dans nos accoutrements à côté de ce faste et de cette opulence! Or, rien n'était plus commun alors, à Milan, à Pavie, à Mantoue, à Florence, et ailleurs, que le défilé de tels cortéges et de pareilles cavalcades, dont la simple représentation sur un théâtre nous fait pâmer d'aise. Ajoutons-y les gardiens des portes de la ville, avec leurs basques mi-partie rouge et blanche, et leurs manteaux éclatants, précédant le défilé; les hérauts, avec leurs tuniques rouges semées d'armoiries, leurs toques à plumes ondoyantes et leurs trompettes d'argent, cavalcadant autour de celui d'entre eux qui portait le gonfalon du prince, *noire vipère sur champ d'argent*. Enfin, figurons-nous les gens d'armes par phalanges, et les compagnies d'archers, et les soudards de toute sorte, aux armures étincelantes, fermant la marche et s'acheminant d'un pas cadencé, au son de leurs timballes...

Chaque cité des vieux âges a comme un fantôme qui plane et promène sa grande ombre sur le manoir, la ville, la contrée qu'il a hantés en ses jours, et qu'il parcourt encore, — on se le figure du moins, — aux heures mystérieuses des ténèbres. L'homme, qui vit de souvenirs, ayant l'imagination plus éveillée, à chaque détour de rue, le soir, croit entrevoir cette ombre, âme en peine, voltigeant ici et là, et parfois lui effleurant la joue du bout de son aile froide et visqueuse.

Ici, ce fantôme, ce spectre, cette ombre, ce sont les Visconti...

De notre temps, nous pouvons prononcer ce nom sans éprouver de frisson; mais à l'époque des Bernabo, des Luchino, des Galéas, c'était bien une autre affaire! Ce nom vous étranglait le gosier, car il ne pouvait sortir de la poitrine sans donner la fièvre et son grelottement, tant ce nom menaçant inspirait de terreur... Je ne veux pas vous redire leurs faits et gestes, Dieu m'en garde! D'ailleurs vous les connaissez aussi bien que moi.... Mais je veux cependant vous parler d'eux. Quand on ne craint plus les gens, on a plaisir à se rappeler ce qu'ils furent et à se délecter dans la haine qu'ils inspirent. Pour moi, je trouve l'analyse des Visconti dans leurs armoiries mêmes : *Noire vipère dévorant un enfant*!

Cette couleuvre, cette vipère, ce serpent des Visconti n'était que peint sur leurs étendarts, ciselé sur le marbre de leurs palais, buriné sur le bronze de leurs armures; mais peint, ciselé et buriné, ce serpent empêcha bien des fois de dormir et Venise et Mantoue, et Pise et Florence, et les Carrare et les Pusterla, et ceux-ci et ceux-là. Quand on voyait flotter cette terrible vipère se tordant au soleil sur le drapeau des Visconti, au bord des lagunes, ou se promener dans les rues de Milan, quelle terreur, bon Dieu! Il semblait que le vampire cherchait curée parmi les humains, et, en effet, quels repas de sanglantes hécatombes d'hommes, de femmes et d'enfants ne lui fallait-il pas à certains mauvais jours? C'est que le serpent pouvait bien représenter le Visconti en fureur, et l'enfant, les pauvres Milanais et les Italiens en général... Et cependant, savez-vous ce que signifiait ce blason parlant? Le voici, en deux versions différentes; vous choisirez celle que vous voudrez :

La première est emblématique et rappelle le duc Visconti qui prit une part brillante à la première Croisade, à la tête de ses Lombards. Elle signifie que le Visconti détruisit l'hérésie figurée par le *serpent* prêt à dévorer la religion chrétienne, alors dans son enfance et représentée par un *enfant*.

La seconde se rattacherait au fait historique suivant : Le même duc Visconti, se trouvant en Palestine, traversait une forêt, lorsqu'il entendit des cris et des gémissements. Il s'avance aussitôt vers l'endroit d'où partait le bruit, et se trouve en face d'une énorme vipère qui entourait de ses étreintes un pauvre petit enfant. Aussitôt, comme les héros de l'Arioste, le duc attaque le monstre, le tue non sans peine, et sauve l'enfant. En mémoire de cette noble action, l'empereur d'Allemagne, son suzerain, l'aurait autorisé à représenter ce fait dans ses armoiries.

En dehors du Castello, siége formidable, à Milan, de leur puissance, les Visconti, riches et parvenus, avaient plusieurs palais dans la ville. Cela se conçoit. Comme tous les tyrans qui craignent l'épée de Damoclès constamment suspendue sur leurs têtes, les Visconti n'aimaient pas long-temps habiter la même résidence, et ils étaient bien aises, le cas échéant, d'avoir des cachettes à eux, et de pouvoir laisser ignorer où ils se trouvaient, si par hasard quelque émeute populaire se produisait.

Près du Palazzo Reale actuel, à l'ombre du Dôme, il est une petite rue qui porte le nom de *Via delle Ore*, rue des heures. En faisant un pèlerinage à cette rue, souvenez-vous que les Milanais vous en donnèrent l'exemple, il y a long-temps, pour contempler, comme vous le ferez vous-même, le clocher de Saint-Gothard. Ce clocher, d'architecture fort curieuse, est construit en briques de différentes couleurs, mais il a subi des ans l'irréparable outrage, car le vif coloris de ses briques est à cette heure remplacé par un vernis de deuil. Or, la première horloge que posséda Milan fut placée dans ce clocher, et, comme c'était alors une grande curiosité de voir un cadran marquer les heures et d'entendre les timbres les sonner, aussitôt commença de tous les points de Milan vers ce clocher, et dans cette rue, qui en reçut le nom de Rue des Heures, la procession de tous les habitants de la ville, ébahis devant l'horloge, les timbres et le cadran. Maintenant, apprenez que ce clocher n'est autre qu'un reste de l'église de Saint-Gothard, qui faisait partie de l'un de ces palais des Visconti, remplacé de nos jours par le Palais-Royal. Ce n'est pas tout encore, sachez que la petite porte que, de la rue des Heures, vous verrez s'ouvrir au pied du clocher, vit assassiner Marco-Visconti, au moment où il en franchissait le seuil, pour échapper à la colère de quelques-uns de ses sujets, non sans cause, hélas! très-irrités contre lui...

Lorsque vous quitterez le beau clocher de Saint-Gothard et la Rue des Heures, prenez un peu à l'est, à quelques pas du chevet du Dôme, et là, derrière l'archevêché, vous trouverez une place peu vaste, mais décorée d'une fontaine en granit rouge. C'est la Piazza Fontana. Sur cette place, regardez, et vous reconnaîtrez une modeste auberge qui n'est guère fréquentée que par des gens de la campagne, vendeurs de légumes et autres. On appelle cette auberge l'*Osteria delle Bisone*. Bisone est la corruption de *Biscion* que portait jadis cette maison, et Biscione signifie *gros serpent*. Ce nom lui venait de ce qu'elle avait pour enseigne les armoiries des Visconti. Cette auberge a pris la place d'un autre palais des Visconti, détruit il y a deux siècles peut-être.

Enfin, vous savez quelle était l'aménité de cette aimable famille qui, se considérant comme une gardienne d'animaux féroces qui l'auraient étranglée, si elle avait un seul moment cessé de leur donner la bastonnade, maltraitait et torturait les pauvres Milanais sans paix ni trêve. Aussi, pour l'aider dans cette œuvre de géhenne, avait-elle des meutes de dogues et de chiens farouches qu'elle entretenait à grands frais et avec une prédilection toute particulière. Le souvenir de cette gracieuse attention des Visconti se conserve à Milan; car, dans la Via San-Giovanni in Conca, et près de l'église de ce nom, on trouve une maison qui s'appelle encore la *Ça dei Cani*. Ça pour Casa. Ainsi que le nom l'indique, c'était la demeure, le chenil de messieurs les chiens des Visconti, leurs dignes amis, les affreux bourreaux qu'ils savaient si bien dresser à des cruautés indicibles, et rendre complices de leurs inexprimables barbaries. J'ai frémi, et vous frémirez comme moi, en frôlant ces antiques murailles, silencieuses à cette heure, mais qui retentirent tant de fois des aboiements de ces meutes, mises à la diète pour aiguiser leur fureur au profit des supplices d'innocentes victimes... Vous remarquerez que cette Maison des Chiens était à portée du Castello, dans le parc duquel avaient lieu ces chasses aux créatures humaines, jeunes et belles, débiles et frêles, et souvent aussi misérables vieillards épuisés par l'âge et les malheurs...

Et cependant les Visconti avaient à Monzo leurs *Forni*, construits par Galéas, comme les Esselins avaient leurs *Zélie* à Padoue, les Dix leurs *Puits* et leurs *Plombs* à Venise, etc., etc., horribles fours, affreux cabanons où les prisonniers se trouvaient si à l'étroit qu'ils ne pouvaient ni se tenir debout ni s'étendre par terre... Mais cela ne suffisait pas à leur amour des souffrances à imposer à leurs amis et féals sujets....

En sortant de Milan par la Porte Romaine, une fois hors de la cité, il est impossible de ne pas remarquer une maison qui s'élève sur le côté droit de la route, et sur la façade de laquelle on voit encore d'anciens bas-reliefs qui représentent Milan rebâtie par les Lombards. Or, sur l'emplacement de cette maison même, Luchino Visconti avait élevé une vaste prison destinée à renfermer ses victimes qui y attendaient leur jugement dans les horreurs de la solitude, au sommet d'une tour assez remarquable au point de vue de l'architecture, et qui, par parenthèse, subsistait encore au début de notre siècle, ou bien dans les immondes profondeurs de souterrains, où les ténèbres et l'infection le disputaient au silence de l'abandon, à peine interrompu par des plaintes ou des blasphèmes inspirés par l'enfer. Que les tyrans savaient bien rendre plus poignantes les douleurs qu'ils imposaient à leurs victimes! Si du sommet de la tour, ils se consolaient quelque peu aux beaux jours du printemps, alors que de tièdes zéphirs font germer la vie dans les champs, à voir, avec cet amour que les captifs seuls connaissent, les progrès que les feuilles faisaient chaque jour dans la plaine, les bandes folles des petits oiseaux recommencer leurs chants aux doux rayons du soleil, et à sentir passer sur leurs visages, à travers les barreaux de leurs cachots, des brises parfumées, bientôt... un farouche geôlier venait les arracher à ce semblant de bonheur pour les enfouir dans les abîmes d'épouvantables caveaux. Là, plus de regards à plonger sur les campagnes verdoyantes, sur les montagnes se confondant avec l'horizon vers le couchant... Là, plus une seule plante, pas le moindre brin d'herbe, pas une figure honnête pour récréer la vue... Non, plus rien..., que le désespoir et la perspective d'une mort cruelle... Que ce devait être horrible! C'est dans cette tour cependant, puis ce fut dans ces souterrains ténébreux que fut enfermée, un jour, jour de lugubre mémoire! la belle et innocente Margherita Pusterla, dont la vertu, fidèle à son mari Franciscolo Pusterla, était indignement poursuivie par l'horrible Luchino Visconti...

Tommaso Grossi a noblement décrit, dans un délicieux roman, les crimes et les sévices de Marco Visconti. Mais le Milanais César Cantu n'a pas moins noblement décrit, dans un autre roman tout aussi beau, le caractère et les atrocités du règne de Luchino Visconti. Je vous recommande, mon cher Georges, la lecture de ces charmants ouvrages, alors que vous serez à Milan. Ce que l'on gagne d'impressions, ce que l'on éprouve d'émotions à lire de pareils livres, sur le théâtre même où ils placent leurs drames sanglants, ne saurait se rendre. Faites-en l'essai, je vous en prie.

Par exemple, disons un mot du *Broletto*, aujourd'hui *Place des Marchands*, à peine séparée de la place du Dôme par quelques maisons qu'il serait facile d'abattre d'un coup d'épaule, ce qui ferait que place du Dôme et place des Marchands ne feraient qu'une seule avenue digne alors et du Dôme qui n'en paraîtrait que plus grandiose à l'œil, et des constructions de la place des Marchands, qui sont enfouies dans un angle obscur qui les cache. J'ai parlé de Margherita Pusterla. Elle devait périr, ne voulant point céder à Luchino Visconti. Ce fut cette petite place des Marchands, lieu ordinaire des exécutions des grands personnages, qui fut choisi pour dernière station de sa vie sur cette terre, à la sortie de la prison de la Porte Romaine, avant de prendre son vol vers les cieux.

Le point curieux de Milan, que vous ne devez pas manquer de visiter, le théâtre de son histoire et, après le Castello, celui qui rappelle le plus de souvenirs, son Forum, son Agora, le séjour de ses podestats, et le lieu de séances du conseil des Huit-Cents, réduits successivement à soixante, c'est ce *Broletto*, c'est-à-dire cette place des Marchands, *Piazza de' Mercanti*. Elle forme un parallélogramme peu vaste, dont les quatre côtés, de style renaissance, sont composés de constructions de dimensions restreintes, car ces villes anciennes semblaient toujours manquer de place, tant elles pressaient leurs édifices les uns contre les autres. L'un de ces palais, d'une conservation parfaite, n'a qu'un étage auquel conduit un escalier placé en-dehors, selon l'ancien usage. Mais il est décoré d'un balcon en pierre sur lequel sont sculptées les armes des portes de Milan, et que couronnent des bas-reliefs représentant la sainte Trinité, la Vierge et quelques saints, comme consécration au Seigneur. On en a fait aujourd'hui le Tribunal de Commerce; mais autrefois ce palais appartenait aux Ecoles Palatines. Sur sa façade sont placées les statues d'Ausone, et de saint Augustin qui professa l'éloquence à Milan. Du côté opposé, s'élève la Bourse, naguère Collége des Jurisconsultes, palais érigé par ordre du pape Pie IV. Au centre de cet édifice s'élève la tour de l'Horloge. Mais la partie la plus intéressante de cette place, c'est un bâtiment carré qui en occupe le centre, et qui n'est autre que le Palazzo delle

Ragione. Il est aussi de style renaissance, et se composait d'arcades ouvertes sur toutes les faces. Mais comme il tombait en ruines, on le revêtit extérieurement d'un mur, et on y plaça les archives de la ville. Sous ces arcades qui, à certaines heures servent de marché, se tiennent de nombreux marchands de toute sorte. Avant leur restauration, alors qu'elles étaient à jour, grâce aux formes adoptées par le précédent architecte, elles étaient douées de propriétés acoustiques qui faisaient que les paroles prononcées à voix basse au pied d'un pilier étaient entendues très-distinctement auprès du pilier opposé, à distance assez grande, mais dans le sens diagonal. Ce phénomène des salles parlantes, vous avez pu en faire l'épreuve dans l'un de nos palais de France, et, à Londres, dans la galerie de Glocester de Saint-Paul, comme vous pourrez le remarquer dans la salle des Géants, au palais du T, à Mantoue, au château du duc de Plaisance, et dans la cathédrale de Girgenti, l'antique Agrigente, en Sicile. A l'intérieur de la cour formée par ces arcades, jadis les Espagnols avaient placé la statue de leur Philippe II. Mais nos Français, en 1796, la transformèrent en Brutus; puis, quand la république fut passée de mode, les Milanais précipitèrent dans le Naviglio le Philippe-Brutus. En dernier lieu, les Autrichiens repêchèrent la statue, et la remirent en place, après l'avoir affublée d'une tunique. Dans une niche creusée à la base de la tour de l'Horloge, on voit aussi une statue colossale de saint Ambroise. Rien de mieux que ce vénérable patron de la cité trouve là sa place. Mais ce qui fait peine, c'est que ce saint magnanime soit le témoin, et comme le complice des actes de dame Justice, car c'est à ses pieds que l'on prononce les actes judiciaires. En outre, c'était sous ses yeux, jadis encore, que l'on décapitait les personnages de marque qui avaient encouru la disgrâce des atrabilaires Visconti. Donc, quand devait avoir lieu l'exécution de quelque victime de haute lignée, au centre de ces arcades, on dressait un échafaud, en face du saint, afin que le peuple pût mieux voir, de tout le pourtour de la place, le drame qui devait s'accomplir sur ce théâtre sanglant.

Ce fut là, là même, que sous Luchino Visconti, la belle Margherita Pusterla fut cruellement martyrisée par un infâme bourreau; là que Franciscolo, son époux, fut affreusement décapité; là que périt le charmant petit Venturino, leur fils... Ce fut là que moi, modeste voyageur, toujours en quête de souvenirs et d'impressions, j'ai lu les derniers chapitres du livre de M. César Cantu, et c'est là, cher ami, que je vous donne le conseil de les lire... Ce que vous éprouverez d'émotions vibrantes est indéfinissable... Comme moi, vous oublierez la foule des avides revendeurs qui vous entoureront, vous ne sentirez pas le choc des mille petits trafiquants qui vous coudoieront, et insensible au tapage, au bruit, aux clameurs, appuyé aux pieds de saint Ambroise, vous verrez s'accomplir l'un des plus épouvantables drames dont ces arcades et ces palais ont été trop de fois les témoins...

Maintenant laissons grouiller sur la place des Marchands tout ce peuple qui beugle, et suivez-moi.

Après la tragédie, la comédie. Je viens de vous faire suivre à la piste les traces des Visconti... défunts ; allons voir, à présent, un Visconti vivant. Oui, les Visconti sont morts, mais vive le Visconti... Les bonnes races ne se perdent pas... Du reste, pas d'effroi !... Mon Visconti, vivant, très-vivant, le Visconti auquel je vais avoir l'honneur de vous présenter, n'a rien de terrible. Conservez bien l'adresse que je vous donne, afin qu'après un pèlerinage aux divers lieux profanés et ensanglantés que je vous signale, vous puissiez aller voir, de vos propres yeux voir, le héros que je vous annonce, comme le dernier survivant de cette famille de tyrans...

Donc, rendez-vous alla Porta Ticinese, et vous rencontrerez sur votre route la Via San Bernardino alle Monache, où vous apercevrez bientôt un magnifique palais, carré long, noirci par le temps, percé d'immenses fenêtres qui semblent dormir, et d'une porte cochère colossale qui bâille avec un inexprimable ennui. Une fois en face du monument, vous remarquerez sur le balcon qui couronne la porte un cartouche en fer qui reproduit le symbole héraldique trop connu de la *vipère dévorant un enfant*. La conclusion est rigoureuse : ce palais est encore l'une des nombreuses demeures des Visconti. En effet, entre chaque fenêtre vous aviserez bientôt les bustes en pierre de tous les membres de l'illustre famille ; c'est tout un arbre généalogique en relief. Vous entrerez, je vous le recommande, et vous ne serez pas sans étonnement et sans satisfaction, une fois dans les vastes salles, que troublera seul le bruit de vos pas, devant les vieilles rapières rouillées, les cuirasses bossuées et trouées, les antiques bannières déchiquetées par le temps, les dressoirs vermoulus, les coffres, les bahuts, les crédences, les tapisseries, les chaises à dossiers, et les bancs de vieux chêne sculpté, placés en face de vastes cheminées noircies par la fumée et qui semblent attendre leurs maîtres absents. Sur les panneaux des boiseries, vingt portraits, à l'aspect sombre et sévère, à mine rébarbative pour la plupart, de grandeur naturelle, plusieurs en armes, vous regardent d'un œil terne les uns, ardent les autres. C'est à croire qu'ils vont s'avancer vers vous et vous demander raison de votre audace. Mais ils ne bougent pas, grâces à Dieu, et ne bougeront jamais plus... Faites-moi le plaisir de bien choisir votre jour pour regarder Bernabo, celui qui mourut à Trezzo, sur l'Adda, empoisonné en mangeant des haricots, son mets favori, et Luchino, un des loups de la bande, le plus furieux peut-être, et vous me ferez l'analyse de certain frisson qui glisse le long des membres pour aller vous chatouiller le cœur... peu agréablement. Mais ne vous retirez pas après cet examen; vous n'avez vu jusque-là que ce que voit ordinairement le simple étranger. Ici, dans cette caverne des Visconti, la violette se cache sous l'herbe, il faut se donner la peine de la chercher. Donc, un mot au concierge, et surtout une pièce blanche, et alors le digne cerbère vous fera pénétrer plus avant dans les appartements. Alors, vous laissant seul un moment dans une grande salle de réception, vous pourrez vous étaler sur de vénérables siéges en maroquin jadis vert. Puis un frôlement presque imperceptible vous donnera le signal de vous lever et de prendre la pose la plus solennelle possible. En effet, une antique portière s'écartera au fond de la salle, et.... vous aurez sous les yeux la plus étrange vision.... Pour que la stupéfaction ne fasse pas sortir vos yeux de leur orbite, apprenez que vous verrez alors celui qui est, ou prétend être, le dernier descendant des Visconti. A l'avance, figurez-vous un petit vieillard au visage ratatiné, dont le temps et la fumée ont bistré la peau, et enfoui les yeux dans deux trous défendus par des buissons de poils gris, qui cache dans chaque ride un sillon de crasse, et que couvre tout un harnais du moyen-âge. Ses cheveux blancs descendent à flocons sur son maigre cou; sa barbe grise est retroussée à la Van-Dyck; une collerette à mille plis, selon la mode espagnole d'autrefois, décore ses épaules, et sur le reste de l'individu s'étalent un justaucorps en velours vert, des chausses cramoisies, de grandes bottes en cuir jaune, un large baudrier, une longue et très-inoffensive rapière; enfin, le tout est couvert d'un feutre noir à larges bords sur lequel se tordent deux plumes jadis blanches. Vous avez le portrait de mon personnage... Ne restez pas ébahi en face de l'original... Son œil fauve vous jetterait un éclair à la Visconti; mais inclinez-vous gravement, et, comme le Chat Botté au marquis de Carabas, dites-lui que vous n'avez pas voulu visiter son palais... sans présenter vos hommages à sa Seigneurie et sans lui rendre vos devoirs... Elle sera fort flattée de votre speech, se rengorgera d'une demi coudée et, après vous avoir fait un salut qui aurait fait mourir de jalousie le duc de Richelieu, elle se retirera comme une marionnette, ainsi qu'Arlequin quittant la scène... Un tel homme, une telle excentricité au xixe siècle, n'est-ce pas une curiosité à voir et à étudier? Franchement, quand ce dernier des Visconti cessera de vivre, on fera merveille et on rendra service à la paléontologie en l'empaillant pour en consacrer l'espèce à l'étude des savants, dans un musée quelconque...

Je vous ai parlé de la Place des Marchands, lieu ordinaire des exécutions des gens de haute lignée. Les gens du peuple, eux, étaient suppliciés sur la *Prairie de la Potence*. Mais quand vous quitterez le palais du vieux Visconti, descendez vers la Porte du Tésin, et là, à côté des belles colonnes, qui attestent la splendeur des Thermes d'Hercule, devant l'Eglise de Saint-Laurent, vous verrez des restes informes de la *Colonna Infame*, véritable pilori où les criminels, gens de race et truands, étaient exposés au mépris et aux outrages des amateurs de tel spectacle. Que la justice du moyen-âge était cruelle dans ses allures! Je vous ai cité Tommaso Grossi comme ayant fait revivre sous la plume l'époque formidable de Marco Visconti, et César Cantu comme ayant chanté la voie douloureuse de Margherita Pusterla. Les drames de cette *Colonna infame* ont inspiré de même des pages immortelles à un autre poète Italien, Manzoni. Pour les connaître, je vous renvoie à son chef-d'œuvre, les *Promessi Spozi*.

Vous recommander de visiter, à Milan, la sublime peinture murale de Léonard de Vinci, *la Cène*, ce serait vous dire de profiter de votre séjour en Italie pour en admirer le ciel pur et si doux. Mais apprenez qu'en sortant du couvent de santa Maria delle Grazie, vous ne devez pas vous contenter de trouver majestueuse la coupole de son église et splendide son portail. Cela ne suffirait pas. Entrez dans cette église, et, le seuil franchi, tout de suite, à gauche, cherchez, regardez bien... Vous devrez trouver un trésor, ou tout au moins le plus charmant bijou. Ce joyau, c'est une chapelle qui, cachée dans l'ombre, comme tout ce qui est rare, ainsi que le diamant dans sa pépite, se dérobe aux regards, et l'artiste, non prévenu, ne pourrait s'en donner la jouissance, si un doigt ami ne lui en révélait l'existence. Long-temps enfoui sous terre et complètement privé d'air, ce pieux retiro semble une oasis dans le désert. Rien de plus riche à l'œil que sa disposition architecturale. Sa voûte, d'un dessin exquis, retombe avec une grâce infinie sur une colonne unique qui en occupe le centre. Mais ce qui en fait la magnificence, ce sont les peintures et une ornementation sculpturale d'une telle élégance et d'une si merveilleuse fraîcheur qu'elles semblent dater d'hier. L'autel est en bois si délicatement sculpté, buriné, fouillé à jour, que c'est un prodige de l'art. Aux murailles sont adossés des tombeaux dont les inscriptions révèlent des sépultures de religieuses. C'était, en effet, la chapelle mortuaire des saintes filles du Couvent des Grâces, attenant à l'église. Vous voyez que cette heureuse découverte devait vous être signalée, car, pour vous faire juger davantage le mérite de ce prodige de l'art, je vous dirai qu'un artiste dont le langage trahissait les profondes connaissances, et qui le visitait en même temps que nous, me disait que si les millions de Rotschid étaient à sa disposition, il l'achèterait et le ferait mettre dans un écrin (1).

Avant d'en finir avec les monuments et les souvenirs historiques, un dernier avis. Dans le Corso di Porta Orientale, n° 648, presque en face du séminaire, allez saluer un magnifique palais, dont la façade est décorée de très-belles peintures à l'huile. On y reconnaît facilement le pinceau du moyen-âge. Aujourd'hui cette demeure appartient au marquis Castiglioni. Mais jadis elle posséda une gloire dont tout Français est fier. Là aussi, entrez. On vous montrera la chambre dans laquelle François Ier, prisonnier des Espagnols, passa une nuit, après la bataille de Pavie, et lorsqu'on le conduisait en Castille.....

A l'occasion de cette demeure qui vit notre François Ier, je vous dirai qu'à Masnago, près de Varese, sur une colline charmante d'où ce gracieux village jouit de la vue de cinq lacs, il est une villa modeste appartenant au même marquis de Castiglioni. Tout récemment, on y trouva une inscription, jusque là cachée, qui révéla ces mots :

> DANS CETTE MAISON REPOSA LOUIS XII, ROI DE FRANCE,
> LORSQU'IL VINT CONQUÉRIR L'ITALIE...

Ainsi, M. de Castiglioni est tout à la fois l'heureux possesseur, à Milan, de la demeure qu'occupa François Ier, et, à Masnago, de celle qui abrita Louis XII.

Maintenant, un mot des Milanais, parmi lesquels je vis avec bonheur depuis quelque temps déjà, et qui bientôt aussi conquerront vos suffrages.

Le Milanais, et en général tous les Lombards, sont grands, beaux et bien faits. On peut dire que c'est la plus belle race d'hommes que possède l'Italie. Ils sont fiers et hautains, comme les Castillans qui régnèrent autrefois en Lombardie, et, comme eux, ils sont braves, intrépides, emportés même,

---

(1) Un autre artiste, très-fort connaisseur, disait, depuis que ces pages sont écrites, que Napoléon III aurait dû demander à Victor-Emmanuel, pour dédommagement de la guerre d'Italie, non pas Nice et la Savoie, mais cette délicieuse chapelle de Sainte-Marie-des-Grâces.

quoique leur colère s'apaise vite. Ils sont bien un peu fanfarons, un peu gascons dans leur langage, mais leur franchise, leur affabilité et leur courtoisie font, d'autre part, qu'ils diffèrent complètement des Piémontais, dont le caractère est taciturne et dissimulé. Le Lombard est bien plus vertueux et aime moins le plaisir que ces derniers. Turin, la ville du Taureau, et l'antique Parthénope, devenue la brillante Napoli, sont de vraies Babylones en comparaison de Milan. Dans cette ville on trouve encore des mœurs patriarchales que l'on ne rencontre que difficilement ailleurs. Les Milanaises, que leur beauté rend si célèbres, et qui mettent tant de bon goût dans leur toilette, sont plus vertueuses qu'on le croirait, étant italiennes, puisque les poètes ont bien voulu appeler l'Italie le pays des chants et des amours. Aussi rien n'est plus beau, plus touchant, que de voir, le dimanche, les jeunes filles, accompagnées de leurs mères, entrer dans le Dôme, l'air timide et modeste, et les yeux baissés. D'ordinaire, le noir et les couleurs sombres sont la parure des Milanaises ; elles ne portent sur la tête qu'un simple voile noir, *el vel*, tandis que la Génoise s'enveloppe le visage d'un voile blanc, *el pezzotto*, trop éclatant selon moi. La Milanaise, inclinée sur le tombeau de saint Charles, dans ses habits de deuil, nous représente bien mieux la beauté s'humiliant devant Dieu, en présence de qui le beau même est laid. Quant au Milanais, il porte volontiers le large feutre et le manteau à l'Almaviva. C'est ainsi qu'il se promène généralement, le soir, sur le Corso de la Porta Orientalis. On prendrait facilement cette longue rue bordée de hauts et magnifiques palais, pour une des promenades de Madrid, la fameuse *Puerta del Sol*, par exemple. Ce costume du reste provient aussi de la domination espagnole en Lombardie. Elle y a laissé des traces visibles dans le patois, les mœurs et les usages milanais. Suivant l'étiquette espagnole, un Milanais ne prendra pas congé d'une dame sans lui baiser la main en signe de respect ; et la Milanaise joute parfaitement avec la belle Andalouse, dans l'habileté gracieuse qu'elles mettent l'une et l'autre à se servir de l'éventail. Quant au luxe de la noblesse, au nombre et à l'élégance des équipages, inutile d'en parler ; Milan est l'une des premières villes de l'Italie sous ce rapport.

J'ajouterai à ces détails de mœurs une étrange singularité. On aime beaucoup le plaisir, à Milan, mais aussi on est pieux et croyant. Or, il arrive que dans les nuits du Carnaval, dans celle du Mardi-Gras, notamment, nombre de jolies dames et de beaux messieurs, après avoir soupé dans leurs loges du théâtre, illuminées splendidement, mais voilées de stores un peu trop transparents, le mercredi des Cendres venu, à la sortie du bal masqué et du souper des loges, Milanais et Milanaises, qui en Titi, en Arlequin, en Pierrot, qui en Mousquetaire, en Débardeur, qui enfin dans les costumes les plus excentriques, s'en vont bras dessus bras dessous au Dôme ou dans toute autre église, pour y entendre la messe et y recevoir les cendres... Voyez-vous ces mille personnages, travestis d'une façon plus ou moins grotesque, agenouillés, dans ces parements de *Ballo in Maschera*, au pied des saints autels? Ceci est original et naïf, ou je ne m'y connais pas!

Pour vous, qui parlez si bien l'Italien et qui aimez tant la belle langue de l'Italie, sachez à l'avance qu'ici le langage est un mélange corrompu d'Espagnol et d'Italien. Cette fusion produit le dialecte Milanais, qui ne se parle nulle part ailleurs.

Mais c'est particulièrement en s'enfonçant quelque peu dans les campagnes de la Lombardie que l'on trouve les mœurs patriarchales que j'aime à célébrer. La cabane du pauvre est souvent bien plus intéressante à étudier et à voir que les somptueux palais du riche. Le paysan lombard chante toute la journée en travaillant, et lorsqu'il rentre le soir, il chante encore : sa voix a un charme infini; à cette heure où tout rentre dans le silence et dans le calme de la nuit. Avant de souper, toute la famille se réunit dans la chaumière, et on fait en commun la prière du soir ; on récite le rosaire pour les morts. Vous ne sauriez croire en quelle vénération sont les morts, en Lombardie. Aussi les mendiants implorent-ils votre compassion au nom de vos chers morts... « *In nom di voster pover mort....* » Aussi, à ce titre, on ne leur refuse jamais. La prière finie, toute la famille s'assied autour de ce mets jaune, si appétissant, qu'on nomme *polenta*. Braves gens ! un peu de farine de maïs, délayée dans de l'eau salée, suffit pour les rendre gais, contents, heureux ! Tout au plus, ailleurs, les riches permettraient-ils que l'on offrît cette bouillie vulgaire à leurs chiens de chasse. Du reste, pour vous édifier complètement à l'endroit des mœurs de ces excellents paysans lombards, lisez, relisez les *Promessi Spozi*. Jamais mœurs populaires n'ont été décrites avec plus de talent que par Manzoni. Ce n'est point une fiction de poète, chez lui, mais une réalité que l'on frôle constamment et que l'on admire. On trouve certainement encore plus d'un Renzo et plus d'une Lucie.

A la tombée du jour, la ville de Milan s'anime beaucoup. On reconnaît avec plaisir qu'il y a beaucoup de camaraderie et de fraternité parmi les Milanais. Les *lions*, le beau monde, la société oisive se réunit aux cafés Cova et Martini, lieux célèbres et sanctuaires où l'on immole bien des victimes sous les...... coups de langue de la médisance.

En fait de gourmandise, je vous recommande, pour vous aider à savourer les délicieux rafraîchissements des cafés, une certaine *pasta frola* qui est le *nec plus ultra* de l'art du pâtissier.

Quand minuit a sonné, et que, sous le clair de lune qui blanchit la merveilleuse cathédrale, que ce Dôme sublime vous apparaît comme un de ces palais des contes de fées que chacun de nous a plus ou moins entrevus dans les rêves extravagants de la première jeunesse, et que, sur ses pinacles élancés, ses statues aériennes deviennent si vaporeuses qu'elles semblent danser sur la pointe d'aiguilles, halluciné, fatigué, vous allez vous livrer au sommeil, bientôt vous êtes réveillé par des chœurs exécutés avec une harmonie et une précision admirables, et vous vous demandez si, par hasard, le sommeil ne vous aurait pas surpris au théâtre de la Scala. Non. Ce sont tout bonnement de braves ouvriers qui se promènent en chantant, après avoir travaillé toute la journée. En effet, pendant que l'Anglais et l'Allemand passent ordinairement leurs soirées dans un estaminet, en fumant et en buvant du gin, le Milanais, lui, passe les siennes, en faisant de la musique, et ainsi oublie-t-il ses peines et ses soucis. Aussi n'est-il pas rare de trouver dans la rue des garçons coiffeurs jouant de la flûte, de la mandoline et de la guitare. La mandoline, vous le savez, est encore une réminiscence espagnole. Ces trois instruments sont inséparables à Milan. Alors ces *dilettanti* sont suivis par une foule nombreuse de flaneurs, le cigare à la bouche, et l'on peut se croire à l'une des scènes du Barbier de Séville.

J'ai dit, mon très-cher. Venez et voyez. Vous ne me trouverez plus ici, mais si vous descendez à l'Albergo del Pozzo, prenez le n° 16, et prêtez l'oreille aux sylphes du lieu. Vous les entendrez vous dire qu'il est au monde *un cœur pour vous aimer*, (chantez, S. V. P.) *un bras pour vous défendre*... Cœur et bras sont de

Votre ami,

Valmer.

V

A M. GUSTAVE PELLIER, A ECLARON.

Binasco. — Un lugubre manoir. — Le spectre de Beatrix Tenda.— La première expédition d'Italie.— Série de victoires.— République Cisalpine.— Bonaparte à Milan.— Révolte de Pavie.— Des Sforza. — Valentine de Milan.— La France et le duché du Milanais.— François I*er*.— Allemands et Français.— Préliminaires de la lutte. — Nuit qui précède le combat. — Bataille de Pavie. —Champ de bataille.— Le parc de la Chartreuse. — Cimetière des Français. — Tout est perdu fors l'honneur.—Chartreuse de Pavie. — Portail de l'église. — Galimafrée. — L'église. — Art et Richesse. — Les Sacristies. — Les Chartreux. — Leurs cellules. — Le R. P. supérieur. — Le phaéton timide. — Les bravi italiens.— Pavie. — Toujours les Guelfes et les Gibelins. — La famille des Langoschi. — La maison des Beccaria. — Les dames de Pavie. — Nopces et festins. — Frère Jacob des Bussolari. — Siége de Pavie par les Visconti.— Les Basties.— Le courage des Pavesans.— Le Castello.— Stradone.— L'Université.— Les écoles. — Piazza Grande. — Le Dôme de Pavie. — Tombeau de saint Augustin. — Boëce et le Goth Théodoric.

Pavie, 15 novembre 185...

A tout hasard je t'adresse cette lettre. Tu l'accepteras, tu la refuseras, à ta guise, mon très-aimé cousin ; mais j'éprouve le besoin de t'écrire parce que je t'aime, parce que je pense à toi. Aussi cédé-je à mon envie, advienne que pourra. Quelque chose me dit que tu ne seras pas insensible à ce souvenir d'un ami d'enfance qui court les grands chemins.

>Or, à cette heure, ami,
>Je suis en Italie,
>Et je campe aujourd'hui
>Dans l'antique Pavie.

De Milan, que je quittais hier, à Pavie, mon séjour du moment, route délicieuse ou plutôt promenade à travers de frais jardins, de luxuriants vergers, à travers la Lombardie. A droite, canaux faisant communiquer le Pô avec l'Adda, l'Adda avec le Tésin, Milan avec Pavie, et, sur ces *naviglii*, bateaux-poste glissant à fleur d'eau, chargés de touristes émerveillés. A gauche, la *Vernacula*, rivière sinueuse, dans laquelle pataugent des nichées d'enfants, pendant que leurs mères, les jupes retroussées, lavent sans vergogne leurs pieds lombards, en même temps que leur gros linge de ménage. Partout collines pittoresques, grasses prairies couvertes de troupeaux, rizières moirées, cascines (1) et maisons de plaisance, enfin jolis villages aux clochers élancés.

Et puis, en mille endroits, souvenirs des vieux temps de gloire de l'Italie, souvenirs du moyen-âge, *livres vielz et antiques* qui vous content des drames à faire frémir, ou des récits à émerveiller.

Ici, c'est *Binasco*, à moitié route de Milan à Pavie.

Quel site délicieux et calme ! Que ce mamelon verdoyant plaît à l'œil, ainsi couronné d'un château moderne, assis sur les ruines d'un vieux et sinistre Castello. Hélas ! dans les cachots que l'on trouve encore sous les décombres, il est un préau où l'on voit du sang sur les dalles, où l'on aperçoit des fers brisés fixés à la muraille ; et, la nuit, dit-on, sur ce préau et dans ces cachots, erre, en gémissant, une ombre enveloppée de linceuls sanglants et déchirés.

C'est l'infortunée *Beatrix de Tenda*, une fille de prince, une femme de duc, qui pleure, qui soupire, et qui répète aux sombres échos de ces ruines qu'elle fut vertueuse et pure.

---

(1) En Italie, une ferme ou métairie se nomme *cascine, cascina*, qu'il faut prononcer *caschine*.

Il y eut un temps, tu le sais, cher cousin, où de Como à Milan, et de Milan à Pavie, toute la contrée appartenait aux Visconti. Or, Filippo-Maria Visconti, l'un d'eux, le dernier, livré à ses plaisirs et fort occupé de ses guerres, laissait à l'abandon, là, à Binasco, dans ce vieux château, la douce et pieuse Béatrix Tenda. Il faut te dire que Béatrix était veuve de Facino Cane, et que le Visconti ne l'avait épousée qu'à raison des souverainetés de Tortone, Novare, Verceil et Alexandrie, qu'elle lui avait apportées en mariage, car Béatrix avait vingt ans de plus que son mari. Aussi, Filippo Visconti, fatigué du souvenir des bienfaits de sa femme, lassé de ses vertus, et irrité de la patience même qu'elle opposait à ses dérèglements, l'accusa d'avoir violé la foi conjugale avec un des plus jeunes courtisans, nommé *Michel Orombelli*, auquel il arracha par la torture un aveu mensonger. La crainte d'un supplice atroce, ou l'espérance d'acheter sa grâce par une calomnie, déterminèrent ce jeune homme à répéter ses aveux aux pieds de l'échafaud, où il fut conduit avec la duchesse, en présence de la cour et du peuple. Alors la fille du prince de Tenda, en face de l'instrument de mort, dans ce même préau dont je parle, prit la parole et dit avec une sainte énergie :

« — Sommes-nous donc dans un lieu où les craintes humaines doivent l'emporter sur la crainte du Dieu vivant, devant lequel nous allons comparaître ? J'ai souffert comme vous, Michel Orombelli, les tourments par lesquels on vous a arraché cette confession honteuse ; mais ces atroces douleurs n'ont point engagé ma langue à me calomnier. Un juste orgueil aurait préservé ma chasteté, si ma vertu n'avait pu le faire. Néanmoins, quelque distance que je visse entre nous, je ne vous croyais pas si bas que de vous déshonorer au moment unique où l'occasion se présentait pour vous d'acquérir de la gloire. Le monde cependant m'abandonne ; le seul témoin de mon innocence dépose contre moi ; c'est donc à toi, ô mon Dieu ! que j'aurai recours. Tu vois que je suis sans tache, et c'est à ta grâce que je dois de l'avoir été toujours ; tu as préservé mes pensées comme ma conduite, de toute impureté. Aujourd'hui tu me punis peut-être d'avoir violé par de secondes noces le respect que je devais aux cendres de mon premier époux. J'accepte avec soumission l'épreuve que ta main m'envoie ; je recommande à ta miséricorde celui dont tu voulus que la grandeur fût mon ouvrage ; et j'attends de ta bonté que, comme tu conservas l'innocence de ma vie, tu conserves aussi, aux yeux des hommes, ma mémoire pure et sans tache (1). »

---

(1) *Sismonde de Sismondi*. Histoire des Républiques Italiennes.

Est-il langage plus sublime ? Est-ce là le discours artificieux d'une personne qui veut essayer d'obtenir encore la vie en présence de la mort ? Oh non ! Ces paroles sont le cri, le cri suprême de l'innocence.

Néanmoins Béatrix Tenda fut livrée au bourreau, et, après elle, Michel Orombelli laissa sa tête sur l'échafaud.

Comment ne pas évoquer ce cruel souvenir en face des ruines de Binasco qui en furent le théâtre ?

Ce n'est pas le seul souvenir de ce petit village. En voici un de date plus récente :

On est en 1795. La coalition étrangère s'est levée contre la France. Elle se compose de l'Angleterre, de l'Autriche, du Piémont, de Naples, de la Bavière, de tous les petits princes d'Allemagne, et de ceux de l'Italie (1). Mais, de toutes ces puissances, l'Autriche est le véritable ennemi qu'il faut combattre, au-delà des Alpes surtout. Pour hâter le succès de cette guerre, facilité par les forteresses de Finale, de Vado et de Savone que nous possédons en Italie, on en donne la conduite à un général de vingt-sept ans. Mais ce général s'appelle Bonaparte, mais il compte, à Nice, parmi les généraux, Masséna, Augereau, Victor, Laharpe, Serrurier, Joubert et le vieux Kellermann.

On ne lui donne que trente mille hommes et trente canons, et il a contre lui quatre-vingt mille Autrichiens et deux cents bouches à feu.

En outre, son armée sans argent, sans vivres, sans habits, dépourvue de munitions, indisciplinée, ne lui inspire que de l'effroi.

Néanmoins avec cette misérable troupe, Bonaparte tente sa première invasion de l'Italie.

D'abord *Victoires de Montenotte*, près de Novi, puis de *Millésimo* et de *Dégo*, qui coûtent à l'ennemi trente-cinq pièces de canon, vingt drapeaux, et huit mille prisonniers.

---

(1) Histoire de Napoléon, par *M. de Norvins*.

On *tourne* les Alpes qu'avait *franchies* Annibal, et alors autre *Victoire de Mondovi.*

Traité de Cherasco. Occupation par nos troupes, de *Coni, d'Alexandrie.* Destruction, par nos soldats, des *Forts de Suze, de la Brunette,* près de Suze, et d'*Exiles.* Les portes de l'Italie sont ouvertes.

Victoire de Lodi, non loin de Pavie.

Milan ouvre ses portes aux Français, et Bonaparte, après y avoir proclamé la *République Cisalpine*, avec Milan pour chef-lieu, se prépare à marcher sur Mantoue, afin d'expulser complètement les Autrichiens de l'Italie. Mais soudain la nouvelle lui est donnée qu'une conspiration éclate à Pavie, que la garnison autrichienne de la citadelle de Milan, qui tient encore, la soutient, et que les trois cents Français de la division Augereau, occupant le Castello de Pavie, ont mis bas les armes par la faute de leur commandant.

Aussitôt Bonaparte quitte Milan avec trois cents chevaux, un bataillon de grenadiers et six pièces de canon. La sortie tentée par la garnison de la citadelle a été vigoureusement repoussée. Alors la petite armée s'avance vers Pavie, plus tranquille, mais trouvant partout sur son passage les Français massacrés par leurs hôtes ou assassinés sur les routes. En outre, à *Binasco*, le village en question, elle se trouve face à face avec huit cents hommes que les révoltés de Pavie ont envoyés en avant-garde, en combinant ainsi l'insurrection avec la sortie de la garnison de Milan. Bonaparte passe sur le ventre à ces rebelles que l'on détruit, puis on met le feu au village qui est entièrement consumé. Le général en chef espérait que cette exécution militaire en imposerait à la ville de Pavie, qui, du haut de ses remparts, pouvait voir l'incendie de Binasco. Mais dix mille paysans s'étaient rendus maîtres de cette ville qui comptait trente mille habitants.

Bonaparte sort donc de Binasco, le 25 mai, avec sa petite colonne, et arrive à quatre heures du soir devant Pavie.

Je ne vais pas te dire ce qui advint à cette ville, mon cher cousin, nous le saurons à Pavie même. Pour le moment laisse-moi te dire qu'à quelque chose malheur est bon. Binasco inondé de sang, jonché de cadavres, brûlé, consumé, n'étant plus que cendres, a été rebâti, et nous avons bonheur à le contempler jeune, frais et coquet, souriant au voyageur qui passe, n'ayant plus souvenir de ses propres malheurs, mais entourant encore de ses respects les débris du

Castello et de la prison de Béatrix Tenda, la seule ruine qui reste sur le penchant de la colline pour attester le passage des passions humaines, mais ruine d'un aspect pittoresque et du plus éloquent effet.

Pardonne-moi, mon cher ami, de passer d'une chose à une autre; les caprices d'une route qui multiplie ses paysages et ses souvenirs m'y oblige : nous sommes les esclaves et très-humbles serviteurs des lieux que nous visitons, nous pauvres touristes; excuse donc mon amalgame.

Or, voici venir à notre gauche, une vaste plaine illustrée par un héros, située un peu au nord et bornée par les murailles d'un vaste parc, au centre duquel m'apparait, dans la brume ardente du midi, une magnifique et grandiose construction.

La plaine n'est autre que le *Champ de Bataille de Pavie*; le héros fut notre *François I*er, et le parc et la construction grandiose, qui reflètent au loin les feux du soleil, ne sont autres que le *Parc et la Chartreuse de Pavie*.

Tu te rappelles que ce beau pays de Milan devait appartenir à notre France, par héritage de Valentine de Milan, fille de Jean Galéas III Visconti, sœur de Jean-Marie, tué dans l'église de Saint-Gothard, et de Philippe-Marie, qui mourut sans filiation, par conséquent, unique rejeton des Visconti et donnant ses droits d'héritage à la France, étant veuve du duc d'Orléans, assassiné dans la rue Vieille-du-Temple, en 1407.

Or, Maximilien Sforza, occupant le Milanais, après l'avoir soustrait aux Visconti, et s'y trouvant bien, se gardait fort de le rendre à la France.

Déjà notre Louis XII avait guerroyé en Italie pour prendre possession de ce Milanais. François Ier, ensuite, passa les Alpes, dans le même but, et vint déboucher avec son armée dans le Marquisat de Saluces.

Il avait contre lui le Sforza; Maximilien, empereur d'Autriche, qui tenait à se conserver en Italie l'antique autorité de ses prédécesseurs; et les Suisses que ces deux princes avaient à leur solde. Les Suisses s'étant repliés sur Marignan, à quelques lieues sud-est de Milan, de l'autre côté de la Chartreuse en question, au levant, l'armée française, dès son début, alla droit à eux, les prit dans leur bauge, et le jeudi, 13 septembre 1515, François Ier, aidé des Vénitiens qui mêlaient leur cri de guerre : *Saint Marc! saint Marc!* à notre clameur de bataille *Montjoie Saint-Denis!* remporta la célèbre *victoire de Marignan!*

Après avoir assisté à dix-sept autres mêlées épouvantables, le maréchal de Trivulce disait, en parlant de celle de Marignan :

— C'était un combat de Géants, près duquel toutes les batailles ne sont que des jeux d'enfants!

François Ier, à l'heure du succès, sur le champ de bataille même, les pieds dans le sang, au milieu des morts et des mourants, se fit armer chevalier par Bayard, *le guerrier sans peur et sans reproches.*

Mais, hélas! en 1518, la conquête du Milanais, que nous avait donné la victoire, était perdue, faute d'argent pour payer les Suisses qui nous la gardaient.

François Ier reparaît alors dans le Milanais, en 1524.

Il s'empare de Milan, et, malgré l'hiver, s'empresse de mettre le siége devant Pavie.

L'armée impériale, commandée par Lannoi, l'italien Pescaire, et un Français, le connétable de Bourbon, irrité contre François Ier par suite des affronts que lui avait faits sa mère, Louise de Savoie, s'avance au secours de cette ville.

Tous nos vieux généraux donnent alors au roi de France le conseil d'éviter une action générale, l'armée impériale étant trop supérieure à la nôtre. Mais Bonnivet, homme présomptueux et sans capacité militaire, en parlant au roi de la honte d'une retraite, le détermine à hasarder la bataille.

Les armées se rencontrent le 25 février 1525, dans cette belle plaine qui s'étend entre l'angle formé par Milan, au nord, Marignan, à l'est, et la Chartreuse de Pavie, au sud, mais très-près des murs qui entourent son parc.

François Ier avait précisément adossé son camp à la portion des murs du Parc qui regarde le nord : il était entouré des équipages en guise d'enceinte, et l'artillerie en protégeait les abords.

Les impériaux étaient campés un peu plus à l'est, dans des plis de terrain qu'arrosent une petite rivière, que je t'ai nommée déjà, je crois, *la Vernacula*, dont les eaux limpides et pures, mais capricieuses, vont du nord au sud, en laissant Pavie à l'ouest.

Rien n'est curieux et solennel, dit-on, comme les camps ennemis, la veille d'une bataille. Les feux allumés devant les tentes pour préparer le repas du soir, le dernier festin, si festin il y a, que feront tant de braves! la ceinture d'autres feux qui, à distance, signalent les limites de l'enceinte des retranchements; les sentinelles, comme des ombres errantes et des âmes en peine, veillant, à l'avant et dans le pourtour du camp, pour observer les mouvements des ennemis, et se garantir de leur approche; la gaîté du soldat qui ne craint pas la mêlée, et prépare ses armes pour le lendemain; la tristesse de celui qui songe à sa patrie, à sa mère, à ses sœurs, à son village, au foyer préféré de son cœur, que jamais plus, peut-être, il ne reverra; le superbe ronflement du *bouteur de batailles*, du vieux *grognard* qui s'endort dans une magnanime abnégation, pour se réveiller comme le lion, quand sonnera la diane, et que la trompette donnera le signal du boute-selle; les rondes qui passent cauteleuses et prudentes; les officiers qui vont et viennent en s'entretenant des chances de succès pour l'engagement prochain; la tente du chef suprême, dont la transparence plus lumineuse révèle que sous ses plis le génie de la guerre médite, s'entoure de conseils, et prépare ses plans à l'écart; les soldats chrétiens qui, croyant en Dieu, ne veulent pas exposer leur vie sans l'avoir purifiée par le pardon de celui dont la main préside aux destinées de l'homme et peut le marquer du sceau de la mort; plus à l'écart encore, les groupes drolatiques de ceux qui, dans les cantines, cherchent une indifférence ou un courage factices au fond des brocs, et dans les lazzis grossiers d'un banquet soldatesque et bruyant; ici et là, les coursiers mangeant leur dernière provende avant l'action, et semblant, par leurs hennissements, exhaler les pressentiments d'une lutte sanglante où leur audace et leur violence monteront au niveau de celles de l'homme; au loin, dans la plaine, le murmure des eaux qui courent dans leur lit, sanglotant leur éternelle complainte; le bruit mélancolique des écluses et des cascatelles de la montagne qui gémissent et qui pleurent; les aboiements plus rares des chiens errant autour des cascines et dans les vergers des villas; le sifflement du vent dans les hauts arbres secouant leurs têtes sous ses étreintes; les cris des sentinelles avancées apportés par l'écho : Prenez garde à vous! aux cieux les nues qui roulent lourdement dans l'espace et semblent vouloir s'arrêter pour être témoins du drame qui va s'accomplir; comme des yeux indiscrets, quelques étoiles projetant leurs doux rayons par les déchirures des nuages; par fois la lune, montant gravement sur son trône de blanches vapeurs, ou s'avançant, comme une reine qui parcourt majestueusement son empire; tout cet ensemble a quelque chose qui émeut et qui frappe d'autant plus, qu'à pareille heure, les imaginations, à raison du danger qui s'avance, s'impressionnent davantage et grossissent considérablement, comme par un effet moral d'optique, les moindres choses du moment.

Mais laissons là nos analyses psychologiques, et disons que, pendant la nuit, Pescaire désespérant de forcer les retranchements du camp de François I*er*, si bien placé, ouvre une brèche plus loin, à l'est, dans les murailles du parc de la Chartreuse, dans le but de prendre l'armée française par les derrières, et de se mettre aussi en communication avec la garnison italienne qui défend Pavie. Alors, quand le bélier et les sapeurs ont ouvert la brèche dans le plus profond silence, il fait revêtir à tous ses soldats une chemise blanche par-dessus leurs armes, afin de se reconnaître dans l'obscurité. Puis il fait entrer dans le parc six mille fantassins allemands, espagnols et italiens, et trois escadrons de cavalerie, en leur enjoignant d'aller sans mot dire se placer en ordre derrière la muraille, au-delà de laquelle se trouve le camp français, en face même d'un endroit, entre le mur et le camp, où se tient une sorte de foire, appartenant à des marchands et des magasiniers, pourvoyeurs que protégeaient les gens d'armes de notre arrière-garde.

A son tour, Pescaire, suivi de Lannoi et du connétable de Bourbon, à la tête de trois corps allemands de l'armée impériale, se met en mesure de pénétrer dans le parc. Mais les Français, qui n'ont rien vu jusqu'alors, commencent à prendre l'alarme, et se rangent en bataille.

Le jour se fait; c'est le 24 février, 1525.

Aussitôt l'artillerie française, commandée par Jacques Galliot, sénéchal d'Armagnac, se met de la partie et tonne contre les Allemands qui courent à la file. François I*er* prend pour une fuite le mouvement des Impériaux et sort de ses lignes pour les charger. Il compte sur la supériorité de sa cavalerie dans une plaine propre aux grandes évolutions. Mais alors il empêche le feu de son artillerie, qui s'arrête. Pescaire vient à sa rencontre et fait rappeler les corps engagés dans le parc; sa propre cavalerie s'entremêle d'arquebusiers espagnols, et leurs décharges abattent un grand nombre de nos plus vaillants chevaliers.

La bataille est engagée. Les Impériaux du parc, à l'appel du canon, arrivent, avant l'ordre de Pescaire. Nous avons devant nous seize mille fantassins espagnols et allemands, mille italiens, et quatorze cents chevaux. François I*er* croit compter en ligne treize cents lances et vingt-cinq mille fantassins ; mais il est trompé par les inspecteurs, qui lui font payer la solde d'un grand nombre de soldats qui n'existent pas.

Il confie la garde du camp à Bussy d'Amboise. Puis il oppose ses landsknechts des bandes noires aux Espagnols et ses Suisses aux Allemands. Dès le début, on enlève cinq canons aux impériaux, et la bande noire des landsknechts refoule dans la *Vernacula*, la petite rivière dont je parle plus haut, une charge de cavalerie légère. Mais ce succès même devint nuisible aux Français ; la gendarmerie, croyant la bataille gagnée, s'élance partout à la charge, elle dégarnit les flancs des suisses et des landsknechts, et fait cesser le feu de notre artillerie, qui fait la véritable force de notre armée (1).

Toutefois cette charge de notre gendarmerie est terrible.

Le marquis de Saint-Ange, Ferdinand de Castrioto, est tué de la main de Farnçois I".

Les gendarmes bourguignons, avec Bourbon, sont mis en déroute.

D'autre part, les Suisses nous font défaut, et Anne de Montmorency et le maréchal de Fleuranges qui les commandent sont faits prisonniers.

Jean de Diesbach, leur premier capitaine, se fait tuer de désespoir.

La bande noire des landsknechts résistent bien aux Impériaux, mais enfermés entre trois bataillons, ils sont tous massacrés.

Avec eux périssent leur chef, Longman d'Augsbourg; le prétendant au trône d'Angleterre, Richard de Suffolck de la Rose Blanche; François de Lorraine, frère du duc régnant; Wirtemberg de Lauffen et Théodoric de Schomberg, frère du secrétaire de Clément VII. La Palisse, renversé de cheval et déjà prisonnier, est tué par un Espagnol ; la Trémouille est arquebusé près du roi; Galéas de San-Séverino, grand écuyer, qui cherche à contenir les fuyards, est égorgé sous ses yeux. L'amiral Bonnivet, honteux d'une défaite dont il est cause, se

---

(1) *Sismonde-Sismondi.* Histoire des Républiques italiennes au Moyen-Age.

fait tuer à coups d'épée dans le visage. François Ier lui-même, en voyant tomber autour de lui Chabannes, Chaumont, Lescuns, le comte de Tonnerre, le maréchal de Foix et bien d'autres, blessé au front et perdant du sang en abondance, se défend avec vaillance. Il pousse son cheval vers le pont de la Vernacula; mais ce cheval, blessé lui aussi, s'abat près de Diégo Abila et de Giovani d'Urbietta, un Espagnol et un Italien, qui, sans connaître le roi, veulent le faire prisonnier. La Motte-Hennuyer, qui le reconnaît, lui propose de se rendre au connétable de Bourbon. François repousse avec colère cette proposition et demande le vice-roi, Lannoi, auquel il remet son épée.

En apprenant la captivité du roi, les Français ne font plus de résistance. Huit mille soldats sont tués; le reste se laisse faire prisonniers. Parmi eux se trouvent le roi de Navarre, le bâtard de Savoie, Anne de Montmorency, François de Bourbon, comte de Saint-Paul; Philippe de Chabot, Laval, Chaudieu, Ambricourt, Fleuranges, Frédéric de Bossolo, deux Visconti, et un grand nombre d'autres seigneurs.

Les Impériaux n'avaient perdu que sept cents hommes.

C'en était fait du Milanais pour la France! Car le duc d'Alençon, beau-frère du roi, qui commandait son arrière-garde, abandonna ses équipages et se sauva en Piémont. Il en mourut de honte peu après. Le comte de Clermont, qui commandait dans l'île du Tésin, passa le Gravalone, coupa les ponts après lui et se retira en bon ordre. Trivulce évacua Milan dès la première nouvelle de la bataille, et, dès le soir du 24 février, les Français qui avaient pu échapper à la boucherie ou à la captivité sortaient du duché de Milan, abandonnant aux ennemis un immense butin.

Cependant François Ier, prisonnier, se faisait conduire à la Chartreuse, et allait s'agenouiller au pied de l'autel que nous verrons tout-à-l'heure pour s'humilier devant le roi des rois. Puis, enfermé, le soir même, dans le château de Pavie, qui est à une lieue et demie de là, il écrivait à sa mère, Louise de Savoie, régente de France, cette lettre sublime :

« Madame, tout est perdu, fors l'honneur! »

Enfin, peu de jours après, il était déposé, sous une garde sévère, dans la forteresse de Pizzighettone, à six lieues au levant de Pavie, tout près de Crémone.

Pourquoi te raconté-je ainsi cette funeste bataille de Pavie, cher cousin? Ne pouvais-tu pas en lire les détails dans l'histoire? Par une raison bien simple, *mio caro fratelle*, d'abord tu es fils d'un vaillant capitaine, et tu dois avoir du sang belliqueux dans les veines ; mais ensuite, tu ne saurais croire quel est le bonheur d'un touriste lorsque, se trouvant sur un point du globe quelconque, illustré par un grand événement, il peut s'en rappeler, en lire, s'en faire raconter ou raconter soi-même les moindres épisodes.

Sur ce point mon fanatisme va si loin, qu'à la proposition qui m'est faite de voir le *Cimetière des Français* morts à la bataille de Pavie, je m'empresse d'y aller en pèlerinage, et là, prononçant à haute voix et du cœur les grands noms des illustres victimes, je prie Dieu de faire paix à leurs âmes.

Pour visiter le champ de bataille, nous avions quitté la voiture de poste qui nous avait amenés. Elle devait nous attendre à la Chartreuse. Nous suivons donc les sentiers du parc dont les murs sont à peu près rasés, et nous passons près de *Mirebel*, palais antique, en ruines, et ancienne maison de chasse des ducs de Milan. C'est ce Mirebel qui était le point fixé, comme rendez-vous, aux corps d'armée que Pescaire avait fait pénétrer de nuit dans le parc, pour prendre en queue l'armée française.

De Mirebel à la Chartreuse il n'y a que peu de minutes de marche.

D'ordinaire, qui dit Chartreuse parle d'un monastère établi, relégué plutôt, dans une âpre solitude, au sommet de cimes neigeuses, parmi des rochers escarpés, ou au centre de montagnes sauvages. Il n'en est pas de même de la Chartreuse en question.

La *Chartreuse de Pavie*, fondée par Jean Galéas Visconti, en 1396, dans le but d'expier le meurtre de son oncle Bernabo et de ses cousins, et afin que vingt-cinq Chartreux priassent pour lui et pour sa famille, ce qui ne l'empêchait pas d'être tout aussi farouche et barbare dans l'occasion, est située dans une plaine peut-être monotone, mais très-fertile, coupée de la rivière Vernacula, des canaux de Milan à Pavie, de massifs d'arbres voilant à demi d'opulentes cassines, et se trouve être l'une des curiosités de l'Italie et peut-être le monastère le plus admirable de l'univers entier. C'est pour te peindre ce merveilleux abri des soldats de l'église militante que j'ai choisi Pavie pour t'adresser cette lettre, en témoignage et souvenir de notre vieille amitié.

D'abord ce n'est pas une simple Abbaye, réduite à quelques constructions couvrant à peine cent toises de terrain. La Chartreuse de Pavie compte de nombreux bâtiments, communs pour le service, vaste et splendide église, cloîtres magnifiques, cellules modestes, le tout sur une surface de sol suffisant pour une bourgade de premier ordre.

La porte extérieure franchie, on traverse une cour étroite, puis se présente une seconde porte formant vestibule. Là, première halte ! Voici deux fresques qui ont déjà bien souffert des injures du temps, mais qui, cependant, conservent encore la noblesse de leur origine. Elles sont de *B. Luini*, et représentent, l'une saint Sébastien, l'autre, le gigantesque saint Christophe des anciens porches d'église dont la vue doit porter bonheur d'après la légende :

Christophorum videas, postea tutus eas (1).

Ce vestibule donne entrée à une cour profonde de trois cents pieds, qui règne entre deux bâtiments d'une pareille longueur, et finit au portail de l'Église occupant le côté nord-ouest de la Chartreuse. Ce portail demande une seconde et sérieuse halte.

Le président de Brosses, visitant l'Italie en 1739 et 40, dit à ce sujet :

« Le *portail* de la Chartreuse, en marbre blanc, est une magnifique galimafrée de tous les ornements imaginables : statues, bas-reliefs, feuillages, bronzes, médailles, colonnes, clochers, etc., le tout distribué sans choix et sans goût :

---

(1) Saint Christophe, dont le nom signifie *Porte-Christ*, était originaire de Samos, dans la Lydie, Asie-Mineure. Dagnus, tétrarque de Syrie, lui fit trancher la tête après l'avoir tourmenté de la manière la plus horrible. Beaucoup d'idolâtres se convertirent à sa mort, et notamment deux courtisanes, Nicea et Aquilina, qui avaient été envoyées dans sa prison pour le séduire.

La légende donne à saint Christophe une taille de douze coudées. Une autre légende prétend qu'il n'avait que douze pieds, ce qui serait déjà joli. On raconte que le Christ se présenta un jour à lui sous la forme d'un enfant, et qu'il lui fit traverser la mer sans être englouti, d'où vient l'usage de le représenter chargé d'un enfant sur l'épaule, *Porte-Christ*. Sa statue ou son image, ordinairement colossale, ornait autrefois le portail de beaucoup d'églises, afin qu'il pût être aperçu du plus loin possible ; car on s'imaginait qu'on ne pouvait être frappé de mort subite ni périr par aucun accident le jour où l'on avait vu l'image du saint. De là le vers : CHRISTOPHORUM, etc..

Voyez d'abord saint Christophe, et marchez ensuite avec assurance.

on ne pourrait, du haut en bas, mettre le doigt sur une place vide d'ornement ; cela ne laisse pas de faire un coup-d'œil qui amuse la vue, car il y a ici et là de bons morceaux : mais *c'est toujours du gothique.* Je ne sais si je me trompe, mais qui dit *gothique*, dit presqu'infailliblement un *mauvais ouvrage...* »

En effet, vous vous trompez, vénérable Président; car beaucoup de gens, très-capables, ne sont pas le moins du monde de votre avis à l'endroit du gothique. Toutefois on vous pardonne votre goût à raison de l'époque et de l'esprit de l'époque où vous viviez. Voici M. du Pays, un véritable artiste consciencieux, qui traite autrement le portail de la Chartreuse :

« Les sculptures de la belle façade sont d'une merveilleuse délicatesse, mais elles présentent une surcharge de petits détails ingénieux qui se perdent dans l'aspect de l'ensemble. Le beau doit être plus simple. Cependant il faut reconnaître, au milieu de cette abondance, une certaine réserve de goût. Au-dessus de la première galerie, là où la petitesse et la multiplicité des détails eussent échappé à la vue, l'architecte a substitué les marbres de couleur dans l'ornementation de sa façade : de sorte qu'elle est un ouvrage de ciselure jusqu'au premier étage, et plus particulièrement un travail de marqueterie au second... »

Tu vois, mon cher Gustave, que les opinions diffèrent à l'endroit de cette façade de la Chartreuse. Si tu tiens à connaître mon opinion personnelle, je te dirai, car je le proclame à tout venant, que de toutes les œuvres de la terre en l'honneur du roi des cieux, je n'ai rien vu de plus admirable et de mieux entendu que ce délicieux portail. Certes, on peut rencontrer un travail architectural plus gigantesque, offrant des lignes autrement agencées, et des jets de pierre d'une plus grande hardiesse. Là, absence complète de ce grandiose du gothique dans le portail de l'église des Chartreux. C'est tout simplement une façade lombarde, triangulaire dans sa forme, n'ayant rien qui s'élance à perte de vue, ou qui rentre dans l'œuvre en la creusant, qui fasse saillie et massifs en colonnes, en frontons, en attiques; mais cet immense triangle de marbre, divisé en trois étages par des galeries, compose tout un poëme écrit sur la pierre et le marbre par le burin d'*Ambrogio da Fossana*, de terre à la première galerie, chevaliers bardés de fer ou couverts du pourpoint de soie; bas-reliefs encadrant dans l'ensemble des épisodes de l'histoire du Milanais, avec beaucoup d'ordre et de précision; attributs et emblèmes des Visconti; chiffres et cartouches; médaillons et arabesques, feuilles et fleurs courant çà et là; le tout chantant, racontant son sujet, comme le feraient les tensons et les sirventes d'un barde, de sorte que c'est à lire, à relire et à étudier ces stances de pierre, aussi bien que les sonnets de Pétrarque. De la première galerie à la seconde, à l'odé de pierre succède la mosaïque la plus délicate, montrant partout les reflets chatoyants des brèches les plus diaprées, des marbres les plus rares, semés sur un fond blanc, comme des nuages floconneux dominant un gracieux paysage. Enfin de la seconde galerie à la pointe du pyramidion, le marbre se dentelle, se façonne en trèfles, s'allonge en clochetons, se taille en facettes, et se profile en festons sur la nappe bleue du ciel, léger comme la dentelle. Mais alors sur cet ensemble de guipure merveilleuse, de la base de l'édifice à ses parties moyennes, se dresse la base de quatre colonnes décorées avec tout l'artifice d'une imagination brillante : on voit monter ces colonnes en forme de candélabres chargés de transmettre la lumière et dispersant les branches de ces candélabres de manière à en composer des croisées d'un gothique flamboyant, à vitraux peints, et à produire des rosaces lumineuses de l'effet le plus original, œuvre exquise de *Christofano Solari*, dit le *Gobbo* (1). Sans l'avoir jamais vue, tu te représenteras et tu comprendras cet hymne de pierre que j'admire, et que l'on traite de galimafrée.

Maintenant entrons sans perdre le temps aux bagatelles de la porte, et sache tout d'abord que l'Eglise qui s'ouvre devant nous est l'ouvrage de *Heinrich von Gmunden*, ou le *Gamodia*, l'habile architecte qui donna le plan du Duomo de Milan.

Immense vaisseau en forme de croix latine, surmontée d'une coupole. Fresques à la voûte ; sur le sol, mosaïque assez vulgaire.

Dans les bas-côtés, à droite comme à gauche, sept chapelles, dont la première, à droite, possède une fresque délicieuse, la Vierge adorant l'Enfant Jésus. La quatrième, du même côté, montre une Crucifixion finement touchée, mais d'un ton sec. La cinquième a des fresques à la voûte et des Saints sur les murs. La sixième, sur l'autel, offre un *Guerchin*. Du côté gauche, la seconde chapelle est décorée d'un tableau à six compartiments, œuvre du *Perugin*. Mais le couronnement seul, représentant Dieu, le Père, entouré d'Anges, est authentique. Dans la sixième, plusieurs Saints, dont un saint Ambroise, attirent l'attention des curieux. Dans cette même chapelle, un effet de fresque met le touriste en

---

(1) L'un des peintres d'Italie qui viennent après Léonard de Vinci. Il appartient à l'Ecole Lombarde ou Milanaise du xvi° siècle. Je ne trouve aucune note biographique sur cet artiste estimé et d'ailleurs souvent cité.

regard d'un moine ouvrant la porte, et vous fait reculer, tant l'illusion est frappante. Ces chapelles sont fermées par des grilles, mais une porte creusée dans le mur de séparation de chacune d'elles, les met toutes en communication.

Ce qui mérite le plus l'attention dans ces chapelles, sont de ravissantes sculptures, de fines mosaïques et des bas-reliefs en pierre dure, ouvrage d'une même famille, celle des *Sacchi*, dont trois siècles suffirent à peine pour compléter le travail entrepris.

Grille de la plus fine exécution entre la nef et le transept.

Le transept de droite montre d'abord le mausolée de Giovanni Galéas Visconti, fondateur de la Chartreuse. A la mort de ce premier duc de Milan, assassin de son oncle Bernabo, père de notre belle Valentine de Milan, duchesse d'Orléans, on avait fait à Giovanni Galéas Visconti des funérailles d'une somptuosité inimaginable. On dut lui élever un tombeau en harmonie avec ces fabuleuses obsèques. D'ailleurs les Chartreux lui devaient bien quelque reconnaissance : il les dotait magnifiquement. On lui éleva, en effet, ce magnifique sépulcre devant lequel nous sommes, ou la matière, marbre et bronze, le disputent à l'art. G. *Pellegrini* l'avait dessiné en 1490. Il fut exécuté seulement en 1562. Or, comme de 1395, époque de la mort du Visconti, à l'achèvement de son tombeau, 1562, il s'était écoulé près de deux siècles, quand on voulut prendre le cadavre pour l'enfermer dans le mausolée, il se trouva qu'on ne put se souvenir du lieu où on l'avait provisoirement déposé.

Si tu as jamais vu, à Saint-Denis, le tombeau de François Ier, je te dirai qu'il a une certaine ressemblance avec celui de Giovanni Galéas Visconti.

Au fond du même transept s'ouvre la chapelle de saint Bruno. Sa voûte a des fresques du *Borgognone*, qui représentent les Visconti faisant hommage à la Vierge d'un modèle de la Chartreuse. Deux splendides candélabres de bronze, d'une extrême élégance, œuvre de *Fontana*, décorent l'autel de cette grande chapelle.

Le transept de gauche renferme de simples statues funéraires en marbre de Ludovic Sforza, le More, et de sa femme Béatrix d'Este, de Ferrare. Ces statues sont du *Gobbo*.

La chapelle qui occupe le fond de ce transept est ornée de fresques *de Daniel*

Crespi et possède également deux candélabres en bronze de même style, de même élégance et du même *Fontana*, que la chapelle de saint Bruno.

Mais voici les religieux de la Chartreuse qui arrivent du cloître, l'un après l'autre, marchant silencieusement dans la pénombre aux mille reflets des mystérieux vitraux, comme des spectres blancs, qui sortent des tombes. Ils vont prendre place dans les stalles du chœur, remarquable travail de sculpture et de marqueterie, que nous admirons à distance. Le nom de leur auteur, *B. da Pola*, 1485, est gravé sur le bois. Pendant que j'admire quelques têtes d'une suave expression, une main pèse sur mon épaule; je me trouve, presque effrayé, en face d'un Chartreux, véritable squelette couvert d'une robe flottante, qui me salue d'un sourire courtois et me dit à voix très-basse, mais d'un ton français dont mon cœur est ému :

— Monsieur Valmer, peut-être?...

— Lui-même, pour vous servir, mon révérend Père...

— Veuillez m'attendre, Monsieur, ajoute-t-il. Je suis le supérieur des Chartreux, j'ai à vous parler. Notre office commence à l'instant; immédiatement après, je serai fort heureux de vous voir.

Nous nous saluons, et Emile, mon compagnon de voyage, car je dois te dire que je voyage avec un fils de famille, mon élève autrefois, aujourd'hui mon ami, arrive à moi, aussi intrigué que moi-même de l'interpellation du moine dont il vient me demander le motif. Malheureusement je ne puis le satisfaire encore.

L'office commence; et vraiment l'âme s'élève en face de Dieu, en entendant ces quelques modestes religieux, priant ainsi dans la solitude et l'isolement, au nom et pour le bonheur de tous les hommes, leurs frères, qui, dans la plaine et sur l'océan du monde, combattent le grand combat de la vie. Ah! bien des voix injustes crient à l'inutilité, au parasitisme des monastères; mais quelle monstrueuse et noire ingratitude! N'a-t-il pas été prouvé cent fois que c'est aux moines que l'on doit l'exhumation, la transmission des grandes œuvres de l'antiquité, des secrets de l'histoire et des lumières qui, avant le moyen-âge, avaient lui sur la terre? N'ont-ils pas été les auteurs de cette aurore splendide qui a pris le nom de Renaissance? N'est-ce pas aux moines que l'on a dû de trouver la clef des nombreux mystères des arts et des sciences? Ne se sont-ils pas faits, par le travail le plus ardu, le plus patient, le plus persévérant, les révélateurs de mille arcanes dont Dieu seul avait la prescience, et les propagateurs anonymes, tant est grande la modestie qu'inspire la religion, des découvertes qui devaient assurer la gloire et le bien-être du genre humain? Arrière donc à vous, impies philosophes, hideux calomniateurs, qui, pour quelques moines misérables, avez entaché de leur lèpre le corps entier des religieux ! Fi donc ! S'il est des hommes qui ont nui à leurs frères, ce n'est ni le Bénédictin, ni le Trapiste, ni le Chartreux; mais bien le philosophe, l'orgueilleux et vil détracteur de tout ce qui peut faire la grandeur et la force de la foi divine! Honte à vous, et gloire au moine !

Pendant que ces pieux solitaires prient et supplient le maître de la vie et de la mort, le roi du ciel et de la terre, le créateur des mondes, pour qu'il veille sur son œuvre, nous aussi nous nous agenouillons. Nous nous agenouillons au lieu même où ploya son genou royal, François Ier, en face du Très-Haut, du Dieu des armées, après la bataille de Pavie. Oui, la tradition orale et constante nous apprend que ce fut là, là, que les sbires permirent au roi vaincu de venir prier dans l'église de la Chartreuse. Comme aujourd'hui, la Chartreuse devait être bien calme, à cette heure fatale de la défaite d'un grand souverain, car déjà *tout était perdu, fors l'honneur* ! Et, comme aujourd'hui, les moines priaient sans doute pour ceux qui venaient de succomber, ou dont l'âme haletante faisait effort pour quitter les cadavres dont le champ de carnage était jonché tout près de là...

L'office est à sa fin. Les religieux se prosternent et adorent. Puis les voici qui retournent au travail. L'Autriche, dans la personne de Joseph II, son empereur, a saisi leurs revenus; le Directoire de 1796 les a volés, spoliés; on les a faits pauvres; et c'est au salaire que gagnent leurs bras qu'ils demandent leur existence.

Mon brave moine revient à moi. Le mot de l'énigme? le voici : Ce bon supérieur est Français. Il connaît M. Eymar, un ami de Milan, notre cicerone des derniers jours. Or, M. Eymar lui a fait parvenir une dépêche qui lui annonce le passage à la Chartreuse et lui donne le signalement de deux Français qu'il lui recommande. Je te laisse à chercher dans ton imagination quel est le bonheur de ce pauvre exilé de parler et de nous faire parler de la patrie! Et tout en rentrant de cœur dans la patrie, le révérend Père nous promène dans la Chartreuse; mais aux explications qu'il nous donne, il joint mille questions sur la France et son empereur, sur Paris et les Français, sur nos provinces et leurs villes. Il nous raconte qu'il est venu de la grande Chartreuse de Grenoble à la Chartreuse de Pavie, avec d'autres frères, pour ne pas laisser périr la Chartreuse faute de Chartreux. Ils sont fort pauvres ici ; ils souffrent ; ils n'ont de secours que ce que leur envoie la France, toujours généreuse, et leurs bras toujours infatigables. Mais que leur importe ?... Ils marchent vers le ciel...

Avec notre guide nous franchissons la porte du chœur. Elle est encadrée dans une sorte d'arc-de-triomphe en marbre, avec colonnes et fronton. L'histoire de saint Bruno, l'instituteur des Chartreux, est gravée en six compartiments sur le bois de cèdre de cette porte. Entre cet arc-de-triomphe et les piliers du chœur se dressent deux statues, celles de saint Jean-Baptiste d'un côté, et celle de saint Bruno, de l'autre.

Nous allons droit à l'autel, au maître-autel de l'église. Quel nom donner à ce petit temple composé des matières les plus riches que la terre puisse donner à l'homme ? Ecoute un peu ce détail ; ce n'est pas une fable, c'est une vérité :

L'Autel est surmonté d'un tabernacle affectant la forme de notre Panthéon. L'Autel et le Panthéon sont de marbres, de bronze et d'albatre. Sur ces marbres d'au moins trente sortes, et des plus rares, avec panneaux de lapis-lazzuli d'une surface de vingt-cinq à trente pouces, quelquefois de cinquante à soixante, on a jeté les plus merveilleux semis de sardoines, d'onyx, de jaspes, d'agathes, de calcédoines, d'améthystes, d'opales, de cornalines, de topazes, de coraux, de grenats, de chrysolites brûlées, de smaragdes, de marcassins, d'escarboucles, de rubis, d'émeraudes et de diamants.

Ce même indescriptible semis s'étend aux socles des statues, aux crédences, aux bases de colonnes, aux soubassements, aux pilastres. C'est une richesse inouïe.

De chaque côté du tabernacle s'élève un merveilleux rétable, aux sculptures délicates, fines, splendides de beauté.

Au-dessus du Panthéon fulgure dans l'espace une gloire somptueuse de bronze doré.

Les bas-reliefs qui décorent les trois faces du tombeau de l'autel, représentent les trois sacrifices figuratifs d'Abel, d'Isaac, de Joseph.

Aux angles du même autel se dressent des candélabres admirables d'élégance, de richesse et de travail fini.

Nous ne nous lassons pas d'admirer, mais chaque chose a une fin. Notre bon Père nous fait donc reprendre le transept de gauche, et nous pénétrons dans la *Vieille Sacristie*, dont la porte est décorée de médaillons représentant les ducs de Milan. Cette salle est fort petite ; mais elle renferme un rétable en dent d'hippopotame, haut de trois mètres, et comprenant soixante-six bas-reliefs d'une finesse inouïe de travail, et quatre-vingt-quatorze statuettes exquises. Dans la même salle, véritable musée, nous trouvons d'autres bas-reliefs, en marbre, d'une exécution si parfaite qu'un seul d'entre eux ferait la richesse d'une église. Nous y voyons aussi un ostensoir antique en ivoire, et un petit lavabo en forme de monument funéraire, œuvres d'art incomparables.

Du transept de gauche, nous passons à celui de droite, et nous entrons dans la *Nouvelle Sacristie*. Boiseries superbes, avec mille statuettes dispersées dans des niches ravissantes. Voûte peinte à fresque et représentant l'Adoration des Mages. Autel dont le tableau, l'Assomption, est d'*Andréa Solari*, le frère du *Gobbo*.

Puis, tout à côté, par une porte de marbre dont le fronton se couronne de statues d'un mètre de haut, et qu'entourent des médaillons représentant les duchesses de Milan, voici que nous nous trouvons dans le *Lavabo des Moines*. La pièce qui porte ce nom est étroite, assez élevée, mais riche de deux objets superbes. Le premier, c'est le Lavabo, sorte d'urne de marbre qui surmonte un bassin également de marbre. Le tout est placé dans un enfoncement délicieusement sculpté, et sert à laver les mains des prêtres au moment du saint Sacrifice. Le second est un tableau de la Vierge. Elle tient le divin Bambino qui cherche à cueillir un œillet placé à sa portée. Rien n'est beau comme cette admirable peinture de *Luini*.

Bientôt après, fort du privilège refusé aux femmes qui ne peuvent être admises que dans l'église, notre vénérable cicerone, nous conduit dans l'intérieur de la Chartreuse, attenant au transept de droite, et nous visitons le *Petit Cloître*, parallélogramme dont le pourtour est voûté, que décorent de charmantes colonnettes, et dont les murs sont ornés de fort belles fresques de *Daniel Crespi*, quelque peu endommagées par l'humidité. Du centre du petit cloître on peut juger la richesse architecturale de l'extérieur de l'église; pyramidions, colonnettes d'appui des galeries longeant ses divers étages, tout vous apparaît à découvert et charme le regard.

Enfin nous pénétrons dans le *Grand Cloître*, d'une longueur de cent vingt-cinq mètres sur cent un de largeur, avec portiques à colonnes de marbre, à plein cintre, dont le bandeau est en terre cuite ouvragée dans tout le pourtour et couronné de statues.

Là, sur trois côtés du cloître, s'élèvent vingt-quatre maisonnettes à un seul étage, comprenant chacune quatre chambres, et ayant toutes leur petit jardinet... C'est dans ces maisonnettes qu'habitent les Chartreux. Nous les avons visitées. Quel dénument, quelle pauvreté, quelle vie! *Hic domus Dei, hic porta Cœli.* C'est vraiment là que se trouve la porte du ciel, car c'est là que dans le calme, la méditation et la prière, c'est là que dans le travail, des hommes, dégoûtés des faux plaisirs et des biens périssables de la vie, abandonnant l'arène des passions, éteints aux joies et aux pompes du monde, se donnent le bonheur anticipé de l'éternité en apprenant à bien mourir pour gagner le ciel... « Tel est l'irrésistible attrait de cette solitude, dit M. du Pays, qu'une sorte de vertige saisit ici la pensée du voyageur que la seule curiosité amène; et il se prend à soupirer, comme s'il y avait là pour chacun un repos inconnu..... »

A quoi bon te dire, mon cher ami, que nous avons passé dans la Chartreuse, en compagnie du supérieur français, plusieurs heures qui m'ont paru délicieuses. Quelques capucins étaient venus se joindre à nous, et c'était merveille d'entendre ces hommes, que le monde conspue, parler arts, sciences, histoire et littérature, avec beaucoup plus de jugement et d'érudition que bien des gens de ce même monde. Aussi garderons-nous long-temps un bien doux souvenir de notre passage à la Chartreuse de Pavie...

Il fallut enfin nous séparer; la nuit venait. Notre petite voiture de poste nous attendait dans la première cour. Nous allons la rejoindre en toute hâte; mais nous trouvons notre Automédon au désespoir :

— *Per mio santo Padrone!* (1) vous ne savez donc pas, nous dit-il, d'un

---

(1) *Par mon saint Patron !*

ton larmoyant, d'un air effrayé, que les routes ici ne sont pas sûres ? Ce n'est pas comme dans votre France, où l'on peut se promener, à toute heure et partout, la canne à la main !

Et, comme Emile le rassurait en lui montrant un casse-tête qu'il tira mystérieusement de sa poche :

— *Benedetto Dio* ! fit-il, gardez-vous bien de vous servir d'un pareil joujou, vous ne seriez jamais les plus forts ! L'autre nuit, à ce que m'a dit le *Custode* (1), des *bravi* ont arrêté un pauvre *signor viattore* (2), et ils lui ont tout pris, argent, bijoux, habits, tout, jusqu'à sa chemise. Ils ne lui ont laissé que son caleçon...

— Tête de bœuf ! reprit Emile, en avant, mon bonhomme ! Et si vos *bravi* nous attaquent, nous *Francesi*, gare à leur peau ! Nous la mettrons si bien à l'air et nous la tannerons de telle sorte que dès demain vous pourrez l'employer pour vous faire une paire de bottes neuves...

— *Francesi ! Francesi !* grommela le postillon d'une voix lamentable.

Néanmoins il mit son attelage au grand trot, et une heure après nous entrions dans Pavie, et nous allions prendre gîte à l'*Albergo della Croce Bianca*, où je commandai tout à la fois notre déjeuner, notre dîner et notre souper, car nous étions à jeun depuis Milan, et Milan est un peu loin...

— Eh bien ! dit Emile au postillon, et les *bravi* ?

— *Agni Santi !* (3) nous sommes arrivés à temps ! J'en ai bien vu vingt à trente qui erraient dans la plaine...

— Farceur ! reprit Emile. Il cherche un texte pour tâcher de grossir la *buona mancia* (4).

---

(1) *Le concierge.*
(2) *Seigneur voyageur.*
(3) *Par tous les Saints !*
(4) *La bonne main*, un *pour-boire.*

Ce qui précède, *mio caro amico*, se passait hier ; mais de notre promenade de ce matin et de nos études sur Pavie, voici ce que je livre à ta connaissance :

Pavie est situé sur le Tésin, assez près de son embouchure dans le Pô. Ce n'est guère plus qu'une bicoque, et cependant, fondée six cents ans avant Jésus-Christ et cent ans après Rome, elle est l'une des plus anciennes cités de l'Italie. Elle fut la *Ticinum* des Romains, la *Ville du Tésin*. Au moyen-âge on l'entoura de fortifications formidables. On l'appelait alors la Ville aux Cent Portes, ne plus ne moins que la Thèbes d'Homère. Mais ce fut sans doute par hyperbole, car, comme ces tours carrées, construites en briques, existent encore, on n'en compte guère que dix à douze, et la base d'autant d'autres que le temps a ruinées.

Au ve siècles, les Goths chassèrent les Romains, et dominèrent à Pavie.

Mais survinrent les Lombards qui, expulsant les Goths, firent de Pavie la capitale de leur royaume. Alors régnèrent dans cette ville d'abord le fier Alboin, le terrible Alboin, avec sa femme Rosamonde, fille de Cunimond, roi des Gépides ; puis Autaris, l'époux de Théodelinde ; puis cette Théodelinde, dont nous avons vu d'étranges reliques, à Monza ; puis Agilulf, Adaloald, Ariovald, Rotharis, et ceux-ci et ceux-là, puis le pieux et sage Luitprand, puis Hildebrand, Astolfe et Didier que Charlemagne battit à plate-couture, en 774, tout près de Pavie, et non loin du même champ de bataille où François Ier perdit tout, *fors l'honneur*.

Cette grande victoire du roi frank effaça le peuple lombard du rang des nations.

Les empereurs d'Allemagne, successeurs de Charlemagne, se crurent en droit de disposer de l'Italie, et gouvernèrent alors la partie septentrionale de cette presqu'île, jusqu'à la mort d'Othon III. Mais à cette époque une diète de seigneurs italiens, convoquée à Pavie, ayant choisi Ardouin, marquis d'Ivrée, pour le faire roi de l'ancienne Lombardie ; comme Milan et Pavie, déjà rivales, se disputaient le premier rang du royaume ressuscité, et que l'élection d'Ardouin avait été faite à Pavie, les Milanais, inspirés par leur archevêque Arnolf, en 1004, élurent à Roncaglia, un autre roi, Henri, prince allemand. Henri accourut en Italie, mit en fuite Ardouin, et vint à Pavie prendre la couronne de ce dernier que l'archevêque de Milan lui mit sur la tête. *Inde iræ.* Le jour même, des Allemands, soldats de Henri, promenant leur ivresse dans Pavie, insultent et tournent en dérision les Pavesans humiliés ; ceux-ci repoussent, par la force, les outrages de cette soldatesque abrutie. Aussitôt l'armée de Henri, campée autour de la ville, pénètre dans ses murs, et trouvant les rues qui se hérissent de barricades, massacre les habitants, et met le feu aux maisons. L'incendie se répand rapidement et favorise la boucherie que les Allemands font des Pavesans. Le soir, la superbe capitale des Lombards n'existait plus : il n'en restait qu'un monceau de ruines arrosé de sang, et le Castello, bâti par Alboin, terminé par Théodelinde, et abandonné par le nouveau roi, Henri, restait seul debout, comme un spectre noir au milieu des dernières lueurs rougeâtres de l'incendie, et des cadavres haletants qui jonchaient le sol de cette ville infortunée.

Ceux des Pavesans qui échappèrent au fer ou au feu, reconstruisirent leur ville : mais en consacrant leurs nouvelles maisons, ils jurèrent de se venger des Allemands. Pour commencer, de nouveau, Ardouin fut proclamé roi, et armes et argent, tout fut employé à relever et à soutenir son trône. Hélas ! une seconde fois, Henri II envahit la Lombardie, et, cette fois, Ardouin, déposant sérieusement la couronne, prit l'habit religieux, et alla s'enfermer dans un couvent, en 1015.

Vinrent alors les grandes luttes des Guelfes et des Gibelins. Comme les autres villes du nord de l'Italie, Pavie prit part à cette confédération qui, sous le nom de Ligue Lombarde, aboutit à expulser d'Italie l'autorité allemande, et pendant que vaincu à Lignano, par la ligue, en 1176, Frédéric Barberousse allait oublier ses revers en prenant la croix, en battant les Turcs de l'Asie-Mineure, et, moins heureux qu'Alexandre le Grand, mourait à Tarse, en 1190, glacé par les eaux du Cydnus, Pavie se relevait de ses ruines, se faisait république, puis, en 1331, acceptait encore pour roi, Jean de Bohême, dit l'*Aveugle*, fils de l'empereur Henri VIII, nommé vicaire de l'empereur Louis V, en Italie, et, en cette qualité, s'emparait pour son souverain de Crémone, Modène, Parme et Pavie. Mais le pape, Jean XXII, l'arrêtant dans sa marche victorieuse, lui offrit de le reconnaître pour roi de l'Italie. Ebloui par cette proposition, tout aveugle qu'il était, Jean accepta. Aussitôt, et à peine installé à Pavie, Jean apprend que son royaume de Bohême se soulève contre lui. C'était Louis V, qui, instruit de sa trahison, portait ses sujets de Bohême à la révolte. Alors Jean quitte Pavie, rentre précipitamment en Allemagne, bat ses ennemis, et ajoute la Moravie à sa Bohême domptée. C'est ce même bon prince, mon cher Gustave, qui, par parenthèse, ayant conduit des secours à notre roi de France, Philippe de Valois, attaqué par les Anglais, tout aveugle qu'il était, se fit conduire à la bataille de Crécy, entre deux cavaliers qui le dirigeaient, et fut tué en se battant d'estoc et de taille, comme un jeune lion très-clairvoyant. C'était en 1346.

Après toutes ces vicissitudes, Pavie recouvra sa liberté; et elle en usa pour se donner un gouvernement municipal. Mais, comme dans les autres villes de l'Italie, bientôt, deux familles puissantes, les *Langoschi* et les *Beccaria*, vinrent à bout de s'adjuger exclusivement l'autorité, après avoir ensanglanté la ville dans d'affreuses luttes de parti.

C'était tomber de charybde en sylla, car ces Langoschi n'étaient autres que des Guelfes, et les Beccaria des Gibelins.

Or, à cette époque, les Visconti étaient les tyrans de Milan, d'un côté de Pavie, et de l'autre, à Suse, Turin, Alexandrie, Ivrée, et dans plus de cent châteaux-forts, régnait un certain marquis de Montferrat qui n'était pas plus aimable que les Visconti.

Ce marquis était en hostilités avec Galéas II Visconti et son frère, le cruel Bernabo Visconti.

Les Beccaria, de Pavie, s'unirent par un traité avec le marquis, et tournèrent toute leur haine contre les suzerains de Milan.

Alors toutes les villes du Piémont qui relevaient des Visconti, Chieri, Chiasco, Asti, Alba, Valenzia et Tortone se révoltant contre leurs odieux oppresseurs, firent cause commune avec les Beccaria, et prirent les armes contre les seigneurs de Milan.

C'était en 1355.

Galéas II était un monstre, en effet. Il accablait ses sujets d'impôts; il payait mal ses employés; on le voyait railler toute justice, et par ses infâmes rapines, il pressurait les provinces qu'il aurait dû protéger. De son côté, son frère Bernabo se montrait le plus pervers et le plus abominable des maîtres. Il n'était crime d'aucune nature qu'il ne commit. Etait-il étonnant que leurs peuples et leurs villes les prissent en haine ?

A la nouvelle de la révolte des cités que j'ai nommées, et de l'alliance des Beccaria avec le marquis de Montferrat, poussé par une noir colère, Galéas

Visconti prit le commandement d'une nombreuse armée, et s'adressant d'abord à Pavie, comme son ennemie la plus puissante, il se hâta de l'investir et d'en faire le siége. Les soldats élevèrent de trois côtés de la ville trois redoutes en bois, que l'on nommait *basties*, une forte garnison fut établie dans chacune d'elles, et de cette façon il y eut siège et blocus, les vivres ne pouvant plus être introduits dans la ville sans une grande difficulté.

Malheureusement les Beccaria avaient un de leurs membres, *Milano*, qui, se séparant d'eux, se réunit aux comtes Langoschi. C'était là une première cause de désordre et de faiblesse. Une seconde cause de ruine était la corruption des grands et du peuple dans la ville de Pavie, et l'immoralité qu'affichaient les membres du gouvernement, jusque dans les fêtes publiques.

Néanmoins voici que pour repousser les attaques du Milanais une vigueur inattendue est soudain communiquée aux Pavesans par une circonstance tout-à-fait imprévue.

Un jour, au commencement du Carême, on entend dire dans la ville que la foule se porte au palais de l'Evêque pour entendre prêcher un moine républicain qui parle avec tant de piété de Dieu, qui tonne avec tant de force contre les vices, qui stygmatise avec une énergie si grande la coquetterie des femmes, qu'il n'est pas plus petite place dont on se contente pour l'écouter.

— Les *Castellino Beccaria*, eux aussi, vont au palais! dit l'un, et avec amour ils prêtent l'oreille à ses dires!

— Et *Florello Beccaria*, ajoute l'autre, il faut voir comme il se confit en Dieu, depuis qu'il assiste au sermon!

Or, il faut que tu saches, cher cousin, qu'à cette ténébreuse époque du moyen-âge, les œuvres de gourmandise, de luxe et de paillardise étaient autres que nous ne pourrions le supposer, nous qui nous croyons les gens les plus civilisés, les plus raffinés du monde.

Veux-tu que je t'en donne une idée? Ecoute :

Les femmes de Pavie portaient sur la tête de précieux joyaux, des couronnes d'or massif ou d'argent doré, enchâssées de perles et de pierreries; on en voyait qui étaient coiffées de diadèmes à triple étage de cent grosses perles chacun; leurs voiles longs et à mille plis tombant par derrière étaient brodés avec des rubis et des opales : à leurs cheveux elles joignaient des tresses d'or et de soie, et de magnifiques réseaux entrelacés de perles les captivaient à peine. Leurs colliers étaient formés d'énormes grains d'ambre et de corail; d'autres en or massif, passés par-dessus la robe, ressemblaient à des colliers de levrettes, et allaient gracieusement leur tenir lieu de ceinture en leur serrant la taille. A tous les doigts, des anneaux de toutes sortes ; aux bras, les plus riches bracelets ; pour bordures de robes, petit-gris, menu-vair ou blanche hermine. Les boutons étaient tous formés, selon la couleur de la robe, de diamants, d'émeraudes, de saphirs ou d'améthystes. Certes! ces nobles dames savaient leur mythologie, car elles appelaient *Cypris* l'une de leurs parures, la plus riche, et... la moins sévère. Et puis, les chères Pavesanes n'usaient pas moins abondamment que les femmes de l'Orient des cosmétiques pour se blanchir la peau, pour se peindre le visage. Il suffit de dire, pour résumer la chose, qu'alors une robe de soie et or coûtait jusqu'à cent florins d'or, soit douze cents cinquante francs ; une de drap, soie et or, à petites fleurs, soixante-quinze florins d'or, soit neuf cent trente-sept francs (1).

Je passe aux festins. Voici le menu :

D'ordinaire, un invité trouvait à sa place une imitation de quelque viande, composée de sucre, d'amandes et d'autres douceurs. Ensuite on servait des chapons, des poulets, des faisans ; des perdrix, des lièvres, des sangliers, des chevreuils et d'autre gibier, selon la saison. Des tourtes de lait caillé et sucré, et des fruits formaient le dessert. Après le lavement des mains et avant que les tables ne fussent enlevées, on offrait de nouveau du vin, des dragées et encore du vin. Dans ces prétendus siècles de barbarie, de misère, tout le monde buvait du vin, et l'on y était si habitué qu'un chroniqueur plaisant de l'an 1348 remarque bachiquement que sans vin il est impossible de vivre (2). L'été, on avait, à souper, de la daube de poularde, de chevreau, et de la chair de porc et de poulet à la gelée de poisson. L'hiver, on servait de la gelée de gibier, de chapon, de poularde et de poisson. A ces gelées on joignait du chevreau, de l'oie, du canard. Aux repas de noces, on ajoutait des bâtons de pâte dans lesquels il entrait du fromage, du safran, du raisin de Corinthe et

---

(1) Curiosités italiennes. *Valery.*
(2) *Johannis de Mussis Chronicon.* Muratori. *Rerum. Ital. Scrip.*, t. XVI.

autres épices. En carême, le dîner, avec les mêmes libations avant et après, se composait de gros poissons assaisonnés de poivre, de figues et d'amandes; d'anguilles salées, de brochets avec une sauce au vinaigre et à la moutarde, ou courbouillonnés au vin cuit et avec des épices. Le potage au riz avait pour bouillon du lait d'amandes sucré et épicé de même.

Ce n'étaient pas seulement les grands, les nobles, les seigneurs qui se livraient à ces plaisirs perpétuels de Noces de Gamache, mais la bourgeoisie même, les gens de commerce, ceux de métiers, voire même les artisans aisés. Aussi je te demande, mon cher cousin, si telle richesse dans les ajustements, alors que l'Italie souffrait depuis bien des siècles, si telle superfluité dans la dépense de table, alors surtout que la guerre et ses désastres étaient à la porte, ne méritaient pas qu'une voix chrétienne tonnât contre les abus? Note bien que j'omets le tableau des turpitudes qui, d'autre part, devaient choquer les yeux de toute âme honnête.

Donc on prêchait dans la grande salle du palais de l'évêque de Pavie; on prêchait chaque dimanche de ce carême de 1356, et avec une onction si douce, avec une énergie si noble, avec une éloquence si parfaite, que tout le monde courait à ces sermons, et que les chefs mêmes de la famille Beccaria, eux aussi, entraînés par un saint enthousiasme, étaient les premiers à se hâter d'aller recevoir la parole de Dieu. Ce qui faisait crier aux manants de Pavie, dans les rues, comme nous l'avons dit :

— Et Castellino Beccaria, et Floretto Beccaria qui vont ouïr le prêtre!

Il advint que le peuple, qui trouvait en ceci une satire permanente s'exerçant contre les grands et contre les riches, demanda que l'on prêchât tous les jours. Le moine refusa d'abord; mais l'évêque lui en donna l'ordre; il dût obéir.

Mais qui donc prêchait ainsi? Un moine républicain, je l'ai dit. Il y avait quelque chose comme trente ans qu'il était né, à Pavie même, dans la noble famille des *Bussolari*, un enfant qui reçut le nom de *Jacob*. Elevé dans les principes de la foi chrétienne la plus pure, Jacob des Bussolari, à la fleur de l'âge, voulut abandonner le monde qui lui faisait horreur, à cause de sa corruption. D'abord il vécut quelque temps en ermite dans des lieux retirés; puis il finit par se vouer à la pénitence sous la règle de Saint-Augustin. Enfin ses supérieurs exigèrent de lui qu'il se rendît à Pavie, sa ville natale, pour y prêcher pendant le carême. L'impudence du vice et la dissolution dont les fils de la famille Beccaria donnaient le scandaleux exemple révoltèrent son âme pure et élevée. Il éleva la voix contre l'incontinence en général, contre l'effronterie des femmes en particulier, et l'autorité de sa parole opéra bientôt une réforme visible dans les mœurs. Toute la ville courut l'entendre. Les jeunes Beccaria furent les seuls qui ne songèrent point à se corriger, tandis que les chefs de leur parenté, Castellino et Florello Beccaria, non-seulement se montraient les premiers parmi les auditeurs, mais aussi priaient le jeune Augustin de parler avec vigueur, et l'engageaient à ne ménager personne. On citait comme un prodige de la grâce que Castellino, quoique malade et podagre, se fit porter en litière aux sermons de frère Jacob des Bussolari.

Bientôt, abordant un autre ordre d'idées que celles de la religion, par sa parole puissante, Frère Jacob ralluma l'amour sacré de la patrie dans des cœurs où il semblait éteint depuis long-temps. Puis le prédicateur s'éleva contre les tyrans de Milan qui en voulaient à l'indépendance de Pavie. Enfin, un jour, trouvant son auditoire mûr pour ses projets, il cria aux armes !

Oui, il cria : Aux armes ! et, après avoir fait préparer des échelles, le 27 mai 1356, au point du jour, il sort lui même à la tête des fidèles qu'il a rassemblés dans l'église principale de Pavie. Alors, comme un vaillant capitaine, il dirige la sortie, puis l'attaque contre la première *Bastie* des Milanais, qui était près du Tésin. Effrayés, les Allemands qui sont à la solde de Galéas Visconti, font peu de résistance ; la redoute est prise, brûlée, et les soldats sont égorgés. De la première bastie, frère Jacob passe à la seconde, de l'autre côté du Tésin, et lui fait éprouver pareil sort. Alors il se précipite sur la troisième redoute, placée sur le côté de Pavie qui regarde Milan, la prend et la livre aux flammes, comme les deux autres.

Le Visconti ne peut se venger immédiatement, car le marquis de Montferrat le presse trop vivement sur ces entrefaites. Mais bientôt l'œil pénétrant de Jacob lui fait reconnaître que les soldats des deux armées ennemies, des Visconti et du marquis de Montferrat, sont parfaitement d'accord entre eux, et que dans la guerre simulée qu'ils jouent, ils ne sont ennemis que de la contrée qu'ils pillent, qu'ils ruinent et qu'ils mettent à mal (1).

---

(1) *Histoire des Républiques Italiennes.* Simonde de Sismondi.

Sur ce, frère Jacob tente une révolution dans le gouvernement ; il le fait avec d'autant plus d'énergie, qu'un soir, en rentrant à l'évêché, il est accosté par un soudard déguisé en mendiant, qui, à l'aumône qu'on lui donne répond par un coup de poignard, dont la robe du moine est seule déchirée.

Le marquis de Montferrat était vicaire impérial, à Pavie, au nom de Charles IV, empereur d'Allemagne, car les empereurs d'Allemagne, connaissant toute la haine qu'on leur portait dans le nord de l'Italie, n'osaient s'y présenter en personne, mais faisaient garder la proie qu'ils regardaient toujours comme leur appartenant, par une sorte de vice-roi, ou de vicaire qui les représentait. Le vicaire de Charles IV, marquis de Montferrat, étant venu alors à Pavie, le moine s'avise de faire en sa présence le tableau des mœurs des tyrans, de la corruption de toute justice, de l'avilissement du peuple sous la domination des usurpateurs ; puis il montre par combien de crimes Pavie a été souillée, depuis que les Beccaria s'y sont emparés du pouvoir, et il raconte comment il a failli lui-même devenir la victime de leur vengeance. Enfin il exhorte les Pavesans à ne pas supporter davantage un joug aussi honteux. En même temps, du haut de la chaire, et avec une autorité sans réplique, il nomme capitaines et tribuns, vingt des citoyens les plus énergiques, présents à l'assemblée ; et incontinent leur ordonne de composer chacun une compagnie de cent hommes.

Aussitôt grand émoi dans la ville. On court de nouveau dans les rues pour prendre les armes, et le premier exploit de cette foule amentée est de chasser de la ville tous les Beccaria, jeunes et vieux, voire même le Milano Beccaria tout opposé qu'il est à ses frères. Cette famille, honnie, bafouée, se retire dans ses châteaux, la haine au cœur.

Le marquis de Montferrat, étourdi du coup, suit lui-même l'impulsion donnée, et laisse faire le peuple pavesan ; tant l'influence d'un génie supérieur a de force et en impose aux âmes vulgaires !

Mais voici que les Beccaria, pour vendre et dompter Pavie, se réunissent à Galéas Visconti. Qu'importe ? Les Pavesans n'ont-ils pas avec eux frère Jacob des Bussolari ? Le marquis de Montferrat ne semble-t-il pas, sincèrement cette fois, épouser leur querelle ? Donc, le moine à leur tête, les Pavesans s'élancent de Pavie vers Milan, pillent son territoire, et forcent, par leur courage indomptable, Galéas, qui en a peur, à rester oisif pendant toute l'année 1357.

Toutefois, l'année suivante, 1358, une armée milanaise, forte et nombreuse, vient attaquer Pavie. A son approche, frère Jacob, comme un général expérimenté, craignant que les palais fortifiés des Beccaria ne servent de forteresses à quelques-uns de leurs partisans, excite le peuple à les détruire. A la sortie du sermon, la foule se rue soudain contre ces demeures des tyrans, et c'est avec une telle ardeur qu'elle se met à l'œuvre de ruine, qu'il suffit d'un jour pour les démolir. Le soir, il n'en reste pas pierre sur pierre. Chaque citoyen emporte chez lui quelque fragment des matériaux pour les conserver et les montrer aux générations futures, comme un monument de la chute d'un affreux despotisme. Puis, une grande place, celle de la place centrale de Pavie, est formée du lieu même qui avait été le théâtre des violences et des crimes des Beccaria.

Cependant il faut de l'argent. Bussolari a proscrit les pierres précieuses, les habits d'or, les étoffes de soie; on les lui donne, et la vente de ces richesses produit un trésor. En outre, les dames de Pavie lui apportent leurs joyaux, bagues, colliers, bracelets, ceintures, réseaux, pendants d'oreilles; il les fait porter à Venise, qui, en échange, lui envoie des monceaux d'or. De ce moment, on ne voit plus les femmes marcher dans la ville que revêtues d'une mante grise, et la tête revêtue d'un long voile noir.

Néanmoins de nouvelles basties sont élevées, et si les comtes de Languschi sont rappelés de l'exil ainsi que tous les Guelfes, à l'intérieur, et apportent leurs secours à Pavie, au dehors, les Beccaria rallument l'influence et la force des Gibelins dans les campagnes voisines. En outre, le marquis de Montferrat n'a que des troupes inférieures à opposer aux Visconti.

Que fait alors frère Jacob? De sa propre main, hélas! le génie l'abandonnait! de sa propre main, le voici qui dresse une capitulation qui a pour but de sauver Pavie de la ruine, puis il rend la ville à Galéas Visconti, qui chasse les Languschi, aussi bien que les Beccaria, et Pavie, l'infortunée Pavie tombe au pouvoir et à la discrétion du vainqueur.

D'abord Galéas II emmène le moine à Verceil; ensuite sans égard pour le talent et la vertu de frère Jacob des Bussolari, voici qu'il le fait jeter dans un cul de basse-fosse, dans les prisons de son couvent, où le digne Augustin finit misérablement sa vie.

Ensuite le même Galéas II va s'installer à Pavie, dans le Castello qu'avait construit Alboin, où habitèrent Autaris et la reine Théodelinde, puis Didier, le roi des Lombards. Il y fait entrer avec lui une garnison nombreuse, et enfin cherche à épouvanter ses ennemis par des tourments atroces, qu'invente, pour lui être agréable, son frère, le terrible Bernabo, désormais seul maître de Milan.

Ainsi Pavie est devenue martyre de la haine et des fureurs des Visconti, car après Galéas II, Jean Galéas III devint le despote qui règne dans son enceinte pendant quelques années, avant d'aller conduire à la prison, puis à la mort, son oncle Bernabo.

Toutefois le dernier être du nom de Visconti qui résida dans ce Castello fut la duchesse Catharina Visconti, femme de ce Jean Galéas III, qu'y emprisonna le parti d'un de ses fils, Jean-Marie Visconti, alors qu'elle était régente du duché de Milan, et qu'y empoisonna François Visconti, son beau-frère, oncle des jeunes fils de la duchesse. Ce dernier drame s'accomplissait le 16 octobre 1404.

Après plusieurs années d'abaissement et de soumission, Pavie, désireuse de sortir de la torpeur où l'avaient jetée ses calamités, profita des intrigues, des succès et de l'élévation de Francesco Sforza pour lui envoyer huit députés du sénat pavesan. Ces ambassadeurs se présentèrent dans le camp de l'officier de fortune, et lui offrirent la souveraineté de leur état, pour lui et pour ses descendants, avec le titre de comte de Pavie, mais en lui demandant la confirmation de priviléges que le nouveau prince se garda bien de contester. Au contraire, Francesco accueillit avec joie cette proposition. Alors la Citadelle, le Castello et la Ville lui furent livrés en même temps, et l'aventurier se rendit en pompe à l'église de San-Siro, la cathédrale de Pavie, pour y rendre grâces à Dieu de sa nomination.

Je n'ai pas besoin de continuer son histoire. A partir de ce moment, Pavie devient une ville calme et paisible, ne s'occupant plus que de son commerce et se gardant bien, instruite qu'elle est par l'expérience, de songer à de nouvelles révolutions. Aussi faut-il que notre François Ier, ait songé à revendiquer le Milanais sur le dernier des Sforza, Ludovic le More, pour que le nom de Pavie reparaisse dans l'histoire. Mais alors elle le montre avec une auréole de sang français, car, tu le sais, la bataille de Pavie, non-seulement enleva le Milanais à notre infortuné monarque, mais aussi, Pavie, en un jour néfaste, hélas! vit avec joie, oui, avec joie, ce prince humilié, arriver dans ses murs comme un prisonnier vulgaire, et enfermé dans les épaisses prisons et sous les épouvantables verrous de son ténébreux Castello. Ce fut même de là qu'il écrivit à sa mère, Louise de Savoie, la lettre immortelle qui lui révélait ses malheurs :

« — Tout est perdu, fors l'honneur !... »

Mais ce que peut-être tu ne sais pas, bon cousin, c'est que Lautrec, un des généraux de François I, en 1527, livra Pavie au pillage, pour la punir de la satisfaction qu'elle avait montrée de la captivité de notre illustre François.

Pavie subit un autre siége, en 1706, de la part du duc de Savoie et du prince Eugène, qui la prirent, mais l'épargnèrent.

En 1733, les Français s'en emparèrent à leur tour.

Les Espagnols la reprirent ensuite en 1745, et la vendirent aux Autrichiens, en 1746.

Ainsi, il était bien dans les destinées de cette ville, comme de toute l'Italie septentrionale, d'être la proie des empereurs d'Allemagne. Quelque effort qu'elle fît pour s'y soustraire, et malgré nos conquêtes tant de fois répétées, l'Autriche la réclama toujours comme la victime nécessaire à ses caprices et à son besoin de domination. En 1796, Bonaparte s'étant rendu maître de la Lombardie, dont il fit la République Cisalpine, et Milan, avec Pavie, étant devenues les principales cités libres de cette nouvelle république, les Autrichiens trouvèrent moyen d'exciter une rébellion dans Pavie, appuyée de la garnison de la citadelle Autrichienne de Milan. Bonaparte partait alors pour Mantoue, afin, par la prise de cette ville forte, d'expulser entièrement l'Autriche de l'Italie. A la nouvelle de la révolte de Pavie, le général en chef se dirige en toute hâte sur cette ville avec un bataillon de grenadiers et trois cents chevaux; sur sa route il détruit huit cents révoltés, brûle Binasco, et, le 26 mai, arrive, à quatre heures du soir, devant Pavie, dont il trouve les portes fermées (1). Il compte sur la coopération de la garnison de la cita-

---

(1) *Histoire de Napoléon*. Norvins.

delle, mais il apprend qu'elle s'est rendue, et que les insurgés sont décidés à défendre Pavie. Le moment est critique; s'il rétrograde, la rébellion triomphe. Les Autrichiens ont pour auxiliaire la population. Il ne balance pas. Six pièces de canon l'accompagnent; il leur fait battre les portes. De son côté, Lannes, avec les trois cents cavaliers, à l'autre extrémité de la ville, se précipite sur le pont du Tésin et culbute les insurgés qu'il poursuit hors des murs. Pavie est soumise; les magistrats, le clergé demandent grâce. Mais il y a une justice à faire, et c'est sur les Français qu'elle tombe. Les trois cents soldats prisonniers dans la citadelle ont profité du tumulte pour se réunir aux vainqueurs :

— Lâches! leur dit Bonaparte, je vous avais confié un poste essentiel au salut de l'armée; vous l'avez abandonné à de misérables paysans, sans opposer la moindre résistance, honte sur vous!

Alors il veut les faire décimer. Mais le capitaine qui, sur l'ordre d'un général autrichien, a rendu la citadelle, devient seul responsable de la conduite de ses soldats. Il est traduit incontinent devant un conseil de guerre, condamné à mort et fusillé. La ville est livrée pendant quelques heures à l'exécution militaire, mais le général en chef révoque l'ordre d'incendier Pavie, qui résultait de sa proclamation. On désarme les campagnes. Les ôtages, choisis dans toute la Lombardie, parmi les principales familles, partent pour la France. Ainsi finit... la révolte de Pavie.

Maintenant veux-tu connaître la topographie de Pavie?

Pavie est plus longue que large : elle affecte la forme d'une poire. La partie la plus large est sur le Tésin. En arrivant de Milan, on franchit l'enceinte des anciens remparts qui ont encore leurs *tant vieilles tours*, en passant sous la *Porta San-Vico*, celle que sapèrent les grenadiers de Bonaparte, et on voit immédiatement à sa gauche la vaste *Piazza di Castello*, et le *Castello* lui-même. Il fut reconstruit par les Visconti, sur les fondations et les murs du palais des rois lombards, mais avec des fortifications tellement imposantes, que Pavie en fit sa citadelle en ces derniers temps. Ses grosses tours virent en 1796 les trois cents Français, qu'y avait envoyés Bonaparte, tenir en échec, sans artillerie, toute la population de la ville appuyée par quatre mille hommes de troupes régulières. Malheureusement leur capitaine signa une capitulation. Il en fut puni par la mort.

L'imagination est aussitôt saisie du souvenir des rois lombards Alboin et Rosemonde, Autharis et Théodelinde, et ceux-ci, et ceux-là, et Luitprand et Astolphe, et enfin Didier ; puis des Visconti, Galéas II, Galéas III, Catharina Visconti, qui y but le poison, et les Sforza, et François Ier, ombres rouges et blanches, impures ou honnêtes qui vous y apparaissent et vous impressionnent vivement.

A droite, une large avenue, plantée d'arbres antiques, et qui a nom le *Stradone*, suit l'enceinte intérieure des fortifications, et descend ainsi jusqu'au Tésin, en formant un assez beau boulevard : mais il me semble spécialement livré aux saltimbanques qui y dressent leur camp, et dont l'approche n'est pas sans danger pour le repos et la propreté de ceux qui ont du linge blanc.

En face s'ouvre une large et belle rue, le *Corso di Porta Nuova*, qui, partant de la Porte Saint-Vico, descend en droite ligne jusqu'au Tésin, en coupant la ville en deux parts égales.

En la suivant on trouve d'abord, à droite, le *Théâtre*, dont la façade ne manque ni de grâce, ni de majesté.

A gauche viennent de longs, vastes et beaux bâtiments. C'est l'*Université*, fondée par Jean Galéas III Visconti, et illustrée par ses professeurs Alciat (1), Philelphe, Boscovich, Volta, Spallanzani, Scarpa, etc. Ce dernier y fonda un

---

(1) *Alciat*, célèbre jurisconsulte italien, né à Milan, en 1492, qui, exposé à la jalousie et aux persécutions, vint en France, où François Ier lui confia la chaire de Bourges, avec six cents écus d'appointements. Il retourna ensuite à Pavie, rappelé par F. Sforza, et mourut en 1550.

Philelphe F., savant italien, né à Tolentino, en 1481, étudia à Padoue, alla à Constantinople comme envoyé de Venise, professa les langues anciennes à Venise, Florence, Sienne, Bologne, Milan, la philosophie à Rome, et mourut à Florence, laissant de nombreux écrits, satires, proses et vers.

Boscovich Roger Gos, savant jésuite, né à Raguse, en 1711, fut élevé à Rome, et enseigna la philosophie et les mathématiques au collège Romain. Il voyagea en Angleterre et en France, professa à Pavie, vint à Paris comme directeur des travaux d'optique pour la marine, et enfin mourut à Milan, en 1787.

Volta Alexandre, célèbre physicien, né à Como, en 1745, mort en 1827, professeur dans sa ville natale d'abord, occupa ensuite la chaire de physique à Pavie. Bonaparte le fit comte et sénateur du roi d'Italie. Il inventa l'appareil électrique *pile voltaïque*, qui a ouvert à la chimie une carrière nouvelle, et fit une foule d'autres découvertes savantes. (Médaille d'or de l'Institut de France.)

Spallanzani Lazare, illustre naturaliste, né à Scandiano, près de Modène, en 1729, mort en 1799. Il eut la chaire d'histoire naturelle et la direction du Musée de Pavie.

Scarpa Antonio, chirurgien et anatomiste fameux, né dans le Frioul, en 1747, mort en 1832, étudia à Padoue, et remplit la chaire d'anatomie et de chirurgie à Pavie.

Cabinet Anatomique. Elle possède aussi une *Bibliothèque* et un *Musée d'Histoire Naturelle.* Sur les murs des vastes portiques enfermant les cours de l'Université, qui ne compte pas moins de quatre à cinq mille élèves, nous trouvons une quantité de tablettes de marbre ou de pierre, en forme de monuments funéraires qui sont toutes consacrées à la mémoire des anciens professeurs.

Une fois au centre de la ville, si l'on pénètre dans le quartier qui tient la droite du Corso, on arrive à la *Piazza Grande*, qu'occupaient jadis les Palais des Beccaria. Cette place plaît à l'œil, sans doute, car elle est environnée de portiques : mais les tours d'une église voisine vous appellent bien vite, et vous courez à la cathédrale.

Ce *Domo* de Pavie, commencé en 1448, par les Sforza, sur un plan beaucoup trop vaste, est malheureusement inachevé : nous y trouvons bon nombre d'ouvriers qui complètent certains travaux ébauchés. Néanmoins la hardiesse de la nef saisit, et l'on s'avance en admirant le sanctuaire en forme de demi-rotonde du plus heureux effet, grâce surtout à la lumière qui, tamisée par les plus riches teintes de fenêtres à vitraux, ajoute à la majesté du lieu. L'autel qui en occupe le centre est d'une longueur peu ordinaire. Deux orgues, se faisant face, contribuent à la décoration de cette partie de l'église. Nous remarquons, descendant de la voûte, une gloire splendide du rayonnement de laquelle s'avance un balcon étincelant, où le célébrant vient se placer, aux grandes solennités, pour donner la bénédiction aux fidèles.

Mais ce qui fait la richesse de cette église épiscopale, c'est sans contredit le *tombeau de saint Augustin*.

Il occupe une des chapelles à la gauche du sanctuaire. Il est tout en marbre blanc, et son style, des plus remarquables, appartient au xive siècle. La partie haute est à jour, et supporte le sarcophage. On y voit partout les plus ravissants bas-relief, dans la composition desquels entre une infinité de statuettes, de monuments et de perspectives, qui tous ont trait à certains actes de la vie du saint évêque d'Hippone. Un autel forme la base du tombeau, qui n'est point adossé à une muraille, mais dont on peut admirer la richesse et le fini du travail sur chacune de ses faces.

Certains auteurs regardent ce tombeau comme apocryphe : ils prétendent qu'il ne renferme pas les restes du Saint. Ils se trompent. Le martyrologe de Bède raconte que le Saint étant mort à l'âge de soixante-seize ans, à Hippone, dont il était évêque, pendant que les Vandales faisaient le siége de cette ville, son corps fut porté en Sardaigne, par des évêques d'Afrique envoyés en exil dans cette ile. Il ajoute qu'on leur acheta la dépouille du pieux Docteur, et, qu'en 722, on le déposa dans l'église de Saint-Pierre, à Pavie. *Oldrad*, archevêque de Milan, écrivit, par ordre de Charlemagne, l'histoire de cette translation, renfermée dans les archives de Pavie. Il y est dit que les évêques bannis en Sardaigne par Hunéric, roi des Vandales, en 484, y emportèrent les reliques de saint Augustin, et qu'elles restèrent dans cette ile jusqu'au temps où Luitprand, roi des Lombards, les obtint des Sarrasins, maîtres de la Sardaigne, moyennant des sommes considérables. Ce prince les cacha dans un mur de briques, après les avoir renfermées dans trois coffres, l'un de plomb, l'autre d'argent, et le troisième de marbre. Le nom d'*Augustin* fut gravé en plusieurs endroits sur le dernier de ces coffres. Or, ce précieux trésor fut trouvé dans le même état en 1695. L'évêque de Pavie vérifia ces reliques en 1728, et le pape Benoît XIII confirma sa découverte (1).

J'ajouterai que ce fut dans l'église *Saint-Pietro in ciel d'Oro*, à Pavie, que Luitprand avait caché les reliques de saint Augustin, et c'est là qu'elles furent retrouvées. Pourquoi nier ce fait qu'attestèrent une foule de témoins oculaires?

A cette heure l'église de san Piétro in ciel d'Oro n'existe plus que comme magasin à fourrages. Aussi transporta-t-on les reliques du saint dans la cathédrale qui est placée sous le vocable de *Santo Augustino*.

Quoi qu'il en soit, je vénère beaucoup plus le tombeau en question, qu'une certaine lance que l'on nous donne comme celle du paladin Roland, et qui me paraît être tout bonnement le mat d'une balancelle ou d'un speronare. Le sacristain en est pour ses frais.

Il est encore dans Pavie, une autre église, *San Michele*, à laquelle nous rendons visite, en traversant le Corso, après l'avoir suivi encore pour nous rapprocher du Tésin. La date d'origine de San-Michele? Je l'ignore; mais je puis dire que son fronton pyramidal et de pur style lombard, rappelant la façade du Dôme de Milan, plaît souverainement à l'œil. Cette église, construite sur le

---

(1) *Vies des Pères, Martyrs, etc., etc.*, par l'abbé Godescard.

plan des basiliques, a des transepts, et chaque côté de sa nef possède une galerie décorée de colonnettes. Une coupole byzantine couronne la croix latine; mais, en outre, on remarque un singulier amalgame d'animaux fantastiques, têtes grimaçantes et hideuses, décorant ici et là les murailles de l'édifice, selon les règles du symbolisme chrétien.

Revenus encore sur le Corso, l'épine dorsale de la ville, nous le descendons jusqu'au Tésin, dont les belles eaux sont couvertes par le très-beau pont en marbre qu'y fit construire Jean Galéas III Visconti. Ce pont est couvert, selon l'usage antique, et fait communiquer la ville avec le *Borgo Ticcino*, son faubourg.

Nous étions descendus à la *Croce-Bianca*. Quel gite! mon cher ami. Si jamais tu viens à Pavie, choisis un autre asile. Après chaque repas, et quelques heures de far-niente, nous reprenons notre course à travers la ville. Mais Pavie a un air si désolé, quelque chose d'indéfinissable, une teinte sombre de mélancolie plane si lourdement sur elle, que l'on croirait, dit M. de Musset, que les habitants désolés, attendant toujours des armées étrangères, ont renoncé à réparer des désastres sans fin.

Aussi nous partons demain. Il nous reste seulement à retrouver, si elle existe encore, la tour dans laquelle *Boëce* mourut martyrisé par Théodoric, roi des Ostrogoths, alors qu'il régnait en Italie.

Qu'est-ce que Boëce? me diras-tu, peut-être.

C'était vers l'an 520. L'Italie avait été envahie par les hordes du nord; et les rois goths s'étaient emparés de la pourpre des empereurs romains qu'ils avaient chassés. Heureuse encore l'Italie quand elle rencontrait quelques sentiments généreux dans quelques-uns de ces chefs barbares.

Théodoric, après avoir détrôné Odoacre, roi des Hérules, conçut le projet d'acquérir une autre gloire que celle des armes. Ce soldat, qui ne savait pas même signer son nom, s'entoura d'hommes fameux, releva les murs de Rome, conserva ses monuments et en fit élever d'autres, mais d'une architecture bien différente.

A cette époque faisait bruit à Rome, par son talent, un jeune patricien, nommé *Manlius-Torquatus Boetius*. Il était né dans la capitale de l'empire, en 470, d'une famille noble et riche ; son éducation avait été perfectionnée à Athènes ; tous les hommes les plus recommandables l'honoraient de leur amitié. Bientôt Théodoric donna toute sa confiance à Boëce. Il le fit trois fois consul, sans même lui désigner de collègue, la dernière fois au moins, et le sage Romain vit de plus ses deux fils, jeunes encore, appelés au consulat, en 520, ce qui était un honneur réservé aux fils des empereurs. L'influence de Boëce sur le gouvernement de Théodoric fut telle qu'elle assura le bonheur des nations soumises à ce prince. Boëce fut long-temps l'oracle du roi goth et l'idole du peuple.

Mais en tout lieu, et à Rome surtout, la Roche Tarpéïenne est bien proche du Capitole ! En devenant vieux, Théodoric prit une humeur soupçonneuse et sombre. Il se figura que le sénat de Rome entretenait des relations avec l'empereur d'Orient, Justin. Boëce voulut défendre ce respectable corps. Aussitôt il est mis aux fers. On le traîne brutalement à Pavie et on l'enferme dans une horrible tour, privé de tout, abandonné à lui-même. Là, après une captivité de six mois qu'il subit avec une admirable patience, l'infortuné périt, le 23 octobre, 526, dans d'affreux tourments, par ordre de Théodoric, qu'il avait fidèlement servi, mais qui sentit se réveiller la cruauté du barbare.

Heureusement Boëce était chrétien. Il nous dit lui-même dans son ouvrage *Traité de la Consolation* :

« — J'étais seul, dans l'obscurité de mon cachot, lorsqu'une lumière céleste vint m'éclairer. Les muses se présentèrent à moi avec des visages souriants et me proposèrent de charmer les longues heures de ma captivité ; mais les délassements qu'elles pouvaient me donner convenaient mieux à l'homme heureux et libre qu'à un misérable captif. Une autre figure de femme, plus majestueuse et plus sévère, vint alors me tendre la main. C'était la Religion. Elle congédia les muses, s'assit auprès de moi et me parla en des termes si élevés et si nobles que je me sentis au-dessus du malheur ! »

J'ai vu la tour, et, dans la tour, la prison de Boëce, mon cher Gustave. Mon âme a été singulièrement émue. On me dit que les catholiques de Pavie enlevèrent le corps de la pauvre victime, et l'enterrèrent religieusement dans l'église San Pietro in ciel d'Oro.

Ce fut là que, comme le dit *Dante* :

« — *Da martiro, e da esilio, venne a questa pace...* »

Mais le Concile de Trente ayant décrété que la sépulture seule des saints pouvait s'élever au-dessus de terre, on fit descendre son cercueil dans une fosse. Depuis que l'église San Piétro in ciel d'Oro est transformée en magasin, les restes de Boëce, paraît-il, auraient été inhumés dans la cathédrale.

Les *Bollandistes*, savants jésuites d'Anvers, qui se sont occupés d'éclaircir plusieurs faits de l'Histoire ecclésiastique, donnent à Boëce le nom de saint. Il est honoré, comme tel, dans quelques églises de l'Italie, le 25 octobre.

Maintenant que je t'ai donné signe de vie, mon bien-aimé cousin; maintenant que je t'ai prouvé que tu occupais une des places de mon cœur, la meilleure, certes! je te dis adieu. A ton tour pense à moi, et, en me lisant, rappelle-toi les belles années de notre jeunesse :

> Entre nous l'amitié, l'argent et les plaisirs,
> Tout devenait commun au sein de la famille.
> A l'envi nous courions au travail, aux loisirs,
> Aux sages entretiens, le soir, sous la charmille,
> Ou le kiosque vert qui décore la cour,
> A côté de la grille, en face de l'église.
> Que de fois je revois cette place du bourg,
> La tante Fanchonnette, et l'oncle abbé, Louise,
> De qui tu tiens le jour; ton père, racontant
> Comment d'enfant du peuple il devint capitaine !
> ....
> Ces beaux jours ne sont plus! Comme le Juif-Errant,
> Je chemine à cette heure à travers mont et plaine,
> Cueillant ici des fleurs, là d'étranges récits ;
> Parcourant les cités ; écartant les épines
> Pour trouver sur le sol les pas déjà détruits
> Des peuples écrasés sous la chute des ruines !

Peut-être, alors, m'aimeras-tu comme je t'aime.

VALMER.

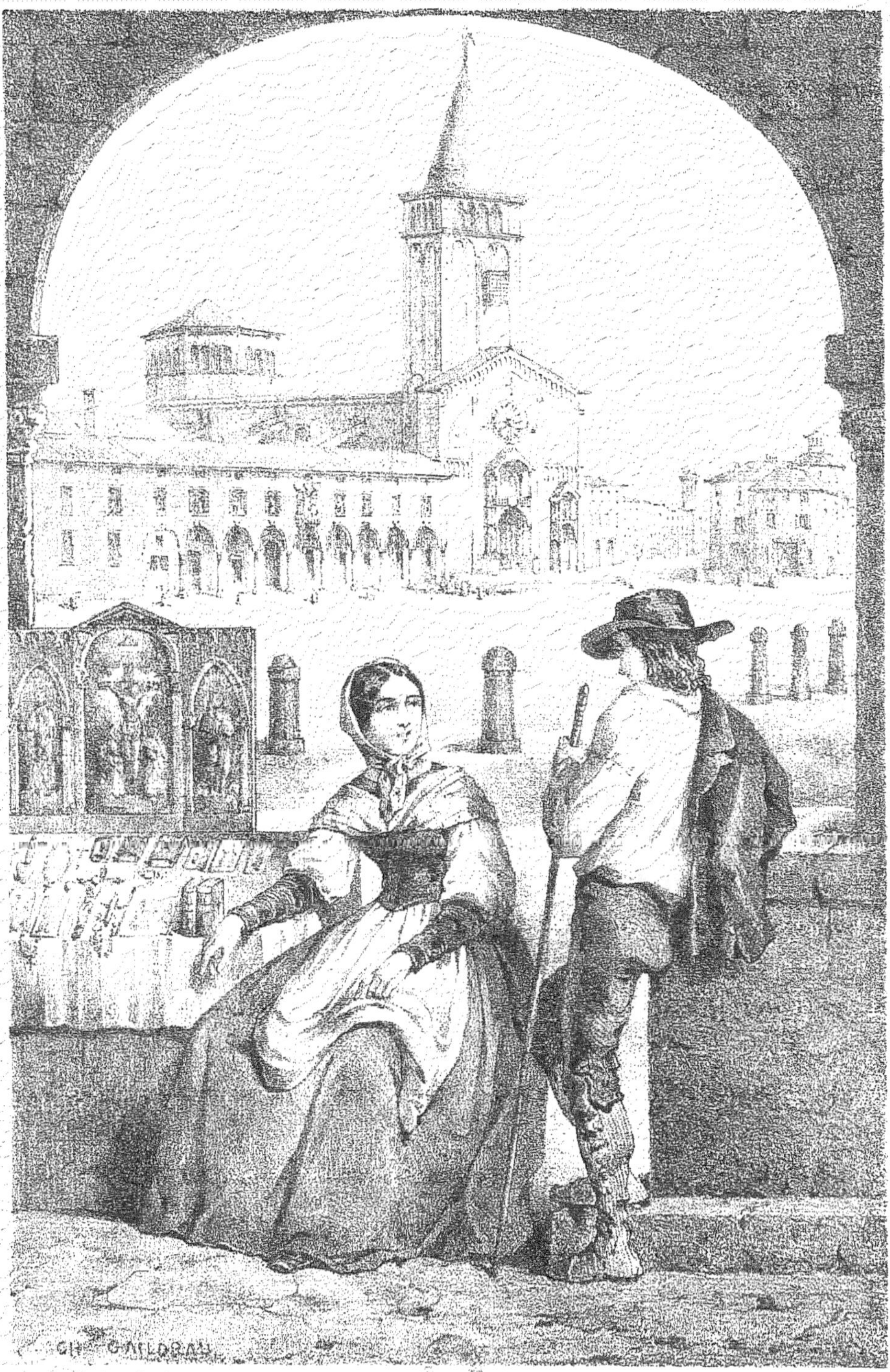

Barbou Frères, Editeurs — Lith. Bargaune

PLAISANCE.

VI

A M. GILLOUX, CHEF D'ESCADRON DE GENDARMERIE MARITIME, A TOULON

Les fanfares des Hulans-Autrichiens. — Où l'un des touristes a la fantaisie de cavalcader. — Le berlingot impossible. — Dissertation sur les avantages de voyager à cheval. — Comment les touristes chevauchent par monts et par vaux. — *Voghera.* — *Casteggio.* — Fontaine d'Annibal. — Bataille de Montebello. — Une plaine d'Italie. — Fantasque et Frère Tranquille. — *Stradella.* — Lubies d'un coursier savant. — Manége. — Haute école. — L'orgue de Barbarie. — Danses et voltiges. — Un nouveau Franconi. — Causeries de désœuvrés. — Le pont de la Trébie. — Inscriptions. — Entrée triomphale à Plaisance. — Honneurs militaires. — PLAISANCE. — Une ville moyen-âge. — Le Corso. — La rue des Orfèvres. — Piazza de' Cavalle. — Piazza di Domo. — Le Dôme de Plaisance. — La Vierge de Saint-Sixte. — Palais Farnèse. — *Placentia.* — Annibal et Scipion. — Bataille de la Trébie. — Campo-Morto. — Lombards. — Guelfes et Gibelins. — Les Scotti. — La famille des Farnèse. — Pierre Louis Farnèse. — Comment Jean d'Anguissola l'occit de mâle mort. — Ottavio Farnèse. — Alexandre Farnèse et Henri IV. — Elisabeth Farnèse. — Les arts avec les Farnèse. — La Pompeï de l'Italie Septentrionale. — *Velleja* ou *Velleïa.*

Plaisance, 22 novembre 185...

Vous savez que nous sommes en Italie, monsieur Valmer et moi, mon cher cousin, et je vous donne avis que bientôt nous irons nous reposer près de vous des fatigues de notre première excursion dans cette admirable péninsule.

Nous sommes arrivés, hier, en droite ligne, de Pavie à Plaisance. Quand je dis en droite ligne, j'ai tort ; nous avons fait la promenade la plus excentrique qu'il soit possible de se figurer. Pour vous en donner l'intelligence, je vous dois quelques détails préliminaires.

Hier matin, pendant que le bon Valmer cherchait des renseignements sur la route à suivre pour nous rendre à Plaisance, moi, je flanais dans Pavie. Quelques fanfares militaires m'attirent vers la Piazza del Castello. Des cavaliers autrichiens y font l'exercice sur une large pelouse, et dans un des angles on met en vente, en éprouvant leurs forces, des chevaux de hulans réformés, je ne sais pourquoi, car, en vérité, ils me semblent bons, et surtout ils sont beaux. Quel n'est pas mon étonnement d'entendre porter le prix de deux de ces chevaux, y compris la selle qui n'est pas très-bonne, il est vrai, et la bride, à trente swandzigers chacun ?

— Sardanapale ! dis-je, à part moi, voici de nobles bêtes, qui feraient bien mon affaire... Elles ont de la tenue, l'œil vif, la croupe solide, et pour m'en rendre l'acquéreur, soixante swandzigers, quelque chose comme cinquante-sept francs, ne seraient pas la mort d'un homme ! Ah ! si l'ami Valmer était là !......

M. Valmer est absent, hélas ! et vainement je regarde à l'horizon de la place ; comme ma Sœur Anne, je ne vois rien venir. Cependant le temps presse ; une sorte de maquignon me semble disposé à se rendre acquéreur des chevaux que je convoite ; je fais donc un signe à l'officier, on me les adjuge ! Malheureusement je n'ai pas sur moi l'argent nécessaire ; mais je donne l'adresse de notre hôtel, et je prie d'envoyer toucher à domicile. Après quoi, prenant par la bride mes deux chevaux, qui me suivent comme à regret et font entendre un hennissement lugubre, en guise d'adieux à leurs camarades, me voici descendant le Corso di Porta Nuova, assez embarrassé de mon rôle de palefrenier. Précisément, la première personne que j'avise dans la rue, me regardant d'un air fort drôlatique, bouche béante, les yeux glauques, et ne pouvant se décider à s'en rapporter à son rayon visuel, est M. Valmer, ébaubi, et frappé soudain d'immobilité, comme la femme de Loth, à la sortie de Sodôme. Je me redresse de toute ma taille, et balbutiant quelque peu d'abord :

— Eh bien ! cher maître, lui dis-je, avons nous trouvé place dans un berlingot quelconque, en destination de Plaisance ?

Le digne homme ne me comprend pas, tant il est saisi d'étonnement. Je lui répète ma question à laquelle il se décide enfin à répondre du ton d'un homme qui s'étrangle :

— Non, mon ami ; nous sommes encore consignés pour un jour à Pavie. La diligence ne part que demain, m'a-t-on dit, et de ce pas je vais y retenir....

— Une heure de plus à Pavie... et je meurs ! Cher maître, saluez-moi, embrassez-moi, félicitez-moi, je vous sauve de peine !... Combien coûteront nos places de Pavie à Plaisance ?...

— Dix-huit swandzigers et la *buona mancia*, en tout, pour nous deux, à peu près quarante francs.

— Embrassez-moi, vous dis-je, et voyez en moi votre sauveur ! Grâce à mon génie tutélaire nous n'avons besoin ni de patache ni de tapecul, et nous voici, l'un et l'autre, munis d'un excellent bucéphale capable de nous porter au bout du monde... Ces animaux ne demandent qu'à courir : ils ont mangé leur provende du matin ; voyez comme ils piaffent ! Hein ! il y a du jarret là dedans ou je ne m'y connais pas ! Passez au bureau de la caserne pour y verser dix-sept francs de plus que n'auraient coûté nos places dans votre malle-poste maudite ; rentrons à l'hôtel pour solder notre compte, et, en selle, digne maître ! Arpentons le terrain ; nous pouvons aller déjeûner à Voghéra... A l'humeur de cavalcadour dont je me sens, j'irais, ce matin même à Plaisance, ne vous déplaise !

— Malheureux ! fait M. Valmer.

— Comment ! malheureux ? m'écriai-je.

— Et nos bagages ? ajoute-t-il.

— Diavolo ! je n'y songeais pas ! Mais, cher maître, nos bagages, eux..., peuvent... être expédiés, par votre chère diligence, à Parme, par exemple, où nous les trouverons sains et saufs. Vos bouquins, vos cartes, vos lunettes d'approche, vos notes, etc. ? eh bien ! une simple valise les renfermant avec quelques menus objets, chemises, mouchoirs, etc, peut être attachée à l'arrière ou à l'avant de nos selles ; et alors, à l'amble, au trot ou au galop, je vous laisse le choix, nous cheminons vers Plaisance, de Plaisance à Crémone, de Crémone à Parme, de Parme à Modène, de Modène à Mantoue. Ainsi restons-nous libres de nous arrêter, d'aller plus avant, de nous chauffer au soleil ou de dormir à l'ombre. Et puis, nous partons à l'heure qui nous plaît; nous dînons où bon nous semble; nous couchons sous le toit qui nous sourit, nous allons encore, nous allons toujours, jasant, riant, fumant, écrivant nos notes, croquant les paysages, exquissant les chaumières ou les clochers, sans souci du chemin de fer, narguant les diligences, faisant fi des chaises de poste, nous moquant des bateaux à vapeur. Que dites-vous de ce système d'indépendance joyeuse, de flânerie d'artiste, d'omnipotence de suzerain, n'ayant cure que de bien vivre et traitant tous les humains comme nos vassaux. Tout cela pour soixante misérables swandzigers ! A propos, mon très-bon, et les ruines ? et les champs de batailles ? et les tant vieilles tours du nord ? et les manoirs antiques ? et les anciennetés de toutes sortes, papa Valmer ? C'est à présent que nous allons pouvoir nous en donner de l'antiquaille et des légendes ténébreuses ! — Ouvrez-moi cette poterne ! — Dressez ce pont-levis ! — Où conduit ce souterrain ? — Que veut dire cette poivrière ainsi huchée près des machecoulis ? — Voici une délicieuse ogive ! Oh ! je vous entends déjà interrogeant le serf près de ce bastion dominant la colline, le custode de cette vénérable abbaye ! Je vous vois, mons Valmer, le crayon à la main, écrivant, barbouillant le papier..... Serez-vous heureux ! C'est à moi que vous devrez ce bonheur, cette suave volupté de l'antiquaire soulevant les lianes des buissons pour lire les rébus gravés sur les pierres tombales, et rampant dans les décombres pour y déterrer quelque belle inscription fruste ou runique, sur laquelle vous vous briserez le crâne pour chercher à la comprendre. Voyons..., quand je vous le dis, embrassez-moi, ne vous faites pas prier, et puis partons !

Vous connaissez M. Valmer, mon cousin. Que pouvait-il apposer à cette cataracte de phrases qui pleuvait de ma bouche et allait doucement tremper de ses tièdes ondées la noble passion de mon brave ami ? Rien assurément. Aussi, après que son visage eut passé par toutes les nuances de l'arc-en-ciel, comme un rayon de soleil qui perce la nue, son regard se détacha des chevaux, se porta sur moi, et enfin sa stupéfaction première se fondit en un sourire. Il était gagné à ma cause. Je n'ajouterai donc rien de plus. En homme sage et plein d'expérience, mon précepteur prit le parti le meilleur, celui d'aller donner son argent à qui de droit et d'enfourcher son cheval.

Or, nous voici chevauchant au travers d'une belle plaine qu'arrose le Tésin, avant de se jeter dans le Pô, grossi déjà des deux Doire, de la Sesia et de l'Agogna, A notre droite nous avons la petite ville de *Tortone*, jadis fondée par le Gaulois *Brennus*, puis long-temps après brûlée par Barberousse de terrible mémoire (1); érigée ensuite en République comme les autres villes de l'Italie septentrionale; et enfin tombée sous la dépendance des ducs de Savoie. Elle fut tour à tour alors la conquête du marquis de Maillebois, en 1734; du duc de Modène, en 1745; et des Français de la République, en 1796. En 1800, lors de la journée de Marengo, le premier Consul y avait établi son quartier général ; et, sous l'empire, elle fut un chef-lieu d'arrondissement du département français de Marengo. A cette heure, elle fait partie des Etats Sardes dont nous traversons l'extrême pointe sud-est.

A notre droite encore, nous apercevons *Voghera*, la dernière ville du Piémont, assise sur la frontière de la province de Plaisance et du territoire de Pavie. Sa cathédrale, d'architecture moderne assez estimée, a tout au moins le mérite de s'élever très-fièrement au-dessus de la petite cité qui l'entoure.

Bientôt se présente à nous un torrent qui, pendant la saison des pluies, se livre à des colères que redoute le paysan de la contrée. On le nomme le *Coppa*. Il est aussi l'un des tributaires du Pô. Nous le trouvons à peu près à sec, et je vois le moment où nos deux chevaux épuiseront le peu d'eau que contient son lit.

Un village a dressé ses chaumières sur les rives de ce torrent. C'est *Casteggio*. Casteggio doit son origine à une de ces colonies romaines qui désertaient la mère patrie pour aller se mettre en quêtes de terres libres et fécondes afin d'en prendre possession. Cette colonie eut jadis beaucoup d'importance. Mais quand Annibal envahit l'Italie, cette bourgade devint l'objet de ses fureurs; il la réduisit en cendres. Aussi le nom du farouche Carthaginois n'est pas oublié dans le pays. On nous fait voir une source que l'on nomme la *Fontaine d'Annibal*. M. Valmer ne manque pas de s'y désaltérer en souvenir du fameux conquérant qui but aussi de son eau, assis sur une pierre dont mon cher gouverneur ferait volontiers une relique s'il pouvait l'emporter.

---

(1) *Brennus*, général des Gaulois-Senonais, pénétra en Italie, fonda plusieurs colonies sur son passage, vainquit les Romains près de la rivière d'*Attia*, qui se jette dans le Tibre au-dessus de Rome, en 390 avant J.-C., s'empara de cette ville, qu'il livra au pillage et aux flammes, et assiégea le Capitole. N'ayant pu s'en rendre maître, il exigea mille livres d'or, se servit de faux poids, jeta encore son épée dans la balance pour les rendre plus lourds, en s'écriant : *Malheur aux vaincus !* Mais Camille survint, battit les Gaulois, et les força de s'éloigner...

Nous sommes ici tout près de *Montebello*, où le 9 juin 1800, le général *Lannes* battit les Autrichiens, comme préface de leur grande défaite de Marengo. Lannes! Ce nom si simple résume toute une gloire. Fils d'un pauvre garçon d'écurie, Jean Lannes s'enrôle comme volontaire, en 1792; obtient par sa valeur le grade de colonel, en 1795; se signale dans la première expédition d'Italie au point d'être nommé général de brigade en 1797; contribue puissamment à la brillante conquête de Mantoue et à la bataille d'Arcole; accompagne Bonaparte en Égypte; revient avec lui et le seconde au 18 brumaire; rendu à l'Italie, en 1800, le brave *Roland moderne,* c'est le nom qu'on lui donne, se couvre de gloire à ce petit village de Montebello qui lui vaut le grand titre de *Duc de Montebello*; prend sa bonne part de lauriers à Marengo; dans la campagne d'Allemagne, de 1805 à 1806, rend les plus grands services dans les batailles d'Austerlitz et d'Iéna, d'Eylau, et de Friedland. Mais, hélas! blessé à mort à celle d'Essling, le 22 mai 1809, il expire peu de jours après et a l'insigne honneur d'avoir sa dépouille mortelle déposée dans les caveaux du Panthéon. Certes! ce vaillant soldat a bien mérité le titre de Preux Roland. Aussi sommes-nous fiers de rappeler ses exploits en traversant le champ de bataille témoin de sa bravoure.

Cependant à Casteggio nous avons rejoint la route royale qui, d'Alexandrie conduit à Plaisance, cette même route que les Français, par la bataille de Marengo, disputèrent aux Autrichiens voulant se rendre à Plaisance, pour, de là, s'enfermer dans leur puissante forteresse de Mantoue. Nous traversons une plaine fertile, bien cultivée et coupée ici et là de torrents dont le large lit, capricieusement taillé dans le sol, indique le passage difficile aux jours pluvieux. L'immense quantité de mûriers plantés dans la campagne donne une idée de l'importance du commerce de la soie dans ces contrées. Il est déjà deux heures de l'après-midi. Le beau ciel d'Italie brille sur nos têtes; le soleil éblouissant disperse les gerbes de ses feux dans l'éther, sans qu'un seul nuage dérobe jamais ses rayons. Des troupeaux de grands bœufs, aux cornes écartées, très-longues, menaçantes, paissent sous les mûriers, annonçant leur présence par la sonnerie intermittente de leurs clochettes d'airain; parfois on entend sortir, du creux d'un vallon, le chant monotone et lent d'un bouvier qui s'ennuie de son isolement. Autour de nous tout est charme et poésie. M. Valmer semble radieux sur son cheval blanc parce que le brave animal paraît doux comme une gazelle. Aussi le nom de *Frère Tranquille* a été donné au coursier. Je ne me sens pas d'aise, moi, sur mon alezan-brûlé, qu'à raison de ses mouvements et soubresauts, parfois capricieux, j'appelle *Fantasque*. De sorte que nous nous félicitons l'un et l'autre du mode de voyager dont je me proclame l'éditeur responsable.

Nous arrivons à *Stradella*, dernier village piémontais, assez important, car il ne compte pas moins de trois mille neuf cents habitants. Sur une place, en avant d'une filature qui décore la bourgade, nous avisons une foule de gens, les uns groupés pour mieux deviser en mangeant leurs fruits ; les autres couchés sur le gazon, au pied de quelques arbres touffus, et savourant le coromero (1) tant aimé dans ces pays déjà plus chauds. Dans un angle de la même place, autour d'un mai décoré de rubans dont le soleil a fané les couleurs, des jeunes filles dansent entre elles avec un entrain joyeux que secondent, de leurs accords, un orgue de Barbarie et un tambourin. Quel air joue cet orgue ? Je ne saurais le dire. Mais au bruit harmonieux qui retentit sur la place, voici nos chevaux, couchant les oreilles sur leurs têtes, qui semblent émus et respirent plus bruyamment. Celui de M. Valmer surtout, emporté par la mesure, change de pas. Il raidit ses jambes de devant et avance d'un mouvement cadencé, absolument semblable à celui que prend d'ordinaire un cheval dans les exercices de Haute-Ecole.

— Quelle manœuvre accomplit donc mon dextrier ? dit aussitôt M. Valmer, très-mauvais écuyer, et ne s'intéressant nullement au savoir-faire de sa bête.

Et il lui donne un coup de cravache, léger, oh ! très-léger. Il est si prudent !

A cette monition qu'il prend pour un signal, le cheval blanc change d'allure, et, le voici, les jambes raides toujours, qui opère un mouvement beaucoup plus rapide, mais avançant à peine, et restant presque sur place, fier d'attitude, beau de grâce et d'élégance.

— Savez-vous bien que vous êtes là, comme le vieux Franconi, faisant jadis son entrée solennelle dans l'hippodrome, et opérant des passes merveilleuses

---

(1) En Italie, le peuple appelle *coromero* la pastèque ou melon d'eau, fruit très-rafraîchissant, que l'on y trouve en abondance, et qui ne coûte guère que vingt à vingt-cinq centimes de notre monnaie. La pastèque italienne a la chair rouge.

d'adresse? dis-je à M. Valmer. Vous montez un cheval savant, mon très-cher, et vous ne vous en doutiez pas plus que M. Jourdain débitant de la prose sans le savoir. Mais, attention! on va nous prendre pour des écuyers venant ici planter notre cirque en toile, et franchement je n'ai pas l'envie de passer pour un acrobate, un saltimbanque ou un clown. On nous regarde. Ne vous rendez pas ridicule, et soyons gentilshommes !

Hélas ! j'ai beau dire ! Le virtuose, dont peu à peu nous nous sommes rapprochés, change la ritournelle de son instrument, et fait entendre un allégro rapide qui soudain agit sur l'ouïe et les nerfs de Frère Tranquille, car il quitte son tricottement de jambes, son attitude de pianiste frappant sur des pédales, sa désinvolture de cheval savant élève de Haute-École, et le voici, emporté par la cadence, qui se met à tourner sur lui même au beau milieu de la place, avec la hardiesse, la grâce et la rapidité d'un polkeur émérite, ou d'un habitué de la mazürke et de la sicilienne.

— Ah ça ! est-ce une redowa ou le pas des lanciers que vous faites exécuter là à votre cheval, M. Valmer? lui dis-je, obligé de céder au besoin de rire qui me prend. Décidément je vais tendre le chapeau et faire la quête..., car les curieux arrivent.

En effet, un grand cercle se forme autour de M. Valmer, très-embarrassé de son rôle et ne sachant comment faire passer à son cheval sa fantaisie de voltige.

— C'est le cheval des Hulans qui nous a tant amusés au dernier carrousel militaire de Pavie !... dit l'un.

— Per Baccho ! c'est vrai : je le reconnais, dit l'autre.

Je n'ai pas le temps d'en écouter davantage, car je remarque que l'orgue changeant son air une fois encore, Frère Tranquille, sur ce motif nouveau, part au galop, décrit un cercle immense qui enveloppe les spectateurs, et opère, sur la place, la manœuvre d'un cheval de course au manège, ou la charge circulaire d'un escadron au Champ-de-Mars. Tout chacun de battre des mains. Assurément je ne pouvais pleurer, moi, mon cher cousin ? convenez-en. Donc je ris aussi de l'aventure. Heureusement, après un double tour, parfaitement accompli, tout comme aux steeple-chese de La Marche ou de Chantilly, notre brave cheval blanc s'arrête, met dignement en terre ses deux genoux, s'affaisse du train de derrière selon toutes les règles de la courtoisie chevaline, et permet ainsi de mettre pied sur le sol, sans fatigue, à son écuyer presque pâle de colère et ne sachant que penser de la chose. En ce moment, l'orgue cessait ses joyeuses fioritures, et le tyrolien, avec les jeunes filles, approchait pour prendre sa part du spectacle gratuit qui leur était offert.

— En voilà une histoire inédite!... et c'est à toi que je la dois! s'écrie M. Valmer. Hâtons-nous de disparaître, j'ai honte devant ces curieux mal appris! continue-t-il en faisant relever son cheval et en le tirant par la bride.

— Vous avez bien tort! lui dis-je. Vous vous êtes tiré de l'épreuve tout-à-fait à votre honneur. Paul Cuzent, Loyal ou Madame Bridges n'eussent pas été plus hardis, plus élégants sur ce noble animal. Parole d'honneur, M. Valmer, je ne vous aurais pas cru si habile. Vous êtes un artiste!

— Au déplaisir de l'aventure, veux-tu joindre l'ironie? reprit-il en plissant le front et en enfonçant son panama sur ses yeux.

— Dieu m'en garde! Je vous ai admiré : voilà tout.

— C'est bien dommage que ces *Franconi* ne restent pas plus long-temps! disaient certaines voix, à l'arrière.

— Moi qui espérais que l'*autre* allait aussi nous donner la comédie! ajoutait une commère rondelette au visage narquois.

— J'ai bien envie de leur donner une tragédico-cravache! murmure M. Valmer.

Mais nous n'écoutons rien de plus, et, sans regarder derrière nous, nous éloigner en toute hâte, moi, riant sous cape, et M. Valmer, digérant avec peine sa pantomime équestre, devient notre occupation la plus diligente.

Deux heures après, nous étions à Plaisance, mon cousin; là aussi, l'aventure devait avoir sa suite et sa fin. Au moins cette fois M. Valmer ne fut pas le seul en scène; je me joignis à lui pour figurer dans la pièce.

Nous venions de traverser la Trébie sur un beau pont de vingt-deux arches, construit en 1821, et nous en avions copié l'inscription que voici et dont je vous prie de remarquer les noms :

> TREBBIA
> ANNIBALE, LICHTENSTEINIO,
> SUWAROFIO ET MELAS, VICTORIB
> MAGNA.
> EX D. AUGUSTÆ A. MDCCCXXI
> VTILITATI POPVLORVM
> PONTE IMPOSITO
> FELIX (1).

M. Valmer m'expliquait comme quoi la Trébie, *Trebia* chez les Romains, *Trebbia* chez les Italiens, venant du sud, non loin de Gênes où elle prend sa source, descend vers l'est, passe en avant de Plaisance et fort près de cette ville se jette dans le Pô, après avoir arrosé quelques mètres du duché de Parme. Pour distraire mon cher maître, je lui laissais me répéter pour la vingtième fois les hauts faits d'Annibal qui, en 218 avant Jésus-Christ, défit le consul romain Sempronius, dans une bataille sanglante livrée sur les bords de la Trébie, presque sous les murs de Plaisance, en un lieu que nous découvrons à notre droite et qui en a retenu le nom de *Campo Morto*. Déjà nous admirions, assis sur la rive droite du Pô, Plaisance, qui doit son nom aux champs, jadis pittoresques, maintenant trop bien cultivés pour conserver leur aspect sauvage autrefois si poétique. Enfin nous venions de passer sous sa *Porta San-Raimondo*, l'une des quatre portes qui coupent ses remparts circulaires bordés de fossés et plantés d'arbres, lorsque, non plus un orgue de Barbarie cette fois, mais une belle et bonne musique militaire se fait entendre. Aussitôt nos coursiers de dresser, puis de coucher, puis de redresser les oreilles. Bref, je ne sais quel enthousiasme les saisit, mais ils hennissent d'une façon toute jubilante, ils se pressent le museau l'un contre l'autre, comme pour se communiquer leurs pensées, et brrrrr... ils s'élancent à fond de train. En un clin d'œil ils ont franchi une pre-

---

(1) La Trébie, illustrée par les victoires d'Annibal, de Lichteinstein, de Souwarow et de Mélas : heureuse d'offrir aux populations un pont construit par un décret de l'an de grâce 1821.

mière rue, et les voilà qui, avisant un régiment de cavalerie remontant la rue principale de Plaisance, le *Corso*, sans s'arrêter aux derniers rangs de l'escadron, attirés par la musique qui flatte leurs instincts belliqueux, ou peut-être ayant appartenu à quelque sous-officier des premiers rangs, vont se mettre à la suite du colonel, qui demeure tout étonné de notre apparition subite. Vainement nous voulons décliner cet honneur, en écartant, moi, Fantasque, et M. Valmer, Frère Tranquille; nous sommes contraints de rester, et de nous excuser, près du colonel, du chef d'escadron, et des officiers de leur suite, de notre audace très-involontaire, en leur expliquant l'origine de nos chevaux, qui, le matin même, appartenaient encore à l'armée de S. M. I. et R. d'Autriche. Ces Messieurs nous agréent, rient avec nous, et, comme fort heureusement on atteint la caserne, ils nous prient d'entrer avec eux dans la grande cour, où nous serons plus libres de laisser nos montures passer une dernière revue et achever la promenade qui sera la dernière de leur carrière militaire.

Vous redire nos phrases pour nous faire pardonner notre liberté grande, serait superflu. Qu'il vous suffise de savoir, cher cousin, que nous installons nos chevaux au ratelier et nos personnes à la table d'hôte, toute fumante, de l'Albergo della Italia. C'était arriver à point; et il fallait un tel dédommagement pour nous remettre de nos émotions, impressions, etc.

En vérité *Plaisance* n'est pas de notre siècle; c'est une ville toute moyen-âge. Nous sommes tentés de revêtir le chaperon, de nous mettre l'aumônière à la ceinture, l'aumusse sur le bras, les chausses mi-partie bleues mi-partie jaunes aux jambes, et aux pieds les souliers à la poulaine, pour nous trouver en harmonie avec l'antique cité. Nos costumes modernes, et les vêtements étriqués du xixe siècle de ses manants, jurent avec des maisons à pignon, des angles aux tourelles, des auvents au-dessus des portes, et des rues étroites et sombres. C'est à croire à chaque instant que l'on peut être détroussé par des tire-laine dans ses nombreux carrefours, tant on y rencontre peu de monde. La population, qui est de vingt-cinq mille âmes, n'est pas en rapport avec l'étendue de la ville, qui pourrait en contenir cinquante mille. Les dehors des demeures sont d'une gravité magistrale à vous en donner le frisson. Les Eglises bâties en briques, comme les maisons, ne se voient qu'au moment où leurs porches se montrent béants devant vous. Elles sont du reste très-nombreuses, nous en trouvons à tous les détours de rues. En vérité, ce n'est pas une ville que nous visitons, mais bien plutôt une antique et très-vaste forteresse. Aussi M. Valmer nage dans la joie.

— Enfin, dit-il, voici une ville qui a un caractère !

Et il s'arrête pour admirer les pignons, lorgner les poternes, crayonner les tourelles, étudier les balustrades des balcons, mesurer les porches et s'extasier devant les palais, assez rares semés, mais se dressant fièrement comme de hautains seigneurs exigeant encore la dixme et appelant les redevances de leurs très-humbles vassaux. Volontiers il passerait la tête par les portes pour jeter un regard indiscret dans les intérieurs. Il est convaincu qu'ils ne doivent être meublés que de vieux bahuts, de crédences gothiques, de tables aux pieds chantournés, de siéges à hauts dossiers, de lits à baldaquin, de cheminées à grands trumeaux de bois sculpté, et offrir partout, sur leurs dressoirs, des hanaps, des coupes de Venise, des patères de Grèce, des aiguières, des coffrets, des dragcoirs, des grès de Flandre, des faïences de *Bernard de Palissy* (1), des brocs de *Faenza* (2), des émaux de Limoges (3), etc. Il entrerait volontiers chez les marchands ou les gens de métier pour les saluer du titre de prévôts (4) et de malctôtiers (5). Il me semble toujours prêt à demander aux cafés, pour rafraîchissements, de l'hydromel (6) ou de l'hypocras (7). Tout au moins il me rappelle qu'autrefois, et d'après les récits des auteurs compétents (8), « la toilette des Dames de Plaisance respirait un luxe oriental qui conviendrait aux odalisques de Damas ou de Bagdad : sur la tête, précieux joyaux, couronnes d'or massif ou d'argent doré enchassées de perles et de pierreries ; diadèmes à

---

(1) *Bernard de Palissy*, célèbre potier de terre, né dans l'Agenois, vers 1500. Il entreprit de découvrir le secret de l'émail dont on se servait en Italie pour faire les beaux ouvrages de faïence, et, en 1555, réussit à fabriquer de belles poteries qui furent très-recherchées dans toute la France. Palissy était protestant. Il demeura long-temps à Paris, où il mourut à la Bastille, en 1589. Rue du Dragon, à Paris, on voit une maison au-dessus de laquelle on lit : « Ici demeura Bernard de Palissy. » Le Musée de Cluny possède beaucoup de ses poteries.

(2) *Faenza*, ville de l'État Ecclésiastique, près de Ravenne, a donné son nom à la *faïence* qui se fabrique dans ses murs.

(3) Limoges était célèbre autrefois par les objets d'art qui sortaient de ses *émailleries*.

(4) Titre que l'on donnait jadis en France à celui des marchands qui était chargé de visiter et taxer les marchandises.

(5) Receveur des taxes publiques au moyen-âge.

(6) Boisson faite avec du miel et de l'eau chaude.

(7) Autre boisson composée d'amandes douces pulvérisées et de cannelle concassée et mêlées au vin de Madère, etc.

(8) Sismonde-Sismondi. *Histoire des Républiques Italiennes.*

triple étage chacun de cent grosses perles ; sur leurs cheveux, réseaux d'or et de soie, entrelacés de perles; colliers formés d'énormes grains d'ambre et de corail, sur leurs épaules, ou passés par-dessus la robe qu'ils tenaient fixée au cou, comme des colliers de levrettes. » Il ajoute que Plaisance, aujourd'hui si déserte, si désolée, avait, comme Milan, l'amour des festins somptueux, et à voir le Plaisantin la tête en l'air et le nez au vent, on croirait qu'il en cherche dans le vide les émanations succulentes et douces.

Toutefois, au beau milieu de toutes ces rues insalubres, sans air, étroites et d'un aspect peu agréable, il en est une, où presque personne ne se montre, qui est large, spacieuse, fort longue, et bordée de jardins, de palais et de beaux édifices. C'est le *Corso*, ou simplement la *Strudone*, la *grand' rue*. Elle s'étend de la *Porte San-Raimundo* à la *Porte San-Lazzaro* ; mais malheureusement, au lieu d'occuper le centre de la ville à laquelle elle ferait honneur, elle est située à l'une de ses extrémités où il faut alors la chercher.

Nous remarquons aussi la *Rue des Orfèvres*, dont la façade de bon nombre de maisons montre des fresques bravant l'action du temps, car elles doivent remonter assez haut dans l'antiquité, et sans doute furent improvisées pour servir de décoration au passage et à l'entrée triomphale de quelque noble personnage.

Sur trois places, à peu près dignes de ce nom, que possède Plaisance, il en est une qui laisse voir un peu plus d'animation, de mouvement et de foule ; c'est la *Piazza de' Cavalli*. Elle doit ce nom à deux statues équestres, colossales, avec bas-reliefs, qui en font l'ornement et se dressent aux côtés du *Palais-Public* ou Hôtel-de-Ville. *Fr. Mocchi* est l'auteur de cette œuvre médiocre qui représente *Alexandre Farnèse* et son fils, *Ranuccio*, dont je vous parlerai tout-à-l'heure. Les personnages ne manquent pas d'un certain mérite ; mais les chevaux et les bas-reliefs ne sont de nulle valeur. Elles datent de 1620 et furent coulées d'un seul jet. La Place des Cavaliers est entièrement dallée de granit, et présente un aspect assez imposant.

La rue des Orfèvres conduit à la *Piazza di Domo*, la seconde de la ville, et au *Dôme* lui-même, dont le clocher tout d'abord vous fait voir, accrochée à la muraille, par ordre de Ludovic-le-More, l'un des princes de Milan, une cage en fer assez grande, et destinée à recevoir des prisonniers ainsi exposés aux regards avides de la multitude. Cela se trouve assez souvent en Italie ; et au château de Como, nous avons déjà vu une cage semblable, dans laquelle, après plusieurs années de captivité, le dernier des Torriani se donna la mort en se brisant le crâne contre les barreaux de fer.

Cette cathédrale de Plaisance, commencée au ıx^e siècle, et terminée au xıı^e, puis agrandie au xve, car alors on ne bâtissait pas comme aujourd'hui, tout un Louvre en deux ans! est un mélange des styles gothique et mauresque. La voûte du porche est fort curieuse; elle représente les douze signes du zodiaque, avec accompagnement de statuettes, de figurines et de colonnes reposant sur des lions accroupis, selon l'usage lombard. Sa coupole est ornée de fresques, sibylles et prophètes, par *Le Guerchin*, qui a fait de David un modèle admirable. Sur une zone parsemée d'étoiles qui règne le long de l'archivolte s'éparpille toute une volée de charmants petits anges, œuvre de *L. Carrache*. On remarque aussi dans cette église de délicieuses peintures de *Procaccini*; *Franchini*, *Morezzone*, etc.

Mais la plus belle église de la ville est celle du *Monastère de Saint-Sixte*, élevée au xvı^e siècle, par les Bénédictins. Sa richesse principale, un vrai trésor! fut long-temps une admirable Madone, de *Raphaël*, l'un des chefs-d'œuvre du grand-maître. Le monde entier la connaît sous le nom de *Vierge de Saint-Sixte*. Les Bénédictins des derniers temps, seuls, en ignoraient le mérite et la valeur. Hélas! ils l'ont donnée, oui, ils ont livré cette perle, pour une misérable somme d'argent. Le roi de Pologne, Frédéric Auguste, passant à Plaisance, en 1754, vit la merveilleuse Madone et la convoita. Quelques pièces d'or furent offertes en échange; les moines, éblouis, acceptèrent le marché. A cette heure la Vierge de Saint-Sixte trône au Musée de Dresde, où l'Europe entière court admirer le prodige, pendant que l'Eglise des Bénédictins reste dans l'abandon et tombe dans l'oubli. Elle possède cependant deux monuments qui méritent qu'on les visite. C'est d'abord le Tombeau d'Ingelberge, la belle impératrice de Germanie; c'est ensuite le Sépulcre de Marguerite d'Autriche, la fille de Charles-Quint, devenue l'épouse d'Octave Farnèse, etc.

Je ne vous parlerai, mon cher cousin, ni de la *Chiesa di Santo-Agostino*, œuvre de *Vignole* (1), dont les trente-quatre colonnes d'ordre dorique, d'un très-

---

(1) Vignole, ou plutôt *Jacques Borrozio*, de Vignola, né en 1507, mort en 1573, étudia long-temps à Rome, passa deux ans à Florence, vint à Paris, puis rentra en Italie, où il éleva plusieurs monuments remarquables à Bologne, à Plaisance, à Parme, à Rome et à Pérouse. Ce fut lui qui fournit les plans de l'*Escurial*. On le regarde comme le premier qui ait fixé les règles de l'architecture. On lui doit un excellent *Traité de la Perspective*.

beau granit, supportent la nef élancée; ni de l'antique cathédrale, *Santo-Antonino*, rebâtie en 903, en 1104, et en 1562, dont le porche, à raison de sa riche ornementation, a reçu le nom, bien mérité, de *Il Paradiso*.

Mais je vous signalerai la troisième et dernière *piazza* que possède Plaisance, la *Place du Palais Ducal*, qui n'a de remarquable cependant que le grand édifice d'où elle tire son nom.

J'ajouterai qu'au sud-ouest de la ville, les remparts, convertis en promenade, sont appuyés par une *Citadelle*, flanquée de quatre bastions, dans laquelle l'Autriche entretient une garnison imposante. Et puis, sur l'espace qui entoure la citadelle, je vous montrerai un autre ouvrage de Vignole, c'est le *Palais-Farnèse*, masse énorme, immense, dont la façade est inachevée, et qui a toute l'apparence d'une sombre et muette prison. Vous savez qu'au XVIe et XVIIe siècles, il n'était que trop commun de voir rester à l'état de ruines des constructions entreprises sur un vaste plan. Le pouvoir était si mobile, battu par des courants si contraires! Les guerres étrangères, et les Espagnols, fort irrévérentieux pour les arts, ont, en outre, passablement contribué à dégrader cet édifice; mais je dois vous le faire connaître, à cause du nom de Farnèse dont il est fier, et qui cependant devrait être pour lui un titre de honte. Vous en jugerez tout-à-l'heure.

J'en aurai fini avec la prosopographie de Plaisance, quand je vous aurai dit que, près de la Porte San-Lazzaro, près de la petite rivière de *Rificeto* qui baigne les remparts au sud-est avant de se réunir au fleuve du Pô, se dresse un splendide établissement d'utilité publique. C'est le *Collége Albéroni*, fondé par un cardinal né à Firenzola près de Parme, et qui devint ministre en Espagne.

Vous serai-je agréable en vous traçant une esquisse rapide des faits dont Plaisance fut le théâtre? J'imagine que oui. Vous êtes un fils de Bellone, et les souvenirs de guerre doivent faire mouvoir la corde sensible, chez vous. Embouchons donc la trompette des batailles, je ferai en sorte de ne pas trop vous fatiguer les oreilles. Mais figurez-vous qu'à force d'entendre M. Valmer me dire qu'avant de fouler le sol d'une contrée, il est indispensable de connaître les personnages qui nous y ont précédés, j'ai pris goût à sa doctrine et je me lance dans l'érudition. Pourtant, gardez-vous de me prendre pour un pédant!

Or sus, mon cousin, en 219 avant Jésus-Christ, deux colonies romaines, suivies de tout l'attirail de tribus qui vont chercher fortune, quittaient la ville de Rome, déjà couronnée de gloire et touchant au comble de la puissance et de la force. Ces émigrants, divisés en deux bandes, cheminaient vers le nord de l'Italie, et suivaient une route dont, cent ans plus tard, Emilius Scaurus devait faire la *Voie Emilienne*, qui conduirait de Rome à Ariminium, à présent Rimini. Elles vinrent s'établir toutes deux sur les rives du Padus d'autrefois, le Pô d'aujourd'hui, et fondèrent, l'une *Placentia*, la ville de Plaisance qui nous occupe, et l'autre Crémone, que nous irons explorer bientôt. Elles devenaient ainsi les deux colonies représentant la souveraine maîtresse du monde dans la Gaule Cisalpine.

Plaisance s'était à peine enfermée dans une enceinte de remparts en terre, presque au confluent que forme le Pô en recevant la Trébie qui lui arrive du sud, lorsque, en 218, elle fut saisie d'un indicible effroi. On lui apprenait qu'il descendait des Alpes des avalanches d'hommes armés, faisant marcher avec eux des animaux d'une taille gigantesque, effrayants, éléphants et dromadaires, accompagnés de guerriers vêtus de blanc, montés sur des chevaux rapides comme la foudre, et que ce torrent dévastateur envahissait l'Italie, détruisant, brûlant, égorgeant, nivelant tout sur son passage. On lui disait que ces hommes avaient nom *Carthaginois*, et que leur chef s'appelait *Annibal*. On racontait de cet Annibal que, né d'Amilcar, un vaillant général, celui-ci voyant s'élever en Italie une ville, rivale de Carthage, sa patrie, et ayant été contraint par le sénat de Carthage d'aller à Rome demander honteusement la paix, après une guerre désastreuse pour l'Afrique, il avait fait jurer à son fils, dès son enfance, une haine implacable aux Romains.

Jamais serment ne devait être mieux rempli.

Amilcar ayant perdu la vie dans un combat, au sein de la victoire, Annibal, à peine âgé de vingt-trois ans, fut mis à la tête d'une armée nombreuse et aguerrie, car elle venait de soumettre l'Espagne à la domination de Carthage. Aussitôt Annibal songe à guerroyer contre Rome. Il jette le gant aux Romains, en prenant et saccageant, au milieu de la paix et contre la foi des traités, la ville espagnole de Sagonte, la dernière cité d'Espagne alliée à Rome. Grande colère des Romains ! Une ambassade est aussitôt envoyée au général carthaginois; mais le fier Annibal refuse de la recevoir. Une seconde ambassade se rend à Carthage et va déclarer la guerre aux Carthaginois.

Alors Annibal, calculant qu'il ne peut mieux affaiblir, vaincre et détruire la domination des Romains qu'en portant le théâtre de la guerre dans leur pays même, quitte l'Espagne, où il laisse une première armée de réserve forte de quinze mille hommes, sous les ordres de son frère Asdrubal, et une seconde de onze mille hommes, sous le commandement de Hannon. Pour lui, avec cinquante mille fantassins et neuf mille cavaliers, il passe les Pyrénées et franchit la Gaule. De leur côté, les Romains envoient le consul Sempronius porter la guerre en Afrique avec vingt-cinq mille combattants, et le Préteur *Manlius*, dans la Gaule Cisalpine avec quinze mille soldats. L'autre consul, *P. Cornelius Scipion*, s'avance, par la mer, avec vingt-cinq mille, à la rencontre d'Annibal, qu'il croit encore en Espagne. Mais lorsqu'il débarque à Marseille, Annibal est déjà sur les rives du Rhône, dont il force le passage. Apprenant alors, par une reconnaissance de ses éclaireurs, que Scipion est à Marseille, et, d'autre part, recevant une ambassade des Gaulois-Cisalpins, qui l'appellent à eux, par inimitié pour Rome, il se décide à éviter une bataille et à franchir les Alpes, plus loin de la mer. Il remonte donc le Rhône jusqu'à Valence, et par la Drome dont il remonte aussi le courant, il gagne la Durance, et atteint Gap. Là, continuellement harcelé par les montagnards, il remonte aussi la Durance, et passe le *Mont-Genèvre et le Col de Sestrières*, avec des difficultés et des dangers de toute espèce. Enfin il arrive en Italie par la *Vallée de Pragesas*. Il y avait cinq mois et demi qu'il était parti de Carthagène, et il n'avait déjà plus que vingt mille hommes d'infanterie africaine et espagnole, et six mille chevaux. Scipion, de son côté, lorsqu'Annibal lui eut ainsi échappé, envoie son frère en Espagne, avec ses légions, et revient à Pise attendre les événements. Il appelle à lui les légions de deux préteurs qui se trouvent en Etrurie, la Toscane, et vient camper d'abord à Plaisance, où on lui dit qu'Annibal s'avance par la rive gauche du Pô. Scipion s'élance aussitôt à la rencontre de l'ennemi jusqu'au-delà de Pavie. Bientôt les deux armées sont en présence, sur les rives du Tésin, à *Vigevano*. La bataille s'engage sans retard, et Manlius vient appuyer Scipion de toutes les forces dont il dispose. Mais la supériorité de la cavalerie d'Annibal lui donne une première victoire d'autant plus brillante, que Scipion, blessé dans la mêlée, n'échappe à la mort que par la bravoure de son fils, à peine âgé de dix-sept ans, et repasse en toute hâte le Tésin et le Pô, pour aller camper d'abord à *Stradella*, puis à Plaisance, afin d'y attendre son collègue Sempronius, que l'on a rappelé en toute hâte de la Sicile, où heureusement il était encore. Cependant Annibal s'empare de *Clottidium*, Schiatezzo, sur le Pô, où les Romains ont entassé de grands approvisionnements, puis il vole à la poursuite de P. Cornelius Scipion.

Pauvre jeune cité, Plaisance tremble! Née à peine, doit-elle périr déjà?

Son berceau deviendra-t-il aussi promptement son tombeau? Non. Car voilà qu'un jour, à l'horizon du nord, si elle voit s'élever dans l'air obscurci un nuage de poussière qui lui révèle l'approche d'Annibal; à l'horizon du sud, elle voit aussi poudroyer au soleil un autre nuage qui lui apprend l'arrivée de *Sempronius*, avec ses légions. Les deux armées s'arrêtent en regard de la nouvelle ville; et les deux camps ennemis dressent leurs tentes sur les rives de la Trébie. Les feux s'allument : les sentinelles veillent; on s'observe.

Scipion propose alors à son collègue de réduire l'ennemi en adoptant pour tactique de lui faire épuiser ses ressources dans la Ligurie, où on se trouve. Mais Sempronius tient un avis opposé. Il veut combattre, afin de ne pas donner à Scipion le temps de se rétablir, afin surtout de ne pas le mettre en partage de la gloire que lui promet la défaite des Carthaginois. Annibal, de son côté, devine la présomption de Sempronius et l'excite à dessein. Alors, entraîné par son impatience, le Romain présente la bataille au Carthaginois. Il passe la Trébie. C'était en novembre. Il faisait froid, et le temps était sombre. Le soldat romain, encore à jeun, et après avoir traversé la rivière à gué, est engourdi, faible, peu porté à la vaillance. Annibal, au contraire, a fait reposer ses troupes devant de grands feux. A cet avantage, et à celui de la supériorité de sa cavalerie, se joint encore celui d'une embuscade préparée sur les derrières de l'armée romaine. Aussi le résultat de la bataille est-il ce qu'il doit être. Les légions consulaires, enveloppées par ses ailes, sont complètement défaites. Dix mille hommes du centre peuvent, seuls, percer la ligne ennemie, et s'abriter dans les remparts de terre de Plaisance, où les fuyards se rejoignent en assez petit nombre. Mais alors, des maisons de la ville, ils peuvent voir, couchés sur le sol rougi de leur sang, les cadavres de trente mille de leurs frères auxquels les Carthaginois ont fait mordre la poussière.

Alors les Romains descendent vers l'Étrurie pour y trouver un refuge : quant aux Carthaginois, ils prennent leurs quartiers d'hiver dans la Ligurie, c'est-à-dire, à Pavie, à Milan, et dans les cités circonvoisines. Mais Annibal se tient prêt à s'enfoncer en vainqueur dans l'Italie centrale, au premier souffle du printemps.

Cependant Plaisance respire, car elle est délivrée du terrible ennemi qu'elle redoute; seulement elle tremble pour sa mère-patrie, et ce n'est pas sans motif, car les Gaulois, jusqu'alors fidèles aux Romains, en voyant les succès d'Annibal, désertent la cause des premiers, et se rangent sous les drapeaux du second. Aussi l'armée carthaginoise compte bientôt quatre-vingt-dix mille combattants, prêts à porter à Rome le fer, le feu, le deuil et la mort.

Quel que soit notre amour des beaux faits d'armes, mon bon cousin, nous nous en tiendrons à ce qui regarde Plaisance, et nous ne suivrons pas Annibal, à travers les marais de l'Arno, dont les humides vapeurs lui font perdre un œil, et nous ne le verrons pas escaladant les Apennins, malgré le nouveau consul *Flaminius*, pour aller lui tendre une cruelle embuscade, sur le *Lac de Trasimène* ou de Pérouse, où le consul et ses légions trouvent une mort honteuse. Nous ne dirons pas davantage la *Dictature de Fabius-Maximus*, la maladresse de *Minucius*, le général de sa cavalerie, et l'épouvantable *Bataille de Cannes* qui vit périr le consul *Æmilius* et soixante-dix mille Romains. Enfin, nous garderons le silence sur le séjour que fait à Capoue Annibal couronné de gloire, mais sans défiance contre les délices qui doivent anéantir sa force plus que dix batailles. Ce que six consuls et trente légions n'ont pu faire pour vaincre l'astucieux Carthaginois, il suffit des plaisirs d'une ville corrompue pour le produire. Désormais Rome est sauvée, car Annibal est dompté !

Le champ de bataille de la Trébie, engraissé du fumier romain, prit dès lors le nom de *Campo Morto*, sous lequel on le connaît encore aujourd'hui. Nous avons visité ce *Champ de la Mort*, tout comme nous avons parcouru le champ de bataille du Tésin, celui de Pavie, celui de Marengo, et d'autres encore. On éprouve d'étranges émotions, je vous assure, quand on foule aux pieds, le sol qu'ont pétri, sanglant et couvert de cadavres, des cohortes fameuses, commandées par des généraux dont les noms retentissent encore dans l'univers entier. La solitude qui entoure, le calme qui règne, à peine interrompu par le vent qui souffle ; le soleil se cachant derrière les collines de l'horizon quand vient le soir ; les ombres qui s'allongent ; les flots de la rivière qui gémissent ; les souvenirs que vous présentent mille fantômes de héros ; et, par fois, ces grands ossements que heurte votre pied, gisant à fleur de terre, tout vous émeut et vous impressionne... Certes ! cette plaine de la Trébie, le Campo-Morto, porte bien le titre qu'on lui a donné : elle le mérite à tous égards ; car, souvent, depuis cette première tragédie, elle a servi d'arène aux luttes des passions humaines :

En 923, le 29 juillet, ce même champ de la mort vit *Rodolphe II*, roi de la Bourgogne Transjurane, remporter une victoire décisive qui lui valut la couronne d'Italie, sur *Béranger I*, qui y laissa bon nombre des siens et y perdit ses états.

En 1746, les Austro-Sardes, commandés par *Lithcteinstein*, et les Franco-Espagnols ayant à leur tête *don Philippe*, Infant d'Espagne et le maréchal *de Maillebois*, s'y livrèrent une grande bataille qui donna la victoire à l'Autriche, et contraignit le roi d'Espagne, Ferdinand V, à retirer ses troupes de la Haute-Italie.

En juin, 1799, le général *Souwarow* y força *Macdonald* à la retraite, après un combat de trois jours.

Enfin, le baron *de Mélas* y préluda, par quelques avantages sur les Français, à la cruelle revanche qu'il eut à donner à la mémorable journée de Marengo.

Tout ceci vous explique l'inscription fastueuse gravée sur le pont de la Trébie que je vous ai signalée déjà.

Maintenant je reviens à la *Placentia* romaine, à la jeune Plaisance, tant émue dès ses premiers jours. A ses remparts de terre succèdent de fortes murailles ; les chaumières sont remplacées par de solides maisons. La colonie romaine peu à peu devient ville et prend de l'importance. Mais les Romains dégénérés, gâtés pas les voluptés, enivrés du sang des nations, livrés à la soif de l'or, gangrenés par tous les vices, se voient un jour obligés de céder la place à des Barbares qui débordent de l'Asie, viennent inonder l'Europe de leurs bandes innombrables et l'effrayer par l'audace de leurs rapines et la férocité de leurs actes. Des nations nouvelles remplacent les peuples anciens. Les Lombards prennent possession du nord de l'Italie. Plaisance tombe sous le joug des *Alboin* et des *Autharis* : elle obéit à *Théodelinde*, à *Luitprand*, à *Astolphe*, à *Didier*. Puis, voici qu'à la puissance de *Charlemagne*, succède la suzeraineté des *Empereurs d'Allemagne*. Puis, surtout, voici que Plaisance se rend à la foi du Christ, établit un évêque dans ses murs, et devient même le Siége de deux Conciles, l'un en 1076, dans lequel les évêques de Lombardie déclarent Grégoire VII déchu du pontificat, l'autre, en 1095, que préside le pape Urbain II, pour y prêcher la première Croisade.

Mais alors, l'Europe est livrée aux ténèbres du moyen-âge, et la querelle des *Gibelins* ou partisans des empereurs d'Allemagne de la Maison de Souabe ou Hohenstauffen et du parti populaire ou *Guelfes*, divise l'Allemagne et l'Italie en deux factions acharnées l'une contre l'autre. Inutile de dire que, comme presque toutes les villes de la Haute-Italie surtout, Plaisance se range au parti des Guelfes, et s'érige en république, en refusant son obéissance aux empereurs. Toutefois, la Maison de Souabe ayant succombé sous les foudres de Rome et les coups des Grands-Vassaux des Hohenstauffen, l'Allemagne, après une anarchie que l'histoire enregistre sous le nom de *Grand-Interrègne*, voit reprendre la série de ses empereurs par les divers souverains que fournit la Maison de Habsbourg, portée sur le trône.

Jamais peut-être ces nouveaux empereurs n'eussent songé à faire revivre les prétendus droits donnés à l'Allemagne sur la Haute-Italie par les conquêtes de Charlemagne dont elle a hérité, si le vieux levain des dissensions précédentes n'existait encore. Mais le parti populaire, toujours facile à aveugler, voit bientôt s'élever au milieu de lui et se poser en maîtres, des Gibelins qui ont tout intérêt à se donner au parti et à l'autorité des empereurs germains, pour que ceux-ci, en échange, appuient et facilitent la tyrannie dont ils retirent des avantages.

Ainsi, tour à tour, les della Torre ou Torriani, les Visconti, les Sforza, oppriment Milan;

Padoue a pour maîtres les Carrara; les Beccaria dominent Pavie : Vérone est aux Scaliger; les d'Este commandent à Ferrare; et les Gonzague règnent à Mantoue.

Plaisance, elle aussi, voit sa liberté compromise par les *Scotti*.

Alberto Scotto, le chef de cette aire de nouveaux despotes Gibelins, est assez adroit et flatte assez le peuple pour se faire nommer, en 1290, *Capitaine perpétuel*. A peine maître du pouvoir, il se démasque; en 1302, il rétablit les Torriani, à Milan, au détriment des Visconti; il forme contre Mattéo, le chef des Visconti, un moment mis à l'écart, une ligue lombarde dont il est l'âme; et se livre vis-à-vis de ses concitoyens à de telles violences que le peuple de Plaisance, impatient du frein, se soulève, court aux armes, chasse Alberto de son palais, et le criminel Gibelin va mourir de dépit, dans un honteux exil, à Cremu, petite ville fondée, près de Milan, en 570, par des fugitifs que la cruauté d'Alboin, roi des Lombards, avait forcés à chercher un asile à l'écart de leur patrie.

Le fils d'Alberto, *Francesco Scotto,* un instant maître de Plaisance, de 1335 à 1336, est presque aussitôt mis en fuite et traqué par Azzo Visconti, vengeant ainsi sur le fils l'appui donné aux Torriani par le père. Aussi Francesco s'estime-t-il heureux de se réfugier dans la bourgade de Firuenzola, près de Parme, où il vit dans la retraite et le silence.

Alors, par suite d'un traité fait à Orci, en 1336, Plaisance reconnaît l'autorité des Visconti et devient l'un des fiefs du Milanais. Mais en 1447, lors de l'extinction de cette famille, ne se croyant plus liée par ses serments, Plaisance ouvre ses portes aux Vénitiens et reçoit dans ses murs une garnison des Doges. Aussitôt fond de son aire un aigle aux serres redoutables. *Ludovic Sforza*, arrivant à marches forcées, tombe sur la pauvre cité qui n'en peut mais, il s'en rend maître par violence, la livre au pillage et l'abandonne aux mauvaises passions d'une soldatesque effrénée. Ce qu'elle souffrit alors, Dieu seul le sait. Elle fut un long temps à se relever de ses ruines.

Mais, hélas! une fois encore elle devait changer de maître. Les Sforza, après l'avoir dépouillée, en font un fief des Etats de l'Eglise.

Aux rives du Tibre, non loin du Lac de Bolsena, et sur la crête des collines qui entourent Orvieto, *urbs vetus*, dans la province de Viterbe, à quinze lieues au nord de Rome, il est un vieux manoir qui semble défier les âges. On le nomme *Farneto*. De ce castello suspendu entre le ciel et la terre, il était descendu, dans la plaine, au XIII° siècle, un homme généreux et brave qui se faisait appeler *Ranuccio Farnese*. Sa tournure martiale, sa bravoure réelle, et sa force herculéenne le firent remarquer du chef de l'Eglise, qui le mit à la tête de ses armées. Au XIV° siècle, l'un de ses fils, *Pietro Farnese*, héritier du domaine et des nobles qualités de son père, avait mérité le titre de grand capitaine, en battant les Pisans, le 11 mai 1363, à la tête des Florentins, et en faisant prisonnier leur général et bon nombre de soldats. On attendait de lui d'autres exploits, lorsque le 11 juin suivant, atteint de la peste qui désolait alors la Toscane, il mourut dans la nuit même.

Mais il importait peu : la Maison des Farnèse était fondée; et Pietro Farnèse laissait un petit-fils du nom d'Alexandre.

Alessandro Farnese, d'abord marié, eut un fils : mais, devenu veuf, il se consacre au Seigneur. Bientôt sa profonde érudition que nous révèlent ses *Lettres à Erasme*, *à Sadolet*, etc., ainsi que des *Poésies* élégantes et faciles, le font nommer titulaire de sept évêchés, puis élever au cardinalat, en 1493. Devenu ensuite doyen du Sacré Collège, il est élu pape, le 13 octobre 1334, à l'âge de soixante-huit ans, et prend le nom de Paul III. Aussitôt le nouveau pontife convoque un Concile pour arrêter les progrès du Luthéranisme. Il désigne les villes de Vicence et de Mantoue pour en être le siége : puis, à raison de certains embarras, cette assemblée fameuse a lieu dans le Tyrol, et, du nom de la ville qui en est le témoin, s'appelle *Concile de Trente.* Il est tout à la fois le dix-neuvième et dernier de ces assemblées générales de la chrétienté que l'on nomme *Conciles Œcuméniques.* L'ouverture des séances se fait avec une grande pompe le 15 décembre 1545 ; mais leur cloture suit d'assez près, car une peste violente éclate à cette époque et force les membres de l'épiscopat qui le composent à se disperser. Néanmoins le chef de l'Eglise, Paul III, continue avec un zèle extrême à s'occuper des intérêts de ses ouailles et à tenir d'une main ferme les clefs de Saint-Pierre. Il cherche même à pacifier l'Europe. Il s'interpose, comme médiateur, dans les démêlés qui divisent la France et l'Autriche à l'occasion du duché de Milan, et se fait le moteur de la *Paix de Nice* qui rapproche François Ier de Charles-Quint, jusqu'alors son plus cruel ennemi.

Toutefois Alexandre Farnèse est père, je vous l'ai dit, et je vous le rappelle, cousin : son cœur de père se préoccupe de celui qui lui doit l'existence. Vous le comprendrez mieux, vous qui avez à un si haut degré l'exquise sensibilité que donne à l'âme la paternité. Or, habitué aux grandeurs de la terre, que, du reste, il dédaigne pour lui-même, il les recherche pour celui qu'il aime. Il ne suffit pas encore à sa tendresse d'avoir fait *Piétro-Luidgi-Farnèse* seigneur de Népi, duc de Castro, Gonfalonier de l'Eglise, c'est un trône qu'il rêve pour lui : ce sont des couronnes qu'il voudrait pour ses quatre fils, *Alessandro, Ottavio, Horazio, Ranuccio,* et sa fille *Vittoria,* issus de son cher Luidgi Farnèse ! Pourquoi donc faut-il qu'un père laisse couvrir ses yeux d'un impénétrable bandeau lorsqu'il s'agit du fruit de ses entrailles ? Alexandre Farnèse pousse l'aveuglement jusqu'à se rendre, avec une suite nombreuse, au manoir de Busseto, près de Crémone, et sollicite, de Charles-Quint, le don du duché de Milan... en faveur de Pietro... Le fier Espagnol témoigne à l'auguste sollicitieur toutes sortes de respects, mais de duché de Milan, point ! Alexandre insiste ; on lui oppose le mauvais renom de Piétro. Alexandre conjure, et, à Piétro, trop indigne, substitue Ottavio : Charles-Quint refuse.

Alors, voulant, à tout prix, la gloire et les honneurs pour son cher Piétro, Alexandre Farnèse détache de ses Etats les Etats de Plaisance et de Parme et les érige en duché, le 13 août 1545, en faveur de Piétro-Luidgi-Farnèse, auquel il en donne l'investiture.

Hélas encore! trois fois hélas! ce Pierre-Louis-Farnèse, mon pauvre cousin, est un être odieux, livré à toutes les turpitudes, souillé de tous les crimes, mais surtout du crime d'un emportement inouï à l'endroit du pieux évêque de Fano que ses habits pontificaux n'ont pas préservé du contact du monstre. En outre, chargé, en 1540, de soumettre Pérouse qui a oublié son antique obéissance au souverain, au lieu de la rappeler au devoir par d'insinuantes exhortations, cette bête féroce pénètre dans la ville, le glaive et la torche à la main, et, pendant de longs jours, fait peser sur elle le poids d'une vengeance exécrable.

Et cependant le monstre a de nobles exemples sous les yeux, dans sa famille même. Alessandro et Ranuccio, ses fils, se sont consacrés au culte des autels. Ils vivent dans l'amour de Dieu et la charité pour le prochain. Mais aux âmes viles qu'importent les vertus des âmes saintes !

Entré dans Plaisance, son nouveau domaine, Piétro Farnèse commence par construire, sur les places grandioses que lui fournit *Vignole*, et dans le voisinage de la citadelle, ce magnifique Palais-Farnèse, inachevé, mais imposant et massif, dont je vous ai parlé. Mais pendant qu'on l'élève à grands frais, renfermé dans la forteresse, au lieu de chercher à mériter l'affection de ses nouveaux sujets, le misérable duc exaspère la noblesse par toutes sortes d'outrages et de spoliations. Ne pouvant agir par lui-même, car il est réduit à l'impuissance par des maladies sans nom, fruit de ses débauches, qui le dévorent, il lance contre les habitants de la ville une meute farouche de sbires cruels qui pillent, torturent, polluent tout ce qui est riche, honnête et pur. Aussi les membres des principales familles forment bientôt une conspiration secrète. Au jour fixé, lorsque déjà les ténèbres couvrent la ville et le Castello, et que la lutte semble plus facile, dans l'ombre, les conjurés, armés sous leurs manteaux, pénètrent dans le repaire de Farnèse, s'approchent en silence, et trouvent leur victime, dans une salle basse, mal éclairée par une lampe fumeuse. Luidgi est assis dans un grand fauteuil à dais : personne autour de lui. La cruelle maladie qui le cloue sur le siége ne lui permet aucun mouvement. A peine peut-il tourner la tête et jeter un regard fauve sur ceux qui entrent. Il pâlit de colère en voyant approcher des impudents qu'il ne connaît pas, et qui sont assez audacieux pour conserver sur leurs têtes les longs chaperons de leurs manteaux. Alors le premier des conjurés, *Jean d'Anguissola*, écarte le drap qui captive sa main. Le poignard brille... Il en lève la lame acérée au-dessus de la poitrine du monstre que glace la terreur, et qui tremble comme un lâche :

— Au nom de Dieu que tu as tant outragé, dit Jean, au nom de l'humanité que tu profanes tous les jours, vengeance !

Il dit, et son bras vigoureux plonge à deux reprises le poignard dans le cœur du misérable duc, qui glisse du siége qu'il occupait, et tombe la face contre terre...

Jean d'Anguissola avait appelé Ferdinand de Gonzague, lieutenant de l'empereur, à Milan, qui s'était empressé de se rendre à Plaisance. On le met en possession du duché au nom de Charles-Quint. Mais à la nouvelle de l'évènement, Parme proclame *Ottavio Farnèse*, qui est gendre de ce prince, ayant épousé Marguerite d'Autriche, sa fille, comme second duc de Parme et de Plaisance. Vaine apothéose ! Le jeune duc est obligé de subir bien des vicissitudes et de s'aboucher maintes fois avec la cour de France et celle d'Espagne, avant d'entrer en possession de son duché. Cependant il voit enfin sa patience et ses efforts couronnés de succès. Alors, une fois maître de son domaine, et trouvant sous ses yeux des traces de la punition réservée au crime, Octave met à profit les leçons de l'adversité. Il s'applique à faire la joie, la paix et le bonheur de ses peuples, et il en est aimé au point que son souvenir est encore cher parmi eux, à l'heure où j'écris ces lignes. Toutefois, comme il n'y a pas de douce joie sans mélange, Octave a la douleur de vivre séparé de Marguerite d'Autriche. Cette princesse, rougissant sans doute d'appartenir à une famille qui comptait un homme aussi misérable que Piétro Farnèse, ou par incompatibilité d'humeur peut-être, a quitté Octave. Elle devient gouvernante des Pays-Bas, pour l'Espagne, et elle sait les régir avec une sagesse qui lui fait honneur. Puis, remplacée dans ce gouvernement, elle se retire dans une solitude, au centre des Abbruzes, où elle meurt saintement, en 1589.

Vous vous rappelez que je vous ai parlé de son tombeau, l'un des curieux monuments de l'église de Saint-Sixte.

Quant à Ottavio, il quitte la vie, la même année que la princesse Marguerite, après avoir effacé par ses vertus la triste mémoire de son père.

Son frère *Horazio* était devenu le gendre de Henri II, roi de France, dont la fille, Diane, lui avait été donnée en mariage. Quant à *Vittoria*, elle vivait heureuse, hors du duché, mariée au duc d'Urbin.

Après Octave, règnent successivement, à Plaisance, Alessandro, Ranuccio I,

Odoardo, Ranuccio II, Francesco et Antonio Farnèse. Je dois vous dire un mot du premier.

Alexandre Farnèse est un capitaine distingué. Il a fait ses premières armes sous don Juan d'Autriche, ce valeureux fils de Charles-Quint. Il fut l'un des héros de la bataille de Lépante (1). A la mort de don Juan, il devint le gouverneur des Pays-Bas qui donnaient alors bien des inquiétudes à l'Espagne, car l'esprit révolutionnaire y était allumé par la réforme religieuse, et il devenait souvent nécessaire de combattre, tantôt avec Maurice de Nassau, comme précédemment le duc d'Albe l'avait fait avec Guillaume le Taciturne, tantôt avec les *Gueux de Mer*. Mais ce qui doit signaler Alexandre à notre attention, c'est qu'il vint des Flandres pour secourir Paris affamé par notre Henri IV; qu'il eut l'habileté d'éviter le combat et qu'il entra en libérateur dans la capitale de la France. Deux ans après, il marcha de même au secours de Rouen dont il parvint à faire lever le siége. De sorte que, dans cette mémorable campagne de la ligue, on ne sut ce qu'on devait le plus admirer de l'habileté d'Alexandre Farnèse, ou de la valeur de Henri. C'étaient deux braves guerriers bien dignes l'un de l'autre. Alexandre mourut des suites d'une blessure reçue devant Caudebec, et il emporta dans la tombe l'estime de son plus redoutable adversaire. Toujours occupé de la guerre, ce prince ne mit jamais le pied dans les États dont il était duc.

Ranuccio I, son fils, ressembla moins à son père qu'à son aïeul de sinistre souvenir. Il en rappela toute la férocité. Le seul fait à sa gloire que puisse citer l'histoire, c'est qu'il fit construire un théâtre à Parme, sur le modèle et à l'imitation des scènes de l'antiquité. Il mourut en 1622.

De *François*, fils du précédent, et de *Ranuccio* II, fils de François, rien.

Antoine, fils de Ranuccio II, mourut sans postérité.

---

(1) *Lépante* ou *Aïnabachti*, l'ancienne *Naupacte*, ville de la Grèce, à cent soixante-neuf kilomètres d'Athènes, sur un golfe auquel elle donne son nom, autrefois le golfe de Corinthe. C'est actuellement une ville fortifiée, qui a un petit port, un évêché, et compte deux mille habitants.
Les Vénitiens prirent cette ville au XIII° siècle.
Les Turcs l'assiégèrent vainement en 1475, mais s'en emparèrent en 1498.
Reprise par les Vénitiens en 1687, elle fut encore perdue pour eux en 1699.

Alors sa nièce, l'impérieuse *Elisabeth Farnèse*, mariée à Philippe V, roi d'Espagne, apporte à la maison espagnole de Bourbon le duché de Parme et de Plaisance, en 1731. Souveraine maîtresse de son mari, cette princesse altière, qui chassa honteusement d'auprès d'elle, pour la renvoyer en France, la princesse des Ursins, auteur de son mariage, fait donner le duché à son fils, don Carlos. Mais celui-ci, devenant roi des Deux-Siciles, sous le nom de Charles III, en 1735, le double duché de Parme et de Plaisance est cédé à l'empereur d'Autriche.

En 1748, le traité d'Aix-la-Chapelle le transmet au second fils d'Elisabeth Farnèse, *l'infant don Philippe*.

Ferdinand, fils de ce prince, règne en effet à Parme jusqu'en 1802.

Mais, ce duc étant mort, ses Etats, réunis à la république française, forment le *département du Taro*, dont Parme est le chef-lieu.

Peu après, en 1814, ce département redevient duché souverain, et, augmenté du duché de Guastalla, il est donné à *l'archiduchesse Marie-Louise*, seconde femme de notre Napoléon Ier, qui y règne jusqu'en 1847.

Alors il revient à *Charles-Louis*, duc de Lucques, issu des ducs de Parme; mais il est contraint d'abdiquer, en 1849.

Charles III lui succède : malheureusement une main criminelle lui plonge, sans motif connu, un poignard dans le cœur, en pleine rue, au mois de juin 1854.

Dès lors le duché devient le domaine de Robert I, son fils, sous la régence de la duchesse-mère, sœur du duc de Bordeaux, et fille de la duchesse de Berry.

Pour terminer cette longue nomenclature, je dois vous dire que cette famille Farnèse s'est rendue célèbre par son amour pour les arts, et la protection constante qu'elle leur a toujours accordée. Elle fit, à Rome, où elle avait de magnifiques possessions qui portent son nom, *Jardin et Palais Farnèse*, une merveilleuse collection des chefs-d'œuvre de la statuaire antique, recueillis dans les temples, dans les thermes, partout : le *Taureau-Farnèse*, la *Flore-Farnèse*, l'*Hercule-Farnèse*, le *Gladiateur*, etc., etc., devenus la propriété du roi de Naples, héritier des Farnèse par *Charles III de Bourbon*, fils de Philippe V et d'Elisabeth Farnèse.

J'en aurais fini avec Plaisance, dont peut-être je ne vous fais guère *plaisance* dans cette lettre, mon cher cousin, si je n'avais à vous dire quelques mots sur une excursion que nous avons faite dans le voisinage de cette ville.

On nous a raconté qu'à six lieues de Plaisance, au sud, dans les montagnes, il y eut jadis une ville, une cité de celles que les Romains appelaient *municipes* (1), qui fut engloutie par un horrible éboulement, sans qu'on puisse préciser à quelle époque eut lieu cette catastrophe. Cette ville antique avait nom *Velleïa* ou *Velleja*. C'en est assez pour que M. Valmer ait le désir et exprime la volonté d'aller visiter cette curiosité. Nos chevaux ont donc été sellés ce matin de bonne heure, et nous sommes partis sous la conduite d'un guide déluré, bonne langue autant que bon pied. Les chemins sont difficiles pour les voitures, montants, sablonneux, malaisés. Nous trouvons le petit village de *Santo-Polo* dans un site sauvage; puis, plus loin, sur un rocher d'un aspect fort pittoresque, un vieux manoir délabré, mais grandiose encore, se montre à nos yeux au détour d'une gorge. Ce n'est pas sans raison que nous l'admirons : il est de *Vignole*. Voici le genre adopté par ce maître pour ces sortes de constructions : pentagone flanqué de cinq bastions, qui donnent à l'édifice l'aspect d'une forteresse. Du mélange qu'il fait de l'architecture civile et militaire résulte un caractère particulier de force et de grandeur. Une sorte d'étage en talus sert comme de fondation au véritable soubassement, orné de refends et de fenêtres. C'est dans le soubassement que se trouve la porte. Sur cet étage en talus se dresse fièrement le palais, décoré de deux ordres. Le premier est ionique, et forme des portiques; au-dessus se prolonge un ordre de pilastres corinthiens, avec un double rang de fenêtres. L'étage supérieur se termine par une terrasse qui circule tout à l'entour. Tel est le style adopté par Vignole; mais celui du château qui nous occupe n'en reproduit qu'une partie. Ce vieux manoir a nom *San-Georgio*. Il fut construit pour les Scotti, ces gentilshommes gibelins dont je vous ai parlé.

Nous arrivons bientôt à de pauvres hameaux, *Rezzano* et *Budagnano*. Nous y

---

(1) *Municipes* ou villes municipales, *municipia*, tel est le nom que les Romains donnaient aux villes étrangères, soumises à leur domination, dont les habitants avaient obtenu de jouir du privilége de citoyen romain, et qui se gouvernaient par leurs propres lois. Elles différaient en cela des *colonies*, qui restaient dans une étroite dépendance de la métropole. On distingua long-temps deux sortes de villes municipales, celles qui avaient et celles qui n'avaient pas le droit de suffrage. Cette différence disparut.

déjeûnons. Quel repas ! M. Valmer se contente parfois du pain noir et du fromage des chevriers; pour moi, j'avoue que je préfère le menu de la Maison-Dorée. Quant à nos destriers, ils me semblent en fête, à la façon dont ils savourent les plantes aromatiques de la montagne.

Nous nous remettons en selle. La route monte, monte, et devient inaccessible aux voitures; elle est même très-fatigante pour nos pauvres coursiers, habitués aux aisances du Champ-de-Mars. Enfin, après avoir plongé dans les profondeurs d'un vallon très-fertile, le *vallon du Chiero*, voici venir à nous les cimes altières de montagnes escarpées dont les flancs déchirés produisent un effet de paysage des plus curieux. Notre guide les appelle *Moria* et *Ravinzano*. Moria! le nom sacré de l'un des monts de Jérusalem...

— Vous avez devant vous, nous dit-il, les montagnes dont un affreux éboulement a englouti Velleja, jadis située au pied de la dernière rampe, et qui maintenant dort sous une lourde masse de décombres. C'était pendant la nuit. Un horrible craquement tout-à-coup se fait entendre dans le calme des ténèbres; puis rugit un long sifflement, comme celui d'un grand vent. Hélas! ce large flanc de la montagne s'affaissait sur lui-même et engloutissait la ville infortunée de Velleja, sans qu'aucun des habitants pût s'échapper. Le lendemain, au point du jour, quand survinrent les premiers pâtres couchés dans la montagne pour veiller sur leurs troupeaux, afin de connaître la cause du bruit qu'ils avaient entendu dans cette direction, ils trouvèrent le site bien changé. Plus de Velleja! La ville gisait sous les ruines de la montagne! On se mit bien à l'œuvre pour sauver ce que l'on pourrait rencontrer; mais cette œuvre devint impossible, car la masse des décombres était trop épaisse. On renonça donc au sauvetage. D'ailleurs les infortunés enfouis dans ce tombeau gigantesque devaient être morts. Bien des siècles passèrent donc sur ces tumulus pélasgiques, lorsqu'enfin vint au pouvoir un duc de Parme qui fit exécuter des fouilles devenues plus faciles. Alors on trouva des médailles et des monnaies qui permirent de juger que l'évènement devait avoir eu lieu vers le IVe siècle. Puis on déterra des fresques, des mosaïques, une statue colossale de prêtresse de Vesta, en marbre de Carrare, sous les traits de Livie, femme d'Auguste, et cent objets intéressants qui révélèrent que Velleja était une ville municipale.

— En vérité, dit M. Valmer, cette Velleja est la Pompéïa de l'Italie du nord.

— Oui, répondis-je : seulement, on pénètre dans Pompéi, on revoit la ville, on la connait, on l'admire. Ici, l'on est contraint de s'arrêter aux bagatelles de la porte, car rien des trésors de la tombe n'est livré aux regards, et que de cadavres restent enclos en tombe noire!

— Il est bien fâcheux, Signori, reprend le guide en nous interrompant, que vous n'attendiez pas la nuit en ces lieux sauvages. Vous seriez alors témoins d'un phénomène qui intéresse vivement les savants. Le sol exhale dans tout ce voisinage des gaz hydrogènes qui prennent feu à leur sortie de terre. Rien de plus curieux que ces flammes bleuâtres qui voltigent dans les ténèbres.

— Eh bien! continuai-je, nous nous passerons de cette exhibition, malgré l'attrait qu'elle nous offre. Nous sommes à dix-huit milles de Plaisance, et nous devons y arriver avant la nuit. M'est avis que les ruines du manoir de San-Georgio peut donner abri à des Scotti modernes qui ne seraient pas meilleurs que les Scotti du moyen-âge. Foin des Scotti et autres brigands italiens. Je veux bien me trouver face à face, et même me mesurer avec eux, mais avec de belles et bonnes armes! Repartons pour la ville : elle est triste, c'est vrai, en tout cas elle est sûre...

Nous sommes, en effet, de retour depuis quatre heures, cher cousin, et nous venons de dîner, tout en parlant de la voie romaine que M. Valmer croit et prétend avoir retrouvée sous les broussailles, rattachant Velleja, Velleïa, comme vous voudrez, à la voie Emilienne, qui passe à Plaisance. Nous avons fait ensuite un tour dans notre résidence, et, pendant une heure, nous y avons rencontré... trois habitants, isolés, errants dans les rues désertes, comme des âmes en peine. Maître Valmer, à ce moment, prend des notes, et moi, appelé vers vous par mon cœur, je me suis mis à vous adresser cette lettre, composée de mes impressions, réflexions et aventures. Puisse-t-elle vous donner, et à votre famille, le même plaisir que j'éprouve en l'écrivant, mon cher cousin.

Dites à tous ceux que j'aime chez vous, c'est-à-dire à tous les vôtres, que je compte avec impatience les jours qui me restent à passer en Italie, avant d'aller me réunir à eux, au foyer de famille.

Emile Doulet.

VII

A M. ACHILLE ROYER, A PARIS.

De Plaisance à Parme. — La voie Emilienne. — Un souvenir de don Quichotte et de Sancho-Pança. — *Fiorenzuola.* — Paysages romantiques. — Deux autres souvenirs. — Une prison et une chaumière. — L'enfant du jardinier. — Sonneur de cloches. — Maître de chapelle. — M. l'abbé. — A l'occasion de la guerre de la succession d'Espagne. — Excentricités de M. de Vendôme. — Dans quelle position M. le maréchal donnait ses audiences. — Sur quel siége il se tenait à table. — Manière dont il reçut l'ambassadeur de Parme. — Albéroni se prête à ses originalités. — Comment le jeune diplomate fait son chemin. — Mariage d'Elisabeth Farnèse avec Philippe V. — Albéroni, premier ministre d'Espagne. — Albéroni, cardinal. — Albéroni marche à la conquête de l'Europe. — Chute d'Icare. — *Busseto.* — Le manoir des Pallaviccini. — *Borgho San Donnino.* — Le torrent du Taro. — *Castel-Guelfo.* — PARME. — *Julia-Augusta.* — L'Annunziata. — Le Giardino-Ducale. — Le Palazzo di Giardino. — Le désert dans la ville. — Strada Maestra di Santa-Croce. — Les deux grands quartiers de Parme. — La Parma et ses trois ponts. — Aspect du Stradone. — Osques et Etrusques — Peu de Guelfes, point de Gibelins. — Les Farnèse à Parme. — Le soleil de l'art, Antonio Allegri, dit le Corrége. — Un plat de grenouilles. — Merveilles produites par l'artiste. — Sa vie, ses œuvres, sa mort. — Le Dôme de Parme.

Parme, 28 novembre 185...

C'est s'y prendre un peu tard que l'écrire après deux mois d'absence, et quand notre première excursion en Italie touche à sa fin, n'est-ce pas, mon cher ami? Aussi je fais ma coulpe, tout en accusant une foule de circonstances qui ont mis des entraves à ma plume, à ton endroit : ensuite je vais m'efforcer de remplacer la qualité par la quantité.

Tu le vois, je suis à Parme. Mais j'ai le vif regret de ne pas y trouver ta tante, madame R. de B... La cour jouit à cette heure des charmes de la villégiature sous les frais ombrages de *Colorno*, dans les montagnes, et madame R. de B... ne peut se séparer un seul instant de S. A. R. la grande duchesse de Parme. Je suis donc réduit à mes propres inspirations pour voir, connaître, observer. Je ferai tout au monde pour me tirer d'affaire aussi bien que possible. Quoiqu'il en soit, je ne t'en dois pas moins l'honneur d'être connu de madame R. de B..., et la lettre gracieuse qui m'attendait ici, me dédommage de la privation qui m'est imposée.

Comment sommes-nous arrivés à Parme? D'où venons-nous? Où allons-nous? Je t'entends m'adresser une foule de questions.

Nous arrivons de Plaisance, d'où nous sommes partis, il y a trois jours, à cheval, par un clair de lune superbe, à trois heures du matin, afin d'éviter la chaleur. Oui, mon cher, à cheval! A cheval, tout comme de vrais chevaliers de la table-ronde, Arthur et Lancelot, moins l'enchanteur Merlin, toutefois : ou, si tu le préfères, comme don Quichotte et Sancho Pança.

Mais en échange, après une aube délicieuse de fraîcheur et d'éclat, après le magnifique spectacle d'une aurore resplendissante, dressant un riche tabernacle d'or et de pourpre en l'honneur de S. M. le Soleil, alors que ce roi de la nature s'élançait dans sa vaste carrière, apparition de la délicieuse bourgade de Fiorenzuola, au milieu du plus beau paysage et sur les rives d'une charmante petite rivière, l'*Arda*.

D'abord note bien que c'est sur une route antique que nous chevauchions, Emile et moi, sur la *Voie Emilienne*, œuvre exécutée, il y a deux mille et quelques cents ans, par ces fiers et opulents citoyens de Rome, que l'on nommait *Emilius Scaurus*, et *Emilius Lepidus*. Avec deux parrains du nom d'Emilius, le nom qu'elle porte ne pouvait manquer à cette voie superbe, qui, comme ses sœurs, les Voies Appienne, Tiburtine, Flaminienne, etc., conduisait de Rome, cœur de l'Italie, aux extrêmes frontières de cet immense domaine qui eut nom l'empire romain. C'était un habile maître que cet Emilius Scaurus. Tour à tour édile, préteur, gouverneur de l'Achaïe, consul, censeur, triomphateur et prince du sénat; non-seulement il faisait des lois somptuaires, domptait les Carnes-Gaulois, l'une des tribus que les Francs, nos pères, ont remplacées sur le sol de notre patrie, mais encore il trouvait le temps de creuser un canal navigable de Parme à Plaisance, afin de dessécher les marais qui nuisaient à ces villes, et d'ouvrir cette grande voie Emilienne qui partant de Rome, s'avançait par Pise et Plaisance, jusqu'à Rimini. Certes! beaucoup moins habile fut Emilius Lepidus, qui, triumvir avec Octave et Antoine, et, comme eux, maître du monde, ne sut pas même inspirer l'estime à ses collègues, laissa proscrire son frère Paulus, et quittant la pourpre pour la robe de grand Pontife, mourut dans l'obscurité. Ne nous plaignons pas trop de lui, par égard pour la voie Emilienne qu'il acheva. Ce fut là peut-être la seule belle action de sa vie.

Je reviens à ma bourgade de *Firenzola* ou *Fiorenzuola*.

Nous avions déjà traversé, noyés dans la pénombre du crépuscule, les villages de *San Lazzaro*, *Pontenuza*, *Cadeo* et *Fontana-Fredda*, quand elle nous apparut, fraîche et blanche, au milieu de ses bosquets de mûriers, d'amandiers et d'aloës, entourée des guirlandes de pampres verdoyants. Vue de plus près, en passant au travers de ses rues, le prestige tomba bien quelque peu : mais notre feu sacré ne s'éteignit pas entièrement, car nous eûmes à admirer quelques palais d'architecture imposante.

Alors je me rappelai qu'un des anciens tyrans de Plaisance, un Gibelin, comme on disait dans ce temps-là, *Francesco Scotto*, avait été contraint de se réfugier dans cette obscure petite cité, et d'y ronger dans ce silence le joug honteux des Visconti, autres Gibelins de Milan, qui le tinrent esclave. Sans doute l'un de ces palais fut la prison qui le vit se consumer de chagrin.

Mais en outre, et surtout, à la vue d'un autre de ces palais, un souvenir étrange, et pourtant très-historique, me revint en mémoire.

Sous le chaume, comme sous les lambris dorés, la naissance d'un enfant met toujours la famille en joie. Dans la cabane d'un pauvre jardinier de ce bourg de Fiorenzuola, ce fut grande fête, un jour de 1664, car sa femme, qu'il aimait, donna au vieil Albéroni un fils beau comme le plus beau des enfants, le petit Jules, l'idole du vieillard.

Jules Albéroni, comme les fleurs des champs sous un brillant soleil, grandit rapidement et bientôt, dans le babil du jeune âge, se montra bouffon, spirituel, plein d'entregent. On le fit sonneur des cloches de la cathédrale de Parme. Mais il ne se contenta pas de monter l'escalier de pierre de la tour, et de bavarder avec ses cloches : il comprit de bonne heure, et fit comprendre aux autres, qu'il devait monter les marches d'un trône et mettre en mouvement de bien autres personnages tout aussi retentissants. En effet, la vue des pompes épiscopales lui donna un prompt dégoût pour le sarreau de toile qu'il quitta pour prendre le petit collet. Il devient alors maître de chœur, puis chapelin du comte Roncovieri, évêque de Saint-Donin.

A cette époque la France guerroyait avec l'Italie à l'occasion de la succession d'Espagne. *M. le duc de Vendôme* était l'âme de cette guerre. Il venait naguère de réparer avec éclat les fautes du maréchal de Villeroi, mais son indolence, et l'habileté du prince Eugène, qui souvent lui fut opposé, l'empêchaient de frapper des coups décisifs. Or, le duc de Parme, devant traiter avec lui, donna mission à l'évêque de Parme d'aller trouver M. de Vendôme. Ce n'était pas un homme ordinaire que ce M. de Vendôme, duc de Penthièvre, petit-fils de Henri IV et de Gabrielle d'Estrées : au contraire, il était très en-dehors du commun par ses révoltantes bizarreries. Sois en le juge, mon cher Achille. Saint Simon, dans ses mémoires, nous dit : « Sa paresse était à un point qui ne peut se concevoir... Sa saleté était extrême : il en tirait vanité. Il était plein de chiens et de chiennes dans son lit. Il se levait assez tard à l'armée, se mettait sur sa chaise p..., y faisait ses lettres, et y donnait ses ordres du matin. Qui avait à faire à lui, officiers, généraux et gens distingués, c'était le temps de lui parler. Là, il déjeunait à fond, et souvent avec deux ou trois familiers... C'était une simplicité de mœurs, selon lui, digne des premiers Romains. Il traitait à peu près de même ce qu'il y avait de plus grand en Italie, qui avait à faire à lui... » Instruit de ces détails à l'endroit du personnage avec lequel il devait traiter, l'évêque de Parme en fut si indigné que, toutefois sans mot dire, il s'en retourna à Parme, sans finir ce qu'il avait commencé avec le prince, et il chargea le jeune Albéroni d'aller continuer l'affaire demeurée en suspens, par suite des inconvenances de M. de Vendôme. Albéroni, qui n'avait pas de morgue à garder, comprit, lui, de quelle manière devait être mené M. le duc de Penthièvre. Il se montra près de lui, facile, accommodant, empressé, plaisant et plus spirituel que jamais. Quand il se vit goûté par cet esprit retors, sans faire semblant de voir sur quelle sorte de siége il était assis, le jeune envoyé égaie la discussion par des plaisanteries et des bons mots qui font d'autant mieux rire le général, qu'il l'avait préparé par des louanges et des hommages. Il va même jusqu'à composer en faveur de M. de Vendôme, qui les aime, des mets extraordinaires, des soupes au fromage et d'autres ragoûts que ce prince ingurgite avec délices. En un mot, il joute et manœuvre de si bonne façon, que la position est enlevée... Ne fais pas erreur, je veux dire que M. de Vendôme prend Albéroni en grande amitié, et ne veut plus que le jeune abbé se sépare de lui. De son côté, le nouvel ambassadeur, espérant plus de fortune heureuse dans une maison de richesse et de fantaisie que dans le palais de son maître, laisse croire à M. de Vendôme que l'admiration et l'attachement qu'il a conçus pour lui le déterminent à sacrifier, pour le suivre, tout ce qu'il peut espérer d'avenir à Parme. En effet, il accompagne bientôt son protecteur improvisé, en France d'abord, puis en Espagne, où il se fait connaitre avantageusement du roi *Philippe V*. Là, une autre mission lui est confiée. Le duc de Parme le nomme son agent politique à la cour de Madrid : et, pour montrer son savoir faire, Albéroni parvient à marier une princesse de la famille du duc de Parme, *Elisabeth Farnèse*, une maîtresse femme, certes! au roi d'Espagne. Puis il inspire à cette princesse altière et peu endurante, alors qu'elle arrive en pompe au trône qui lui est préparé, de renvoyer en France une dame qui le gêne parce qu'elle a négocié, avec lui, cet heureux mariage, à savoir la *princesse des Ursins*, jusque-là toute puissante.

Alors la rare pénétration et l'esprit vif et enjoué de notre Albéroni le font mettre sur le pinacle. D'abord, par reconnaissance, la jeune reine lui obtient le chapeau de cardinal. Ensuite le roi le nomme grand d'Espagne (1). Enfin, en 1715, Albéroni devient premier ministre. Une fois au faite de la puissance et des grandeurs, l'Italien révèle tout son génie. Le voici qui réforme tous les abus, organise une marine, discipline l'armée espagnole à la façon de l'armée française, et rend le royaume plus puissant qu'il n'a jamais été depuis Philippe II. Il forme le vaste projet de rendre à l'Espagne tout le territoire qu'elle a perdu en Italie, et commence par la Sardaigne et la Sicile. Le duc d'Orléans, alors régent du royaume de France, se dégageant de l'alliance de l'Espagne pour s'unir à l'Angleterre, Albéroni ne renonce pas à son but pour si peu. Au contraire, il jette le masque, attaque l'empereur d'Allemagne, et lui enlève la Sardaigne et la Sicile. Mais la flotte espagnole ayant été peu après entièrement détruite par la flotte anglaise, le cardinal se décide à une guerre générale sur terre. A cet effet, il recherche l'alliance de Charles II et de Pierre-le-Grand. Puis il s'efforce d'em-

---

(1) La *Grandesse* est un titre purement honorifique. Les seigneurs investis de ce titre prennent le nom de *Grands d'Espagne*. Ils sont divisés en trois classes : les Grands de première classe parlent au roi la tête couverte; ceux de la deuxième classe parlent au roi la tête découverte, mais se couvrent pour entendre sa réponse; ceux de la troisième classe attendent l'invitation du roi pour se couvrir. Avant le XVI° siècle, tous les nobles, *Hidalgos*, portaient le titre de *Ricòs Hombres*. Charles-Quint y substitua le nom de *Grands*. Aujourd'hui la *Grandesse* a perdu tout son prestige et n'a plus qu'une importance nominale.

barrasser l'Autriche dans une guerre contre les Turcs, et d'exciter un soulèvement dans la Hongrie. Enfin il ne craint pas de faire arrêter le duc d'Orléans lui-même avec le secours d'un parti puissant qu'il a su se former à la cour de France. Mais son projet est découvert soudain. Aussitôt le duc d'Orléans, secondé par l'Angleterre, déclare la guerre à l'Espagne et, dans un manifeste, divulgue tous les projets d'Albéroni. Une armée française entre en Espagne. A cette nouvelle le roi Philippe perd courage. C'est en vain que le cardinal prétend lutter avec succès. Ce prince est à bout de forces, et toute énergie l'abandonne. Il envoie des ambassadeurs à ses ennemis, leur demande la paix, et signe un traité dont la principale clause est l'exil du premier ministre.

C'en est fait d'Albéroni. Aux jours de triomphe et de gloire succèdent les jours d'abaissement et d'abandon. Telle est l'histoire de la vie de l'homme! A la cabane du jardinier de Fiorenzuola s'est substitué un magnifique palais. C'est l'une des brillantes demeures que nous admirons dans la jolie bourgade. Mais elle ne peut-être l'asile de son maître, quelques jours auparavant souverain de l'Europe. Le 20 décembre 1720, l'infortuné grand d'Espagne, cardinal, premier ministre, reçoit l'ordre de quitter Madrid dans les vingt-quatre heures, et d'être hors du territoire espagnol dans l'espace de cinq jours. Il demeure ainsi exposé à toute la vengeance des puissances dont il s'est attiré la haine. Il ne trouve pas un seul endroit où il puisse espérer d'être en sûreté. Toute l'Europe le repousse. Il n'ose même pas aller à Rome dont il a offensé le souverain, Clément XI. Néanmoins il s'éloigne. A peine a-t-il dépassé les Pyrénées, que sa voiture est attaquée, et l'un de ses gens tué. Il est obligé, pour conserver la vie, de se déguiser en mendiant, et de continuer sa route à pied. Il erre long-temps ainsi sous des noms supposés. On l'arrête sur le territoire de Gênes, à la demande du Pape et du roi d'Espagne. Mais, plus généreux, les Génois lui rendent la liberté. Heureusement pour le fugitif, la mort du Saint-Père devient le motif d'espérer que son successeur lui ouvrira peut-être ses bras paternels. En effet, Innocent XIII prend en main les clés de saint Pierre, et généreux, comme le Dieu des miséricordes, dont il tient la place, il reçoit le prélat si cruellement éprouvé, lui rappelle que son royaume n'est pas de ce monde, et, après un séjour de trois ans dans un monastère, le réintègre dans tous les droits et prérogatives du cardinalat. Albéroni mourut en 1752, à l'âge de quatre-vingt-sept ans.

Est-il une vie plus dramatique? Non certainement, et à cette courte analyse, tu peux juger des réflexions que nous, pauvres et humbles touristes, nous faisions sur le lieu même où fut la cabane de jardinier qui vit naître Albéroni, et où se dresse le palais qui la remplace, mais qu'il n'habita jamais. *Et vos, reges, intelligite ! Erudimini, qui judicatis terram !...* aurait dit, et a dû dire l'aigle de Maux, M. de Bossuet.

Nous quittons Fiorenzuola. Notre *Via Emilia*, de Plaisance à Fiorenzuola, et de Fiorenzuola à Parme, ne fait pas un détour. A deux lieues de la bourgade, vers Crémone, nous visitons *Busseto*, jadis *Buxetum*, où Sylla défit Carbon, le *Cneius Papirius Carbo*, que l'histoire romaine nous représente comme l'un des plus chauds partisans de Marius, au nom de qui ce jouteur intrépide assiégea Rome. Pompée, à son tour, le vainquit et le tua en 82 avant J.-C. Préteur d'abord, puis trois fois consul, ce Carbo avait fait passer jadis *l'édit Carbonien* qui prit son nom, et devint loi de l'État, sous l'empire, pour régler la succession des enfants mineurs. Toutefois ce n'est pas ce sanglant théâtre de la victoire de Sylla qui nous amène à Busseto, mais le *Manoir des Pallavicini*, bâti aux premiers jours du moyen-âge, à cette heure fort en ruines, qui domine le territoire appelé le *Stato Pellavicino*, parce qu'il fut le berceau de cette illustre famille, souveraine d'abord, maintenant partagée en plusieurs branches. Le château féodal de Busseto, debout encore au-dessus du Pô, dont il domine le cours, est dans un état de délabrement qui fait peine. Cependant on y cherche toujours le souvenir historique qui s'y rattache. Charles-Quint et Alexandre Farnèse, devenu Paul III, se rencontrèrent dans ses vieux murs, celui-ci sollicitant le duché de Milan en faveur de Louis Farnèse père d'Octave, son neveu : celui-là préférant garder le même duché pour son propre compte. Une suite nombreuse et brillante accompagnait chacun des deux souverains. Mais, comme dans celle de l'empereur figurait le *Titien*, cet artiste, frappé de ce qu'avait d'excentrique cette bizarre entrevue, s'empressa d'en reproduire la scène en une fresque splendide appliquée sur la façade du manoir. Portraits de Charles V et de Paul III, chevauchée des cardinaux en robes rouges, palefrois des pages et des gardes, suite de l'empereur en magnifiques costumes de guerre, tout s'étala sur la muraille, et rendit permanentes les attitudes, les physionomies, les émotions des personnages. Malheureusement le marteau du temps a fait tomber pièce à pièce ce poème magique : mais la mémoire du fait est restée, et les touristes curieux en cherchent encore les traces à Busseto.

Après cette reconnaissance poussée dans l'état des Pallavicini, lorsqu'on a repris la longue ligne droite de la voie Emilienne, survient une plaine fertile, verte et fleurie, qui sert de large bordure à la petite cité de *Borgo San Donnino*, dont l'évêque eut jadis Alberoni pour chapelain, et où, parmi quelques édifices remarquables, on distingue le Domo, specimen du style lombard dans sa partie la plus ancienne. Le portail est une œuvre admirable du xiie siècle.

Nous sommes sur le point de nous arrêter plus long-temps que je ne voudrais sur l'une des places de ce bourg. Mon cheval, qui a fait partie d'un escadron de hulans, et qui peut-être avait été jadis la gloire et la fortune d'une compagnie d'écuyers, en arrivant sur les carrefours dont la forme se rapproche plus ou moins de la circonférence d'un cirque, se livre toujours à certaines fantaisies de manége, ou de Haute-Ecole, comme dit Emile, si bien qu'au Borgo San Donnino, il s'avise de se mettre en danse, enlève de dessus les épaules d'une paysanne un mouchoir rouge qu'il vient ensuite lui rapporter avec grâce, et allait exécuter d'autres manœuvres qui m'eussent rendu fort ridicule, si un vigoureux coup de cravache que je lui appliquai très-à-propos, n'eut interrompu à une valse qu'il entamait de la façon la plus étrange. J'en ai été quitte pour la peur, cette fois; ailleurs il s'est conduit indignement. Si, par malheur, un orgue de barbarie ou quelque galoubet eût fait entendre la moindre tarentelle, j'étais perdu. Rien n'exalte cet animal, excellent d'autre part, comme la musique. Et dire qu'Emile lui a donné le nom de Frère Tranquille! Tu dois reconnaître l'homme à la chose?

Voici venir le *Taro*, large et profond sillon, ensablé, creusé depuis Gênes jusqu'au Pô, dont il est l'affluent, mais qui n'a pas une goutte d'eau pendant huit mois de l'année. Il est vrai qu'il se dédommage ensuite et qu'il roule pendant les quatre autres mois, les eaux tumultueuses et violentes que lui donnent les jours d'hiver. Au moyen-âge ce Taro était fort redouté, car à ses heures de de colère il était impitoyable pour ceux qui avaient besoin de le traverser. Il a noyé des miliers de voyageurs. Marie-Louise, notre ancienne impératrice, devenue la duchesse de Parme, résolut, en 1821, de mettre fin aux brigandages de ce tyran. On lui a imposé, par les soins de l'ingénieur *Coconcelli*, un pont en pierres long de six-cents mètres, et composé de vingt arches, chacune de vingt-quatre mètres de corde, sur près de sept mètres de rayon. Il est large de huit mètres. En outre, pour empêcher le terrible torrent de secouer le frein qu'on lui a imposé, on a chargé le pont de quatre statues colossales qui personnifient les quatre torrents du duché de Parme : le *Taro*, l'*Enza*, la *Parma* et le *Stirone*. C'est vraiment une noble introduction à la capitale du duché dont il est fort voisin. Ce Taro si tapageur était bien digne de donner son nom à un département français, quand Napoléon Ier dompta l'Italie et la rendit française. Qu'en dis-tu? C'est égal; il y a quelque chose d'étrange à voir un si beau pont couvrir une rivière sans eau. Quand nous le passons, le Taro est débonnaire au possible : cela se conçoit, il a soif, il tire la langue; nous lui faisons l'aumône d'une goutte de rhum tirée de notre gourde de pèlerin.

Après le Taro, comme une sentinelle avancée qui veille sur la ville, apparaît *Castel-Guelfo*, vieux château debout comme un squelette de géant appuyé sur un rocher. C'est l'un de ces nids de vautours appartenant aux Gibelins, et d'où ils exerçaient leurs vexations au nom des empereurs d'Allemagne. Mais tombé vers 1407 aux mains plébéiennes des Guelfes, on lui donna dèslors le nom de *Guelfo*, qui lui est resté. Le paysage se trouve parfaitement bien de la position qu'il occupe.

Mon bon, tu sauras qu'on n'est pas le neveu d'une tante honorée du titre de dame d'atours de la duchesse de Parme, et qu'on n'a pas un ami qui voyage dans l'Italie septentrionale, sans désirer connaître ce qu'est la ville de Parme, la capitale du duché où demeure cette tante d'habitude, et que visite cet ami. J'imagine donc, et à bon escient, j'en suis sûr, que tu attends ma description de Parme. Voici la photographie que j'en ai prise :

Quand on a franchi le pont magnifique qui tient en respect le Taro et qu'on a payé son tribut d'admiration à l'effet produit dans la perspective par le donjon de Castel-Guelfo, le regard plonge du point où l'on est jusqu'à la base de montagnes bleuâtres qui dentellent fort au loin l'horizon. Alors on découvre comme une vaste corbeille de pierres qui s'approche, offrant à l'œil l'image d'une vasque oblongue nageant dans un océan de verdure. C'est *Parme*, en italien *Parma*, chez les Romains *Julia Augusta*, assise au confluent de la *Baganza* et de la *Parma*, rivière qui lui donne son nom. Oui, c'est Parme nous présentant la figure géométrique d'une ellipse. Au fur et à mesure que nous nous en rapprochons, nous pouvons en saisir la physionomie. L'O, ou l'ellipse, est divisé en quatre parties, perpendiculairement d'abord, ou de l'ouest à l'est, par une rue splendide, continuation de la voie Emilienne, horizontalement ensuite, où du nord au sud, par la rivière de Parma. Rue et rivière se croisent à angles droits : mais si la voie Emilienne partage à peu près également la ville en longueur, dans l'autre sens, la rivière la coupe en deux parties inégales, dont les moindres sont à l'ouest. Pour enceinte, remparts armés de bastions qui entourent la ville et protégent les bords de la rivière. Arbres vénérables couronnant ces remparts et servant de promenades. Au sud de la cité, puissante Bastille, inutile désormais comme œuvre de guerre, mais d'un effet imposant et pittoresque. Cinq portes : *Santa-Croce*, en face de nous au couchant, pour notre entrée en ville ; *San-Michele*, à l'est pour en sortir en continuant la voie Emilienne ; au nord *San-Barnaba*; *Santa-Maria* au sud ; et près de la citadelle ou Bastille, au sud-ouest, *San-Francesco*.

La porte Santa Croce passée, premier quartier à droite, composé d'hôtels, de maisons plébéïennes, et d'églises, entr'autres l'*Annunziata*. A gauche, *Giardino Ducale*, jardin ouvert au public, et cependant fastueuse solitude, nonobstant ses délicieux ombrages de marronniers et de tilleuls, ses labyrinthes tapissés de fraîches charmilles, ses massifs d'orangers étayés sur de nombreuses terrasses, ses médiocres statues, ses ruines factices et sa grande pièce d'eau. Rien ne manque à cette oasis pour en faire un pastiche de Versailles. Il n'est pas jusqu'au *Palazzo di Giardino* qui n'ait l'air de parodier l'un ou l'autre des Trianons.

Ces deux premières parties de Parme sont séparées l'une de l'autre par la voie Emilienne qui, à partir de la Porte Santa-Croce, prend le nom de *Strada Maestra di Santa-Croce*, jusqu'à la rivière.

On arrive à la Parma. La Parma est un peu comme le Taro, très-altérée pendant l'été, et fort en furie pendant l'hiver. Elle n'a pas de quais et forme une quantité d'îlots chargés de gravier et à peine entourés à cette heure d'un mince filet d'eau. Néanmoins il faut franchir son large lit. Trois ponts se présentent. Au nord le *Ponte Verde* faisant face au jardin ducal d'un côté de la Parma, et à l'Académie des Beaux Arts de l'autre : au sud le *Ponte Caprazucca*, le plus long des trois ; au centre, le *Ponte di Mezzo*, dans l'axe de la voie Emilienne, et faisant communiquer la Strada Maestra di Santa Croce, à la *Strada al Ponte di Mezzo*, plus loin, à la *Piazza Grande*, la merveille de la ville, après laquelle la voie prend le nom de *Bassa di Magnani*, et enfin celui de *Strada Maestra di San Michele*, en conduisant à la porte de ce nom. Ces diverses rues produisent une seule ligne directe de deux mille quarante-quatre mètres de longueur, et c'est l'une des magnificences de Parme.

Quoique sous des noms différents, cette voie Emilienne ne fait qu'une seule rue large, bien aérée, bien bâtie, et prévient en faveur de la ville à laquelle elle donne l'aspect grandiose d'une cité riche et puissante. Il en est de même, à peu près, des rues qui viennent se rattacher à cette artère principale, et qui sont nombreuses, car la population de Parme n'est pas moindre de trente-cinq à quarante mille habitants. Outre la Piazza Grande, décorée de beaux palais et formant un vaste quadrilatère, on compte dans les deux quartiers qui suivent la rivière, au nord, devant le Palais-Ducal, la *Piazza di Corte* ; au nord-est, en face de la cathédrale, la *Piazza di Domo* ; et la *Piazza della Steccata*, à côté de la Piazza Grande.

C'est dans ce quartier du nord que se trouvent les monuments les plus riches et les plus remarquables : le *Palais-Ducal*, le *Dôme*, son *Baptistère*; *San-Giovanni Evangelista*, derrière la cathédrale; *Madonna della Steccata*, sur la place de ce nom ; *San Ludovico*, proche le Palais-Ducal; l'*Académia delle Belle-Arte*, près du Ponte Verde, et le *Teatro Nuovo*, derrière le Palais Ducal. L'autre quartier, celui du sud-est, n'a pour lui que le commerce qui y règne en souverain, l'*Université* qui y tient ses assises, le *Jardin Botanique* et la *Promenade du Stradone*, large boulevard bien planté, rendez-vous des dandys et des précieuses de Parme, qui s'étend sur le côté de la ville regardant la citadelle.

Maintenant permets-nous de prendre gîte à l'Albergo delle Pavone dont l'oiseau qui sert d'enseigne, fait une roue à fixer tous les regards, et attends que j'aille à la découverte avant de te faire part de la suite de mes impressions.

Je continue ma lettre, mon très-cher : je viens de parcourir la ville méthodiquement, d'une façon calme, en observateur, en philosophe, Emile à mon bras gauche, mon livre sous le bras droit, et le résultat de notre examen est tout à l'honneur de Parme. Nous avons admiré la régularité des rues, l'architecture élégante des maisons. Au moins y trouve-t-on du mouvement et de la vie. De très-belles boutiques attirent le regard ici et là : les mille articles de luxe et les modes de Paris provoquent les fashionnables et appellent l'or du chaland. On est fort recherché dans sa mise, à Parme. Tout-à-l'heure le Stradone m'a paru tout émaillé de brillantes toilettes; les crinolines y faisaient la queue de paon. Les cavaliers et les équipages se croisaient dans tous les sens. Des musiciens raclaient leurs guitares devant les cafés : dans la strada San Michele, on riait; on chantait, on s'agitait un peu partout. J'ai déjà visité plusieurs monuments, le Dôme entre autres. Il m'a paru que le Palais Ducal n'était qu'un ensemble de constructions disparates et sans caractères. Mais ce n'est pas le moment d'en parler. J'aime mieux te dire qu'en terminant notre promenade par le Giardino Ducale, où nous aurions pu nous croire seuls, Emile et moi, comme Adam et Eve dans le Paradis terrestre, j'ai pu mettre en ordre dans mon cerveau quelques études spéciales sur la ville de Parme. Je veux t'en offrir la primeur. Il est juste que tu connaisses à fond le passé d'une cité où tu as une tante assise sur les marches d'un trône.

Parme est l'une des plus anciennes villes de l'Italie. Elle fut fondée par les Etrusques qui, avec les Osques, ont été les premiers possesseurs de la péninsule, ceux-ci dans le sud, ceux-là dans le nord. Elle est située dans la partie de la Gaule Cisalpine que l'on nommait Ligurie. Lorsque les Romains s'en emparèrent, l'an 185 avant Jésus-Christ, ils la trouvèrent occupée depuis long-temps par une colonie de Gaulois, nos pères. Elle fut annexée au territoire de la république romaine. Quand se fit l'invasion des Barbares, elle tomba au pouvoir des Lombards, dont les rois Alboin, Autharis, etc., Luitprand, et autres, régnèrent sur elle. Elle devint ensuite le domaine de notre Charlemagne, lorsqu'il vint punir et déposséder Didier; mais il en fit hommage au Saint-Siége. Au moyen-âge, Parme, comme Plaisance, réussit à se soustraire à la domination des empereurs d'Allemagne, et accéda, comme ville indépendante, à la ligue Lombarde. Vinrent ensuite des jours où elle eut à souffrir de dissentions intestines. Déchirée par les factions des *Rossi*, des *Sanvitali*, des *Pallavicini*, elle passa sous le joug de la Maison d'Este, de Ferrare, d'abord, puis, en 1409, sous la verge de fer des Visconti de Milan. Notre roi de France, Louis XII en fit la conquête lorsqu'il envahit l'Italie pour assurer ses droits sur le duché de Milan. Mais le pape Jules II, après la dissolution de la ligue de Cambrai, en 1508, s'étant fait attribuer la possession de Parme et de Plaisance par Maximilien I, l'un de ses successeurs, Alexandre Farnèse, élu pape sous le nom de Paul III, en 1545, érigea en duché ces Etats qu'il donna à son fils Pierre-Louis-Farnèse, dont plusieurs descendants se rendirent célèbres par leurs exploits.

Je ne citerai cependant que le troisième duc, *Alexandre*, parce que c'est celui des Farnèse qui m'inspire quelque sympathie. Il était petit-fils de *Pierre-Louis*, et fils aîné d'*Octave*, le second duc. Il suivit, en Flandre, sa mère, Marguerite d'Autriche, fille de Charles-Quint, lorsqu'elle fut nommée gouvernante des Pays-Bas. On lui donna pour épouse Marie, nièce du roi de Portugal. Lié par le cœur à don Juan d'Autriche, il voulut l'accompagner en Grèce, lorsque les Vénitiens, indignés contre les Turcs, appelèrent l'Europe aux armes, pour venger la barbarie dont ces derniers avaient usé vis-à-vis d'un de leurs généraux. Voici le fait : les Vénitiens voulaient reprendre aux Turcs l'île de Chypre et débloquer Famagouste. Or, nonobstant une capitulation, Mustapha, commandant des Turcs, s'étant emparé de Bragadino, général des Vénitiens, l'avait fait écorcher vif, et, par une dérision plus lâche que sa barbarie, il avait ordonné de remplir de paille la peau de l'infortunée victime, et l'avait fait promener, monté sur une vache, et suivi de deux Turcs qui tenaient un parasol rouge comme pour lui faire honneur. Alors la tête de Bragadino avait été attachée à un pal, et mille outrages lui avaient été adressés. De tels affronts méritaient bien qu'on les punît. Don Juan d'Autriche commandait la flotte qui allait lutter contre les Turcs. La rencontre eut lieu à *Lépante*, l'ancien *Golfe de Corinthe*. Ce fut la plus grande bataille qui eut été donnée depuis celle qui, seize siècles auparavant, et à vingt-cinq lieues de distance, à *Actium*, avait décidé de l'empire du monde. Parmi les combattants on distinguait, en outre de don Juan d'Autriche et du duc de Parme, Jean-André Doria, de Gênes, le duc d'Urbin, Querini, amiral des Vénitiens, et un grand nombre de chevaliers de Saint-Jean de Jérusalem. Les galeasses vénitiennes, au nombre de six seulement, commencèrent par mettre le désordre dans la flotte turque par la supériorité de leur artillerie d'abord, et puis parce que placées, comme six redoutes, en avant du corps de bataille, elles forcèrent les Turcs de rompre leurs lignes, autrement ils ne pouvaient arriver jusqu'aux alliés. Les Ottomans, qui n'avaient qu'une très-faible mousqueterie, se servaient d'arcs et de flèches; mais cette manière de combattre, beaucoup plus fatigante que le combat à l'arquebuse, était moins meurtrière. Alexandre Farnèse et don Juan d'Autriche firent de tels prodiges de valeur, qu'il n'y eut qu'une voix pour leur accorder le mérite de la victoire. C'était en 1571 qu'eut lieu ce beau fait d'armes.

De ce moment, le duc de Parme se consacra exclusivement à l'étude de la guerre; et, comme il joignait un courage brillant et beaucoup de présence d'esprit à la vigueur, à l'adresse, et à toutes les qualités qui peuvent plaire aux soldats, il ne tarda pas à se faire un nom parmi les milices espagnoles. Après la mort de don Juan d'Autriche, elles le demandèrent pour généralissime. Sache, mon cher ami, que contre nous, Français, ce brave capitaine obtint, en Flandre, beaucoup d'avantages. Aussi, en 1590, vint-il jusqu'à Paris forcer Henri IV à en lever le siége. Il atteignit son but, tout en refusant de livrer bataille au courageux Béarnais. Blessé au bras, devant Caudebec, le duc de Parme mourut à Arras, le 2 décembre 1592, des suites de cette blessure qu'il avait négligée. Un jour, au milieu de ses succès, ayant appris la mort d'Octave Farnèse, son père, survenue à Parme, le 18 septembre 1586, Alexandre demanda un congé au roi Philippe II, d'Espagne, qui ne voulut pas le lui accorder. Il advint donc, et c'est une chose assez étrange pour être signalée, que ce duc de Parme ne revit jamais les Etats dont il était devenu le souverain.

Après *Ranuccio I*, *Odoardo*, *Ranuccio II*, etc., la maison des Farnèse s'étant éteinte, le second mariage de Philippe V avec Elisabeth Farnèse donna Parme et Plaisance à l'Espagne. L'avènement de Napoléon Ier en dota ensuite la France, et enfin les traités de 1815 en composèrent un nouveau duché, sous le titre de duché de Parme, Plaisance et Guastalla, qui devint le douaire de l'archiduchesse *Marie-Louise*, comme souveraine héréditaire. Mais le jeune Napoléon II étant mort en 1847, une autre convention déclara le duché réversible à Marie-Louise, duchesse de Lucques. Cependant le 17 décembre 1847, *Charles II*, duc de Lucques, résignant le duché de Lucques à la Toscane, à laquelle, à cette heure, il est annexé, prit possession de Parme et de Plaisance. Toutefois, il dut abdiquer dès l'année suivante en faveur de son fils, *Ferdinand-Charles III*. Mais le repos n'était pas encore donné à cet Etat, si cruellement éprouvé par cette constante mutation de souverains. Ferdinand-Charles III, de la maison de Bourbon d'Espagne, au mois de mars 1854, fut assassiné dans la Strada al Ponte di Mezzo, au coin d'une rue, par un inconnu, au moment même où, achevant une promenade à pied, il retournait au palais ducal. Il était l'époux de *Louise-Marie-Thérèse de Bourbon*, sœur du comte de Chambord, qui devint alors régente, et près de laquelle tu te glorifies d'avoir une tante, dont la voix ne peut trop nous redire la noblesse et les vertus de sa souveraine.

Je te demande pardon, mon cher Achille, de tous ces détails arides qu'exige l'histoire d'un pays; mais encore faut-il savoir au milieu de qui l'on se trouve, avec qui l'on s'abouche, et quel terrain l'on foule aux pieds. Maintenant nous allons changer de question et entamer la matière artistique. Parme a son rôle à tenir sur ce chapitre, car

Si Paris vante très-haut son *Philippe de Champaigne*, son *Horace Vernet*, son *Paul Delaroche*, et *tutti quanti* !

Si Gand se glorifie de son *Van-Dyck*; Anvers de *Rubens*; Bruges de ses *Van-Eyck*; Amsterdam de *Rembrand*;

Si Madrid exalte ses *Vélasquez*, ses *Murillo*, ses *Ribéra*;

Si Vérone chante son *Paul Véronèse*; Bologne, le *Guide*, le *Dominiquin*, l'*Albane* et ses *trois Carrache*;

Si Mantoue est fière de *Jules Romain*, et Venise du *Tintoret*, du *Titien*, des *Bellini* et des *Giordano*;

Si Naples cite avec orgueil son *Salvator Rosa* et Florence le *Cimabuè*, *Andrea del Sarto* et *Fra-Angelico* ;

Si Milan triomphe avec son *Léonard de Vinci*, et Rome avec *Raphaël Sanzio* et *Michel-Ange Buonarotti* ;

Si enfin la brillante Grèce eut jadis ses *Phidias*, ses *Praxitèles*,, ses *Pamphile*, ses *Apelles*, etc., etc. ;

Parme peut opposer à ces villes et à ces artistes fameux son immortel *Antoine Allégri*, ou, si tu veux, le *Corrége !* Impossible de pénétrer dans un monument sans y rencontrer le Corrége ; impossible de rencontrer le Corrége sans s'écrier d'admiration...

Nous allons au *Dôme*. Façade inachevée; tour incomplète; porche dont les colonnes reposent sur des lions accroupis, selon le style lombard, qui domine dans tout l'édifice, à l'intérieur surtout. Parties anciennes remontant à 1106. Ici et là, tombeaux. Tombe de l'évêque de Parme, *Turchi*, fameux prédicateur. Tombe de *J.-B. Bodoni*, artiste qui perfectionna la typographie en Italie. Mausolée du diacre *Pétrarque*, long-temps administrateur du Dôme de Parme, avant d'être poète, ou du moins auteur de ses fameux sonnets. Fresques de la nef par *L. Gambara*. Fresques du chœur par *Girolamo di Michele Mazzuoli*. Enfin coupole peinte par le *Corrége*.

Figure-toi, si tu peux, mon ami, une vaste fresque couvrant la coupole dans toutes ses parties, et représentant le ciel qui s'entr'ouvre, l'Eternel et sa gloire, les anges et les saints voltigeant dans l'espace par milliers, et, au milieu de cette scène éblouissante, la Vierge Marie montant de la terre à l'empirée, soutenue par la brise, par d'autres anges, et resplendissante de beauté. C'est à tomber à genoux, c'est à prier, c'est à adorer, c'est à se courber pour ne pas être aveuglé !

Voilà le prodige de l'art, en face duquel nous passons plusieurs heures, que nous avons revu déjà, et que nous reverrons encore avant de quitter Parme. En le contemplant, l'âme jubile, les yeux s'égarent, on éprouve comme un vertige. Quelle conception hardie ! Certes ! le Corrége devait avoir une foi vive : la foi seule guide aussi heureusement le génie. Quelle immensité, quelle profondeur, quel éclat, quel mouvement dans cet Olympe chrétien ! Pas de contrastes heurtés ! mais une constante analogie de lumière à lumière, d'ombres à ombres, le tout admirablement fondu, avec ces délicieuses gradations qui composent une atmosphère rutilante et douce tout à la fois, une vague et harmonieuse transparence qui fait que l'on voit tout, que l'on devine plus qu'on ne voit, et que l'on est, que l'on demeure en extase, comme si, en toute réalité, les cieux étaient ouverts, comme si, en toute vérité, l'on voyait Dieu, sa cour céleste, et la Vierge arrivant aux pieds de son Fils, entourée des légions divines voltigeant autour d'elle pour chanter son triomphe et accueillir avec amour leur reine bien-aimée.

Et dire qu'il y eut un marguillier de Parme qui, chargé de faire l'examen préparatoire à la réception de cette œuvre magistrale, sublime, unique au monde, osa murmurer à l'oreille de l'artiste :

— Vous ne nous avez fait là qu'un plat de grenouilles !

En 1494, dans une pauvre chaumière de village, entre Parme et Modène, naissait un enfant dont la venue ne reçut pas la bénédiction de ceux qui lui donnaient le jour. Abandonné à lui-même, il grandit comme il put. Mais la nature est une si bonne maîtresse, et les rayons du ciel allument si bien le génie quand ils tombent sur un être que Dieu en a doué, que la main du jeune paysan alla d'elle-même chercher des crayons et des pinceaux, et s'exerça sur les murailles avant de s'essayer sur les toiles. Puis un jour, Parme tout entière, allant voir des tableaux de Raphaël, que le hasard y faisait passer, et la foule s'extasiant sur la beauté de l'œuvre d'un artiste que l'Italie admirait, et dont les Papes et les riches étaient affolés, notre modeste campagnard, lui aussi, contemplant ces peintures, se gratta le front, puis enfin, comme sortant d'un rêve, s'écria :

— *Anch'io son pittore !* Et moi aussi, je suis peintre !

En effet, de ce moment l'Italie comptait un peintre de plus, et bientôt elle nomma avec orgueil *Antonio Allegri*, que ses confrères surnommèrent le *Corrége*, du nom de son village, *Corregio*.

Cette fois le jeune peintre se mit à l'œuvre. Mais il était pauvre : il ne pouvait se donner de maître, se ranger à aucune école. Il fut son propre maître, et fonda sa propre école.

Je t'ai dit que nous allions rencontrer partout notre gracieux artiste, celui qui ouvre les cieux aux regards de l'homme et lui en révèle toutes les splendeurs. Suis-nous donc à la *Chiesa di San Giovanni Evangelista*, sur une petite place, derrière la cathédrale. Là, le Corrége va nous barrer le chemin et nous faire connaître la première de ses œuvres, celle qu'il produisit après avoir osé dire :

— *Anch'io son pittore!* Moi aussi, je suis peintre !

Nous n'avons pas à parler du monument; il est noble et sévère; son architecture est remarquable : petites loges gothiques, faisceaux de colonnettes, lions accroupis. Passons à l'intérieur; j'ai hâte de tirer ma lorgnette de son étui pour te signaler ce travail d'un jeune paysan de vingt-cinq ans, formé par la nature dans la solitude et la réflexion. Corrége consacra quatre années à cette œuvre, de 1520 à 1524. La coupole est complétement couverte d'une fresque qui représente l'Ascension de notre Seigneur. Tu le vois, il ne faut pas moins que les cieux, l'immensité toujours à notre jeune héros. La Jérusalem céleste est là, vaste, grandiose, éthérée, rayonnante des feux du sejour éternel, attendant, avec tout son cortége, le retour du Fils de Gehovah, qui est allé mourir sur la terre pour la rédemption des hommes. Quels prodigieux horizons ! Quelles rutilantes splendeurs ! Y a-t-il imagination d'homme qui ait mieux rêvé des merveilles qu'il n'a pas vues et dont saint Paul s'écrie : *Nec oculus vidit, nec auris audivit, nec in cor hominis ascendit!* Non, *l'œil n'a pas vu, l'oreille n'a pas entendu, l'esprit humain n'a pu se figurer* les beautés que renferme le ciel ! Dans le pourtour de l'auréole lumineuse, éblouissante, que le pinceau du Corrége a su faire tomber de la coupole, les groupes des Pères de l'Eglise, celui des Evangélistes, sont d'un effet admirable.

Telle est la première page du Corrége. On la lui paya mille écus; aujourd'hui on la couvrirait d'or.

En contemplant cet essai du peintre livré à lui-même, on voit qu'il prélude au style nouveau qu'il n'a étudié nulle part, mais qu'il trouve dans son génie, et qu'il produit au grand jour, en laissant aller son pinceau. On devine cette admirable entente des raccourcis, cette étonnante disposition des nus, cette profonde intelligence du clair-obscur, qui feront bientôt la gerbe de sa gloire et la somme de ses qualités éminentes. On pressent qu'il trace une voie nouvelle, inconnue jusqu'alors, et qu'il ouvre à l'art moderne une carrière dans laquelle on va le suivre en foule. En effet, Antonio Allégri est le premier artiste qui ait osé peindre des figures dans les airs ; il est celui qui ait le mieux entendu l'art des raccourcis et du clair-obscur. La grâce qui distingue si éminemment son talent tient moins à la pureté harmonique des linéaments qu'à la disposition des tons harmonieux, rendus plus doux encore par des demi-teintes les liant les unes aux autres. Aussi les contours des formes obtenues par cette manière ont-ils un certain vague invitant l'œil à s'associer au peintre pour les compléter à son gré. Ce n'est pas dans l'étude de ses devanciers que le Corrège a puisé sa manière suave et grande : c'est à la nature elle-même qu'il a surpris le secret de ce charme indicible que son pinceau moelleux a fondu dans ses œuvres, et dont le caractère particulier n'a jamais été reproduit par aucun émule. La supériorité de ce chef de l'école lombarde est tout entière dans la grâce, et Antonio Allégri ne doit qu'à lui seul son admirable talent. Contemporain de Michel-Ange et de Raphaël, il ne connut point ces grands artistes et se passa d'eux. Il fit plus. N'ayant jamais mis le pied ni à Rome, ni à Florence, il ne quitta pas une seule fois dans sa vie la ville de Parme, où il vendait ses œuvres, et le village de Coregio, où il travaillait. C'est donc à lui, rien qu'à lui, qu'il dut les inspirations sublimes qu'il reproduit peut-être encore mieux dans ses œuvres de chevalet. Cours à notre Louvre, demande son *Antiope endormie*, et tu me rendras compte ensuite des impressions que tu auras ressenties. Après avoir admiré cette toile, où la magie de la couleur fait oublier la difficulté du raccourci de cette figure, qui n'a d'autre voile que le jour mystérieux qui la caresse en la modelant, tu comprendras sous quel prestige enchanteur nous nous trouvons, en présence de ces œuvres immenses, où, pour satisfaire son génie, il ne lui faut pas moins que le firmament tout entier et l'immensité des cieux.

Cette église de Saint-Giovanni-Evangelista appartient à un couvent de Bénédictins qui y est attenant. On ne peut quitter la maison de Dieu sans visiter celle des bons Pères qui s'y livrent à l'éducation de la jeunesse. L'art y possède quelques richesses qu'il est du devoir d'un touriste de glaner. Ainsi, en franchissant la petite porte qui fait communiquer l'église avec le cloître, on remarquera un saint Jean Evangéliste. Cette toile est encore du *Corrége*; tu vois que je ne t'ai pas trompé, et que partout le Corrége se trouve sur votre chemin. Ensuite, dans un corridor, on rencontre quatre statues en terre cuite que l'on ne saurait trop étudier. Le Corrége en a donné le dessin, et le sculpteur *Antonio Begarelli*, de Modène, les a exécutées. Le travail de ces deux artistes réunis a produit un nouveau trésor pour l'art. Tu ne seras donc pas étonné que Michel-Ange, en voyant ces statues, se soit écrié :

— Si cette terre devenait marbre, gare aux statues antiques !

Enfin je te signale, pour ton futur voyage, un groupe charmant d'*amorini*, peint à fresques, et faisant face à la salle du réfectoire.

Je cesserais de parler du Corrége, si je n'avais encore à voir de cet artiste le *Saint-Jérôme* que possède l'Académie des Beaux-Arts de Parme. Mais, avant de t'en révéler les beautés incomparables, je te dirai que, méconnu de ses concitoyens, comme c'est l'ordinaire apanage du talent, on lui solda le prix de cet autre chef-d'œuvre en lui donnant un cochon, quelques mesures de blé, deux voitures de bois, et deux ou trois cents livres.

J'ajouterai que le Corrége étant pauvre, et soutenant sa famille avec l'argent de son travail, alors qu'il avait déjà quarante ans, un jour il se rendit de Correggio à Parme pour vendre un tableau dont il obtint soixante écus. Cette somme n'était pas lourde en argent ou en or; mais on la lui paya en cuivre. Le pauvre artiste met le fardeau sur son épaule et retourne en hâte au village. On attendait après lui pour souper ; et, pour souper, il fallait l'argent qu'il était allé chercher. Il se hâte ; il avait six lieues à faire. Il arrive en sueur, fatigué, n'en pouvant mais. La fièvre le saisit : il se couche. Le lendemain il était mort !

A cette heure, on donnerait, en billets de banque, le poids de chacun des tableaux qu'il a produits, et que gardent d'une façon très-jalouse les musées qui sont assez heureux pour en posséder. L'une des plus gracieuses compositions du Corrége, sa *Léda*, a été brûlée par un fou. Sa *Nuit de Noël* est à Dresde ; le *Mariage de sainte Catherine* se voit à Naples ; et sa *Danaë* décore la galerie Borghèse, à Rome.

Tout à côté du Dôme se dresse un édifice isolé, ainsi qu'il arrive pour ce genre de construction dans certaines villes de l'Italie, à Pise, à Florence, etc., par exemple : c'est le *Baptistère*. Il est tout en marbre de Vérone. Il n'est pas une moindre pierre qui ne soit sculptée, ciselée, gravée par *Antelami*, un artiste tout à la fois architecte et sculpteur. Il ne fallut pas moins de soixante-quatorze ans pour l'achever, de 1196 à 1270. Des fresques dégradées, que l'on attribue à *Nicolo*, de Reggio, et à *Bartholomæo*, de Plaisance, couvrent les murs et la voûte de la nef. On y voit aussi un Saint-Octave précipité de cheval, excellent tableau de *Lanfranc*. Comme curiosité antique, je te signale une immense cuve servant autrefois aux baptêmes par immersion. Le chiffre de 1294 est gravé sur le marbre.

Nous sommes peu éloignés de la *Piazza della Steccata*, qui possède la plus belle église de Parme, la *Madonna della Steccata* : nous allons lui rendre nos hommages et lui payer notre tribut d'admiration.

Voici d'abord, sur la place même, d'antiques colonnes romaines dont les inscriptions ont été gravées au temps des empereurs Constantin et Julien l'Apostat. Nous leur devons bien un regard. Ces deux noms de Constantin et Julien sont étrangement associés. L'un zélé propagateur de la foi chrétienne, et l'autre son farouche détracteur et son apostat !

Puis, sur le portail de l'Eglise, voilà d'autre part une fresque d'*Anselmi*, l'Adoration des Mages, qui invite à se joindre aux pieux personnages qu'elle représente.

A l'intérieur, quelle moisson de richesses ! A l'intrados du chœur, derrière le maître-autel, Couronnement de la Vierge, dessiné par *Jules-Romain*. Fresque de la coupole par *Bernardino Gatti*, dit le *Sojaro*, élève de Corrége, inspiré par le maître sans doute, car le sujet représente le Christ et la Vierge dans une brillante auréole lumineuse. Mais la gloire de cette église est la Grisaille de *Francesco Mazzuoli*, dit le *Parmesan* (1), et surtout son Moïse laissant tomber

---

(1) *Francesco Mazzuoli*, dit le *Parmesan*, ainsi nommé de Parme, où il naquit, en 1503, se forma de bonne heure par l'étude des chefs-d'œuvre du *Corrége*, de *Jules Romain*, de *Michel-Ange* et de

les tables de la loi qui se brisent, à la descente du Sinaï, au moment où les Israélites infidèles adorent le Veau d'Or. Ce magnifique travail décore l'entrée de la voûte du chœur, ainsi que la fresque en clair-obscur, du même artiste, montrant Adam et Eve, aux jours de leur innocence. Enfin, ici et là, quelques fresques, plus modestes, sont l'œuvre de *Girolamo di Michele Mazzuoli*, cousin du Parmesan. Il y a mille contrastes dans ces peintures qui miroitent aux yeux de toutes parts dans cette église della Madona. *Bernardino Gatti* offre aux regards le plus tendre coloris : *Francesco Mazzuoli* se distingue par un mouvement plein de vie et d'expression ; mais son travail descend presque toujours à l'affectation et à la coquetterie. Eh bien ! le goût des artistes était ainsi fait, au xvie siècle, que l'Ecole lombarde fut poussée plutôt sur les traces du *Parmesan* que sur celle du *Corrége*. Et cependant la famille Farnèse, en venant s'établir à Parme, où elle apporta dans les arts le goût exquis qui la distingua toujours, étendit sa sollicitude sur cette dernière école, lui accorda de continuels encouragements, et dut certainement l'inspirer. Mais il fallait le temps pour amener à résipiscence.

Ah ! maintenant à l'*Academia delle Belle Arte !* Nous n'y trouvons pas beaucoup de tableaux, mais nous en voyons de délicieux, d'admirables. Le Corrége, pour sa part, a richement doté ce musée. Toutefois, de ses œuvres la fleur, la perle, le diamant comme tu voudras, c'est le *Saint-Jérôme*, peinture faussement désignée sous ce nom, car elle représente la Vierge tenant sur ses genoux son divin enfant, auquel Madeleine baise les pieds avec amour et respect, tandis que deux anges, dans un angle, et dans l'autre saint Jérôme et son lion du désert, en contemplation, complètent la scène. En tout cas, c'est une merveille au-dessus de tout éloge.

« Ce tableau éblouissant de lumière, dit M. A J. du Pays, a été souvent

---

Raphaël ; mais il sut, en empruntant des beautés à ces grands maîtres, se créer un genre à part, dont le caractère principal est la grâce dans le dessin et la douceur dans le coloris. Cependant sa peinture descend parfois à l'afféterie. Parmi ses tableaux, on distingue la *Circoncision* et le *Mariage de sainte Catherine*, à Rome ; *Saint Roch*, à Bologne ; *Moïse*, à Parme ; la *Vierge au long cou*, à Florence ; et la *Mort de Lucrèce*, son chef-d'œuvre. Mazzuoli fut aussi un des plus habiles graveurs de son temps. Il quitta la peinture pour l'alchimie, et mourut en 1540.
Girolamo di Michele Mazzuoli, peintre de second ordre, était son cousin.

désigné, en Italie, sous le nom de *il Giorno, le Jour*, par contraste avec le célèbre tableau de *la Nuit, Notte*, qui est à Dresde, et que l'on considère comme son chef-d'œuvre. Rien de plus gracieux que la tête de la Vierge, de l'Enfant et de la Madeleine; que les mains de Marie, que celle de Dieu enfant se jouant dans la blonde chevelure de la sainte. La main de l'ange est déformée à force de recherche mignarde. Le lion, derrière saint Jérôme est un personnage accessoire et inutile, ainsi que saint Paul dans la Sainte-Cécile de Raphaël à Bologne. Le génie opposé des deux artistes, le Corrége et Raphaël, se manifeste dans la manière différente dont les figures sont disposées; suivant une ligne régulière et horizontale dans le chef-d'œuvre de Bologne, et, au contraire, suivant une ligne mouvementée dans celui de Parme. — Selon un commentaire gracieux, mais un peu subtil, en vertu duquel saint Jérôme ne serait plus un personnage accessoire, il présenterait le livre où serait écrite la vie de Madeleine, et l'ange sourirait en voyant qu'à la place de ses péchés il y aurait une page blanche. »

« Rien de plus singulier, dit à son tour M. L. Viardot, dans ses *Musées d'Italie*, que la destinée de cette toile célèbre, qui fut peinte en 1524, dans l'année même où Corrége termina la coupole de San-Giovanni. Briseïdo Cossa ou Colla, veuve d'un gentilhomme parmesan nommé Bergonzi, qui l'avait commandée à Corrége, la lui paya quarante-sept sequins (environ cinq cent cinquante-deux francs), et la nourriture pendant six mois qu'il y travailla. La bonne dame légua ce tableau à l'église de San-Antonio Abbate, où il resta jusqu'en 1749. A cette époque, le roi de Portugal, d'autres disent de Pologne, en offrit une somme considérable, quatorze mille sequins, suivant les uns, quarante mille suivant les autres, à l'abbé de San-Antonio, qui l'aurait vendu et livré pour achever l'église, si le duc don Filippo, averti par la clameur publique, n'eût fait enlever le chef-d'œuvre, qu'on plaça d'abord dans la sacristie de la cathédrale. Sept ans plus tard, un peintre français n'ayant pu obtenir des chanoines la permission de copier le *San-Girolamo*, porta plainte au duc, lequel fit encore enlever l'œuvre de Corrége par vingt-quatre grenadiers, qui l'escortèrent jusqu'au château de plaisance de Colorno. L'année suivante, 1756, le duc en fit présent à l'académie, après l'avoir acheté du *precettore* de l'église San-Antonio, le cardinal Pier-Francesco Bussi, moyennant quinze cents sequins romains, outre deux cent cinquante sequins pour prix d'un autre tableau commandé à *Battoni*, et destiné à remplacer celui de Corrége. En 1788, à l'époque de ce que P. L. Courrier nommait nos *illustres pillages*, le duc de Parme offrit un million de francs pour conserver ce tableau payé quarante-sept sequins par la veuve Bergonzi; mais, bien que la caisse militaire fût vide, les commissaires français Monge et Bertholet tinrent bon, et le tableau de Corrège vint à Paris, où il resta jusqu'en 1815. »

A Parme, comme à Florence pour d'autres chefs-d'œuvre, on a pris soin de placer ce trésor dans une pièce isolée, octogone, drapée d'une soie d'un ton doux à l'œil, et qui fait ressortir davantage la peinture. Cette sorte de sanctuaire, réservé aux œuvres capitales, porte, en Italie, le nom de *Tribune*.

Dans un salon voisin de la tribune de Parme, on se trouve face à face avec un autre chef-d'œuvre du Corrége, moins vanté, moins célébré, et cependant tout aussi beau. C'est la *Madona della Scodella*, la *Vierge à l'écuelle*, ou tout simplement la *Fuite en Egypte*, où la Vierge, à l'heure d'une halte, prend une tasse pour faire boire le divin *Bambino*. Il est présumable que le voyage à Paris, qui n'a pas eu lieu pour cette autre peinture du Corrège, tandis que le Saint Jérôme a eu les honneurs du Louvre, a laissé dans l'ombre la Madona della Scodella, qui, sans cet oubli, eût gagné tout autant de renommée.

« Je sais, continue M. Viardot, qu'Annibal Carrache disait du *Saint-Jérôme* qu'il le préférait même à la *Sainte Cécile* de Raphaël. Je sais que l'on ne saurait porter plus loin l'élégance sans afféterie, la grâce unie à la grandeur, et la magie du coloris; mais il me semble que la *Madona della Scodella*, que Vasari nommait divine, ne lui cède sur aucun point de l'ensemble ou des détails, de l'expression ou du *faire*; et, de plus, elle a l'avantage d'être beaucoup mieux conservée. Il est difficile, en effet, qu'au bout de trois siècles une peinture ait gardé plus de solidité et de fraîcheur. Je comprends que ces deux ouvrages, tant de fois copiés et reproduits par la gravure, aient également mérité à Corrége d'être placé immédiatement après l'auteur de la *Vierge à la Chaise*, par Raphaël Mengs, qui fait remarquer que si le premier *exprima mieux les effets des âmes*, le second rendit mieux les effets du corps. »

Je viens de copier le mot « gravures ». Peut-être apprendras-tu avec plaisir que le directeur du musée de Parme est un graveur qui a conquis un grand nom dans son art. On le nomme *Toschi*, et tu le connais sans doute, si jamais tu as vu la célèbre gravure représentant l'*Entrée d'Henri IV dans Paris*, d'après le non moins fameux tableau de *Gérard*. C'est avec bonheur que l'on voit brûler dans certains cœurs l'amour de la patrie. Jadis Corrége ne travailla que pour son pays, qu'il illustra de ses œuvres. De nos jours, le signor Toschi fait de même, et l'on m'a rendu fort heureux en m'apprenant qu'il a entrepris le patriotique travail de graver l'œuvre entière de son compatriote Corrége. De la sorte, les tableaux de cet artiste d'élite, qui s'en vont plus ou moins de vétusté, vivront, et vivront reproduits par une main d'autant plus habile qu'elle est guidée, inspirée par le cœur. Cette collection magnifique se trouvera bientôt dans tous les cabinets de l'Europe, et ce sera double justice.

A propos, sais-tu où et comment fut inventée la gravure ?

Thomaso ou simplement *Maso Finiguerra*, sculpteur et orfèvre de Florence, vers 1452, rêvait depuis long-temps au moyen de faire pour l'art un appareil de reproduction, comme l'imprimerie en était un pour la pensée. Cet élève de *Masaccio* et de *Ghiberti*, était fort habile dans son état d'orfèvre. Un jour qu'il avait exécuté une *paix* ornée de nielles, sur l'épreuve en soufre, qu'il coula sur l'original pour juger de son ouvrage, il répandit du noir de fumée, et appliqua cette épreuve sur un papier humide. L'effigie de la paix, jusqu'aux moindres lignes, fut parfaitement reproduite. C'en était fait, la gravure était trouvée, et il existait désormais un moyen de populariser les œuvres des artistes, de relier entre elles toutes les écoles, toutes les manières et de les faire universellement connaître. A peine le procédé fut-il connu qu'il se répandit avec rapidité. En 1446 il était déjà adopté en Allemagne; car une gravure allemande signée ES porte cette même date. *Basdini* et *Boticelli* furent, après Finiguerra, les premiers graveurs que compta l'Italie; mais ils n'égalèrent pas le maître.

Je ne te ferai pas suivre ce procédé nouveau dans tous ses développements, mon cher ami, car je n'ai pas oublié que nous sommes à Parme, qu'il est question entre nous des tableaux de son musée, et que je ne t'ai signalé de ce musée que *il Giorno* ou *san Girolamo* du Corrége et sa *Madona della Scodella*. Mais à quoi bon te faire une nomenclature qui ne dit rien à l'imagination quand on n'en voit pas les sujets? J'aime mieux laisser ton esprit sous l'impression des beautés sublimes du Corrége, l'artiste inspiré par Dieu, le mélancolique inventeur de la grâce ineffable, du Corrége qui écrivait la sérénité de son âme sur ses toiles immortelles, et qui, méconnu, pauvre, isolé, manquant de pain, vendait ses tableaux au rabais, et mourait sur le chemin de Corregio, comme une bête de somme épuisée.

Eh! mon Dieu! j'allais oublier de te conduire à la *Chambre du Corrége!*...

Figure-toi un vieux monastère : Walter-Scott t'aidera dans ta fiction. Celui dont je veux parler s'appelle *Santo-Ludovico*. Dans le parloir de ce couvent de femmes, on trouve une fresque qui est tout une apothéose. Elle représente le Triomphe de la Chasseresse Diane, avec une foule d'amorini, de génies, etc., portant les attributs de la chasse. Endymion se montre aux côtés de Diane, qui lui sourit ; les Grâces, la Fortune et les Parques, ainsi qu'Adonis, sont témoins de l'entrevne. Rien de plus gracieux que cette composition. Dans le pourtour règnent des effets de clair-obscur qui ajoutent au charme et à la poésie de la peinture. Ce beau travail était exécuté, en 1519, par notre Corrége, en faveur de Jeanne, fille d'un gentilhomme de Parme, et abbesse du monastère. Tel est le dernier chef-d'œuvre appelé la chambre du Corrége.

Parme possède un musée d'antiquités. Nous y voyons avec le plus grand intérêt une foule de curiosités et d'objets d'art qui ont leur prix, entre autres une table en bronze sur laquelle est gravé un rescrit de Trajan accordant un million cent quarante-quatre mille sesterces pour l'alimentation des enfants de la populace de Rome. Nous y trouvons aussi quantité de médailles, de fragments de statues, de fresques et de sculptures antiques trouvées dans une ville du voisinage, du nom de *Velleja*, enfouie par un éboulement de la montagne, il y a près de quinze siècles.

La reine Marie-Louise a doté Parme d'un très-beau théâtre, le *Teatro Nuovo*. Il fut élevé sur les dessins et sous la surveillance de *Nicolas Bettoli*, architecte parmesan.

Mais au point de vue de l'art théâtral, la grande curiosité de Parme est le *Théâtre Farnèse*, œuvre d'un prince de cette famille qui régna à Plaisance, *Ranuccio I*. Ce théâtre, construit par *Giam Battista Alcotti*, en 1632, ne ressemble en rien à ce que tu as vu jusqu'à présent. Moitié cirque ancien, moitié salle moderne, il peut servir à des représentations équestres, à la comédie et même à des régates, ou à des naumachies. Il est destiné aux fêtes de la cour, qui en donnait alors de splendides, mais il se fait vieux. Il était bien autrement brillant, lorsque le grand duc de Toscane, *Cosme II de Médicis*, pour lequel on l'éleva, allant visiter à Milan le tombeau de saint Charles Borromée, fut reçu à Parme, par le duc Ranuccio I. On lui offrit alors des fêtes magnifiques. Mais plus belles encore furent celles dont le mariage d'*Edouard*, fils de *Ranuccio II*, avec *Isabelle d'Este*, devint l'occasion.

Voici la description que donne de ce théâtre d'Aléotti, le président de Brosses, dans l'*Italie, il y a cent ans :*

« La forme en est circulaire dans une des moitiés ; c'est celle destinée aux spectateurs, et carrée dans l'autre moitié, qui contient le théâtre proprement dit. On entre par une porte peu élevée, placée en face du théâtre, dans un parterre demi-ovale, dont le sol est pavé en pierres de taille, et creusé en bateau d'environ trois pieds, pour y mettre de l'eau à cette hauteur, quand on veut. Ordinairement et aujourd'hui le sol est chargé de terre et nivelé. Autour de ce parterre règne un fer à cheval passablement élevé, bordé d'une balustrade qui soutient vingt-quatre statues de petits génies. Sur ce fer à cheval, s'élève un amphithéâtre de gradins hauts d'une quarantaine de pieds, et interrompus de temps en temps par de petits escaliers fort étroits servant à parvenir à différents gradins. C'est sur ces gradins que se placent les dames, d'une manière assez incommode à la vérité, car elles n'ont rien pour s'appuyer par-devant ; mais qui pare infiniment le spectacle, en laissant voir en entier, et par étage, toutes les dames et toute leur parure. L'amphithéâtre des gradins est couronné par un rang d'arcades, aussi en demi-ovale ; chacune des arcades séparée par deux colonnes accouplées forme une loge. Une corniche continue au-dessus de ce rang, soutient un second étage de pareilles loges et arcades, et le second étage a pour comble une balustrade surmontée de statues. C'est à ce troisième étage qu'est le paradis. Voilà pour les spectateurs : il y a de quoi en placer quinze mille. L'orchestre est dans deux tribunes qui sont au-devant du théâtre et par les côtés. Le théâtre a bien cent-vingt pieds de profondeur et une largeur proportionnelle ; les ailes sont ornées de colonnes et de quatorze statues, dont les deux premières, équestres, représentent Alexandre et Ranuce Farnèse. Cet édifice me paraît fort vaste, eu égard à tout ce qu'il contient, tant les proportions y sont bien observées et le terrain ménagé. On entend très-dictinctement de la porte d'entrée tout ce qui se dit à voix ordinaire au fond du théâtre : j'en ai fait l'épreuve. Au surplus, on n'en fait usage que pour les fêtes ou les occasions solennelles..... »

Arrêtons-nous là, cher ami, car tu pourrais me demander si je veux te faire régisseur, puisque je t'entretiens si longuement de théâtre. Embrassons-nous aussi de tout cœur, et non pas du bout des lèvres, comme des comédiens. Nous sommes des acteurs du grand drame que l'on appelle La Vie, c'est vrai ; c'est pour cela que nous devons nous aimer sincèrement, car rien ne soutient plus dans les épreuves de l'existence que la sainte amitié. Je te quitte à cette heure et te laisse à tes travaux. Pour moi, je reprends le bâton du voyageur, et je m'éloigne encore de toi, mais pour m'en rapprocher bientôt et aller te porter les trésors d'affection que m'a fait amasser une longue absence. On est riche de sentiments quand on a vécu quelque temps loin de ceux que l'on aime. Je sens que pour mon cœur tu es de ce nombre, car il me parle souvent de toi et me dicte dans ce moment le titre de

Ton ancien et très-sincère ami

VALMER.

MODENE

VIII

A MADAME F. DOULET, A PARIS.

Homme qui noie son chien et chien qui sauve son homme.—Continuation de la Via Emilia.—*Reggio*.— Son Dôme. — La Madona della Ghiara. — Corso et Piazza Aldegonda. — La patrie de l'Arioste. — Orlando Furioso et Orlando Inamorato. — La vie du poète. — La patrie de Boïardo. — Modène. — Corso della Via Emilia. — Piazza Grande. — Le Dôme. — Le Campanile Ghirlandina. — Le palais ducal. — Etrusques et Gaulois. — A quel propos Jules-César, Antoine, Brutus et Cassius, Octave et l'armée consulaire figurent dans cette lettre.—*Bellum Mutinæ*, Guerre de Modène.—Les Khakans Lombards. — Modène république. — Rivalités de Modène et de Bologne. — Rixes et enlèvements. — La Secchia rapita. — Maison d'Este. — Albert Azzo. — Abbizzo Ier. — Azzo V. — Abbizzo II. — Comment et pourquoi Modène s'adresse à la maison d'Este, et ce qui en advient. — Hercule Ier. — Béatrix d'Este. — Le Tasse dans la famille d'Este, et à Paris. — Disgrâce. — Révolution pour Modène. — La comtesse Mathilde. — L'Aubersetto, etc.

Modène, 4 décembre 185...

Je ne vous ai pas écrit depuis bien long-temps, ma bonne mère, parce que j'ai du le faire à mon cousin de Toulon, pour le prévenir de notre prochaine arrivée près de lui, et l'entretenir de mon voyage. Et puis vous savez combien on a de peine à se recueillir, tant est accidentée l'existence d'un homme, quand elle se passe sur les grands chemins, dans les rues des villes, *sub dio*, aux rayons du soleil d'un pays inconnu, toujours nouveau, beau hier, plus ravissant aujourd'hui, et promettant davantage encore pour demain. Jamais ma plume ne pourra vous rendre le charme d'une excursion dans la Haute-Italie. Il n'est rien de plus varié que les sites que nous parcourons, et cependant nous sommes dans la plaine. Que sera-ce lorsque, comme l'année qui va suivre nous le promet, nous nous trouverons sur les lagunes, à Venise, et puis dans les montagnes, vers Florence? Maintenant que j'ai mis les lèvres à la coupe pétillante et parfumée des plaisirs que donne un voyage en ces contrées, au lieu d'être rafraîchi, je n'en ressens qu'une soif plus ardente. En attendant les joies de notre seconde pérégrination, parlons de cette première expédition qui touche à sa fin. Je ne saurais trop vous en remercier : mes jouissances ont été vives, pures, souvent extatiques, toujours émouvantes. Leur souvenir me reste désormais pour ma vie entière. J'ai fait provision de connaissances nouvelles, et je vous montrerai combien l'on devient homme à étudier les grandes œuvres de Dieu, et à observer, sur les lieux mêmes, l'origine, la transformation, l'amendement, les mœurs des peuples, les principes qui les régissent, et les arts auxquels ils se livrent.

Je vous dois la vérité sur la manière dont nous voyageons. La méthode, qui est de moi, nous procure de notables économies, tout en nous donnant plaisirs de rois. J'ai acheté deux chevaux à Pavie, et c'est du haut de ces nobles palefrois que nous courons le monde. Je renvoie aux entretiens du retour de vous dire les mille aventures qui nous arrivent. Mais je ne puis résister au besoin de vous citer M. Valmer, comme un voltigeur de première classe. Gunérius, l'écuyer suédois, et Boswel, le clown si habile, ne sont plus que de minces sauteurs auprès de lui. Si la fantaisie lui en prenait, à notre arrivée à Paris, il pourrait débuter au cirque Napoléon, et, malgré l'hiver, il verrait pleuvoir autour de lui des couronnes de fleurs. Quelle verve quand il est assis sur Frère Tranquille! C'est à nous faire suivre dans les rues, lorsque son ardent dextrier, raidissant la jambe, exécute des passes majestueuses, comme feu Franconi, ou se tortille dans une ronde fantastique, pour peu qu'un flageolet fasse entendre une *stretta*. Toutefois il préfère encore l'orgue de Barbarie. Nous le prierons de vous donner une petite représentation de son savoir-faire, à huis clos, au bois de Boulogne, un matin. Malheureusement son Frère Tranquille, et Fantasque, mon bel alezan brûlé, ne pourront nous suivre jusque-là. Voilà ce qui fait mon chagrin! Mais comment faire? Nous ne pouvons les emmener à Paris pour les garder dans une boîte de coton jusqu'à l'année prochaine... Tout au moins nous nous en servirons jusqu'au dernier instant. Ils nous auront été bien utiles! Les diligences de ce pays ne sont que de vraies pataches : elles prennent des prix fous, que les conducteurs ont le talent de doubler sous le prétexte de ponts, de barrières, de douanes et de passe-ports... A cheval, nous sommes nos maîtres, et c'est si bon de ne dépendre que de soi-même !

Donc, montés sur nos nobles coursiers, anciens hulans au service de l'Autriche, maintenant touristes au service de la France, nous avons quitté Parme le 9 de ce mois d'octobre, nous dirigeant par la Voie Emilienne, une antique route romaine, ne vous déplaise, qui de Plaisance conduit à Parme, et de Parme s'achemine vers Modène, en décrivant à peine un arc de cercle.

En laissant Parme derrière nous, notre Via Emilia nous fait d'abord passer sous un vieil arc-de-triomphe, dont nous ne refusons pas les honneurs, quoiqu'il ait été élevé pour la plus grande gloire et à l'occasion du mariage de très-haute et très-auguste princesse, *Marguerite de Médicis*, de Florence, avec le duc *Odoardo Farnèse*, fils de Ranuccio Ier, l'un des Farnèse qui gouverna le duché de Parme et de Plaisance, vers 1640.

Elle nous fait traverser ensuite le village de *San-Lazzaro*, où l'on trouvait jadis un hospice destiné aux ladres et aux lépreux, dont le pays abondait au moyen-âge, auxquels l'entrée de la ville était interdite, et qui ont eu de tout temps saint Lazare pour patron. Vous vous rappelez ce pauvre couvert d'ulcères, qui implorait en vain la pitié d'un mauvais riche? Après la mort de ces personnages placés dans des conditions si opposées, celui-ci descendit aux enfers, celui-là monta au paradis. Ce dernier, le pauvre lépreux endolori, avait nom Lazare, et il est de droit le parrain de toutes les maladreries destinées aux ladres et aux lépreux.

Nous arrivons alors à un torrent appelé *Ensa*. Le long et sinueux sillon qu'il trace dans les terres, annonce la fin du duché de Parme et de Plaisance, et le commencement du duché de Modène. Mais, contre l'ordinaire, ce torrent n'est pas tout-à-fait à sec. Nous apercevons à droite une sorte de gué, vaste entonnoir dont l'eau bouillonne, en s'étendant en large nappe. Je ne le remarquais pas d'abord, lorsque soudain M. Valmer pousse un profond soupir, et dit avec amertume :

— Oh ! le monstre !

Je regarde, voici le tableau : jugez si, en sa qualité de membre de la Société Protectrice des Animaux, M. Valmer jubile ! Je vois même le moment où le brave ami des bêtes va chercher, dans sa poche, sa carte de membre de la société, et faire arrêter le coupable ; mais, hélas ! nous ne sommes pas en France, et puis, pas le plus petit gendarme dans ce lieu désert.

Donc un homme est là, sur le bord du gouffre de l'Ensa, et il tient près de lui un bon vieux chien de Terre-Neuve, dont il achève d'attacher les quatre pattes avec une ficelle. Le pauvre animal, sans songer à sa force, se laisse faire, et regarde son maître d'un œil mélancolique, incertain sur ce qu'on attend de lui. Soudain le monstre, c'est le nom que M. Valmer a donné à cet homme, le monstre, dis-je, pousse le vieux Terre-Neuve, et du haut de la berge, le fait rouler dans l'abîme. Le chien plonge d'abord, revient à la surface, disparaît encore, et s'agite sous l'eau. Indigné, M. Valmer s'écrie :

— Misérable que vous êtes, vous tuez votre meilleur ami ! Donnez-moi ce Terre-Neuve : s'il vous gêne, je m'en charge...

— Bon ! m'écriai-je à mon tour, nous avons deux chevaux déjà, et vous allez nous gratifier d'un chien de cette taille ? Que ne prenons-nous une ménagerie !...

Cependant, dans ses violents efforts pour se soustraire au triste sort qui l'attend, le chien parvient à rompre ses liens, et le voilà qui cherche à grimper vers l'endroit d'où il a été contraint de faire le saut périlleux. Hélas ! il ne peut y arriver ! Son maître, un bâton à la main, le repousse en le frappant. Mais alors, dans la violence de ses gestes, notre monstre fait un faux mouvement qui le précipite à son tour dans le gouffre, d'où sa victime sanglante vient enfin de sortir. Il était perdu, perdu sans ressource, si son chien eût eu la moindre velléité de vengeance. Par bonheur, ce chien avait de meilleurs instincts. Il se jette à l'eau, de lui-même cette fois, s'élance après le malheureux qui a voulu le noyer, le saisit par son habit, et le ramène sur la rive où il lui témoigne par ses caresses la joie qu'il éprouve de l'avoir sauvé. Nous regardions ce spectacle inattendu du haut de nos chevaux, arrêtés sur le pont. Je me retourne vers M. Valmer pour le féliciter de la belle action de son protégé : mais je ne vois plus que son cheval. Mon digne compagnon courait vers l'homme, lui adressait une mercuriale, caressait le chien, dont la queue répondait à ses éloges; et enfin demandait encore à l'Italien, confus, de lui abandonner ou de lui vendre le Terre-Neuve. Mais celui-ci prenant l'animal par la tête, le baisa, et dit :

— Oh! jamais plus je ne lui jouerai pareil tour... C'est à la vie et à la mort entre nous désormais!

Et l'homme et le chien s'éloignèrent : celui-ci charmé de sa bonne action, celui-là baissant la tête, épongeant ses habits et bien repentant de son ingratitude...

A quelques pas de là venait la formalité des passe-ports. C'est la cent dix-neuvième fois que nous exhibons cette feuille maudite depuis notre départ de Paris. Voici bien déjà soixante-dix à quatre-vingt francs que nous donnons aux viseurs de parchemins. Quels cerbères que ces douaniers! Ils ont des poches assez amples pour absorber toutes les bourses de l'Europe. Or, comme ce terrible et si nécessaire passe-port a déjà coûté quarante-cinq francs, sans nous avoir fait faire un seul pas, même en France, calculez, je vous prie...

Nous dépassons quelques villages après lesquels le *Crostolo* succède à l'Ensa. Cet autre torrent, et pour cause, à notre approche, ne verse pas une goutte d'eau d'attendrissement, en se rappelant qu'il fut Français naguères, et qu'il donna son nom à l'un des départements dont la France étendait le réseau sur l'Italie du nord, au commencement de notre siècle.

Voici *Reggio*, la première ville du Modenais qu'il nous est donné de connaître. Elle doit son origine à l'auteur de la Voie Emilienne, Emilius Lepidus dont le nom a produit *Rhegium Lepidi*, ou Reggio. A l'époque de l'invasion des Barbares, cette cité fut ruinée de fond en comble. Mais Charlemagne, en se rendant maître de l'Italie, prit soin de la faire reconstruire. Elle se fit république afin de se soustraire à la domination allemande, et accéda à la ligue lombarde, comme les autres villes de la Haute-Italie. Mais la *Maison d'Este*, qui avait asservi Ferrare et Modène, la voyait de trop près pour ne pas la convoiter. Elle tomba donc dans les mains de cette famille puissante et subit sa loi. Jadis place de guerre, ses anciens remparts la pressent de leur ceinture, pendant qu'une citadelle la domine.

Des rues larges et bien percées, dont quelques-unes ont des portiques, la partagent en un damier inégal de forme hexagonale. Pour une population de quinze mille âmes, elle compte des églises à en contenir cent mille. Parmi les plus belles, il faut citer celles du *Dôme*. Elle est du xve siècle. Sa façade est incomplète, mais elle rachète ce défaut par la présence de deux statues qui appellent l'attention. Elles représentent *le Jour* et *la Nuit*, et sont l'imitation, par *Clementi*, des deux fameuses statues de Michel-Ange, que nous verrons à Florence. Ce même Clementi a décoré l'intérieur du sanctuaire.

La *Madona della Ghiava* décore l'entrée, dans la ville, de la Voie Emilienne, qui y prend le nom de *Corso*. Cette église, croix grecque, est de 1597, a une architecture remarquable, et possède des fresques de *Lucca Ferrari*, de *Tiarini*, etc., avec une crucifixion de *Guerchin*.

Le Corso est décoré, en outre, par un obélisque en granit, élevé en 1842 sur la *Piazza Aldegonda*, pour perpétuer le souvenir du mariage du Grand-Duc, et par le monument de la Douane qui frappe le regard par ses lignes imposantes.

Vous souvient-il de l'*Orlando Furioso*, ma bonne mère? Vous en avez souvent admiré les grands coups d'épée !

Eh bien ! si la gloire de Parme est tout entière dans son immortel Corrége, la gloire de Reggio est tout entière dans son immortel *Arioste*, l'auteur de *Roland Furieux*. Oui, c'est à Reggio que Ludovico Ariosto reçut le jour, en 1474, de Nicolo Ariosto, gouverneur de la ville. Aux avantages de la figure il joignit de bonne heure un esprit aimable, un caractère doux et affectueux : il eut pour sa mère le plus tendre attachement. Apprécié par les ducs de Ferrare, de la Maison d'Este, ils le fixèrent à leur cour, et l'admirent dans leur intimité. Il passa près d'eux sa vie, partageant son temps entre les affaires et la poésie. En 1512, il fut député par le duc Hercule Ier, auprès du pape Jules II. En 1521, on le chargea d'étouffer des troubles qui s'étaient élevés dans une province infestée par des brigands. Il tomba entre leurs mains, mais en apprenant son nom, ces drôles, qui avaient de la littérature sans doute, le laissèrent partir en le comblant de marques d'honneur. Enfin, vint l'année 1516. Alors, au milieu des divertissements de toute espèce, et malgré les plaisirs qui n'avaient cessé de lui tendre leurs piéges, l'Arioste fit paraître son fameux poème Orlando Furioso, dont aussitôt le monde entier s'empara, et qu'il admire encore. Avec quel talent ne raconte-t-il pas les exploits des paladins, mêlant avec un art inimitable le plaisant et le sérieux, le gracieux et le terrible, et faisant marcher de front une foule d'actions diverses auxquelles il sait également intéresser. Qui n'admirerait les hauts faits de la redoutable Balisarde? Voilà une épée comme j'en voudrais une à tous nos Français!

— Monsieur Galland, contez-nous donc un de ces contes que vous contez si bien!! disaient bien des voix, gracieusement railleuses, en s'adressant à l'auteur des Mille et une Nuits.

— Maître Louis, où donc prenez-vous toutes les farces et toutes les plaisanteries dont fourmille votre livre? dit à l'Arioste le cardinal d'Este, lorsque l'auteur lui fit présent de son ouvrage.

Pour moi, chère mère,

Si Peau-d'Ane m'était conté,
J'y prendrais un plaisir extrême.

C'est vous dire combien me charme l'œuvre épique de l'Orlando Furioso.

Quand une longue série d'années a passé sur les cendres d'un grand homme, c'est une chose bien curieuse que de consulter les divers jugements qui ont été portés sur le plus ou le moins de génie qui recommande ses ouvrages à la postérité. L'Arioste, ce premier Homère de l'Italie, n'a pas plus échappé qu'un autre aux critiques exagérées et aux louanges absolues. Si le cardinal d'Este accueillit assez mal le Roland Furieux, l'illustre poète eut le revers de la médaille pour consolation. De son vivant, son Roland fut mis bien au-dessus du *Roland de Boïardo* et du *Morgante de Pulci*. (1) Vous ne soupçonnerez pas Boileau lorsqu'il s'écrie :

> J'aime mieux Arioste et ses fables comiques
> Que ces auteurs toujours froids et mélancoliques.

Voltaire, dont l'ongle de lion a si cruellement déchiré la chair de ses ennemis, et dont la plume était si complaisante pour louer ses flatteurs, dit à son tour du poète de Reggio : « Non-seulement l'Arioste a le mérite de l'invention, mais il a jeté les petites aventures dans un long poème où elles sont racontées à propos. Le style en est toujours pur ; aucune longueur, aucune faute contre la langue; point d'ornements étrangers. Enfin il est peintre, et très-grand peintre. C'est le premier mérite de la poésie... »

Du reste, dès sa plus tendre jeunesse, Arioste avait montré les dispositions les plus heureuses, surtout pour la poésie, cette mère des langues. Enfant, il composait *Pyrame et Thisbé*, qu'il faisait jouer sur un petit théâtre par ses frères et ses sœurs, artistes de famille au nombre de dix. *Plaute* et *Térence* (2) lui fournirent l'idée de deux comédies qui ont eu leur renom et que l'on retrouve dans ses œuvres, *Cassandra* et les *Supposti*. Mais ce n'était là qu'une misérable préface à son Orlando qu'il mit onze ans à conduire à terme, mais dont il fit un chef-d'œuvre.

Inutile de vouloir rechercher lequel est le plus admirable de l'Arioste, du *Tasse*

---

(1) *Boïardo*, célèbre poète italien, né à Sandiano, près de Reggio, dans le duché de Modène, vers 1434. Il fut l'auteur de *Roland Amoureux*, épopée romanesque en III livres.

Ludovico Pulci, né à Florence, en 1432, chanoine de cette ville, auteur du poëme *Morgante Maggiore*, mélange bizarre de sérieux et de comique, et d'odes et de sonnets.

(2) *Plaute*, poète comique latin, né vers 227, à Savsim, en Ombrie.

Terentius Afer, poète comique latin, né vers 193 avant J.-C , en Afrique, et probablement à Carthage.

ou du *Dante* : chacun d'eux, dans son genre, est inimitable, et... Oh! pardon, ma bonne mère, je m'aperçois que je parle en rhétoricien frais émoulu et que je vais vous assoupir avec mes somnolentes tirades. Je m'arrête, ne voulant plus vous dire qu'une chose, à savoir que l'Arioste avait été riche et aimait le luxe. Il fut cependant obligé de se borner à faire construire une maison petite, mais commode, dont il couronna la porte du distique que voici :

> Parva, sed apta mihi, sed nulli obnoxia, sed non
> Sordida, parta meo sed tamen ære domus (1).

Nous verrons cette maison, lors de notre séjour à Ferrare, mais, hélas! l'an prochain seulement. Au fait une année passe si vite, trop vite!

Voici ce que dit le président de Brosses de son passage à Reggio : « Nous ne fîmes que traverser Reggio sans nous y arrêter. Reggio me paraît aussi grand que Modène, mieux percé et mieux bâti. On y tient tous les ans une foire assez fameuse, pendant laquelle la cour de Modène vient à Reggio se divertir. La route de Reggio à Parme est presque toute de prairies arrosées par une petite rivière qu'il faut traverser... » Vous voyez que je suis beaucoup plus prolixe que le fameux président : ne m'en voulez pas.

D'ailleurs nous quittons Reggio, après un repas passablement substantiel où nous avons dégusté, en votre honneur, un certain vin blanc sucré, qui a nom *Scandiano*, et savouré une tourte de lait caillé et d'herbages fins, *erbazzone*, que je recommande aux voyageurs.

Bientôt *Rubiera*, petite place fortifiée, se montre à nous, profilant sur le

---

(1) Petite, mais disposée tout exprès pour moi, ne nuisant à personne,
Propre, et construite à mes frais, telle est cette demeure.

ciel bleu les assises de ses remparts. Jadis Rubiera était un fief relevant de la famille Boïardo, qui demeurait à *Scandiano*, village voisin. Cette bourgade de Scandiano, fort peu importante, a donné le jour au comte *Matteo Maria Boïardo* ou *Bojardo*, l'illustre poète dont je vous parlais tout à l'heure à l'occasion de l'Arioste. C'est une chose fort étrange, qu'à Reggio et à Scandiano, deux petites cités, sœurs l'une de l'autre et florissant sous le même soleil, à une lieue l'une de l'autre, soient venus au monde deux poètes, illustres au même titre, l'Arioste pour son Orlando Furioso, Matteo Boïardo pour l'*Orlando Inamorato*. Il est vrai que c'était l'époque où l'on chantait la Chevalerie. Aussi, dans son livre, le poète de Scandiano mit-il en scène les Agramant, les Astolphe, les Gradasse, et *tutti quanti*. Malheureusement ce poème était à peine achevé que son auteur mourut. C'était en 1494. Cet ouvrage fut retouché, augmenté, et refondu d'abord par *Agostini*, puis par *Domenichi*, et en dernier lieu par *Berni*, l'inventeur, en Italie, du genre *bernesque*, que nous devons traduire, nous, par burlesque.

Nous traversons ensuite le torrent de la *Secchia*, qui sort du versant septentrional des Apennins, et va se jeter dans le Pô, assez près de *Rovère*, sur les confins du royaume Lombard-Vénitien. Nous y trouvons les restes d'un pont romain, devant lequel M. Valmer reste une bonne demi-heure en extase.

Enfin, après avoir traversé une large plaine qui en mille endroits offre toutes les apparences d'un *pomarium*, d'un véritable verger, voici que de distance en distance nous avons à franchir sur de très-longs ponts de très-larges torrents que les chaleurs de l'été ont complètement taris, et continuant notre belle avenue de la Voie Emilienne, qu'ombragent à partir de là des arbres séculaires dont les cintres commencent à prendre la rouille de l'automne, nous avons devant nous la chaîne bleuâtre des Apennins, en quelques endroits fort élevée.

Une heure après, nous sommes à Modène, au beau milieu d'une plaine humide et cependant fertile, entre la Secchia que nous laissons à l'arrière et le *Panora* qui coule entre la ville et les Apennins, et enfin en tête d'un canal qui, partant de la porte orientale du Castello, va se jeter dans le Panaro, tributaire du Pô, et mettant cette partie de l'Italie en communication avec la mer Adriatique. Mais nous sommes volés : Modène n'est pas une capitale, c'est une bicoque, tout ce qu'il y a de plus bicoque.

Représentez-vous un pentagone allongé; entourez-le d'un mur de circonvallation; dressez une citadelle au nord-ouest; entourez le tout de deux rangs d'arbres dominant le rempart et formant une allée circulaire. A l'intérieur percez des rues assez droites; bordez-les de maisons passablement bâties. Placez des portiques dans la plupart de ces rues. A la voie principale, qui perce la ville comme une flèche, la Voie Emilienne toujours, donnez le nom de *Corso della Via Emilia*, allant de la *Porta San-Agostino*, au nord-ouest, à la *Porta a Bologna*, au sud-est; créez une place, *Piazza Grande*, au centre de la cité, et sur le côté méridional du Corso; à l'entour faites tourner quelques rues concentriques, fort irrégulières; sur cette Piazza Grande, édifiez le *Dôme*, avec porche à colonnettes portées par des lions, toujours dans le style lombard; à l'extrémité et sur le côté nord du Corso, près de la *Porta di Milano*, élevez la *Chiesa di San-Agostino*, et sur le *Corso di Canale Grande*, qui coupe la via Emilia à angle droit, l'*Eglise de San-Vincenzo*; enfin, au sud, placez, fort largement assis, le beau et très-vaste *Palais-Ducal*, avec ses *Jardins*, ses dépendances, *Bibliothèque*, *Galerie de Tableaux*, *Casernes*, *Théâtre*, etc. Gonflez le tout de vingt-huit mille six cent cinquante-un habitants,

Et vous aurez la stéréoscopie de *Modène*, *Modena* en italien, l'antique *Mutina*, c'est-à-dire une petite ville comme Clermont-Ferrand ou Quimper-Corentin.

Cependant je dois dire qu'elle ne laisse pas d'être pittoresque. La *Tour Ghirlandina* qui domine le Dôme, et que l'on prétend être l'une des plus hautes de l'Italie, lui donne, avec l'aide de quelques autres monuments, un relief qui parle à l'imagination.

D'ailleurs Modène a son auréole de souvenirs historiques et de grands souvenirs! Toute une pléiade de noms fameux se rattache à ses fastes. Je vais vous les citer rapidement, l'espace de temps qu'un feu d'artifice met à lancer dans l'ombre les gerbes de ses feux éblouissants.

D'abord les Etrusques, ce premier peuple de l'Italie, si grand dans les arts, si glorieux par les armes, ont fondé Mutina, notre Modène.

Ensuite les Gaulois, nos ancêtres, chère mère, l'ont occupée pendant bien long-temps, ainsi que les autres villes du nord. Pour vaincre et éteindre leurs belliqueuses peuplades, contre lesquelles l'énergie romaine émousse les armes de bien des légions, il ne faut pas moins qu'une armée nombreuse commandée par un consul. *T. Sempronius Longus* réussit enfin à chasser les Gaulois Boïens; toutefois, s'il en triomphe, leur esprit révolutionnaire et sauvage subsiste long-temps après eux.

Mais alors commence une grande tragédie dont Modène doit voir le dénouement s'accomplir dans les plaines qui l'entourent.

On est à l'an 100 avant Jésus-Christ. Vient de naître, à Rome, *Caius Julius César*. L'enfant est neveu de Marius, l'homme qui, dans la capitale du monde, représente le parti plébéien, alors que Sylla est le chef du parti patricien. Proscrit de bonne heure par ce dernier, le jeune parent de Marius s'exile en Bithynie. Mais les vers qui rongent Sylla vivant l'ont enfin livré à la mort, dans sa solitude de Pouzzoles, près de Naples. César revient à Rome, se livre à l'étude de l'éloquence, et sait capter la faveur populaire en relevant les statues de Marius, son oncle. Préteur en l'an 61, on l'envoie en Espagne où il fait quelques conquêtes : à son retour, en 69, il est créé consul. Ne laissant alors à son collègue, Bibulus, qu'une ombre d'autorité, notre héros s'associe à Crassus et à Pompée, et forme avec eux le fameux *Premier Triumvirat*, qui leur assure un pouvoir absolu. Aussitôt, pendant que Crassus va porter la guerre aux Parthes, et se faire tuer dans la tente de Surena, leur général; pendant que Pompée épouse Julie, la sœur de César, qu'il fait administrer par ses lieutenants l'Afrique et l'Espagne, ses deux gouvernements, et qu'il reste à Rome, où il cherche à dominer le sénat; César qui a pris pour lui le gouvernement des Gaules, y passe dix années à faire la conquête de ce pays et de la Grande Bretagne, et à écrire ses glorieux Commentaires. Mais enfin il apprend à Lutèce, que Pompée cherche à l'éclipser, à se gagner le peuple par ses largesses, et peut-être même à usurper à lui seul le souverain pouvoir. La tête de César s'exalte : il est jeune, il est beau, il parle comme un rhéteur, pense comme un philosophe, et raisonne comme un ambitieux. Que lui importe que l'édit du sénat défende à un général romain de franchir, avec une armée, le petit filet d'eau que l'on nomme Rubicon, et qui sert de limites à la Gaule Cisalpine et à l'Italie proprement dite! Il quitte la Gaule, à la tête de son armée couverte de lauriers, franchit les Alpes, saute par-dessus le Rubicon, et arrive à Rome avec ses légions, alors qu'on le croyait encore à Thulé ou dans les montagnes des Pictes. Pompée, suivi du sénat, trouve à peine le temps de se sauver en hâte. Aussitôt César entre dans la ville, en maître, et se fait donner la dictature. Puis, comme un aigle qui fond sur sa proie, le voici qui prend son vol, bat en Italie et en Espagne les lieutenants de Pompée, l'atteint lui-même à Pharsale, en Thessalie, au nord de la Grèce, où il arrive d'Espagne, ainsi qu'un éclair rapide, remporte sur lui la victoire la plus décisive, et le force à se réfugier en Egypte. Mais à peine Pompée met-il le pied sur le rivage qu'il est égorgé par un soldat de Ptolémée. César arrive. On lui présente cette tête, comme un présent d'heureux augure. Mais généreux dans ses succès, à cette vue, César laisse échapper des pleurs, plaint le sort de son ennemi, et, pour le venger, détrône Ptolémée, qu'il remplace par la belle Cléopâtre. Alors, d'Egypte César court en Asie, tombe sur le roi de Pont, Pharnace, lui ravit son sceptre, et écrit à Rome, sur un papyrus appuyé en hâte sur son genou, cette lettre laconique et sublime :

— *Veni, vidi, vici !* Je suis venu, j'ai vu, j'ai vaincu !

Puis, comme il est fort pressé, le géant s'élance vers l'Afrique, il y détruit l'armée républicaine que commandait Caton et Métellus Scipion, qui redoutent son ambition et veulent lutter contre le *tyran*. Mais Metellus est broyé par le terrible César, et Caton va s'enfermer dans Utique et s'y perce de son épée. D'Afrique César saute en Espagne, où le ferment pompéïen subsiste encore. Il rencontre, à Munda, Sextus Pompée, le frère de Cnéïus, lui passe sur le ventre et détruit ses légions. Enfin il revient à Rome, y reçoit les honneurs du triomphe, et se fait décerner la dictature perpétuelle. Alors, maître absolu du pouvoir, César n'en use que pour le bien. Il pardonne à tous ceux qui ont besoin de pardon, embellit Rome, fait creuser un port à l'embouchure du Tibre, réforme les lois, crée un nouveau calendrier, fonde des établissements de haute utilité, etc., etc...

Cependant les Romains, dont l'âme conserve encore l'antique amour de la vieille république des Publicola et des Manlius, s'imaginent que César veut se faire roi. Une conspiration se forme dans l'ombre. Elle a pour principal moteur *Brutus Junius*, que César aime cependant, qu'il comble de bienfaits, qu'il appelle son fils, et qui l'est, dit-on. César a déjà pardonné à Brutus, car Brutus, qui a épousé Servilia, sœur de Caton, lui aussi, comme Caton, traite César de tyran, et a combattu contre lui à Pharsale. Après Brutus, *Cassius* est le plus ardent des conjurés. Ami de Brutus, il en a épousé la sœur, Junie, et les deux rigides républicains gagnent chaque jour, dans l'ombre, des partisans à leur cause protégée par le silence de la haine.

Or, voici qu'à une fête publique, Marc Antoine, un des plus zélés partisans de César, général courageux qui commandait l'aile droite de la cavalerie à la bataille de Pharsale, ne craint pas, sous les yeux mêmes de ses ennemis, de présenter à César un diadème royal. César le refuse ; mais Cassius et Brutus ont compris le symbole : César doit périr.

Le 15 mars de l'an 44, dans une curie où le sénat est assemblé, non loin du théâtre de Pompée, et en un lieu qu'occupe à cette heure, à Rome, la Chiésa de Sant'Andréa della Valle, au moment où César veut prendre la parole, les conjurés l'entourent soudain, fondent sur lui, et pendant que César s'enveloppe la tête de sa blanche toge, en apercevant Brutus au premier rang le poignard à la main, il tombe, inondé de sang, en s'écriant :

— *Tu quoque Brute!* Toi aussi, ô Brutus, mon fils!

Alors, pendant que Rome est en deuil et fait à César des funérailles royales, Brutus se réfugie à Modène. Il voit dans cette ville un asile où domine l'esprit révolutionnaire, où l'on trouve un levain perpétuel de révolte, et des courages bouillants. Il s'enferme donc dans la ville avec des troupes nombreuses. Mais à peine Marc-Antoine a-t-il prononcé le discours d'un tribun sur la dépouille sanglante de César, qu'il ameute le peuple contre ses assassins, et, suivi de légions de volontaires, poursuit Decimus Brutus à Modène, qu'il investit et dont il fait le siége. Mais, d'autre part, si Antoine agit avec vigueur, le sénat voit dans cet ami dévoué de la victime un ennemi de la république et envoie contre lui les consuls Hirtius et Pansa.

Cette guerre nouvelle prend le nom de *Bellum Mutinæ*, *Guerre de Modène*.

Cependant un jeune personnage, aux traits doux et fins, à l'âme candide et pure, on le croit du moins, apparaît sur la scène. *Octave*, fils du sénateur Octavius et neveu de César, né à Rome en l'an 63, privé de son père, mais adopté par son oncle, âgé seulement de dix-huit ans, étudiait en Grèce, quand il apprend que César a péri sous le poignard. Il accourt aussitôt, recueille l'héritage énorme que lui laisse le défunt, le distribue au peuple, malgré sa jeunesse force Antoine à restituer une partie des biens de son oncle qu'il a détournés, et marche contre lui, à Modène, avec les consuls Hirtius et Pansa. Alors l'armée sénatoriale, aidée des légions que soudoie le jeune Octave, arrive sous les murs de la ville. Mais elle apprend que, le matin même, le consul Pansa, envoyé en avant, a été battu dans la plaine qui s'étend au sud de Modène. Aussitôt, par un mouvement précipité, elle fond sur le camp d'Antoine, le contraint à sortir de ses lignes, et le soir même, dans la même plaine, une seconde bataille donne la victoire à Hirtius et à Octave.

Antoine est obligé de lever le siége de Modène.

Aussitôt Brutus, profitant du répit qui lui est accordé, se réunit à Cassius, et remontant, avec lui, les côtes occidentales de la mer Adriatique, il passe au nord de cette mer, en descend les côtes orientales, et conduit en Macédoine l'armée républicaine et tout ce qui reste désormais d'espoir à l'antique démocratie de Rome.

Antoine, vaincu, et Octave, vainqueur, comprennent, chacun de son côté, que le sénat romain veut les perdre l'un par l'autre. Ils entrent bientôt en pourparlers et se réconcilient. Comme gage de cette amitié nouvelle, Octave donne à Antoine sa sœur Octavie en mariage. Puis, pour fortifier leur union, un triumvirat leur parut nécessaire. Ils s'adjoignirent donc *Emilius Lépide*, que César s'était donné pour collègue dans son consulat, et dont il avait fait le général de sa cavalerie pendant sa dictature. Ces trois hommes, en quittant Modène, se rendent à Bologne, et de là, pour être plus recueillis, dans une petite île du *Reno*, rivière sortant des Apennins, sur les versants du levant, et courant vers le Pô, à travers les campagnes de Bologne et de Ferrare. C'est un retiro pittoresque, mystérieux et calme, que nous visiterons dans notre excursion de l'année prochaine. Nous y évoquerons le souvenir de cette mémorable entrevue. Là, Octave, Antoine et Lépide, accompagnés à distance de forces prêtes à les défendre les uns contre les autres, passent trois jours entiers à discuter et à établir les bases et les conditions du pouvoir nouveau qu'ils veulent donner à Rome, et à se sacrifier mutuellement ceux des Romains qui leur portent ombrage : Cicéron, l'ami d'Octave, par exemple, à Antoine, ou plutôt à Fulvie, sa première femme, contre qui l'éminent orateur a commis un crime irrémissible en révélant qu'elle porte de faux cheveux; Paulus, frère de Lépide, remarquez bien, ma mère, le frère de Lépide, à Octave, etc. Toutes choses bien fixées, et trois ou quatre mille noms d'hommes fameux, mais qu'ils détestent l'un ou l'autre, à des titres différents, inscrits sur leurs tablettes, et le *Second*

Triumvirat décrété par ses auteurs mêmes, Octave, Antoine et Lépide retournent à Rome, où ils débutent par d'horribles proscriptions, et d'où ils remplissent l'Italie d'exécutions sanglantes.

Cependant Brutus et Cassius sont toujours en armes dans la Macédoine. Octave et Antoine se décident à marcher contre l'armée républicaine. Les légions romaines des deux partis se rencontrent dans les vastes plaines de Philippes. La bataille est sanglante, mais décisive. Le parti républicain est anéanti.

Brutus se tue de désespoir. On dit qu'il s'écrie, en mourant :

— Vertu, tu n'es qu'un nom !

Mais cette parole horrible n'a rien d'authentique.

De son côté, Cassius qui commande l'aile gauche de l'armée, et qui a Antoine en tête, ayant plié et croyant Brutus battu d'autre part, se perce de son épée. On le surnomme le *Dernier des Romains*.

Alors les Triumvirs se partagent l'empire romain.

Octave se réserve l'occident tout entier, la part du lion. En effet, Octave est, non le plus fort, il est lâche, mais le plus rusé.

Lépide obtient l'Espagne et la Gaule Narbonnaise. Mais bientôt ses collègues, qui le méprisent, lui enlèvent ses gouvernements et le réduisent seulement à l'Afrique. Puis enfin ils le mettent tellement de côté dans l'administration, que Lépide, content du titre de grand pontife qui lui rapporte des sommes immenses, se prend, pour occuper ses loisirs et dépenser ses trésors, à mener à fin cette Voie Emilienne sur laquelle je vous ai dit que nous chevauchions naguères de Plaisance à Parme, et de Parme à Modène.

Quant à Antoine, il obtient la Grèce et l'Asie. Mais ayant mandé à Tarse, pour qu'elle eût à répondre à quelques accusations, la fille de Ptolémée-Aulète, la trop belle Cléopâtre, reine d'Egypte par le fait de César qui l'a substituée à son frère, Ptolémée XII, meurtrier de Pompée, Antoine s'enamoure de cette femme au point de répudier, pour l'épouser, Octavie, sa seconde femme, sœur d'Octave. Celui-ci saisit cette occasion pour rompre avec Antoine. Bientôt après, les deux rivaux se livrent, près d'Actium, dans le golfe d'Ambracie, sur les côtes occidentales de la Grèce, une grande bataille navale qui décide du sort du monde. C'était en 31 avant Jésus-Christ. Antoine n'était qu'à demi-vaincu, lorsque voyant s'échapper du combat Cléopâtre et les galères égyptiennes, lui aussi prend la fuite, et laisse ses vaillants soldats tomber comme une hécatombe sous le glaive du vainqueur. Les deux fugitifs vont s'enfermer dans Alexandrie. Mais Antoine apprenant qu'Octave le suit de près, et craignant de tomber entre ses mains, se donne lâchement la mort. Quant à Cléopâtre, confiante en ses attraits, elle espère séduire le dernier Triumvir. Mais voyant bientôt mépriser ses avances, et ne voulant pas être mise, vivante, à la discrétion de l'insensible Romain, elle se fait piquer le bras par un aspic et meurt à la fleur de son âge, en l'an 30. Avec elle finissent et la dynastie des Lagides, fondée par Ptolémée, fils de Lagus, général d'Alexandre le Grand, et l'indépendance de l'antique Egypte.

De retour à Rome, Octave reçoit du sénat, qui n'ose plus lutter, et convertit sa haine secrète en basses adulations, les titres de *Prince du Sénat*. Prince du sénat ! C'est une royauté déguisée. Octave endosse donc la pourpre impériale, et se fait empereur, le *Premier Empereur de Rome*, sous le nom d'*Auguste*. Rome perd tout-à-fait sa liberté mourante depuis un demi-siècle.

Ainsi se trouve mise à fin la guerre de Modène.

Ruinée dans les guerres de l'empire créé par Auguste, et qui tomba en décadence presque dès son origine, au temps de saint Ambroise, Modène était tellement déchue, que, dans une de ses lettres, ce père de l'église l'appelle un cadavre. Rétablie par Constantin, elle fut de nouveau saccagée par les Goths et les Lombards, les premiers conduits par Attila, et gouvernés par Théodoric; les seconds ayant à leur tête le célèbre et farouche khakan Alboin, dont j'ai du vous parler dans quelque lettre précédente. Quand Charlemagne mit fin à la lourde domination des khakans Lombards dans la personne de Didier, et qu'il eût effacé d'entre les peuples la race lombarde, Modène redevint florissante.

Alors, d'après la volonté de Charlemagne, Modène devint un apanage des papes. Ceux-ci, à leur tour, la laissèrent tomber au pouvoir de la république de Venise. Des mains des Vénitiens, elle passa ensuite à celles des ducs de Milan et de Mantoue. Ceux de Ferrare la dominèrent également, et, comme toutes les villes lombardes, elle eût des tyrans, au milieu du xiiie siècle, qui excitèrent dans ses murs des dissentions intestines dont elle fut toujours victime.

Enfin elle parvint à se constituer en république, à l'exemple de la plupart des autres villes du nord de l'Italie. Mais ces petites républiques, si jalouses de leurs libertés au-dedans, ne se faisaient aucun scrupule d'attenter au-dehors à la liberté des autres. Ainsi Modène et Bologne, très-voisines l'une de l'autre, furent long-temps en guerre. Ces longues querelles sanglantes avaient souvent le motif le plus frivole. Ainsi les citoyens des deux cités s'irritèrent un jour à l'occasion d'un malheureux seau de puits dont les Bolonais ne voulaient pas permettre l'usage aux Modénois. Ceux-ci jurèrent non-seulement qu'ils se serviraient du seau lorsqu'ils iraient aux foires et aux marchés de Bologne, mais encore qu'ils s'en rendraient maîtres et possesseurs. En effet, par une nuit noire, de braves Modénois pénètrent dans Bologne dont ils ont fait ouvrir les portes en y arrivant sur divers points à la fois pour dissimuler leur nombre. Le seau est enlevé avec adresse; on le sort de la ville. La bande rejoint bientôt l'heureux porteur du seau, qui fait son entrée triomphale, le lendemain, en plein jour, dans la ville de Modène, tout entière debout pour le recevoir et faire honneur à cette conquête d'un nouveau genre. Alors la *Secchia rapita* (1), le Seau enlevé, est placée dans le lieu jugé le plus digne pour le mieux recevoir, c'est-à-dire dans la Ghirlandina, ce donjon du Dôme, élevé de plus de deux cents pieds, ne ressemblant en rien à une guirlande dont cependant il porte le

---

(1) La *Secchia rapita* a fourni le sujet à un poëme héroï-comique au poète italien *Alessandro Tassoni*, né en 1565, à Modène, et mort en 1635. Tassoni fut secrétaire du cardinal Ascagne Colonna, puis du duc de Savoie, et s'attacha enfin au duc de Modène, François Ier, qui le créa conseiller. Il savait beaucoup de physique, de géographie, d'histoire, de littérature. Mais son ouvrage principal est la *Secchia rapita*, placé trop bas par Voltaire, dans ses jugements littéraires, et trop exalté par *Apostolo Zeno*, critique et poète, né à Venise, en 1668.

nom. C'est encore là qu'aujourd'hui se trouve ce glorieux seau de bois, et c'est là que demain nous irons visiter cette étrange *dépouille opime*.

Cependant les Bolonais prennent leur revanche, et inspirent de telles terreurs aux Modenois, que ceux-ci, voyant des Bolonais dans les nuages, sous les bois, aux angles de leurs demeures, ne mangent plus, ne dorment plus, ne vivent plus. Un tel état de choses doit changer. Que faire ?

Il est une famille fameuse dont la renommée entretient sans fin les régions d'alentour. On parle de la noblesse de ceux qui la composent, des jeunes femmes qui décorent de leur beauté les branches de cette maison, du château qu'elle habite, des splendeurs qu'elle déploie, des tournois et des fêtes qu'elle donne, des spectacles auxquels elle convie ses vassaux, de la bonté, de la générosité, des grandes qualités qui distinguent tous ses membres.

Cette famille est la *Maison d'Este*, qui prend son nom de la petite cité d'Este, voisine de Padoue, l'un de ses fiefs. Son château, c'est le *château de Ferrare*, haute citadelle fortifiée, qui n'a de farouche que la mine ; car au-dedans on marche sur des tapis, les murailles sont cachées sous le velours, les dressoirs, les cristaux, la plus riche orfévrerie : tout y charme le regard et enchante les sens. Le menu-vair, la soie brochée d'or, lamée d'argent, les longues tresses de cheveux noirs confondues avec des nattes de perles, les colliers d'émeraudes, les bracelets de rubis et d'opales, des parements éblouissants de richesse s'étalent à toutes les ogives du manoir, sortent par toutes les poternes, s'éparpillent dans les cours et les promenoirs à donner envie de les voir à tous les manants qui cheminent et s'arrêtent pour les contempler près des huis entr'ouverts. Et quand les haquenées de ces dames passent sous la herse et prennent la grande allée qui fait face à la ville, que les palefrois secouent les caparaçons de lampas et agitent leurs sonnettes d'or, que les pages et varlets s'avancent donnant de la trompe, la plume au vent et la dague au côté, oh ! c'est alors si radieux passe-temps, que de dix-huit lieues à la ronde on vient tout exprès à Ferrare, pour voir la brillante chevauchée des seigneurs en pourpoint brodé d'hermine et plastronné de camaïeux. Que sont les Visconti, de Milan, les Carrare, de Padoue, les Scaliger, de Vérone, et les Gonzague, de Mantoue, auprès de la dignité, de la magnificence et de la beauté des d'Este, de Ferrare ? Des paysans en hoqueton, et voilà tout ; des mannequins en surcot, et pas plus !

Tels sont les récits que l'on fait à Modène; et l'on se répète toute la généalogie des d'Este, leur puissance, leur force, et la valeur de leur protection, si... on peut l'obtenir.

Le petits-fils du margrave Albert, marquis de Milan, Gênes, etc., en 960, *Albert Azzo*, est la souche de cette illustre famille, la plus noble de l'Europe, peut-être. Elle est alliée à la Maison des Brunswick, qu'a fondée naguère *Henri-le-Noir*, duc de Bavière.

Abbizo I, petit-fils d'Albert Azzo, a pris tout récemment le titre de marquis d'Este, et il a été nommé podestat de Padoue, en 1182.

Puis ces d'Este ne sont pas Gibelins, comme tous les grands seigneurs du voisinage; tout au contraire, ils sont Guelfes ou du parti du peuple; car voyez : *Azzo V*, fils d'Abbizo I, après avoir épousé, en 1176, Marchesella des Adelards, fille de Guillaume, chef des Guelfes de Ferrare, s'est fait capitaine des Guelfes, à son tour, et commande à tous les Guelfes de la Vénétie, contre les partisans des empereurs d'Allemagne ou Gibelins.

Azzo VI, son fils et son successeur, a battu les Gibelins, en 1208, et s'est fait reconnaître seigneur de Ferrare et de Vérone.

Puis, de 1215 à 1264, son second fils, *Azzo VII*, a régné sans laisser de trop mauvais souvenirs.

Quant à *Obbizo II*, qui vient de prendre la couronne seigneuriale lorsque les Bolonais font éprouver de si cruelles anxiétés aux Modenois, on en dit tant de bien, que Modène se décide à lui envoyer une ambassade, à Ferrare, avec mission de lui crier merci et de le conjurer de prendre sous sa protection puissante la ville de Modène et de son territoire tant que les Bolonais se livreront à des menaces et feront des incursions sur leurs domaines. Certes! Obbizo accepte la tutelle, il l'accepte pour toute la durée du danger, il l'accepte pour plus long-temps encore, le bon Obbizo. Comment refuser de prendre en aide et protection ceux qui souffrent et se mettent à votre merci. Il se fait donc protecteur de Modène; puis, tout doucement, de protecteur courtois il devient, petit à petit, maître et souverain. En vérité, c'est le tenter trop fort que se placer ainsi sous son aile. Peut-on raisonnablement compter que l'aigle desserrera sa griffe pour lâcher une proie si bénévole, qui, d'elle-même, est venue se mettre dans ses serres. Oh! non, non. Obbizo II garde donc Modène comme un fief désormais acquis, et transmet à ses descendants la nouvelle seigneurie qu'il vient de se créer à si peu de frais. Modène ne dit mot... Les Bolonais sont si voisins, et froncent leur moustache de façon à faire trembler si fort! Qu'ils viennent donc, maintenant que la Maison d'Este veille, et que Modène a ses livrées !...

Après Obbizo II, *Hercule I*, prince belliqueux, et cependant ami des lettres, règne donc sur Modène, comme sur Ferrare, comme sur Este. Il est même le premier prince de la Maison d'Este qui reçoit et prend le titre de duc de Ferrare et de Modène.

Vous souvient-il, ma tendre mère, de cette charmante, douce et fière *Béatrix d'Este*, pure colombe dont le blanc plumage alla s'allier à la pelure bistre de Ludovic Sforza, le farouche Ludovic le Moré, qui la prit pour épouse, et l'emmena prendre gîte au ténébreux castello de Milan? Vous souvient-il de ce magnique portrait que fit de cette Béatrix d'Este le bon Léonard de Vinci, portrait dont s'enorgueillit à cette heure le palais des Grimaldi, à Gênes, d'où nous vous en avons loué la splendeur? Eh bien! cette Béatrix d'Este est la fille d'Hercule I, dont je vous entretiens en ce moment.

Cet Hercule est noble seigneur, vaillant paladin, grand amateur des lettres et des arts, je l'ai dit. Aussi voit-on à sa cour, aux fêtes, aux tournois, non-seulement gentes dames et braves champions, mais aussi les plus fameux lettrés de l'époque, et Boïardo, l'auteur de l'*Orlando Inamorato*, et l'Arioste, l'auteur de l'*Orlando Furioso*, et celui-ci, et celui-là.

Mais voici qu'*Alphonse I*, fils d'Hercule, épouse, en 1502, la trop belle et trop célèbre fille des Borja, *Lucrèce Borgia*, issue de cette famille romaine, originaire de la principauté d'Espagne qui a nom *Borja*. Le sang d'Espagne, mêlé au sang d'Italie, devait être un composé de force et de puissance. Dans Lucrèce Borgia, cette force et cette puissance se fondent en brûlantes passions. Femme de J. Sforce, seigneur de Pesaro, Lucrèce a conduit au tombeau ce premier mari. En second lieu, épouse d'Alphonse, fils du roi d'Aragon, Lucrèce ferme également les yeux à cet autre époux. Enfin, unie à un autre fiancé, Alphonse I d'Este, celui-ci, confiant et crédule, ne devine pas les pièges que son favori, Piez Bembo, tend à son honneur, par une liaison secrète avec Lucrèce. Il est tellement occupé des affaires de l'Etat! Ainsi, à la sollicitation du pape Jules II, voici cet Alphonse qui entre dans la *Ligue de Cambrai*, formée, en 1508, par l'empereur Maximilien I d'Allemagne, le roi de France Louis XII, le roi d'Aragon Ferdinand le Catholique, et le pape Jules II, contre la république de Venise, qui étend démesurément ses conquêtes et affiche d'exorbitantes prétentions. Le résultat de cette Ligue tourne au désavantage de la sérénissime république, qui perd sa plus belle province, la Lombardie vénitienne, la Polésine, et cinq villes du royaume de Naples. Mais ensuite, c'est avec Jules II lui-même, et son successeur, Léon X, qu'Alphonse a de longs démêlés.

Alphonse, qui, lui aussi, réside à Ferrare, compte parmi ses fidèles le bon Arioste et l'entoure de sa confiance. Le cardinal Hippolyte d'Este, le second fils d'Alphonse, Hippolyte d'Este encore, également cardinal, Bembo et Lucrèce, dont l'esprit et les talents n'ont pas de rivaux, l'Arioste, enfin et Boïardo, font alors de la cour des ducs d'Este, à Ferrare, l'un des principaux centres littéraires de l'Italie.

Dante déjà contribuait à fixer l'italien. Son génie donnait droit de bourgeoisie aux nombreuses exportations exotiques et légitimait les emprunts de divers genres dont la langue s'était formée. *Pétrarque*, archidiacre de Parme, du provençal faisait passer dans l'italien la souplesse et le poli de l'idiôme du midi de la France. *Machiavel* créait la prose, *Bembo* et *Lucrèce* instituaient la grammaire et réformaient l'orthographe; tandis que *Grazzini* et *Leonardi Salviati* (1) établissaient, en 1582, dans la célèbre *Académie de la Crusca*,

---

(1) *Grazzini Antonio Francesco*, surnommé le *Dard*, *il Lasco*, né à Florence, en 1503, fonda, en 1540, l'Académie des *Umidi*. Il fut exclu de cette société à la suite de querelles littéraires. Pour s'en venger, il fonda une nouvelle Académie qu'il nomma *della Crusca*, c'est-à-dire du *Son*, parce qu'elle avait pour but de trier les expressions de la langue, comme le bluteau sépare le *son* de la *farine*.

Salviati Leonardo, né à Florence, en 1540, fut un des grands adversaires du *Tasse*, et censura sa *Jérusalem Délivrée* avec aigreur. Il a beaucoup écrit. Il fut membre de l'*Accademia della Crusca*.

à Florence, une sorte de tribunal en matière de langues. L'italien demandait en effet le travail d'un long-temps. De toutes les langues de l'Europe, aucune n'a dans sa prononciation plus de douceur et de charme. Sauf un nombre d'exceptions tout-à-fait insignifiant, tous les mots se terminent par des voyelles. Ces finales, claires et sonores, sont principalement les *a*, *o* et *i*. La seconde de ces voyelles représente généralement toutes les désinences latines en *us* et *um*. La seule articulation particulière que l'on ait à signaler dans la prononciation italienne est celle que l'on rencontre dans la syllabe *gli*. Cette articulation correspond à notre *l* ordinaire suivie du son de notre *l* dite mouillée, puis de la voyelle *i*. L'accent italien est très-fortement marqué, et il produit d'autant plus d'effet sur l'oreille, et un effet agréable, que sa place varie, suivant les mots, de la dernière syllabe à la quatrième, à compter de la fin. Il en résulte une prosodie singulièrement musicale, qui permet de composer des vers hexamètres ou pentamètres au moyen d'une combinaison de syllabes accentuées et non accentuées correspondant à celle des brèves et des longues de la langue latine. Mais une des principales richesses du vocabulaire italien consiste dans ses nombreux augmentatifs et diminutifs, dont plusieurs, outre l'idée de grandeur ou de petitesse, exprime encore celles de gentillesse ou de laideur, d'affection ou d'aversion. Quoiqu'il soit étrange de vous entretenir de ces détails de linguistique, à l'occasion du cercle littéraire de la cour du duc de Modène et de Ferrare, ma bien-aimée mère, je suis bien aise de vous donner quelques exemples de ces diminutifs, etc., afin de vous faire bien comprendre quelle douce et suave harmonie nous berce agréablement les oreilles depuis que nous sommes en Italie. *Fiore*, fleur, fait *fiorellino*, petite fleur; *vento*, vent, *venterello*, petit vent; *biondina*, blonde, *biondina, biondinetta*; *Giovanna*, Jeanne, *Giovannina*; *Grazia*, gracieuse, *Graziella*; *cosa*, chose, *cosarella*, petite chose; *creatura*, créature, *creaturina*, petite créature; *Teresa*, Thérèse, *Teresina*; *Francesca*, Françoise, par contraction, *Checca*; *Giulia*, Julie, *Giulietta* et *Giulettina*; *fiume*, fleuve, *fiumicello*, petit fleuve; *ragazza*, jeune fille, *ragazzetta*, petite fille; *giovine*, jeune personne, *giovinetta*; *uccello*, oiseau, *uccessetto*, petit oiseau, etc. Des diminutifs, en passant aux augmentifs, on trouve *uomo* et *uomaccio*, gros homme, *donna*, femme, et *donnona*, grosse femme; *porta*, porte et *portone* grande porte; *casa*, maison, et *casone*, grande maison.

De tous les dialectes italiens que nous avons entendus jusqu'à présent, le *Piémontais* nous a semblé le plus semé de contractions, qui ramènent, pour l'oreille, bien des mots italiens à leurs correspondants français. C'est ainsi que *bisogno* y devient *bsogn*, et *mangiare* s'articule *mangé*. Le *Génois* se rapproche du

Provençal. Il est remarquable par la fréquence de la substitution qu'il fait de l'*r* à l'*l*, et par la présence d'un certain nombre de sons rauques et singuliers, qui semblent provenir du contact qu'ont eu les habitants avec les autres peuples dans leurs anciennes courses maritimes. Le *Bergamasque*, à deux pas de Milan, est le plus rude de ces dialectes, et cela par la multiplicité de ses contractions. Le *Milanais* et le *Haut-Lombard* suppriment les voyelles finales et souvent même les médiales. Ils ont en commun, avec le Piémontais et le Génois, les voyelles *eu* et *u*, et les nunnations *an*, *in*, *on*, *un*, ainsi que la consonne *j*, toutes valeurs phonétiques françaises, que l'on nous annonce ne devoir pas se retrouver dans le *Bas-Lombard* de Crémone et de Mantoue.

Voilà qui doit vous faire rire de me voir vous adresser un cours de langue italienne. Pardonnez-moi mon apparente pédanterie. Je veux simplement vous faire bien comprendre que je ne voyage pas sans remarquer ni observer. Vous savez ce que je sais en Italien ; mon savoir se réduit à zéro. Mais je suis tellement enthousiaste de cette belle langue, que je l'étudie en pratique de façon à l'écorcher dans ce moment, mais de manière à la posséder assez bientôt pour me tirer parfaitement d'affaire.

Peut-être vous ennuyé-je aussi des détails que je vous donne sur la maison d'Este; mais que voulez-vous? M. Valmer a positivement déteint sur moi. Je ne puis aller nulle part à présent que mon premier souci ne s'étende à connaître ce qui s'est passé dans les âges ténébreux, au moyen-âge, et dans les temps modernes, sur ce sol que je foule aux pieds, dans les vieux manoirs que je visite, au sein des cités que je parcours, le long des fleuves dont le courant m'entraîne, et sous les ombres séculaires des forêts que je traverse. D'ailleurs ce que je dis de la famille d'Este n'est qu'une exquisse très-rapide qui jette quelque détail sur Modène, fief de cette famille. Quand nous serons à Ferrare, l'année prochaine, évidemment nous aurons beaucoup plus de choses à en dire, puisque nous serons là sur le théâtre de sa gloire ou des événements qui l'ont frappée. J'achève donc mon rapide examen des divers chefs de cette illustre maison.

Alphonse II, petit-fils d'Alphonse Ier, règne à Ferrare et à Modène de 1559 à 1597. Ce jeune prince a passé déjà de longues années en France, à la cour de Henri II. C'est dire qu'il en rapporte l'urbanité, la courtoisie, les qualités chevaleresques d'alors. Mais il en arrive aussi imbu de l'amour des plaisirs, du luxe, et sacrifiant tout à son goût pour les fêtes, les tournois, les œuvrées d'appareil. Il convie, appelle et réunit autour de lui les peintres les plus habiles, les hommes de lettres les plus fameux de l'Italie entière. Parmi eux l'on distingue le *Tasse*, qui fait bruit alors par les prémisses magnifiques d'un talent annonçant des merveilles pour l'avenir.

Né à Sorrente, sur le golfe de Naples, en 1544, déjà *Torquato Tasso* a étudié le droit à Padoue. Mais négligeant bientôt cette étude aride, à l'exemple de son père qui a composé en cent chants le poème *Amadis de Gaule*, notre jeune étudiant se livre tout entier à la poésie, et dès l'âge de dix-huit ans, met au jour un poème chevaleresque, *Renaud*, qui dès-lors appelle sur lui l'attention des amis des lettres. De ce moment, le génie du Tasse lui fait concevoir le plan de son immortelle épopée, la *Jérusalem délivrée*. Mais avant d'y travailler, il est appelé à cette cour de Ferrare par le duc régnant Alphonse II. Alors il suit en France le cardinal d'Este, et se voit parfaitement accueilli au Louvre par notre roi Charles IX. Le Tasse était alors depuis cinq ans l'un des gentilshommes de ce cardinal, Louis d'Este, fils d'Hercule I. C'était à ce prince de l'église qu'il avait dédié son *Rinaldo*. Le cardinal, qui avait obtenu la charge de protecteur de la couronne de France près du Saint-Siége, était envoyé par le pape Grégoire XIII à Charles IX, afin de soutenir la cause catholique, et d'arrêter les progrès menaçants du protestantisme. Il devait, en outre, visiter l'archevêché d'Auch, que lui avait résigné son cousin, le cardinal Hippolyte d'Este, celui qui, s'adressant à l'Arioste, lui avait dit :

— Maître Louis, où donc prenez-vous toutes les fadaises que vous mettez dans votre Roland ?

Le Tasse était attaché à cette ambassade parce qu'on présumait que sa fraîche renommée poétique pourrait plaire au jeune roi, dont le goût et le talent pour les vers étaient connus.

Voulez-vous une idée d'une ambassade de la Maison d'Este au XVIe siècle, ma mère ? Ecoutez : le nombre des gens de la Maison du cardinal Louis s'élevait à huit cents. Un jour, parmi d'autres splendides présents, il envoya à Charles IX, dont il était cousin par sa mère, Renée de France, quarante superbes et précieux chevaux de guerre tout harnachés, avec des selles et des housses brodées d'or, et conduits par quarante palefreniers vêtus de soie et d'or à l'orientale.

On sait que l'apreté des Alpes frappa le grand poète par sa grandeur et sa variété. Mais, en revanche, il fut très-ennuyé de l'uniformité de nos plaines, et il ne retrouva quelques-unes des beautés alpines que dans les montagnes de la Bourgogne et du Lyonnais. Les éloges qu'on lui faisait des environs de Paris lui semblaient fort ridicules.

— Ceux qui les louent, dit-il, préfèreraient sans doute aux peintures de Michel-Ange ou de Raphaël, celles qui n'offriraient qu'une plus grande surface de pourpre ou d'azur et d'outre-mer!

Malgré ses préventions, le Tasse loua cependant la majesté de nos fleuves, l'heureuse direction, la régularité de leur cours, et l'activité de la navigation intérieure, source de la richesse du pays. On lui avait vanté la commodité des maisons particulières. Il les trouva presque toutes de bois. Les étroits escaliers en colimaçon lui faisaient tourner la tête, et les chambres tristes, obscures de nos aïeux ne se suivant pas et n'étant pas de plain-pied lui déplaisaient par-dessus tout. Toutefois nos antiques basiliques l'étonnèrent par leur masse, leur solidité et leur nombre qui révélait l'ancienne piété du peuple. Mais il trouva l'architecture barbare, les peintures et les sculptures grossières, à l'exception des vitraux dont il admira sans réserve l'éclatant coloris et jusqu'au dessin. Les clochers ne lui plurent pas moins, et il trouvait leur effet charmant. Mais il traita non sans rigueur Notre-Dame de Paris, qu'il mit au-dessous du Dôme de Milan, et peut-être d'autres églises d'Italie.

Ce fut au mois de janvier 1571, que Tasse fut présenté à Charles IX par le cardinal d'Este. Le jeune souverain ne méconnut pas le chantre de Rinaldo. Ils étaient frères en poésie, et Charles avait adressé déjà à Ronsard, les vers que voici :

> L'art de faire des vers, dût-on s'en indigner,
> Doit être à plus haut prix que celui de régner.
> Tous deux également nous portons des couronnes :
> Mais, roi, je les reçois ; poëte, tu les donnes.

Lisez cette anecdote ; elle vous montrera le crédit que le Tasse obtint sur le cœur du roi. Elle est tirée, ainsi que ces détails sur le Tasse du livre de M. Valery, *Curiosités et Anecdotes italiennes.*

« C'était un poëte de quelque réputation, il était malheureusement tombé dans un crime énorme. Le Tasse, tant en faveur des Muses que par la compassion dont il fut touché, résolut d'aller demander sa grâce au roi. Il se rendit au Louvre ; mais il apprit, en arrivant, que le roi venait d'ordonner que la sentence fût exécutée incessamment, et qu'il avait juré hautement qu'il n'accorderait sa grâce à personne. Cette déclaration d'un prince qui ne revenait guère de ses résolutions, n'étonna point le Tasse. Il se présente au roi avec un visage gai et ouvert.

— Sire, lui dit-il, je viens supplier Votre Majesté de faire mourir irrémissiblement un malheureux qui a si bien fait voir par sa chute scandaleuse que la fragilité humaine met facilement à bout tous les enseignements de la philosophie.

« Le roi, frappé de cette réflexion du Tasse, lui accorda sur-le-champ la vie du criminel. »

Catherine de Médicis, pour qui la protection littéraire était une convenance de famille, reçut le Tasse avec faveur. Charmée sans doute d'entendre redire son bel idiome par la bouche du jeune poëte, elle lui donna son portrait peint par un de ces maîtres habiles qui avaient alors la modestie et le tort de ne pas signer leurs œuvres.

Le Tasse se lia avec Ronsard. Les deux poëtes se lisaient souvent leurs vers. Pendant ses promenades, soit à cheval, soit dans les auberges, l'auteur de Rinaldo ne cessait de travailler à son immortelle épopée dont, par conséquent, la France a l'honneur d'avoir vu naître une notable partie.

Cependant notre poëte fût obligé de quitter la France vers le milieu de décembre de 1571, avant le départ du cardinal d'Este, et après un séjour d'une année. Sa curiosité sur les affaires du temps, si mêlées, si agitées, et quelques indiscrétions, furent cause de son départ et de sa disgrâce auprès de Louis d'Este. Il est présumable que le mécontentement qu'il ressentit de cet affront, contribua à l'hostilité de ses opinions sur le pays et ses habitants.

Il se rendit à Rome où il arriva en janvier 1572. Il logea au palais du cardinal Hippolyte d'Este, à Monte-Giordano, près de la splendide église de Santa Maria in Vallicella. Là, le poète s'empressa d'aller baiser avec amour les pieds du pontife, dont les exhortations venaient d'amener la brillante victoire de Lépante, par don Juan d'Autriche et Alexandre Farnèse, sur les Turcs. Il était à peine à Rome qu'Alphonse II l'appela près de lui, à Ferrare, pour devenir l'un de ses gentilshommes. Il partit au mois d'avril et arriva en mai. Le duc, généreux et grand, accueillit le Tasse avec une extrême bienveillance. Mais voici que la belle princesse Eleonora lui inspire une passion malheureuse. Sans cesse assailli d'idées noires, sa raison s'égare. Il quitte brusquement Ferrare, sans argent, sans but. C'était en 1577. Il gagne Naples, où il trouve une sœur qui s'efforce de le calmer. Puis, errant de ville en ville, il se rend successivement à Mantoue, à Urbin, à Turin, où nous avons visité, Valmer et moi, la maison qu'il habita; mais ne trouvant nulle part de bonheur, il hasarde de revenir à Ferrare. Le duc, irrité, le fait enfermer dans une maison de fous et l'y retient sept ans. Enfin la liberté lui est rendue en 1586, et l'infortuné poète s'empresse d'en profiter pour aller écrire la *Jérusalem conquise*. Il séjourne alors tour-à-tour à Mantoue, à Naples, à Rome, recherché par les princes et par les grands, mais sans être plus heureux, car il lutte sans cesse contre la misère, et sent souvent la raison lui échapper. Toutefois son génie était apprécié, et il était appelé à Rome par le pape Clément VIII, pour y être solennellement couronné, lorsqu'il mourut dans cette ville, en 1595, emporté par la fièvre qui le minait depuis long-temps.

Pauvre poète, noble le Tasse! Nous lui disons adieu pour le moment; mais nous en retrouverons, à Florence, un souvenir trop vivant pour que nous n'ayons pas encore à nous en entretenir.

A la fin du XVIe siècle, Alphonse II étant mort sans enfants, son cousin, *César d'Este*, est institué héritier de ses trésors d'art, de ses palais, de ses richesses, de ses domaines. Mais le même pape Clément VIII, qui voulait couronner le Tasse, déclare le duché de Ferrare vacant, faute de descendance directe. Il fait plus, il se met lui-même en possession du duché. Nul n'ose lever le doigt pour la défense du malheureux déshérité, comme le dit l'historien *Muratori* (1). Aussi, le jeune duc, cédant à sa mauvaise fortune et s'inclinant devant les vingt-cinq mille soldats qui envahissent ses États, abandonne, en fugitif, sa chère cité de Ferrare, le vieux château de ses pères, et vient s'installer à Modène, emportant pour tout débris le mobilier de son palais ducal. Mais l'enlèvement des objets d'art se fait avec une incurie et une précipitation qui doit bien leur nuire. Cent mille volumes qui composent la bibliothèque, formée depuis des siècles déjà par les soins des souverains de la Famille d'Este, arrivent dans des charrettes à Modène et y sont jetés pêle-mêle sous les combles du palais. Quantité de curiosités de toute sorte ou périssent, ou sont indignement endommagées. C'est en 1600 que s'accomplit ce drame.

Alphonse III, instruit par cette épreuve cruelle, comprend l'inconstance des grandeurs de la terre. A peine couronné, ce jeune prince abdique et va s'enfermer dans un monastère.

Alors se succèdent, à Modène, sur le trône ducal, *François I*er qui, de 1625 à 1658, gouverne ses États avec sagesse et les agrandit de la principauté de Corrégio, qu'il achète au roi d'Espagne;

Puis Alphonse IV, son fils, que les circonstances conduisent à la tête des armées françaises, comme généralissime. Il épouse une nièce du cardinal de Mazarin, et obtient que les Espagnols retirent leur garnison de Corrégio, qui ne leur appartient plus;

François II dont la protection généreuse autant qu'éclairée s'étend aux lettres et aux gens de lettres;

---

(1) *Muratori Ludovico Antonio*, né en 1672, à Vignola, dans le Modènois, était déjà célèbre à l'âge de vingt ans par son érudition. Il fut appelé, dès 1694, à Milan, pour y occuper une place de conservateur à la Bibliothèque Ambrosienne. En 1700, il revint dans sa patrie sur les instances du duc de Modène, qui le nomma son bibliothécaire. Ecrivain infatigable, Muratori a enrichi l'histoire de savantes dissertations, et publié un grand nombre de documents très-importants... *Annales de l'Italie depuis l'ère vulgaire jusqu'en 1749. Rerum Italicarum scriptores præcipui ab anno 500 ad annum 1500*, etc.

Et *Renaud* qui se déclare pour l'Autriche, contre la France, dans la Guerre de Succession. Mais alors ses États, déjà si réduits, sont envahis par nos armées et mis sous le sequestre. Cependant on les lui rend en 1736.

Reçoit alors la couronne ducale de Modène, en 1780, le jeune *François III*, que son avènement trouve déjà généralissime des armées espagnoles. Mais, comme son père, il est dépouillé de son duché et ne rentre dans sa possession qu'à la paix d'Aix-la-Chapelle. Par suite d'embarras de finances, ou, plus simplement, à dépourvu d'argent, ce prince se voit réduit à se défaire des trésors que l'amour de l'art a porté ses ancêtres à amasser. Au prix de cent trente mille sequins, frappés tout exprès à Venise, il vend à la cour de Dresde, hélas! cent tableaux des meilleurs maîtres de la galerie de Modène. Cinq tableaux du *Corrége* et notamment la *Nuit*, son chef-d'œuvre, disparaissent pour jamais de l'Italie, sans nul espoir de retour. C'est en 1780 que ce marché se fait au grand jour.

Eclate bientôt après la révolution de 1789. *Hercule III* succède à peine à François, qu'il se voit enlever, lui aussi, ses paisibles provinces par l'armée française qui envahit l'Italie. Il attend avec patience le retour de sa fortune que peut lui ramener la chance des événements; mais il attend en vain. Au contraire, le traité de Campo-Formio achève de l'en dépouiller.

En sa personne finit, du reste, la maison italienne d'Este. Il ne laisse qu'une fille, *Marie Béatrix d'Este*, qui, en 1771, épouse l'archiduc Ferdinand d'Autriche, et porte dans la maison impériale les quelques biens restant à la famille d'Este. Heureusement, Marie Béatrix a de son mariage plusieurs enfants qui font revivre le nom d'Este.

L'aîné, *François IV*, succède nominativement à son père, mort en 1806. Il rentre en possession du duché de Modène en 1814. Mais la nouvelle révolution de 1848 le force à le quitter.

Le présent duc de Modène est *François V*, le second fils de Marie Béatrix, archiduc d'Autriche-Este, feld maréchal au service de l'Autriche, né en 1819.

François IV utilisa ses loisirs et ses trésors à faire agrandir le *Palais Ducal* de

Modène. Cet édifice, commencé au xvii⁰ siècle, était construit dans des proportions étroites. Il en fait une œuvre grandiose et magnifique que ne comporte pas l'exiguité de ses États. Ce palais est isolé. Placé au nord de la ville que partage encore la voie Emilienne, comme elle fait Plaisance et Parme, il regarde au sud la *Strada Grande* qui va se souder à la voie Emilienne, et déploie de ce côté sa large et belle façade sur la *Place Ducale* qui précède la rue. De l'autre côté, au nord, il encadre de ses deux ailes le splendide *Corso del Naviglio*. Sa cour intérieure est vaste et ornée de colonnades. Nous y remarquons spécialement l'escalier, le grand salon, les appartements de réception, un boudoir revêtu de glaces et de dorures. L'extérieur annonce le luxe et l'élégance; l'intérieur confirme ce que le dehors a fait pressentir. Nous y retrouvons aussi le musée qui renfermait les admirables chefs-d'œuvre qui font à cette heure la richesse de Dresde. Toutefois on y voit encore avec bonheur une crucifixion, *du Guide*; le mariage de sainte Catherine, du *Guerchin;* Vénus et l'Amour, de *L. Carrache;* Pluton, *d'A. Carrache*; une Madone avec des Saints, de *Garofalo*; l'Assomption par *Francia*; un *Raphaël*, un *Albert Durer*, etc., etc.

M. Valmer tient trop à contempler la fameuse bibliothèque enlevée à Ferrare et enfouie dans les mansardes du palais de Modène, pendant tout un siècle, pour ne pas le satisfaire. Nous faisons une station de deux heures au beau milieu de quatre-vingt-dix mille volumes, distribués avec ordre, et de trois mille manuscrits précieusement conservés. Certes! ce temps n'est pas perdu, car j'admire, sans me lasser, un recueil de poésies provençales, fait en 1254 par le célèbre troubadour, maître *Ferrari*; des lettres de Saint Jérôme, manuscrit splendide que firent exécuter des Modénoises, en 1157; un Dante du xiv⁰ siècle avec d'exquises miniatures, et d'autres curiosités qu'il est inutile de vous signaler.

Le *Jardin Ducal* ne laisse pas d'être beau. Mais c'est un point imperceptible parmi toutes les beautés que nous parcourons sur cette terre fortunée que l'on nomme Italie.

Je m'aperçois, ma bonne mère, que je ne vous ai rien dit encore de la cathédrale, *du Dôme,* pour employer le vrai mot du pays.

Il y avait autrefois une comtesse, jeune et jolie, qui avait nom *Mathilde*. Ne prenez pas ma comtesse pour un *conte*; c'est l'histoire, une histoire vraie que je dis. Cette belle dame était souveraine de la Toscane, et d'une partie de la Lombardie. Fille de Boniface II, marquis de Toscane, et de Béatrix, elle ne régna qu'après sa mère, en 1076. Mariée deux fois, d'abord avec Godefroile-Bossu, en 1063, puis avec Guelfe V, duc de Bavière, en 1089, elle se sépara successivement de ses deux époux. La chère dame n'avait pas le caractère commode, paraît-il; elle aimait l'indépendance et avait des allures à elle. Cependant je dois dire à sa louange qu'elle se montra constamment dévouée au Saint-Siége. Dans la grande querelle des Investitures, elle secourut même le pape Grégoire VII contre l'empereur Henri IV, et reçut le pontife dans une forteresse qu'elle avait à Canossa, près de Reggio, sur une montagne, et dont nous avons vu de loin les ruines, en passant, l'autre jour. Là, Henri IV vint se soumettre à une humiliante pénitence, afin de faire lever l'excommunication dont il avait été frappé. C'était en 1077. Mais en 1078, Henri avait oublié son pardon, et, encouragé par les seigneurs lombards, il mit à néant ses promesses et fit de nouveau la guerre à Grégoire VII. Alors la comtesse Mathilde souleva de nouveau l'Italie contre lui, si bien que le malheureux empereur finit par voir son fils même se révolter contre lui et fût déposé par la diète de Mayence, en 1106. Dans cette seconde guerre d'Henri IV, la belliqueuse comtesse perdit et reprit tour-à-tour plusieurs places fortes. Mais, comme elle aimait les arts et qu'elle était fervente chrétienne, elle fit, au milieu même des guerres, élever plusieurs églises, et spécialement le Dôme de Modène, et sa belle et haute tour de la Ghirlandina. L'architecte qu'elle employa fut *Lanfrancus*.

Style lombard; porche composé de colonnettes dont le fût repose sur des lions accroupis. Ornements et bas-reliefs des portails du XII et XIVe siècles. Peintures intérieures médiocres. Couronnement de la Sainte Vierge de *Serafinus de Serafinis*. Chaire de marbre de *Thomasone di Campione*, 1322. Stalles du chœur de 1465. Groupe de terre cuite représentant la Nativité de N. S., par *Begarelli*, dans une niche voisine de la sacristie. Tombeaux de *Claudio Rangoni* et de sa mère *Lucia Rusca*, dessinés par Jules Romain. Voilà ce que renferme ce Dôme, œuvre de la comtesse Mathilde.

Quant au *Campanile Ghirlandina*, qui doit bien décidément son nom à une guirlande de bronze placée autour de la girouette qui la couronne, elle est carrée, isolée du Dôme, comme il arrive à beaucoup de clochers d'Italie, et ne compte pas moins de trois cent soixante-dix-neuf marches pour conduire l'amateur sur sa plate-forme. J'ai les jambes brisées au moment où je vous écris par suite de cette ascension. Mais aussi quelle vue sur tout le Modénois! Les montagnes étagées des Apennius dessinant dans l'espace leur capricieux festons; les longues lignes de la Voie Emilienne traçant leur blanc sillon à travers la verdure des champs; les autres lignes bleues des canaux qui mettent presque toutes les villes en communication avec le Pô, et, par ce fleuve, avec la mer Adriatique; des rivières nombreuses; les ondulations des collines; les villages qui capitonnent les plaines; les champs de bataille d'Antoine et leurs souvenirs, les nuages qui passent emportés par la brise; les oiseaux qui chantent dans les jardins ou qui pépitent sur les toits; les fleurs qui émaillent les parterres; le ciel bleu qui sourit au zénith; le firmament qui rutile sous les feux du soleil d'automne, mais dont les teintes, moins vives à l'horizon, annoncent la saison qui suit son cours et amène l'hiver; tout parle à l'imagination du haut de ce trône de pierres. Mais ce qui ne parle qu'aux jambes, et n'offre pas la moindre poésie, c'est la descente de cette échelle rapide presqu'aussi haute que l'escalier d'or qui fit voir à Jacob des anges et de chérubins jouant sur ses degrés de saphirs et d'opales. Que n'avais-je les ailes des anges!

Enfin nous avons vu la *Secchia rapita*, placée dans une tourelle de la Ghirlandina. Figurez-vous le plus méchant petit seau de bois, vermoulu, ne se tenant qu'à grand'peine, et vous verrez ce misérable talisman qui mit deux grande cités en des transes et des pamoisons sans égales.

Nous perchons à Modène, dans l'*Albergo Réale*, une propriété du duc. Vous dirai-je qu'on y est traité royalement?... Oui. On nous y a servi des *zamponi*, délicieux et délicats pieds de cochon garnis, presque rivaux, dit-on, des saucissons de Bologne; des *spongati*, excellentes pâtisseries sucrées; et puis des *pani speziali*, ou couronnes de pain d'épice d'une nature particulière. Par exemple, nous avons savouré un vin blanc de la montagne, le *trebbiano*, que je trouve de beaucoup préférable au *vino tosco*, vin rouge de Sorbara, dont le bouquet ne me plait pas. Pour liqueurs : *Rosolio di garofolino* et *Rosolio cordiale*. Vive, vive le rosolio! Il fait encore si chaud à Modène!

A la *Porta di Bolonia* l'on trouve une fontaine, l'*Aubersetto*, que fréquentent avec succès, au printemps, les jeunes filles atteintes des pâles couleurs. Nous avons bu de son eau, qui est peu engageante.

A Modène on donne aux rues le nom de *rua*, mot évidemment d'origine française. Entre le patois de Modène et l'auvergnat de *Chaint-Flour*, nulle différence.

Pour nous faire comprendre mieux, nous n'avons qu'à contrefaire le porteur d'eau ou le charbonnier de Paris. C'est une économie de langue.

On selle nos chevaux, bonne mère, et nous allons partir après que j'aurai mis cette lettre à la poste. Est-ce la dernière que je vous écrirai avant notre retour? Je l'ignore, mais je l'espère presque. Je vais être si heureux de vous revoir, que rien, pas même une lettre, ne va plus nous séparer... Presque trois mois sans voir sa mère, c'est énorme! Heureusement ce long-temps touche à sa fin. Ouvrez donc déjà vos bras, mère bien aimée; ouvrez-les bien larges, car j'ai à y déposer tant de tendresses, qu'il vous faut les tenir grand'ouverts et long-temps, bien long-temps pour que je puisse y répandre tous les trésors d'affection que vous rapporte le fils le plus rempli d'amour.

E. Doulet.

IX

A M. ET Mᵉ MULLER, A PARIS.

Matinée splendide. — Horizons enchanteurs. — Revue rétrospective des aspects que présentent les villes d'Italie. — Moines et prêtres. — Les enfants-moines et les petits abbés. — *Giattalla*. — L'Albergo della Rosa. — Une jeune fille modèle. — Portraits d'après nature. — Fioretta. — Le chasseur chassé. — Carabiniers, à la rescousse ! — Les marécages du Mincio. — Rhètes et Gaulois. — Origine de Mantoue. — Le village d'Andes et P. Virgilius Maro. — Ce qui se passe en Italie, alors que Virgile devient homme. — Peinture du domaine d'Andes. — Virgile et son père ruinés. — Restitution du patrimoine. — Chants de reconnaissance et d'amour. — Eglogues et Géorgiques. — Virgile à Rome, à Naples et à Athènes. — Horace et son ode : *Sic te, diva*, etc. — Le Mincio. — Les lacs. — Mantoue. — Ses formidables fortifications. — Eglises. — Places. — Palais. — Rues. — Bataille de Bédriac. — Alaric et les Barbares à Mantoue. — Les Buonacossi. — Ludovico di Gonzagua. — Les Gonzague. — Bataille de Fornoue. — Frédéric II de Gonzague. — Mantegna et Jules Romain. — Métamorphose de Mantoue. — Le palais du T.

Mantoue, 12 décembre 185...

Voici l'heure du retour, mes chers amis. Déjà de longues caravanes d'oiseaux voyageurs sillonnent l'éther bleu, et, venant du nord, nous arrivent dans le sud, à la recherche de contrées plus chaudes. En France, en automne, les hirondelles se rassemblent sur les toits, et passent ces bruyantes revues qui annoncent leur départ, n'est-il pas vrai? C'est ce qui a lieu maintenant ici. Pour nous c'est le signal du travail, des études, l'annonce des longs labeurs. Nous achevons donc notre voyage. Mais puis-je terminer cette première excursion dans l'Italie sans vous prouver que je pense à vous? Non certes! Ce serait refuser à la vérité des droits bien acquis. Écoutez donc mes derniers récits. Mais pour les entendre tous, plus à l'aise, bien en ordre, préparez-moi le grand fauteuil que j'occupe d'ordinaire à l'angle de votre foyer pendant les longues soirées de la saison maussade. Le désir de voir engendre le besoin de conter : j'ai beaucoup vu, je vous conterai beaucoup. Heureux si vos têtes ne s'inclinent pas à mes récits comme au murmure d'une source monotone! je bénirai le voyage qui m'a tant charmé, puisqu'il me donne le moyen d'intéresser ceux que j'aime.

En attendant, nous cessons de nous enfoncer davantage au cœur de l'Italie, et, à l'inverse des oiseaux voyageurs, nous allons remonter vers les pays froids pour y retrouver la patrie et les amis qui nous y appellent.

Vous me suivez, n'est-ce pas? J'entame mon récit :

Nous quittons Modène un vendredi, mauvais jour comme date, délicieuse journée comme ciel. Nous abandonnons désormais une route droite, droite comme un I, qui nous a conduits de Plaisance à Parme, de Parme à Modène, et qui de Modène, par Bologne, se prolonge jusqu'à Rimini, sur les bords de l'Adriatique, en droite ligne toujours. C'est une œuvre des Romains : on l'appelle la Voie Emilienne. La route que nous suivons forme avec elle un angle droit et, remontant vers le nord, aboutit à Mantoue.

Nous nous sentons l'âme joyeuse, l'esprit léger, le cœur généreux, le corps agile, une fois au grand air. Il est cinq heures du matin. Nous partons ainsi de bonne heure afin d'éviter le soleil à son midi. Pour nous, c'est l'heure du repos, car nous sommes libres, sans souci de diligence ou patache; nous voyageons à cheval. Déjà l'aube blanchit les cieux. Un voile transparent commence à broder l'horizon, et un premier rayonnement lumineux s'élance dans l'espace. Peu à peu le soleil s'élève comme un bouclier d'or; il illumine la terre qui semble se réveiller à ce baiser du matin, et le mouvement se fait autour de nous dans les prairies, le long des *naviglii*, canaux qui sillonnent la contrée, et des rivières qui l'arrosent : enfin, des chaumières des villages s'élèvent de légères colonnes de fumée. Dans le cintre de longs coteaux, de jolies maisons de paysans, et des massifs d'arbres alternés à des distances inégales, décorent le paysage, et déjà leurs habitants se répandent dans les champs pour reprendre leurs travaux. Notre route elle-même se peuple de jeunes gars, montés sur des ânes, qui portent des provisions à la ville. Tantôt c'est un bon moine, chargé de sa besace, qui entame sa tournée, en quêtant au nom de son couvent que l'on voit tapi sous la clairière d'un bois de haute-futaie ; tantôt ce sont des groupes de jeunes filles qui, la tête chargée de faix énormes, n'en semblent pas moins prestes dans leur allure, et de leurs visages narquois comme de leurs yeux fûtés, vous envoient, en riant, un : *Sta bene, signor!* en passant près de vous.

Cette population italienne, des campagnes comme des villes, est vive, ardente, gaie, bavarde, polie. Elle rit sans efforts : la moindre chose lui inspire de l'intérêt; elle vous remarque toujours pour peu que votre désinvolture lui plaise, et se tient pour très-honorée si vous lui parlez. Mais alors elle ne tarit pas. Rien de plus curieux que de voir, dès le matin, les causeries en plein vent qui s'établissent dans les rues, au centre des carrefours, à l'entrée des maisons, à la porte des cafés. Ce sont des hommes aux bras nus, des femmes en souquenilles, des moines en robe de bure passablement capitonnée de pièces de toutes couleurs, des jeunes filles en jupes courtes, et des prêtres du quartier. On s'appelle, on s'aborde, on se parle, le tout bruyamment. Le moine, son cabas de cuir au bras, conte ou écoute la nouvelle du jour ; l'homme ajoute ce qu'il sait d'autre part; la femme commente le tout ou contredit avec des éclats de voix; les jeunes filles cherchent à jouer quelque tour aux bavards, et enfin survient le prêtre qui confirme la nouvelle, ou raconte une histoire, et broche sur l'ensemble. Mais avant de laisser parler, le religieux offre une prise. C'est l'ordinaire exorde de sa présence. Rarement le moine italien prise du tabac, mais il est toujours porteur d'une tabatière. Allez sur une *piazza grande* quelconque, comme dans la ruelle la moins fréquentée, pénétrez sur cette *strada*, ou visitez un autre quartier, le même tableau vous est offert avec mille variantes peut-être, mais vous y trouvez toujours l'éternelle prise de tabac. La prise est d'un grand secours pour le frère quêteur surtout. Avant de rien demander, il offre. Son tabac accepté, et on l'accepte toujours, sa main s'ouvre pour recevoir, et jamais on ne le refuse. On lui donne sans déplaisir, notez bien ; au contraire, on le caresse, on le flatte, on lui frappe sur l'épaule. On voit qu'on l'aime, car la main se tend pour prendre la sienne : on le traite comme un *frère*.

Une chose plus curieuse encore dans les habitudes italiennes, et une chose qui nous frappait beaucoup, Emile et moi, au début de notre séjour en Italie, c'est cette multitude d'enfants de huit, dix et douze ans, vêtus en prêtres, en moines de tous ordres, que l'on rencontre à Milan, à Gênes, à Plaisance, à Parme, à Modène, partout, et jusque dans les moindres bourgades. Il faut voir avec quelle dignité, quelle importante modestie, le tricorne en tête, la queue de leur petit collet ou de leur cuculle retroussée sur le bras, ils s'avancent au milieu des rues et des places. Souvent, oublieux de leur robe et de leur rôle, ne se rappelant plus que des instincts de leur âge, ils s'arrêtent soudain en face d'autres enfants qui jouent, et prennent part à leurs plaisirs. Alors tout le monde leur sourit, tout le monde leur parle. On dirait que ce sont les enfants de tous ceux qui les rencontrent. Le plus grand nombre de ces enfants sont en soutane noire : mais on en voit beaucoup aussi en soutane violette ; d'autres en robe, cuculle et tricorne blanc. Il n'y a pas de groupes dans les rues, dans les marchés, sur les places, où nous ne rencontrions de ces petits abbés, capucins, dominicains, franciscains et camaldules. J'ai dû m'informer pour savoir ce que signifiaient ces moines en herbe. Les petits abbés en noir sont d'ordinaire des enfants destinés par leurs parents à devenir prêtres, si leur vocation le permet. Ceux en violet sont des enfants de chœur attachés à des maîtrises de paroisses. Quand ils sont grands, ce sont des étudiants de maisons religieuses. Enfin les enfants habillés en capucins, camaldules, etc., etc., ne portent ce costume que par le fait d'un vœu de leurs parents, et ils le gardent jusqu'à un certain âge, tout comme, en France, nous vouons au bleu ou au blanc des enfants qui ne quittent plus ces couleurs qu'ils n'aient atteint l'époque déterminée par la piété de leurs parents.

Tout ceci montre que tout ce qui touche à la religion est populaire en Italie. En effet, le peuple est essentiellement religieux, et sa piété est franche, sincère, éclairée, au moins dans les contrées que je connais à présent. La plus grande liberté règne, au point de vue religieux, quant à la pratique, et cependant le peuple ne travaille pas le dimanche, respecte le vendredi et le samedi, et remplit les choses de devoir sans effort. Croirez-vous que nous n'avons pas encore vu un seul homme ivre ? Cela est cependant. Maintenant, qu'il n'y ait pas, beaucoup même, de ces gens tarés, de ces gens perdus, de ces misérables êtres entraînés par les doctrines socialistes, séduits et aveuglés par de lâches et incorrigibles meneurs qui veulent à eux des armées de bas étages pour conquérir le pouvoir, je ne le nie pas. Mais ils se cachent bien ; et, au coup-d'œil, le peuple d'Italie est beaucoup meilleur qu'on ne veut le laisser croire. Il y a même des écrivains moroses, impies, jaloux, atrabilaires, et surtout de mauvaise foi, qui, troublés dans leur digestions rendues pénibles par une sourde colère de ne pas trouver les choses comme ils les voudraient, représentent l'Italien comme abruti par le joug des prêtres, ayant besoin et soif de liberté, aspirant à de nouvelles destinées, et en font un peuple malheureux et courbé sous la misère causée par la rapine et l'avidité sacerdotale. Ils mentent ; ils mentent par la gorge. Ce qui est mauvais parmi le peuple, en Italie, ce sont les membres que gangrènent les lectures de ces écrivains sans vergogne et les doctrines mazziniennes qu'ils répandent, et pour cause. Dira-t-on, par exemple, que Paris tout entier est mauvais, parce que c'est de Paris que trop souvent surgissent les révolutions? Non certes! le Paris des révolutions, ce sont les âmes damnées de ces floueurs en habits noirs et en gants jaunes, qui sèment le crime et la rébellion parmi elles, et les perdent pour s'enrichir et arriver à sortir de leur néant. Il en est de même ici.

Mais je m'égare sur une grande route, sur la route de Modène à Mantoue.

Donc, nous cheminons, Emile et moi, côte-à-côte, sur nos coursiers Frère Tranquille et Fantasque. Sur cet article j'aurai à vous faire certaines révélations quand j'occuperai le grand fauteuil au coin de votre foyer. Vous jugerez, ma chère Camille, si j'ai fait, à l'endroit du cheval, quelques progrès depuis notre promenade équestre de 1853, dans la forêt de Saint-Germain-en-Laye.

Nous traversons d'abord *Carpi*, une ville de six mille âmes, dont les hauts remparts se sont montrés à nous dorés comme des murs d'airain au beau milieu d'une plaine charmante. Elle appartient au duché de Modène et formait jadis un de ses fiefs. Un noble castel la domine, et sa belle cathédrale, œuvre de *Bramante*, quant au plan, est du plus riche effet. A raison des nombreuses filatures de soie de la petite cité, Carpi nous laisse voir une foule d'ouvriers qui prennent gaiement leur repas du matin. Cette vue met mon cheval lui-même en folâtrerie, car, en leur honneur, il se permet certaines courbettes et évolutions que j'ai peine à maîtriser, pendant que mon coquin d'Emile rit sous cape.

Bientôt nous laissons Carpi derrière nous, ayant à notre gauche *Guastalla*, jadis *Guard-Stall*, au temps des Lombards, et ancienne capitale du duché de Guastalla réuni à celui de Plaisance. Maintenant cette ville appartient au duché de Modène.

Alors voici que nous cheminons au milieu de longs canaux qui bordent notre route.... Paysage splendide : ici grand soleil, là grandes ombres. Horizons qui semblent brochés de lames d'or; perspectives mystérieuses. Partout *naviglii* et rivières ondoyantes; plaines où croissent sans culture les myrthes et les aloës; guirlandes et pampres, encore chargées de raisins, courant d'arbres en arbres, selon la mode du pays. Jardins de pavots rouges et d'anémones; bouquets de platanes largement ombreux; immenses tapis de velours en gazon. Ruines dont l'histoire reste un mystère; temples sur les collines; villages assoupis au soleil. Nuages d'oiseaux babillards; solitudes où l'on prie, et, peut-être, où l'on pleure; forêts mornes où l'homme n'apparaît pas... Tels sont les aspects qui nous frappent.

Il est midi quand nous découvrons une petite habitation, encaissée dans la courbure d'un terrain qui l'enveloppe de trois côtés et que protége un vieux chêne dominant son toit. En avant de la porte, cour étroite bornée d'un côté par une meule de paille et de l'autre par un colombier. De jeunes arbustes, sortant au hasard de la haie vive, qui précède la cour, et des talus qui abritent la demeure, l'entourent de verdure. Le grand chêne, seul, a déjà subi l'action de l'automne, et son épais feuillage se couvre de rouille. Ce retiro poétique nous sourit, et, comme au fronton du logis nous lisons cette légende : ALBERGO DELLA ROSA, notre estomac criant la faim :

— Va pour l'Auberge de la Rose, et puisse-t-on nous y faire manger autre chose que des fleurs! dit Emile.

Nous nous arrêtons : nos chevaux sont livrés à un garçon d'écurie, et nous entrons dans l'auberge, en quête du déjeûner.

— Déjeûner ici! mais c'est un désert, dis-je à Emile : quelle provision veux-tu que.....

— Et ces coqs, et ces pintades? fait-il autant du geste que de la voix.

Mais il s'arrête. Nous avons tout-à-coup devant nous une jeune fille... En vérité, c'est une figure détachée d'un tableau de Raphaël, et rendue à la vie, qui vient au-devant de nous. Donc, imaginez-vous une tête raphaëlesque, des cheveux d'un blond d'or, un front élevé, une petite bouche toute rose s'entr'ouvrant pour laisser voir une double rangée de perles, des yeux bleus, humides d'une langoureuse douceur, une taille flexible, la main blanche et fluette, et des pieds si mignons qu'ils semblent ne pouvoir se fixer à terre. Et puis une candeur angélique, et puis une bonté suave qui s'exhale de toute sa personne, et avec tout cela un regard plein d'intelligence spirituelle.

— Cette enfant doit être un ange descendu du ciel !.. dis-je tout bas à Emile.

— Non, c'est la rose de l'auberge! répond-il.

— Mais c'est de l'auberge de la rose dont nous avons besoin ! ajouté-je.

Sur ce, offres de la jeune fille, pourparlers culinaires, prolongés à dessein, causeries de toute sorte.

Pour vous, mes amis, je ne vais pas faire un roman de la petite histoire qui se noue et que commence la prosopographie précédente. Sachez seulement, mais sachez de suite, que Fioretta, c'est le nom de la rose en question, nous a fait servir un repas très-confortable dont je ne vous donnerai pas le menu. Ces détails grossiers disparaissent pour nous devant les souvenirs qui nous restent, et en présence des touchants récits que nous fait cette enfant de la nature. Les redire ici remplirait des pages qui doivent être consacrées à autre chose. Je me borne à vous annoncer que cette angélique Fioretta, privée de père par suite d'une épidémie, seule avec une mère malade que nous l'avons vue soigner avec toutes les délicatesses d'une âme admirablement dévouée, nous a offert un tel tableau de sublime et de suave vertu, que c'est dans un livre spécial que je veux la redire et le peindre, pour vous, et pour tous mes amis. Ce livre aura pour simple titre, auquel vous le reconnaîtrez, le nom de :

FIORETTA.

Maintenant, reprenant notre route, nous touchons à *Novi*, non pas le Novi des Etats Sardes où, le 15 août 1790, les Français livrèrent aux

Russes un combat acharné, dans lequel fût tué notre général Joubert: mais Novi, une petite ville de deux mille cinq cents âmes, appartenant au duché de Modène. Là, nous traversons le Pô, sur un pont volant, qui aboutit de côté et d'autre du rivage, à des estrades, par le moyen desquelles on place les voitures, ou les chevaux, sur le pont qui n'est autre qu'un large bateau couvert d'un plancher solide. Ce pont, ou ce bateau, a des anneaux dans lesquels passe une corde fortement tendue. On fait couler le pont tout le long de cette corde, et vous voilà sur l'autre rive.

Alors nous mettons le pied sur le sol qui était duché de Mantoue jadis, et qui est, à cette heure, royaume Lombard-Vénitien. C'est vous dire que l'intolérable formalité des passe-ports a lieu, et ne nous laisse libres de continuer notre route qu'après parfait paiement de quelques lires autrichiennes, que l'on nomme *swandzigers*, affreuse pièce de monnaie qui n'a de valeur réelle que dix-sept de nos sous, soit quatre-vingt-cinq centimes. Supposez un vieux bouton de guêtre usé par le frottement, voilà la monnaie de l'Autriche. Quand vous avez changé cinq francs, vous êtes dans une erreur profonde si vous croyez avoir en monnaie la valeur représentative de votre pièce. Pour n'être pas pris au trébuchet de la cupidité des petits débitants, il faut connaître la différence de valeur qui existe entre l'argent de France et celui d'Autriche. L'expérience l'apprend bien vite. J'ai fait mon école près d'un marchand de cigares. Lorsque je le payais, il comptait par sous français; mais par sous d'Autriche quand il me rendait de la monnaie... Avec le swandziger, l'Autriche donne des pièces de trois sous un quart, de six sous trois quarts, plus des sous qui ont la prétention de valoir deux liards et demi. C'est à s'y perdre, et Barême lui-même refuserait d'être ministre des finances du saint empire d'Autriche.

Il y avait à peine une heure que nous marchions sur les terres relevant de ce noble Etat, que nous sommes rejoints et accostés par deux gendarmes qui nous demandent nos papiers. Leur examen terminé, ces braves représentants de l'autorité piquent des deux et s'éloignent. Mais alors les voici qui avisent, dans le creux d'un vallon, un homme qui chemine d'une façon cauteleuse, en dissimulant tant bien que mal le fusil dont il est porteur. Aussitôt les carabiniers autrichiens de diriger vers lui leurs montures. Le paysan, c'en est un, arrivait dans ce moment à un coude de la route que nous suivions, et il allait disparaître dans un fourré, lorsque se voyant près d'être atteint, le bonhomme change aussitôt de tactique, et s'élançant sur un arbre fort élevé, l'escalade, et le voici qui, de branche en branche, monte au sommet de l'arbre et s'installe fort à l'aise, les jambes pendantes, sur une sorte de fourche qui lui tient lieu de fauteuil. Les gendarmes de s'arrêter au pied de l'arbre. Là, délibération, conseil de guerre. Un avis prévaut : aussitôt il est mis à exécution. L'un des cavaliers descend de sa bête, et, à son tour, grimpe dans l'arbre. On le devine facilement, ce genre d'exercice ne lui va pas. A peine au tiers de sa pénible ascension, une branche le décoiffe et fait tomber dans la poussière son casque de cuir bouilli. Puis, un peu plus haut, son grand sabre s'accroche de telle sorte à un perfide rameau, que peu s'en faut que le généreux soldat ne soit précipité, lui aussi, dans le vide. Enfin, vaille que vaille, il arrive. Cependant notre braconnier, c'en est un peut-être, une fois confortablement huché sur sa branche, s'est mis très-philosophiquement à tirer de sa poche un gros morceau de pain, qu'il fait suivre d'un ognon, dont il laisse tomber la pelure sur le nez du carabinier. Mais alors, avisant un énorme oiseau de proie qui plane dans les profondeurs du ciel, juste au-dessus de sa tête, il remet son festin dans sa poche, et, prenant son fusil, il ajuste, tire et fait tomber l'animal, un aigle des Apennins, palsambleu! exactement sur la selle, veuve du représentant de l'Autriche.

— C'est trop fort, cela! Votre permission de chasse, à cette heure? entendons-nous le gendarme dire au paysan, au moment où nous nous arrêtons près de son brigadier.

— La voici, la voici! répond l'homme des champs, d'un ton railleur et narquois.

Le gendarme examine la pièce officielle qu'on lui présente, fait un mouvement de stupéfaction, la lit, la tourne, la retourne, et alors crie à son chef du sommet de l'arbre :

— Il est tout-à-fait en règle; il n'y a rien à dire !

— Eh bien donc! pourquoi vous fait-il monter ainsi ? a l'air de demander le brigadier.

— Mais je ne vous ai pas envoyé d'invitation, ce me semble! répond le paysan.

— En tout cas, à quoi bon vous sauver dans un arbre ? continue l'Autrichien.

— Me sauver ? Je ne me sauve jamais, encore moins aujourd'hui, répond encore l'astucieux paysan. J'ai simplement voulu choisir un site bien convenable pour jouir de la vue et faire mon repas à l'ombre... ajoute-t-il.

Il n'y avait plus rien à ajouter : la victoire était au Mantouan, et l'Autrichien était battu. Nos carabiniers durent se résigner. Aussi détalaient-ils deux minutes après, il fallait voir....

— Ah ! ah ! nous leur en jouons plus d'une à ces Autrichiens ! dit le paysan, descendant à son tour, et ramassant son aigle qui a bien dix pieds d'envergure.

Cette simple anecdote vous montre, mes amis, comment est supportée la domination autrichienne dans ces pays. Nous nous éloignons à notre tour, comme vous pensez bien, mais non sans avoir ri de l'astuce du Mantouan.

Voici bientôt les marécages qui avoisinent le *Mincio*, fleuve qui sort du *Lac de Garde*, au nord et à quelques lieues du point où nous nous trouvons. Il arrose les provinces de Vérone et de Mantoue, et se jette derrière nous, dans le Pô, par la rive gauche, un peu plus bas que l'endroit où nous avons passé ce grand fleuve sur un bac. Toutefois, nous ne voyons pas encore le Mincio ; mais comme ses eaux gagnent les terres, le sol est quelque peu marécageux déjà, sur notre droite.

Dans une île, formée par ce fleuve dont les rivages semblent pittoresques, il y a long-temps de cela, c'était en 1500 avant notre ère, vint de Thèbes, qui tombait alors au pouvoir des Epigones, et après avoir établi des oracles d'Apollon à Claros, en Asie, où elle demeura long-temps captive, une prophétesse grecque du nom de *Manto*. Elle était suivie d'une petite colonie que commandaient *OEnus* et *Bianor*, ses deux fils. Ces jeunes émigrants, pleins d'avenir et d'espérance, trouvant gracieuse et belle l'île du Mincio, bien fleuris les bords du fleuve, fécondes les campagnes d'alentour et splendides ses horizons, se fixèrent dans cette île, y construisirent des chaumières, et peu à peu donnèrent naissance à une ville qu'ils appelèrent *Mantoue*, par honneur pour celle qui leur avait donné le jour et dont ils voulaient perpétuer le souvenir.

Mais bientôt les *Rhètes* ou *Rasena*, c'est-à-dire la population dominante de l'Etrurie, qui, venant de la Rhétie, se donnait ce nom de Rhètes, en attendant qu'elle prît celui d'*Etrusques*, songeait à soumettre les Tyrrhènes ou Sicules, mieux connus sous la dénomination de Pélasges, commencèrent par s'emparer de la nouvelle colonie de Manto, comme proie plus facile, et en firent une des *Douze Lucumonies* de leur *Confédération Septentrionale* en Italie. Ce mot Lucumonie est étrusque et vient de *Lucumon*, qui signifie prince ou chef.

A leur tour, les Gaulois, trop à l'étroit dans leur patrie, et à l'affut de nouvelles possessions, enlevèrent Manto et sa Lucumonie aux Rasenna et en firent une métropole des Cénomans.

Puis vint un jour où les Gaulois-Gésates, en 222 avant J.-C., ayant été chassés par les Romains, qui en détruisirent les établissements à *Clastidium*, maintenant à Casteggio, dans la Ligurie, où le général romain, Marcellus, tua de sa main leur chef intrépide, Viridomare, les Gaulois-Cénomans furent aussi expulsés et détruits ensuite par une autre victoire que les Romains remportèrent près du Mincio, en l'an 197.

Alors, peu après que ce territoire de Mantoue fut devenu possession romaine, et alors que les colons apprenaient à se soumettre au joug de Rome, que de grands événements éclatèrent en Italie! Je vais vous en offrir une courte analyse.

Il était né à *Andes*, tenez, juste dans ce petit village, appelé maintenant *Pietola*, que nous laissons à notre droite, là, à l'est-sud, réfléchissant les feux du soleil à son déclin, tapi comme un frileux sous la fourrure de grands arbres, et se mirant dans les eaux limpides du Mincio qui serpente sous les hauts festons de vignes accrochés à chaque murier des champs, il était né, dis-je, le 15 octobre de l'an 70 avant Jésus-Christ, un enfant du nom de *Publius Virgilius Maro*.

A cette époque, il y avait déjà six cent quatre-vingt quatre ans que Romulus, traçant autour du Mont-Palatin, sur la rive gauche et dans un pli du Tibre, le sillon qui devait enfermer la ville éternelle, selon l'usage antique, lui donnait trois noms, *Flora*, nom sacerdotal, *Amor*, nom mystérieux que nulle voix ne devait divulguer, et pour nom civil, *Roma*, simple anagramme de celui d'amor. Alors, dans un espace de deux cent quarante-quatre ans, Rome s'était successivement étendue sur sept collines, avait eu sept rois, avait dompté quatorze peuples, mis sur pied une armée de quatre-vingt mille combattants, et, en chassant son dernier roi, s'était constituée en république. Aussitôt, au nom de la liberté, cette république avait asservi les peuples et les rois, et dicté des lois à toutes les nations. Mais avec les dépouilles opimes des vaincus, elle apporta dans son sein les germes d'une profonde corruption. Aussi préféra-t-elle bientôt les loisirs et le repos aux fatigues de la guerre à ce point qu'elle se vit forcée un jour d'immoler cette liberté dont elle était si fière, aux pieds d'un usurpateur. Pour arriver à cette fin, la république avait employé quatre cent quatre-vingt un ans. C'était à cette époque même que venait au monde l'enfant dont je parlais tout-à-l'heure.

On ne sait rien de précis sur la profession du père de Virgile; mais les *Eglogues* de son fils servent à prouver qu'il possédait ce petit domaine d'Andes où naquit son fils. Le futur rival d'Homère eut donc une ferme pour berceau, des bergers pour compagnons d'enfance, et les champs pour spectacle. Virgile fit ses premières études à Crémone. A seize ans, il quitte Crémone pour Milan, où il prend la robe virile le jour même de la mort de Lucrèce. Naples, célèbre alors par ses écoles, appelle bientôt Virgile dans son sein. C'est sous le beau ciel de cette ville enchantée qu'il devient le favori des Muses et le disciple de la philosophie des Grecs, partout empreinte dans ses poëmes. Là, ses premiers travaux font pressentir les chefs d'œuvre qu'un jour il saura produire. La poésie pastorale est l'objet tout d'abord de ses chastes amours. En effet, Virgile, rendu à la belle nature de son village d'Andes, au foyer paternel, s'éprend pour la riche contrée que, comme lui, nous parcourons à cette heure, pour les rives du Mincio, et se met à en célébrer les douceurs et le charme, en imitant de Théocrite (1) les plus

---

(1) *Théocrite*, poëte bucolique grec, natif de Syracuse, en Sicile, florissait dans le IIIe siècle avant J.-C. Il quitta la Sicile à cause des troubles politiques qui l'agitaient, passa une partie de sa vie à la cour des deux premiers Ptolémées, revint ensuite dans sa patrie, jouit de la faveur de Hiéron II, et mourut très-âgé. Il porta la poésie bucolique au plus haut point de perfection. On a de lui trente *Idylles* et vingt-trois *Epigrammes*. On a perdu ses *Hymnes*, *Elégies*, *Iambes*, etc. Grâces simples et naïves, naturel exquis, dialogue vif, serré, varié, piquant, descriptions ravissantes, etc.

grandes beautés de ce poète de la Sicile. Mais alors il apprend les événements qui se passent dans son voisinage, à Bologne, dans une île du Réno, où l'on discute les intérêts du monde.

Trois hommes se sont réunis dans cette île du Réno, en y arrivant chacun de son côté : Octave, un neveu de César, récemment tué dans une curie, par la rive droite; Antoine, un des généraux du même César, par la rive gauche; et Lépide, le collègue dans le consulat de César encore, y est entré à l'avance le premier afin de sonder l'île, et de s'assurer que ni piéges, ni embuscades, ne l'y attendent. A chaque tête de pont veille, en outre, chacune sur son maître, une escorte de trois cents cavaliers. Il s'agit pour ces hommes de créer un empire qui mettra fin à la république, comme la république a mis fin à la royauté. Mais pour que nul des ennemis de chacun de ces trois personnages ne gêne la création de cet empire, provisoirement préparé par leur Triumvirat, tous les trois réclament l'un de l'autre la mort de leurs ennemis personnels. Ils mettent trois jours à choisir leurs victimes. Enfin Lépide abandonne son frère Paulus, Antoine son oncle, et Octave, après avoir long-temps refusé ou feint de refuser la mort de Cicéron, livre ce même Cicéron, que naguères il appelait son père, alors qu'il lui demandait de l'aider à obtenir le droit de s'appeler César, du nom de son oncle, faveur qu'il sollicitait du sénat. Ces trois jours passés, la liste des victimes, commencée par ces trois noms d'un frère, d'un oncle et d'un père, est affichée dans Rome stupéfaite, et dont les citoyens s'enfuient. Elle porte le sacrifice immédiat de deux mille trois cents personnages, condamnés pour leurs richesses les uns, les autres à cause de leur influence. Deux mille trois cents noms ! trois cents de sénateurs, et deux mille de chevaliers !

On égorge pendant huit jours. Pendant huit jours le sang coule dans Rome des ruisseaux torrentiels. La tribune aux harangues ne suffit plus à attacher et exposer aux regards la tête des proscrits immolés. Dans cette horrible boucherie, l'histoire l'enregistre dans ses annales, il y a des fils qui amènent sous le couteau des assassins ceux qui leur ont donné le jour, mais aussi il y a des femmes qui sauvent leurs maris, et des esclaves qui se dévouent pour leurs maîtres. Ces huit jours passés, Mécène, jeune citoyen issu des anciens rois d'Etrurie, et ami d'Octave-César, irrité de l'acharnement du jeune Triumvir à faire tuer les proscrits, lui écrit :

— Lève-toi donc de ton siége de proscripteur, bourreau !

Mais Brutus et Cassius, les deux assassins du vrai César, sont en Asie, où l'on apprend qu'ils font payer en une fois le tribut de dix années. Ils viennent à Tarse d'où l'on fait dire qu'ils exigent un impôt de quinze cents talents. Ils passent à Rhodes, et l'on sait bientôt que leur poignard donne la mort à cinquante des premiers citoyens de l'île qui refusent de livrer les sommes exorbitantes d'or et d'argent que l'on exige de tous les habitants. Enfin on apprend qu'ils sont à Philippes, en Macédoine, où ils gorgent des trésors ainsi ravis par la violence les légions de César, rangées sous leurs aigles républicaines, qui forment le parti trop impopulaire désormais de l'antique république.

Octave-César accourt avec Antoine. Alors se présente à Brutus le spectre familier qui le suit toujours, et cette fois lui annonce sa défaite et sa mort. En effet, le lendemain, le parti républicain, avec Brutus qui se rue sur l'épée du rhéteur Straton, et avec Cassius que perfore le glaive d'un esclave affranchi, est enterré pour toujours dans la plaine de Philippes, rougie du sang de vingt légions romaines.

Sur ce, pendant que Lépide va se faire grand-prêtre, et qu'Antoine épuise les délices de la vie dans les plaisirs que lui réserve et qu'invente Cléopâtre, Octave-César donne à ses cent soixante mille vieux soldats, amis et serviteurs de son oncle, chacun un lot de terres et vingt mille sesterces. Ces terres sont prises partout où l'on peut en prendre, et notamment sur le territoire de Mantoue.

Il advient donc que le père de Virgile est subitement dépossédé, et le vieux colon doit abandonner son domaine pour le livrer à un soldat avide et farouche.

> Impius hæc tam culta novalia miles habebit?
> Barbarus has segetes? (1)

« La ferme de Virgile dit, dans son *Histoire de la Littérature Romaine*, M. Dunlop, est sur les bords du Mincio. Cette rivière, qui, par la couleur de

---

(1) Un soldat impie possédera ces terres cultivées avec tant de soin? Un Barbare, ces moissons... Virg., *Bucol.*, *Eglog. I, v.* 70, etc.

ses eaux, est d'un vert de mer profond, a sa source dans le Bénaque ou lac de Garda. Elle en sort et coule au pied de petites collines irrégulières qui sont couvertes de vignes ; puis, passé le château romantique, qui porte aujourd'hui le nom de Vallégio, situé sur une éminence, elle descend à travers une longue vallée, et alors elle se répand dans la plaine en deux petits lacs, l'un au-dessus, et l'autre juste au-dessous de la ville de Mantoue. De là, le Mincio poursuit son cours, dans l'espace d'environ deux milles, à travers un pays plat mais fertile, jusqu'à ce qu'il se jette dans le Pô, à Governolo.

» Le domaine du poète est situé sur la rive droite du Mincio, du côté de l'ouest, à trois milles environ au-dessous de Mantoue (à l'est, par conséquent, relativement à la route que nous suivons), et proche le village d'Andes ou Piétola. Ce domaine s'étend sur un terrain plat, entre quelques hauteurs au sud-ouest, et le bord uni de la rivière, comprenant dans ses limites un vignoble, un verger, un rocher, et d'excellentes terres de pâturage qui permettaient au propriétaire de porter ses fromages à Mantoue, et de nourrir des victimes pour les autels des dieux. Le courant même, à l'endroit où il borde le domaine de Virgile, est large, lent et sinueux. Ses bords marécageux sont couverts de roseaux, et des cygnes en grand nombre voguent sur ses eaux ou paissent l'herbe sur la marge humide et gazonnée.

» Bref, le paysage du domaine de Virgile est doux, d'une douceur un peu pâle et stagnante, de peu de caractère, peu propre à exciter de sublimes émotions, ou à suggérer de vives images ; mais le poète avait vécu de bonne heure au milieu des grandes scènes du Vésuve (hélas ! l'auteur se trompe ici, car le Vésuve était clos alors, et son volcan était éteint) ; et, même alors, s'il étendait ses courses un peu au-delà des limites de son domaine, il pouvait visiter, d'un côté, le cours grandiose du rapide et majestueux Eridan (le Pô), ce roi des fleuves, et, de l'autre côté, le Bénaque, qui présente par moments l'image de l'Océan agité.

» Le lieu de la résidence de Virgile est bas et humide, et le climat en est froid à certaines saisons de l'année. La constitution délicate du poète et les maux de poitrine dont il était affecté le déterminèrent, vers l'an 714 ou 715, vers l'âge de trente ans, à chercher un ciel plus chaud... »

C'est précisément le paysage que nous avons sous les yeux lorsque nous approchons de Mantoue. Jugez si mon cœur bat dans ma poitrine, quand mon regard s'arrête sur Piétola qui nage dans la brume d'or du soir, moi qui, depuis l'âge de douze ans, ne vis que de Virgile, et en nourris tous les élèves qui m'ont été confiés depuis vingt ans.

Oui, voilà bien ce Mincio tel que le décrit le poète :

> Propter aquam tardis ingens ubi flexibus errat
> Mincius, et tenera prætexit arundine ripas (1).

A la nouvelle qu'Octave, rentré à Rome, livre, pour ainsi dire, l'Italie entière en partage et en proie à ses vétérans ; en voyant livré désormais à la misère, et plongé dans le désespoir son père, qui a vieilli dans les labeurs, Virgile ne perd pas courage. Il va trouver *Asinius Pollion*, gouverneur de la Gaule-Cisalpine, dont Mantoue fait partie. Asinius Pollion connaît déjà Virgile. Il l'apprécie et le protége. Pollion envoie le poète à Rome, près de *Mécène*, ce descendant des rois d'Etrurie, ami d'Octave, dont nous avons déjà parlé. Mécène accueille le jeune étranger, dont le talent lui sourit. A son tour, il le présente à Octave. Octave devine le grand homme dans ce Mantouan aux cheveux longs, à l'air rustique, au profil pur, à la physionomie modeste. Il lui tend la main, l'invite à sa table, lui offre son amitié, et lui donne un édit exigeant restitution du domaine qu'il réclame. Aussitôt Virgile retourne en hâte à Mantoue, et, avec son père, il court à Andes, et à la chaumière tant aimée que baignent les eaux du Mincio. Ils frappent, on leur ouvre. L'édit d'Octave est mis sous les yeux du nouveau possesseur : le centurion récalcitrant entre en colère. Il saisit son glaive et force les deux prétendants au domaine de passer le Mincio à la nage, pour se dérober à sa poursuite. Il faut alors une autre protection, celle de *Varus*. Cet illustre général dont plus tard, alors qu'il sera vaincu par les Germains, dans les défilés de Teutberg, Auguste invoquera le fantôme, en lui criant : Varus, rends-moi mes légions ! fait signifier au vétéran ravisseur les ordres précis d'Octave, et enfin Virgile recouvre le domaine paternel.

---

(1) Là où le large Mincio s'égare en de lents détours sinueux et voile ses rives d'une molle ceinture de roseaux. Virg., *Géorg.*, *liv. I*.

Quels chants de reconnaissance alors! Virgile se fait Tityre, le Tityre de ses *Eglogues*, et dans ses vers le poète exalte son bonheur :

> Tu, Tityre, lentus in umbrâ
> Formosam resonare doces Amaryllida silvas (1).

Puis il raconte la bonté d'Octave sur tous les tons de sa lyre :

> O Melibæe, Deus nobis hæc otia fecit :
> Namque erit ille mihi semper Deus : illius aram
> Sœpè tener nostris ab ovilibus imbuet agnus.
> Ille meos errare boves, ut cernis, et ipsum
> Ludere quæ vellem calamo permisit agresti (2).

Quelle admirable allégorie! Le berger Mélibée félicite alors Tityre de son succès près d'Octave :

> Fortunate senex, ergò tua rura manebunt!
> Et tibi magna satis, quamvis lapis omnia nudus
> Limosoque palus obducat pascua junco.
> Non insueta graves tentabunt pabula fetas,
> Nec mala vicini pecoris contagia lædent (3).

Aussi Tityre achève de pousser son cri d'amour :

> Ante leves ergo pascentur in æthere cervi,
> Et freta destituent nudos in littore pisces ;
> Ante, pererratis amborum finibus, exsul

---

(1) Toi, Tytire, mollement couché sous l'ombrage, tu apprends aux forêts à redire le nom de la belle Amaryllis. Virg., *Egl. I, v.* 4 et 5.

(2) O Mélibée, c'est un Dieu qui nous a fait ces loisirs : oui, toujours il sera un dieu pour moi : son autel sera souvent arrosé du sang d'un tendre agneau sorti de ma bergerie. C'est lui qui a permis à mes génisses d'errer en liberté, comme tu le vois, et à moi-même de jouer sur ma flûte rustique les airs que je voudrais. Virg., *Egl. I, v.* 6-10.

(3) Heureux vieillard, ainsi tes champs, tu les conserveras ! Ils sont assez grands pour toi, bien que resserrés par un rocher stérile et par un marais qui les couvre de joncs limoneux. Tes brebis pleines n'auront point à souffrir d'une pâture inaccoutumée, et, devenues mères, elles ne craindront pas la contagion d'un troupeau voisin. Virg. *Egl. I, v.* 46-50.

> Aut Ararim Parthus bibet, aut Germania Tigrim,
> Quam nostro illius labatur pectore vultus (1).

S'adressant alors à Pollion, son protecteur dans cette affaire :

> Teque adeo decus hoc ævi, te consule, inibis,
> Pollio, et incipient magni procedere menses.
> Te duce, si qua manent, etc. (2)

Puis il module sur ses pipeaux rustiques cet éloge de Varus, Varus le dernier auteur de son succès :

> Vare, tuum nomen (superet modo Mantua nobis,
> Mantua væ miseræ nimium vicina Cremonæ !)
> Cantantes sublime ferent ad sidera cycni... (3)

A *Gallus*, à Cornelius Gallus, poète et guerrier tout à la fois, né à *Forum-Julii*, maintenant Fréjus, notre compatriote par conséquent, à Gallus, ami d'Auguste, son ami à lui, parce que Gallus l'aida dans ses démarches, c'est toute une Eglogue que Virgile adresse :

> Extremum hunc, Arethusa, mihi concede laborem :
> Pauca meo Gallo, sed quæ legat ipsa Lycoris, etc. (4)

Comme dans toute cette sublime poésie, Virgile se montre sensible à la fraîcheur profonde d'un doux paysage verdoyant et dormant :

> ....Hic, inter flumina nota
> Et fontes sacros, frigus captabis amicum... (5)

---

(1) Ainsi l'on verra dans les plaines de l'air paître les cerfs légers, la mer abandonner les poissons à sec sur le rivage ; et, changeant de pays, le Parthe exilé boira les eaux de l'Arar, et le Germain celles du Tigre, avant que son image s'efface de mon cœur. Virg., *Egl. I*, v. 60.

(2) Ton consulat, Pollion, verra naître ce siècle glorieux et les grands mois commencer leur cours. Sous tes lois, les dernières traces de nos crimes, etc. Virg., *Egl. IV*, v. 11, 12.

(3) O Varus, ton nom, si Mantoue nous est conservée, Mantoue, trop voisine, hélas ! de l'infortunée Crémone, les cygnes, dans leurs chants sublimes, le porteront jusqu'aux nues. Virg., *Egl. IX*, v. 26.

(4) Une dernière fois, Aréthuse, souris à mes efforts. Inspire-moi pour mon cher Gallus quelques vers, mais des vers qui soient lus de Lycoris elle-même. Virg., *Egl. X*, v. 1, etc.

(5) Ici, sur la rive du fleuve que tu connais, près des fontaines sacrées, tu respireras la fraîcheur de l'épais ombrage. Virg., *Egl. I*, v. 51.

Au murmure des abeilles dans une haie de sureaux en fleurs :

> Hinc tibi, quæ semper vicino ab limite sepes
> Hyblæis apibus florem depasta salicti,
> Sæpè levi somnum suadebit inire susurro... (1)

Au chant, mais au chant venant de loin, de l'émondeur qui taille ses arbres sur la colline :

> Hinc altà sub rupe canet frondator ad auras (2).

Au roucoulement des colombes et des ramiers dans le feuillage :

> Nec tamen interea raucæ, tua cura, palumbes,
> Nec gemere æria cessabit turtur ab ulmo (3).

Vous ne sauriez croire, mes amis, le bonheur qu'Emile et moi, nous avons à redire ces beaux vers aux lieux mêmes où ils ont été pensés, composés, écrits et chantés par leur auteur. Pour nous, c'est l'offrande du pèlerinage ou la fleur d'immortelles que nous plaçons sur les ruines de la chaumière du poëte. Nos chevaux vont à l'amble, doucement, afin de ne rien nous laisser perdre de la belle vue de tout le paysage qu'aima Virgile. Il nous semble que son âme voltige autour de nous, pour nous entendre, et, comme nous, se délecte dans les senteurs et les suaves émanations de sa patrie.

Cependant le poëte, de plus en plus connu, ne reste pas toujours à Andes : l'amitié d'Octave, devenu Auguste et empereur de Rome, l'appelle dans la capitale du monde. Le poëte prend donc le bâton blanc du voyageur, et se rend à Rome. Là, pendant vingt ans, l'empereur exige que Virgile s'assoie à sa table,

---

(1) Tantôt, sur cette haie qui borde ton héritage, l'abeille du mont Hybla viendra butiner la fleur du saule, et, par son léger bourdonnement, t'inviter au sommeil. Virg., *Egl. I, v.* 52.

(2) Tantôt, au pied de cette roche élevée, le vigneron, en effeuillant sa vigne, fera retentir l'air de ses chants. Virg., *Egl. I, v.* 52.

(3) Tandis que les ramiers, tes amours, ne cesseront de roucouler, et la tourterelle de gémir sur la cime aérienne de l'ormeau. Virg., *Egl. I, v.* 53, etc.

une fois par semaine, avec *Agrippa*, le vertueux et bon général, l'un des vainqueurs d'Actium, le favori et le gendre d'Auguste dont il a épousé la fille Julie, et auquel il devrait succéder si la mort ne l'emportait avant ce temps; avec *Pollion*, dont l'amitié pour lui devient plus vive, parce qu'il apprend chaque jour à l'estimer davantage; avec *Mécène*, qui a son palais et ses jardins sur le Mont-Esquilin, en face du palais d'Auguste, sur le Palatin, et veut que son ami y habite la maison la plus proche de lui; avec *Horace*, un autre poète, qui, né à Venusium, en Apulie, en 66 avant Jésus-Christ, a quatre ans de moins que Virgile, s'est battu à Philippes, et se fait chérir du chantre de Mantoue par son amour pour les beautés champêtres, et la richesse de ses poésies; avec *Salluste*, homme peu moral, questeur, tribun, agent secret de César, proconsul dans la Numidie qu'il a pillée, personnage dangereux jadis, mais à présent historien et horticulteur sur le Mont-Quirinal, où il a dressé à grands frais de splendides jardins que l'on trouve encore de nos jours; avec tous les savants et les hommes distingués, dont Auguste sait s'entourer dans ce palais étroit mais trop grand encore pour contenir de vrais amis, que je vous signalais tout-à-l'heure. Il est vrai que ce palais périt dans un incendie, et qu'il fut remplacé par une construction plus vaste et plus noble. Mais le seul objet d'art que l'on y vit jamais, ne fut autre que la statue d'or de la Fortune, qu'il avait rapportée d'Asie, et à laquelle il devait un culte, en effet.

Déjà Virgile avait connu *Cicéron*, qui l'avait traité de ce doux nom d'ami, appelé par l'estime sur ses lèvres d'un homme habile à juger les autres; *Caton d'Utique*, le sévère Caton, qui, amené au palais de Sylla, à l'âge de quatorze ans, et apercevant les têtes sanglantes des proscrits placées symétriquement à l'entour de la porte, demanda un poignard pour affranchir Rome de son tyran, et qui, à la vue de Virgile, lui appliqua l'horoscope d'une vertu sans mélange; *Pompée, Brutus, Cassius, Lépide*, qui, tous, avaient trouvé en lui le germe d'un talent qui ferait bruit; enfin *Properce* et *Tibulle*, poètes comme lui, moins vertueux que lui, mais, comme lui encore, privés de leurs possessions par l'avidité de vétérans inhumains; *Catulle*, cet autre poète qui ne craignit pas d'attaquer César dans ses vers; *Cornelius Nepos*, l'historien latin qui écrivit les vies des grands capitaines de l'antiquité; *Varius*, un poète encore, qui, avec *Plotius Tucca*, un autre des amis de Virgile, sauva son Enéïde condamnée aux flammes par son auteur, et reçut de son ami, pour un service qu'il se garda bien de lui rendre, le douzième de ses biens.

Alors, au sein des grandeurs sans en être ébloui, du milieu des plaisirs sans y prendre part, Virgile voit passer devant lui tout le grand siècle d'Auguste. Tantôt à Rome, plus souvent à Naples où la santé, la douceur du climat, et les merveilles de la nature l'ont poussé à s'enfermer dans un retiro, sur les collines de Pausilippe, qui lui permettent de contempler sans fin la mer, les îles, la ville de Parthénope, le Vésuve et les côtes de Sorrente, il achève ses *Géorgiques* et compose son *Enéide*. Délicat de santé toujours, sobre à l'excès, homme de solitude, d'amitié tendre, de labeur continu, tantôt dans sa maison de Pausilippe (1), tantôt dans sa maison placée sur le rivage, à la pointe de ce même Pausilippe, au-dessous des palais de Lucullus, et qui porte encore aujourd'hui le nom d'*Ecole* ou d'*Académie de Virgile*, il édifie ce qu'il appelle lui-même son *Temple de Marbre*, c'est-à-dire sa gloire et sa renommée futures. Ou bien encore il vient à Rome, chercher Horace son ami, pour faire le voyage de Brindes avec lui, prendre à Aricia Mécènes qui les attend, et cheminant avec Plotius Tucca, faire dire à cet autre ami dans ses écrits que peut-être nul autre n'a possédé *une âme plus belle et plus sincère que la sienne.*

En effet, pur dans ses mœurs au point d'être appelé la *Vierge*; modeste jusqu'à se réfugier dans les maisons de Rome pour échapper aux regards de la foule qui se porte sur ses pas et le montre au doigt comme un homme extraordinaire; défiant de lui-même de telle sorte qu'il recommande à Varius et à Plotius Tucca de détruire son Enéide, quand il ne sera plus; généreux à laisser sa riche bibliothèque à la discrétion de tous et sa belle fortune à l'usage de sa nombreuse famille, il passe ses jours dans le travail, livré à ses rêveries mélancoliques, et contemplant les grandeurs de la nature.

A peine s'échappe-t-il de sa demeure pour suivre une fois l'attrait de sa curiosité. Il veut connaître Athènes, cette brillante Athènes dont on parle tant, où tous les savants vont puiser aux sources les plus pures et s'y imprégner de cet air fin et brillant de l'Attique et les poètes chercher les inspirations que la vue des prodiges de l'art et d'une splendide contrée peuvent

---

(1) La maison de Virgile est remplacée par l'église Santa-Maria del Partu, élevée sur ses fondations par le poète Sannazar, qui s'y est fait enterrer. Mais son *Académie* ou *Ecole de Virgile* existe encore, au pied de la même colline du Pausilippe, à une lieue plus loin, sur le bord de la mer qui la baigne. On peut la visiter en barque. J'en ai fait la description dans le volume de l'Italie qui traite de *Naples*.

donner au génie. C'est alors qu'Horace adresse au navire qui doit emporter son ami, cette ode fameuse :

> Sic te diva potens Cypri,
> Sic fratres Helenæ, lucida sidera,
> Ventorumque regat pater,
> Obstrictis aliis præter Iapyga,
> Navis, quæ tibi creditum
> Debes Virgilium, finibus Atticis.
> Reddas incolumem, precor,
> Et serves animæ dimidium meæ (1).

c'est alors aussi qu'Auguste, revenant d'Orient, le trouve au Pirée et veut le ramener avec lui. Mais une grave indisposition surprend le poète dans la route, et à peine peut-il arriver jusqu'à Brindes, qu'il meurt, après quelques jours de maladie, dans la cinquante-deuxième année de son âge. Aussitôt sa dépouille mortelle, transportée, par ordre d'Auguste et suivant les désirs du mort, à Naples, où il a mené si long-temps la vie la plus douce pour un poète, est déposée sur la colline du Pausilippe, tout près de la demeure qu'il s'y était faite, et au-dessus du tunnel qui, de la Mergellina, l'un des quartiers de Naples, conduit à Pouzzoles, en passant sous cette même colline. Là, on place cette épitaphe que l'infortuné poète a eu le courage de dicter encore à son heure dernière :

> Mantua me genuit, Calabri rapuere; tenet nunc
> Parthenope. Cecini pascua, rura, duces (2).

Je n'ai plus rien à ajouter sur Virgile, le *Chantre de Mantoue*. Il ne me reste qu'à plonger le regard sur toute cette contrée qu'il habita, qu'il aima, qu'il chanta. Voici les descendants de ses bergers qui ramènent leurs troupeaux; mais ils ne peuvent me rappeler ceux que notre poète fait promener dans ces vastes

---

(1) Puisse la déesse adorée en Chypre, et les frères d'Hélène, ces astres radieux, te servir de guides! Puisse le roi des vents les enchaîner tous, et ne livrer tes voiles qu'à celui de l'Apulie, ô vaisseau à qui j'ai confié Virgile! Tu me dois mon ami : déposes-le sain et sauf au rivage de l'Attique, et conserve, je t'en supplie, la plus chère moitié de moi-même. *Horace, Ode III.*

(2) Mantoue m'a donné le jour, et la Calabre la mort. Parthénope (Naples) possède mon corps à cette heure. J'ai chanté les pâturages, les champs, les guerriers.

pâturages, car je ne vois en eux que des paysans grossiers, sordides, épais, qui ne peuvent dire avec la même poésie :

Majoresque cadunt de montibus umbræ (1).

La nuit s'annonce, en effet, par des ombres couchées qui viennent des collines. Voici des poules qui gloussent en cherchant leur picorée du soir; des bœufs aux longues cornes qui achèvent volontiers le sillon qu'ils vont quitter. Voici même des Galathées transformées en Maritornes. Pas d'illusion possible ! Le règne d'Auguste est passé, Virgile n'est plus, ses bergers et ses bergères sont morts, Andes, son hameau est remplacé par Piétola, et de toutes ces beautés poétiques il ne reste plus que théâtre donné par Dieu, et comme Dieu, toujours le même. Mais c'est déjà quelque chose de revoir cette scène sublime chantée par un grand génie.

J'ai empêché Emile de mettre nos chevaux au galop. Je tenais à traverser tout ce pays d'une façon calme, réfléchie, en poète, en rêveur qui fait revivre tout le passé. Mais, je l'ai dit, la nuit vient. Le soleil, en se couchant, fait miroiter les larges eaux d'une grande et belle rivière. Evidemment c'est le Mincio, oui le Mincio dans l'endroit où il forme les trois lacs qui entourent l'antique Mantoue. En effet, voici bien en amont le *Lago Inferiore*, en aval le *Lago di Sopra*, formé au XII° siècle par l'élargissement du lit du Mincio, à l'aide de digues, dont la plus remarquable, m'a-t-on dit à l'avance, est celle du *Ponte dei Mulini*, ainsi nommée des moulins qui sont placés sur ses rives, au nord-est, du côté de Vérone. Enfin voilà le *Lago di Mezzo*, qui enserre une île, tandis que de l'île s'élève toute une forêt de palais, d'églises, de tours, de beffrois, de donjons, de clochers, et la ville de Mantoue, partagée en deux par un canal qui forme un Port, *Darsena*, à sa sortie, pour les bâtiments qui arrivent du Pô par le Mincio, et par le Pô, de la Mer Adriatique. Voici également la ligne circulaire des fortifications, bastions, contrescarpes, demi-lunes, ouvrages à cornes, têtes de ponts, qui servent de formidable et puissante ceinture à l'île et à la ville. Déjà l'on bat la retraite sur ces remparts, je reconnais le son

---

(1) Et l'ombre des montagnes s'allonge en tombant dans la plaine. Virg. *Egl. I.*

des tambours autrichiens. Le soleil a disparu tout-à-fait, le crépuscule envahit la terre,

Et jam summa procul villarum culmina fumant (1).

Nous passons devant l'entrée et près des beaux arbres du palais du T qui est hors de la ville, à la porte Pusterla. Qu'est-ce que le palais du T ? Je vous le dirai demain ou tout autre jour. Nous avons hâte d'entrer dans la ville, et j'avise le caporal du poste qui vient nous demander nos passe-ports et le petit *swandziger* de rigueur. Allons ! c'est fait. Piquons des deux et entrons noblement en ville, en vrais *gentlemans-riders*, par la longue *Strada Pusterla*.

— L'Albergo dell'Aquila d'Oro, signor?

— Ecco, signori...

Silence, le maître d'hôtel s'avance majestueusement. Pourvu, car nous mourons de faim, pourvu qu'il n'aille pas nous dire comme le berger de Virgile :

Sunt nobis mitia poma,
Castaneæ molles et pressi copia lactis ! (2)

Non. Il nous envoie tout simplement au numéro dix, pendant que nos coursiers sont conduits à leur provende et qu'Emile s'écrie par tous les escaliers :
— Bottega, Cameriere, la carta, la lista ?... (3).

Mantoue, 15 décembre 185...

Ah! vous croyiez en avoir fini avec Mantoue, peut-être? Mais vous êtes à peine à la moitié de ce que j'ai à vous dire, mes chers amis. Ainsi donc, pour

---

(1) Et déjà, dans la plaine, au loin, la fumée s'élève des chaumières. Virg., *Egl. I.*
(2) Nous avons à vous offrir, messieurs, des poires exquises, de savoureuses châtaignes, et du lait caillé en abondance. Virg., *Egl. I.*
(3) Garçon de table, garçon de chambre, la carte, le menu de votre dîner ?

lire ma lettre, attendez une heure d'insomnie. Du moment où le sommeil fuira vos paupières, vite une allumette chimique ! Lisez-moi à la lueur de la bougie, alors. Bientôt vous sentirez vos nerfs se détendre, une molle pesanteur tombera sur vos yeux, vos bras s'appesantiront, le poids même de cette lettre les fatiguera, vous serez aptes à dormir. Soufflez sans retard : n'oubliez pas de souffler... la bougie, et endormez-vous soudain. Aussitôt vous ronflerez à troubler le repos de votre rue... de la Paix. Usez de la recette, c'est convenu, n'est-ce pas? Donc je puis continuer, hein?

Savez-vous bien que *Mantua*, *Mantova*, *Mantoue* enfin est une fort belle ville? Assurément je suis prévenu en sa faveur par cette pensée poétique, qui l'entoure comme d'une auréole, qu'elle est la ville de Virgile. Rien de mieux. Mais en réalité, Mantoue plaît dans son ensemble et par ses détails.

Disons un mot de Mantoue comme l'un des angles formidables du fameux *quadrilatère* autrichien. Voici le plan de ce quadrilatère :

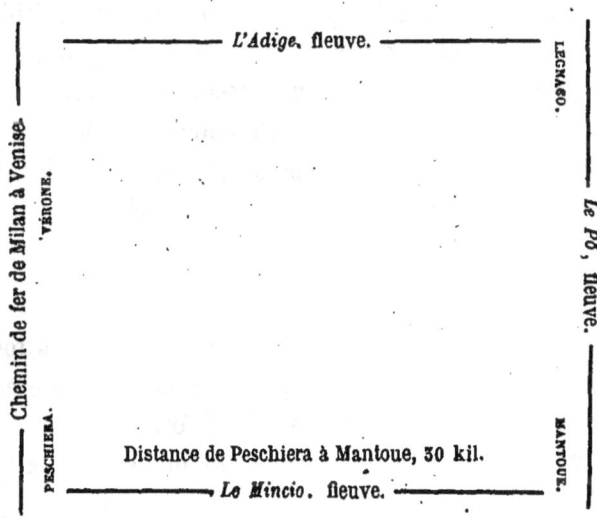

Il est, comme on le voit, borné au nord par le chemin de fer de Milan à Venise, passant à Vérone et à Peschiera; au midi, par le Pô; à l'est, par l'Adige; à l'ouest, par le Mincio.

Les villes de Peschiera et de Mantoue sont situées sur cette rivière, dont nous déterminerons d'abord le cours.

Le Mincio sort à l'extrémité S.-E. du lac de Garde, à Peschiera, circule dans la plaine du Mantouan, puis forme, à quelques lieues plus loin, un nouveau lac dont nous parlerons plus tard, et au milieu duquel est située Mantoue. Après un parcours de soixante-deux kilomètres, le Mincio se jette dans le Pô, près de Governolo. Le 28 mai 1796, l'armée française, sous les ordres du général Bonaparte, força le passage du Mincio, qu'elle franchit à Borghetto et à Vallegio, malgré les forces imposantes que Beaulieu avait concentrées sur cette ligne pour en assurer la défense.

La position sur ce fleuve, de Peschiera au nord, et de Mantoue au midi, nous conduit naturellement à parler d'abord de ces deux places.

Peschiera est située sur une petite île formée par le Mincio à sa sortie du lac de Garde. Cette place a pour objet essentiel de conserver libres les communications avec le lac et de protéger un système d'écluses qui peuvent, à volonté, produire dans le Mincio un courant assez rapide pour entraîner tout pont de bateaux qu'on chercherait à y établir. Les ouvrages de cette place remontent en grande partie au temps de la domination vénitienne, et quoique plus tard ils aient été améliorés par les Français, qui prirent la ville le 3 mai 1796, ils n'ont jamais présenté dans leur ensemble une importance sérieuse. En 1848, les Piémontais s'emparèrent de Peschiera en moins de trois semaines. Nous devons ajouter toutefois que, depuis cette époque, les Autrichiens ont établi des ouvrages avancés, de nature à rendre plus difficile l'accès de cette forteresse.

Mantoue, fortifiée par l'art et plus encore par la nature, a toujours été considérée par l'Autriche comme un des remparts de sa puissance en Italie. Elle est placée sur une île au milieu d'un lac artificiel formé par les eaux du Mincio et divisé en quatre parties par les chaussées ou digues qui le traversent : le lac supérieur, le lac moyen, le lac inférieur, et, à l'ouest et au midi de la ville, le lac Pajolo ; ce dernier, plus semblable, comme on l'a dit avec raison, par le peu de profondeur de ses eaux, leur stagnation et les miasmes pestilentiels qui s'en exhalent, à un marais qu'à un véritable lac.

Quatre forts détachés environnent le corps de la place ; ce sont la *Citadelle*, le *fort Saint-Georges*, le *fort Pietole*, et enfin le *fort de Pradella*, qui commande la route de Crémone.

La force de Mantoue consiste moins dans le nombre et dans la solidité de ses ouvrages que dans les difficultés de l'approche, au milieu des eaux et des marais qui l'entourent. Dès l'an 1799, le général du génie Foissac-Latour, qui n'avait pu défendre que pendant trois semaines cette place que Souwarow avait donné ordre au général Kray d'assiéger, disait déjà : « Ses inondations considérables et les embarras des premiers accès donnent à Mantoue une apparence formidable qu'elle est loin de mériter. » Nous savons que Mantoue n'est plus ce qu'elle était à la fin du siècle dernier, quand ce rempart, déjà si renommé cependant, tombait devant les Français, qui, commandés par Bonaparte, s'emparèrent, en 1797, de cette ville, où s'était renfermé le vieux maréchal Wurmser.

Passons sur la face du *Quadrilatère* où se trouvent Vérone et Legnago. Quelques mots d'abord sur l'Adige, qu'on peut regarder comme la plus sérieuse, mais aussi comme la dernière défense de la Vénétie. Ce fleuve, dont les sources descendent des montagnes de la Suisse, touche, avant d'arriver à Vérone, à Balzano, Trente et Roveredo ; puis inclinant au sud-est, à sa sortie de Vérone, qu'il divise dans deux parties inégales, il rencontre, dans la plaine, Legnago, point également fortifié ; et aboutit ensuite à l'Adriatique, à Porto-Fossonne, après avoir suivi long-temps le cours du Pô, à une distance de douze kilomètres environ. Il s'agit, comme on le voit, d'une longue ligne qu'on ne saurait tourner, et que, pour passer outre, il faut franchir sur un pont quelconque. L'Adige a donné son nom à une partie de la mémorable campagne de Bonaparte en Italie, et pendant laquelle le jeune général montra tant de preuves de la rapidité et de l'audace de ses conceptions stratégiques.

Vérone, à cent cinq kilomètres de Venise, est une place de premier ordre. Située au débouché de la vallée de l'Adige, elle assure les communications avec l'Autriche par le chemin de fer qui, longeant le lac de Garde, descend de Botzen, et vient rejoindre Vérone par cette même vallée. Comprenant l'importance de cette position, l'Autriche n'a épargné, depuis longues années, aucun sacrifice pour rendre cette forteresse inexpugnable. Aussi est-elle devenue non-seulement la plus importante du *Quadrilatère*, mais encore de toute l'Italie.

C'est principalement dans la partie de Vérone qui regarde la Lombardie que tous les moyens de défense ont été accumulés. Sans entrer dans les détails techniques des travaux qui couvrent Vérone, nous rappellerons seulement que l'ensemble de tous les ouvrages est environné par une double ceinture de forts détachés, au nombre de vingt, qui, indépendants les uns des autres, sont appelés cependant à se défendre mutuellement.

Cette immense forteresse offre un camp de refuge pour une armée autrichienne qui, battue ou en nombre inférieur, pourrait s'y retirer pour attendre des renforts. La position de Vérone contribue, d'ailleurs, à augmenter les obstacles que son siége doit rencontrer. Assise sur les deux rives du fleuve et occupant la croupe du dernier contre-fort des Alpes, elle ne peut être tournée au nord. Nous ajouterons enfin, pour faire comprendre la force du système défensif du *Quadrilatère*, qu'un chemin de fer qui le coupe en diagonale relie Vérone à Mantoue, et que les garnisons des quatre places peuvent se porter rapidement sur un des points menacés. Nous avons déjà dit, en effet, que trente kilomètres seulement séparent Mantoue de Peschiera, et qu'il n'existait qu'une distence à peu près égale entre Mantoue et Legnago, dont il nous reste à parler.

Legnago, que nous trouvons sur l'Adige, au sud-est de Vérone est une place forte qui ne saurait offrir beaucoup plus de résistance que Peschiera. Sa position a toutefois, pour les Autrichiens, une grande importance, soit parce que cette ville possède une tête de pont sur les deux rives du fleuve, où la garnison peut opérer avec une égale facilité, soit parce qu'elle offrirait une retraite assurée à une armée autrichienne rejetée sur l'Adige. Le 13 septembre 1796, les Français s'emparèrent de Legnago, après trois jours d'investissement. Malgré son peu d'importance relative, cette place n'en complète pas moins ce *Quadrilatère*, qui a toujours inspiré aux Autrichiens une grande confiance et qui, dans tous les cas, occupe, au point de vue de l'attaque ou de la défense, le rôle le plus important dans les opérations stratégiques d'une guerre en Italie.

Maintenant, revenons à Mantoue.

En tant que ville de paix, comme ville d'agrément, elle est fort curieuse et très-intéressante. Cinq portes donnent accès dans Mantoue : Au sud la *Porta San Giorgio*, la *Porta Julina*, au nord, la *Porta Pradella*, à l'est, la *Porta Pusterla* au sud ouest, la *Porta Cerese*, au couchant, et une sixième, la *Porta Catena*, qui ouvre, au levant, sur le *Bassin de la Darsena*, ou le *Port*.

Des rues régulières et droites partent du centre et se dirigent, en rayonnant sur les remparts. Elles sont larges et bien pavées. Les maisons, bâties en briques, plaisent par leur aspect gracieux et élégant. Beaucoup de mouvement et de foule à peu près partout.

Au nord, dans un endroit solitaire et calme, sur l'emplacement d'un large marais que nos soldats entreprirent de dessécher pendant l'occupation française, *Place de Virgile, Piazza Virgiliana*. C'est bien le moins : à tout seigneur, tout honneur ! Une colonne supportant la statue du poète, le *Cygne de Mantoue*, métaphore reçue et bien méritée, décore cette place.

Un peu plus au centre *Piazza San Pietro*, entre le *Palais-Ducal*, d'un côté, le *Dôme* et le *Palazzo-Castiglione*, de l'autre, et dans leur entourage le *Palais Guerrieri* avec sa *Torre della Gabbia*, la *Torre dello Zuccaro*, la *Chiesa San Barbara*, et le *Palazzo della Ragione* avec son beffroi.

Tout-à-fait au centre la *Piazza del Mercato*, et dans son rayonnement, ici et là, autour de cette place du marché et de la *Piazza di san Ambroglio*, la *Basilicca di San Andrea*, l'un des premiers modèles, et spécimen remarquable du retour des artistes à l'architecture classique, œuvre de *L. B. Alberti*, avec coupole de *Juvara* : *Santa Apollonia*, puis *Santa Barnaba*, puis *San OEgidio*, où repose sous une pierre antique *Bern. Tasso*, père du Tasse, poète comme son fils ; puis encore une œuvre splendide de la renaissance, la *Chiesa di San Sébastiano*, et enfin *Santa Barbara*, délicieux et élégant travail de *Bertani*, élève de Jules Romain.

Ajoutons aussi le *Palazzo della Raggione*, le *Palazzo Collorado*, le *Palazzo del Diabolo*... hein ! le *Palais du Diable !* Mais n'ayez pas peur ; ce nom fait simplement allusion à la rapidité avec laquelle son propriétaire, *Paris Aresara*, fit élever cet édifice. Et enfin, de-ci de-là, la *Maison de Jules-Romain*, et *la Maison de Mantégna*, les deux gloires de Mantoue.

Des bagatelles de la porte, passons à l'intérieur, s'il vous plaît :

Le *Palazzo-Ducale* est un antique, vaste et imposant palais de style moyen-âge, élevé, en 1302, par *Guido Buonacolsi* et *Bottigella*, mais démantelé, puis refait par Jules Romain d'une façon plus régulière. « Malgré sa tristesse et son abandon, dit M. Valery, dans son *Italie*, le Palais-Ducal respire encore la magnificence. » Rien de plus compliqué que cet édifice. On conduit le visiteur par une infinité de galeries et de détours qui ressemblent fort à un labyrinthe, et qui attestent son immense étendue. J'en suis sorti plein d'admiration, mais assez peu maître de mes idées et du plan qui le compose. Cependant je puis signaler les parties notables, dont voici l'énumération :

Salone della Scalcheria, salle du maître d'hôtel, peintures magnifiques de *Jules Romain* : chasse de Diane, Vénus et Vulcain, char d'Apollon au plafond, etc. *Jules Romain*, *Mantégna* et le *Primatice*, sont les grands peintres de Mantoue. Ne vous étonnez pas de les voir nommés constamment. Je vous expliquerai tout-à-l'heure leur présence et leur réunion.

Camere degli Arazzi, voisines de la Scalcheria; tapisseries faites d'après les célèbres cartons de Raphaël.

Galleria degli Specchi : peintures des élèves de Jules Romain. Au plafond, splendide médaillon représentant le Parnasse composé des Mantouans les plus fameux, *Virgile* d'abord, puis *Castiglione*, cet écrivain, né à Mantoue, en 1478, qui fut ambassadeur du duc d'Urbin, auprès de Henri VIII, roi d'Angleterre, et du pape Clément VII, auprès de Charles-Quint; *Martino Coccaïo*, dit *Folengo*, poète burlesque, né en 1491, dans le faubourg de Mantoue qui a nom Cipada, auteur de poésies drolatiques intitulées *Macaronée*, ou *Plat de Macaroni*, et l'*Enfance de Roland*, ou l'*Orlandino*; saint Louis-de-Gonzague qui se fit jésuite, en 1521, et que sa tendre piété fit canoniser peu après sa mort arrivée en 1544, etc. Il faut convenir que c'est là une étrange réunion!...

Salone del Paradiso : rien de plus riche et de plus gracieux que cet appartement, maintenant abandonné à la poussière.

Salone di Marmi, jadis décoré de statues en marbre. Cette salle forme un des côtés de la cour *della Cavalleriza*.

L'*appartemento Stirali* lui fait face de l'autre côté, et montre encore quelques peintures de Jules Romain et du Primatice.

Enfin le *Salone di Troja*, peint par Jules Romain, et qui a une grande réputation de beauté, possède des fresques qui représentent les divers épisodes de la guerre de Troie.

Lorsqu'on arrive au fond du Palais-Ducal, près du pont Saint-Georges, placé sur ce canal, on arrive au *Castello di Corte*, œuvre de l'architecte Bertolino Novara, qui l'éleva en 1393. A cette heure ce Château-Fort renferme les archives de la famille de Gonzague, et tient lieu de prison.

De l'autre côté de la place San-Pietro, le *Dôme*, œuvre de Jules Romain, architecte aussi habile que peintre excellent, montre une façade décorée de colonnes et de statues représentant les Prophètes et les Sibylles, d'un heureux effet, ouvrage d'un ingénieur autrichien, sauf les statues qui sont du *Primatice*.

A côté du Dôme, à l'angle du *Vicolo Bonalcolsi* (1), se dresse avec orgueil le *Palais du comte Balthasar Castiglione*, majestueux édifice d'une architecture sévère.

Il a pour voisin le *Palazzo Guerrieri*, dont une haute tour, la *Torre della Gabia*, élevée en 1302, domine de beaucoup la ville, et laisse voir encore une énorme cage en fer, accrochée au-dehors du troisième ordre, et destinée jadis à renfermer des prisonniers qui, selon la coutume barbare du temps, devaient achever là leur existence, exposés à toutes les intempéries des saisons, et sous les yeux affligés d'un peuple esclave. Aujourd'hui ce souvenir seul fait horreur, et ce n'est pas sans frémir que nous passons auprès de la porte qui ouvre sur cette cage. Il nous semble y trouver encore l'odeur d'un charnier, et, en regardant cette prison aérienne par une ouverture voisine, voir encore, collés à ses barreaux, des lambeaux de chair desséchée et des cheveux des misérables victimes qui ont subi là le plus affreux supplice. Au sommet de la tour, pour nous distraire, nous rencontrons heureusement, comme contraste, un délicieux boudoir d'où l'on jouit d'une admirable vue de la ville, qui paraît nager au milieu des eaux, comme une nef colossale, entre le Lago di Sopra, le Lago Inferiore, le Lago di Mezzo, le canal et les deux bras du Mincio. et enfin les charmants paysages qui entourent Mantoue, depuis ceux que nous parcourions l'autre jour en venant de Modène, jusqu'aux perspectives qui, au nord, couronnent le lac de Garde, les montagnes du Tyrol, et les hauteurs de la ville de Vérone.

---

(1) *Vicolo*, de *vicus*, *bourgade*, *village*, signifie, dans les villes de l'Italie où il est en usage, *petite rue* conduisant à un *quartier* différent.

Après une longue contemplation de ces beautés douces et suaves à l'œil, et un dernier regard jeté sur le village de Piétola, nous descendons de la Torre della Gabia pour aller au *Palazzo della Raggione*, l'hôtel de ville de Mantoue, si vous aimez mieux, où nous trouvons aussi un beffroi fort curieux, bien conservé quoiqu'il date de 1478, et offrant, dans une niche qui ajoute au bel effet qu'il produit, une statue antique à laquelle on donne nécessairement le nom de Virgile.

Telle est la ville de Mantoue, mes chers amis.

— Mais le palais du T ? allez-vous me dire.

Ne vous impatientez pas : cela viendra en son temps. Jusque-là prenez le *thé*, et avec votre ordinaire bonté, attendez le palais du T ; et si vous n'êtes pas trop entêtés, permettez qu'en enfant gâté je m'applique à traiter une autre question.

Une remarque affligeante : pas la moindre trace du moindre monument de l'époque romaine! Oui, de ruines? rien! C'est affreux, convenez-en. Cependant les Romains avaient fait de *Mantua* une ville *municipe*. En outre, jamais elle ne fut détruite comme Milan, par exemple, et comme nombre d'autres cités lombardes. Toutefois elle eut beaucoup à souffrir lorsque la *Bataille de Bédriac* eut lieu dans la plaine qui sépare Mantoue de Crémone, au village appelé jadis *Casal-Romano*, maintenant *Bédriac*. C'était en l'an 69 avant Jésus-Christ.

Déjà *Auguste* avait livré son trône à *Tibère*. Ce second empereur de Rome, après un long règne tout de tyrannies et de débauches, pendant lequel il avait fait fleurir la paix, l'ordre et la justice dans les provinces; après avoir administré les finances de telle sorte qu'il laissa cinq cent cinquante millions de francs dans le trésor; après avoir cultivé les lettres et écrit des poèmes et ses *Mémoires*, vous voyez que la mode des mémoires date de loin, avait été étouffé, à Misène par Caligula. *Caligula*, troisième empereur, d'abord sage et modeste, puis impudique et fou, désira vainement que le peuple romain n'eût qu'une seule tête afin de la trancher d'un seul coup, car le peuple romain resta, et ce fut lui qui fut égorgé par Chereas, tribun des gardes prétoriennes. Alors *Claude* commença son règne sous d'heureux auspices, mais bientôt gouverné par son odieuse femme, Messaline, il fut empoisonné par Agrippine qu'il avait épousée, après avoir fait périr la criminelle Messaline. Quel temps mémorable et quelle sinistre époque ! A son tour, *Néron*, cinquième empereur, après avoir, au début, montré beaucoup de douceur, devint cruel et débauché. Puis il brûla Rome afin d'accuser les chrétiens de ce crime et d'admirer les effets de l'incendie pendant la nuit. Il tua Octavie, son innocente épouse ; il tua Poppée, sa seconde femme, et enfin, voulant se donner la mort, au moment où l'armée d'Espagne ayant proclamé Galba, empereur, le sénat déclara Néron ennemi public, son secrétaire Épaphrodite fut obligé de lui pousser la main. *Galba* prit donc la pourpre impériale. Mais on ne régnait pas long-temps alors. *Othon* le fit assassiner pour prendre sa place. Othon, septième empereur de Rome, favori de Néron, premier époux de Poppée, montait à peine sur le trône qu'il apprit que l'armée de Germanie élevait à l'empire *Vitellius* et marchait sur l'Italie. Renommé jusque-là par sa mollesse, son luxe et ses dettes, Othon déploie aussitôt du talent et de la vigueur. Vitellius était le fils d'un des plus vils adulateurs de Claude ; il avait passé sa jeunesse à la cour de Tibère, dans l'île de Caprée, puis, fait consul en 48, en 68 il avait été nommé gouverneur de la Basse-Germanie. Alors les légions de cette frontière, en apprenant la mort de Galba, le saluèrent empereur. Or deux empereurs, Othon et Vitellius, c'était trop pour un empire qui épuisait rapidement ses souverains. Vitellius et Othon marchèrent l'un contre l'autre. Ils se rencontrèrent une première fois en Ligurie, en Narbonaise ensuite, puis près de Plaisance, et enfin dans le voisinage de Crémone. Chaque fois les mesures habiles d'Othon lui valurent la supériorité. Mais il eut le tort d'en vouloir finir tout d'un coup avec un ennemi qui semblait toujours renaître de ses cendres. Vitellius et ses lieutenants Cécéna et Valens, s'étant présentés à lui de nouveau à Bédriac, ce Casal-Romano que je vous signalais dans la plaine entre Crémone et Mantoue, Othon livra la bataille. Cette fois la victoire déserta ses aigles. Aussi le vaincu se donna-t-il aussitôt la mort, le 15 avril 69. Quant à Vitellius, il se rendit à Rome où la ville toute entière le reçut comme un libérateur. Elle eut fait de même vis-à-vis d'Othon. Mais à peine était-il endormi dans son repos, se livrant à cette inimaginable gloutonnerie qui lui faisait dévorer des millions à un seul repas, que l'armée d'Orient ayant fait empereur *Vespasien*, la populace de Rome mit en pièces le lâche Vitellius qui s'était caché sous un escalier. Ainsi, depuis la venue de Jésus-Christ seulement, c'est-à-dire de l'an 1 à l'an 69, dans une période qui avait à peine la durée d'une vie d'homme, Rome avait absorbé déjà neuf empereurs ! Que devenait donc la gloire de l'ancienne Rome, gloire si noblement chantée par le cygne de Mantoue ?

Donc les résultats de la bataille de Bédriac avaient été contraires déjà à la prospérité de Mantoue, car le pillage et la violence des vainqueurs avaient épuisé bien vite et pour long-temps les ressources d'un repos mal assuré.

C'était l'exorde de ses malheurs! Voyez, en effet, quelles grandes ombres, comme des vautours aux larges serres, planent sur l'infortunée cité, et reconnaissez avec moi les fantômes illustres des Radagaise, des Alaric, des Attila et d'autres héros venant, au nom de Dieu, balayer les anciens peuples de la surface de la terre. Ecoutez donc ce qui advint.

De tous ces empereurs de Rome, dont je ne vous donne pas la liste, trop longue, hélas! il n'était descendu sur le peuple que des exemples de désordre, d'immoralité, d'égarement. La corruption fut bientôt à son comble. La société romaine se trouvait gangrenée par la sanie des plus immondes passions. Devenu trop vaste pour un gouvernement renouvelé sans fin et constamment affaibli, entouré d'ennemis trop mâles pour l'énergie perdue des légions efféminées, menacé de tous côtés par des barbares arrivant par millions des profondeurs nébuleuses de l'Europe et de l'Asie, avides de se précipiter sur l'Italie, tant fameuse, l'empire romain avait paru devoir être divisé en deux parts. Donc on avait formé l'empire d'Occident, dont Rome restait la capitale, puis l'empire d'Orient, dont Bysance devenait la tête et voyait son nom changé bientôt en celui de Constantinople, par Constantin.

Cependant les bords du Danube et du Rhin enfantent des nations diverses, chez lesquelles la frugalité, l'abondance des aliments salutaires, et la pratique plus constante de ces qualités nobles que n'a pas souillées une civilisation [corrompue, entretiennent la santé, la force et l'honneur militaire. Chez ces peuples, la vertu des femmes, la sainteté des mariages favorisent la population, et bientôt un terrain, devenu trop circonscrit, ne peut plus la contenir. Aussi ces barbares, comme on les appelle à Rome, saluent par des cris de joie et d'amour ce doux climat de l'Italie, *ce jardin* qui des Alpes descend sur les rives de l'Adige, du Mincio et du Pô.

Les premiers de ces peuples qui se sont précipités sur l'Italie, sont les Cimbres et les Teutons que Marius a vaincus et détruits.

Mais bientôt voici venir en éclaireurs les *Marcomans*, ces sauvages habitants des Monts Hercyniens, dont ils se contentaient au temps d'Auguste, et qui, aujourd'hui, avec les *Quades*, leurs voisins, fatigués d'entendre vanter le *beau jardin*, envahissent l'Italie et s'emparent de Mantoue, en 269. Heureusement un bras vigoureux les repousse et les refoule au-delà des Alpes.

Puis, à son tour, paraît *Radagaise*, avec ses *Germains*. Il arrive suivi de deux cent mille guerriers, dévaste Mantoue, et veut assiéger Florence; mais il est décapité par Stilicon, général d'Honorius, empereur d'Occident, et ses soldats, vaincus, engraissent le sol des rives de l'Arno. Ceci se passe en 406.

Le ve siècle commence à peine, lorsque surgit avec lui, de 403 à 408, toute une nation, celle des Visigoths, que conduit un chef vaillant, *Alaric*. Ce barbare, qui est à la *recherche de royaumes*, connaît la mésintelligence qui règne entre les deux fils et successeurs de Théodose-le-Grand, Arcadius et Honorius, et les deux administrateurs de l'empire, Rufin et Stilicon. Arcadius est assis sur le trône d'Orient, et Honorius occupe celui d'Occident. Rufin veille sur Constantinople, et Stilicon sur Rome. Malheureusement des rivalités séparent ces quatre personnages. Aussi Alaric s'avance. Vainement un pieux solitaire se présente devant lui, sur sa route, et le supplie avec larmes de se désister d'une entreprise qui va occasioner tant de meurtres et d'horreurs :

— Mon père, répond Alaric, ce n'est pas ma volonté qui me conduit; mais j'entends sans cesse à mes oreilles une voix mystérieuse qui me crie : *Marche et va saccager Rome !*

Cette voix n'est pas si mystérieuse : elle n'est autre que celle de ses généraux, de ses soldats, de la fatalité et du destin de Rome.

Alaric s'avance, en effet, sur Mantoue. Stilicon se hâte d'aller couvrir cette ville et gagne même sur le Visigoth une bataille, près de Vérone. Néanmoins le barbare s'empare de Mantoue, qu'il met à contribution. C'est de là qu'il entre en pourparler avec Stilicon qui lui persuade d'aller attaquer Arcadius. Mais comme le général d'Honorius ne lui en donne pas les moyens, et que même Stilicon, traître à Alaric, l'attaque près de Plaisance, un jour de Pâques, les Visigoths, nouvellement convertis à l'arianisme, croient commettre un sacrilège en acceptant le combat. Alors Stilicon enlève la femme d'Alaric et ses trésors, et repousse vigoureusement les barbares sur les rives de l'Adda. Aussitôt Alaric rallie ses troupes et marche sur Rome par l'Etrurie. Toutefois il épargne la ville et se contente d'exiger qu'on lui rende ce qu'on lui a pris. Mais se repentant bientôt de cette modération, il revient sur ses pas, se rend maître de la navigation du Tibre, arrête même les bateaux légers qui peuvent descendre le fleuve. Bientôt la famine ravage la ville. Une contagion suit la famine : il faut capituler. Le négociateur envoyé par Honorius au camp des Visigoths annonce que le *peuple romain* acceptera la paix, mais à des conditions raisonnables, et que si sa gloire est compromise, il ne demandera qu'à sortir pour livrer bataille.

— Tant mieux, répond Alaric, jamais il n'est plus aisé de faucher le foin que quand l'herbe est épaisse.

Il exige alors tout ce qu'il y a dans la ville d'or, d'argent et d'esclaves étrangers.

— Que laisserez-vous donc aux Romains ? lui dit le député.

— La vie ! répond Alaric.

Après de longs débats, on convient que Rome donnera cinq mille livres d'or, trente mille d'argent, quatre mille tuniques de soie, trois mille peaux teintes en écarlate, trois mille livres de poivre (ici n'allez pas croire que les barbares fussent très-friands de cette épice ; ce sont les Romains, qu'Alaric prétend dépouiller de l'ingrédient favori de leur cuisine, qu'ils achetaient jusqu'à douze fr. la livre), et qu'elle mettra en ôtage, entre les mains d'Alaric, les enfants des plus nobles citoyens.

Ainsi fut dit, ainsi fut fait.

Il est bon de remarquer que le terrible Alaric donna, en cette circonstance, un témoignage de respect pour la foi chrétienne, qui prescrit l'abolition de l'esclavage. Il exigea qu'on lui rendît les esclaves goths, afin de les mettre en liberté. En effet, plus de quarante mille furent ainsi déclarés libres et partirent avec son armée.

Je ne vais pas vous dire les deux siéges nouveaux que les tromperies et la mauvaise foi d'Honorius déterminent Alaric à imposer à Rome. Je dirai seulement que le vainqueur laisse, cette fois, ses hordes barbares pénétrer dans la grande et belle ville de Rome, où sont accumulées les richesses conquises dans les trois parties du monde depuis l'espace de mille ans. En un seul jour elles deviennent la proie des Visigoths, qui pillent, incendient et dévastent les plus beaux monuments. Mais les églises, les femmes et tous ceux qui se sont réfugiés dans les églises doivent être épargnés ; c'est l'ordre absolu d'Alaric. A cet effet, il place à la porte des temples ses gardes les plus fidèles et les mieux disciplinés. Après quoi, chargé des dépouilles du monde, le héros vainqueur sème de ruines la Campanie, l'Apulie et la Calabre. Il s'avance vers le Brutium et veut aller conquérir la Sicile.

Mais le bras de Dieu l'arrête à Cosenza, petite bourgade de la Calabre, où la mort le saisit. Alors on enterre le conquérant de l'Italie dans le lit du Bussento, rivière de Lucanie, qui passe dans cette bourgade en se dirigeant vers la mer. Des prisonniers romains sont employés à détourner le cours de cette rivière. On creuse un tombeau dans les profondeurs qu'elle occupait ; on y fait une épaisse litière de l'or et de l'argent que possède Alaric, et on étend son cadavre sur cette couche d'un nouveau genre. Puis on immole son coursier favori sur cette tombe humide ; après quoi les eaux du Bussento sont rappelées dans leur lit ordinaire. Enfin, pour que jamais les Romains ne tirent le guerrier de son repos et qu'ils ignorent toujours le lieu de sa sépulture, les prisonniers romains qui ont exécuté les travaux sont égorgés jusqu'au dernier.

Les Visigoths passent alors en Afrique. Rome respire. Mais les barbares ont appris le chemin qui conduit à la ville éternelle !

Je ne vous parlerai pas des Huns, ni de leur chef *Attila*, le fléau de Dieu. Il pénètre bien en Italie ; mais Mantoue ne se trouve pas sur son chemin.

Mantoue, du reste, devient aussi la proie des Hérules, qui, soumis par Hermanaric, roi des Goths, et abattus un moment par les Huns, envahissent aussi l'Italie, conduits par *Odoacre*, prennent Rome, portent un coup mortel à l'empire d'Occident, puis, en 495, sont chassés d'Italie par les Ostrogoths.

Ces Ostrogoths, venus de Scythie, de Pannonie, de Mœsie, ont pour capitaine *Théodoric*. Ils se rendent maîtres de Mantoue, et font le siége de Rome dont ils prennent possession. Alors, maître de toute l'Italie, Théodoric obtient la main d'Audeflède, sœur de notre Clovis, fait son entrée dans Rome en 500, est reçu par le pape, le sénat et le peuple, et, à ce vieux peuple romain substituant son jeune peuple barbare, règne en souverain et inaugure son pouvoir par des fêtes brillantes données dans le colysée. Jamais il ne prend le titre d'empereur, mais, libéral et magnifique, il n'estime l'or que pour le distribuer, il cherche la paix et sait faire la guerre. Il s'entoure ensuite de personnages fameux, nomme Arthémidore, préfet de Rome, Libérius, préfet du prétoire, Boèce, son premier ministre, et meurt à Ravenne, dévoré par la douleur d'avoir fait périr à coups de bâton ce dernier, pour une conspiration imaginaire.

Hélas! le repos n'est pas encore donné à l'Italie. Voici venir à cette heure les Lombards ou Langobards. Tantôt sujets des Vandales, des Gépides et des Hérules, tantôt ennemis et vainqueurs de ces nations, eux aussi, les Lombards veulent goûter les douceurs de l'Italie et s'y tailler un royaume. *Alboin* arrive à leur tête, en 551. Odoacre et Théodoric n'avaient eu que la peine de s'y montrer pour s'y établir. Alboin, pour réussir comme eux, veut se donner un roi franck pour allié. Il demande et obtient en mariage Clotswinde, fille de Clotaire. Ensuite, il veut se réserver un asile en cas de non-succès. Il cherche à entrer en confédération avec le Kakan des Avares. On exige de lui un bœuf et un mouton sur dix, une déclaration de guerre à Cunimond, roi des Gépides, et la destruction de ce peuple. Alboin accepte. Il tue de sa propre main Cunimond, et fait faire une coupe de son crâne pour y boire dans ses festins solennels. Puis à Galswinthe, qui vient de mourir, il donne pour successeur Rosemunde, fille de Cunimond, qu'il épouse. Alors il entre en Italie, s'empare de Mantoue, de Vérone, de Pavie qu'il déclare la capitale de ses États, et assiége inutilement Ravenne. Néanmoins il donne une fête brillante, à Vérone, et là dans l'ivresse du plaisir:

— Il faut, dit-il, que ma femme boive avec son père!

Prête à suffoquer d'indignation, mais redoutant la fureur du barbare, Rosemunde répond :

— Que la volonté de mon Seigneur s'accomplisse!

Hélas! en approchant lentement les lèvres des bords de la coupe fatale qui est incrustée dans un ornement d'or, Rosemunde jure de se venger. Elle communique son projet à Helmichis, porteur du bouclier du roi. Celui-ci confie l'exécution à Pérédéus, un Lombard vigoureux, qui refuse. Mais, par une ruse que les ténèbres de la nuit autorisent et au sein de jouissances criminelles, l'épouse offensée obtient de Pérédéus de se faire son complice. Alors, le lendemain, au moment où Alboin se repose dans la sieste, le poignard de Pérédéus lui perce le cœur. On l'enterre aussitôt, avec son épée, au pied de l'escalier du palais de Vérone, œuvre de Théodoric.

Les seigneurs lombards se rendent alors à Pavie ; et, comme Alboïn ne laisse pas d'enfants mâles, ils choisissent *Cléphon*, pour lui succéder.

A chaque invasion des Barbares, à la mort de leur capitaine, ces barbares disparaissent. Cette fois, une longue suite de rois commande à la Lombardie, désormais l'une des provinces de l'Italie. Il faut les crimes de l'un des derniers souverains, pour que le géant des Francs, dominateurs des Gaules, Charlemagne envahisse cette contrée, extermine la race lombarde, et donne la Lombardie au souverain pontife de Rome.

Alors Mantoue est donnée par *Othon II*, empereur d'Allemagne, dont les Etats sont la conquête et la succession de Charlemagne, à *Thibault*, comte de Canosa ; puis elle est conquise sur ce prince, par *Mathilde*, souveraine de la Lombardie et de la Toscane, en 1114, et enfin elle devient une des *Républiques Lombardes* au milieu du xiie siècle.

Mais, comme toutes les petites républiques, elle voit naître dans son sein des tyrannies locales. Elle a tour à tour pour maîtres les comtes de San-Bonifacio, les Buonacossi, et en dernier lieu les Gonzague.

D'abord *Pinamonte Buonacossi*, le premier de cette famille qui s'adjuge le pouvoir, descend d'une illustre maison de la ville. Il parvient à l'autorité suprême, en 1272, abandonne alors le parti populaire qui l'a élevé, c'est l'usage, et se fait Gibelin ; mais pour être plus fort contre les Guelfes dont il craint la vengeance, il s'allie avec les Scaligeri, de Vérone, bat les Padouans, les Vicentins, et, malgré de nombreuses séditions, se maintient au pouvoir jusqu'en 1298.

Bardellone Buonacossi, son fils, prend sa place, mais en se déclarant pour les Guelfes. Alors, traître envers son vieux père, il l'emprisonne, s'empare du palais, met sous les verrous son frère Taino, se fait proclamer chef souverain, mais tombe lui-même dans un piége tendu par son neveu.

Celui-ci, *Bottesilla Buonacossi*, s'empare de Mantoue en 1299, s'associe ses frères Passerino et Bectizone, mais se fait Gibelin et devient le chef de ce parti impérial jusqu'à l'entrée de Henri VII en Italie.

En 1310, *Passerino* son frère le remplace au pouvoir. Mais après dix-huit ans d'un règne paisible, il est tué dans une sédition.

Alors le meurtrier de l'infortuné Capitano, *Ludovico di Gonzagua*, également d'une puissante famille de Mantoue, s'adjuge le pouvoir. Aussitôt le jeune capitaine, entreprenant et fort, change la direction des affaires. Il s'applique à calmer les esprits et cherche à établir la paix. On le voit travailler constamment au bien être des Mantouans et protéger les arts et les sciences.

Après lui, *Francesco Ier*, moyennant douze mille florins d'or, se fait nommer *marquis de Mantoue*, en 1433.

Puis, son fils, *Giovanni Francesco II*, est choisi en 1495, par le Pape, les Vénitiens, l'Espagne et le duc de Milan, Ludovic le More, pour commander les troupes réunies contre Charles VIII, roi de France, venant conquérir le royaume de Naples, au nom des droits que les derniers princes de la maison d'Anjou avaient légués à sa famille. Giovanni Francesco se hâta de courir à la rencontre des Français, maîtres de Naples, mais obligés de sortir en hâte de l'Italie. Gonzague comptait dans son armée quarante mille confédérés. Charles VIII ne possédait plus que neuf mille hommes. Ces deux armées se rencontrent à *Fornoue, Forum-Novum*, petite bourgade du duché de Parme, sur le Taro, au pied de l'Apennin, à douze lieues sud-ouest de cette ville. Les neuf mille hommes de Charles VIII sont accablés de fatigue, et épuisés par de cruelles maladies. Mais la valeur supplée au nombre. Animés par l'exemple de leur prince, les Français combattent avec une ardeur incroyable. Aussi, après un combat d'une heure, dans lequel ils ne perdent pas plus de deux cents hommes, ils mettent les confédérés en fuite, et lui tuent quatre mille soldats. Depuis plusieurs siècles les Italiens reconnaissent ne pas avoir engagé d'action plus sanglante. On les entend répéter partout qu'ils ne peuvent résister à la *furia francese...* Tenons compte de cet aveu, mes amis, et soyons fiers d'être Français !

Frédéric II est ensuite fait duc de Mantoue, par Charles-Quint, en 1530. Cela se conçoit. Il vient d'acquérir la réputation d'un des meilleurs généraux de l'Italie, au service de cet empereur d'Allemagne tout à la fois roi d'Espagne et des Pays-Bas. Frédéric est, en outre, vice-roi de Sicile et gouverneur de Milan, au nom de Charles V. Mais il est bientôt dépouillé de ce gouvernement par le roi Philippe II. Alors il achète le duché de Molfetta, dans le royaume de Naples, et la ville de Guastalla dans la Lombardie. En même temps, et c'est là sa véritable gloire, il favorise les arts et appelle à sa cour les meilleurs artistes.

Déjà un peintre fameux, né à Padoue, en 1430, *Andréa Mantegna*, a établi à Mantoue une brillante école qui prend l'antique pour modèle. Une pléiade de jeunes gens se distinguent bientôt avec les leçons d'un tel maître. Ce sont, d'abord ses deux fils, *Francesco* et *Lodovico Mantegna* ; puis, avec eux, viennent *Lorenzo Costa, G. Francesco Carotte et Francesco Monsignori*..

Mais voici que sous le règne de Giovanni Francesco II di Gonzaga, et sous le règne de Frédéric II, brille un astre nouveau dont l'éclat resplendit dans le monde entier. *Giulio Pipi*, né à Rome, en 1493, d'abord élève de *Raphaël*, qui lui voue la plus tendre amitié et se l'associe dans plusieurs travaux, ne craint pas de consacrer son talent à illustrer les sonnets plus que licencieux de l'*Arétin*. Forcé de quitter Rome, Giulio Pipi, sachant l'accueil que fait aux artistes la maison de Gonzague, vient se fixer à Mantoue. Il y prend le nom de *Jules Romain*, qui lui reste et que couronne la gloire. Aussi habile architecte que peintre gracieux, Jules Romain est bientôt appelé au palais ducal. On lui confie des sujets importants. Il se met à l'œuvre. Partout Jules Romain rencontre les œuvres magnifiques de Mantegna, mort il y a vingt ans à peine. Ce sont des fresques dans le Dôme, signées Mantegna ; d'autres fresques à Saint-Andrea ; des fresques encore à Saint-Sébastiano ; des fresques toujours dans l'intérieur du Castello di Corte, que François de Gonzague a fait construire ; enfin le nom et la renommée de Mantegna poursuivent partout le nouveau venu. Il saisit donc ses pinceaux et travaille ; il s'arme de son burin et construit. Alors l'intérieur du Dôme se rajeunit sous le ciseau de l'architecte : Jules Romain fait décorer le portail de cet édifice des statues de son élève, ou plutôt de son aide, *Primaticcio*, le *Primatice*, mieux connu de nous sous ce nom, artiste né à Bologne, que Jules Romain trouve à Mantoue, et que François Ier, notre noble roi, appelle à Fontainebleau pour le décorer. Alors il élève un tombeau remarquable, et pourtant bizarre, à *P. Strozzi*, dans la basilique de Saint-André. Puis il reconstruit le palais-ducal, vieux déjà, et fort irrégulier : il en décore de ses peintures la salle du maître-d'hôtel, Scalcheria ; les chambres degli Speccki, qu'il confie à ses élèves ; l'appartemento Stivali s'enrichit de ses peintures et de celles du Primatice. Seul, il rend admirables et terribles les scènes tragiques de la guerre de Troie, dans l'appartemento di Troja. Enfin, Jules Romain élève ici, là, partout, pour les gentilshommes de Mantoue, pour lui-même et pour de riches bourgeois, des palais, des maisons, des édifices. Il fait ouvrir des rues qui créent une perspective ; il fait enlever des masures qui la gênent : il change et renouvelle la physionomie de la ville toute entière.

Un jour il est mandé au palais-ducal.

— Mantoue n'est pas la ville de Frédéric II, elle est la ville de Jules Romain désormais! lui dit le duc. Mettez-vous à l'œuvre, maître. Il me faut un palais digne de vous. Choisissez le local, et à l'œuvre sans retard.

L'heureux artiste ne se fait pas répéter deux fois un tel ordre. Il choisit à son gré le lieu qui lui semble le plus convenable, et quelques années après, Mantoue possède le magnifique *palais du T*. Situé en-dehors de la ville, à la Porta di Pusterla, par laquelle nous sommes entrés dans Mantoue, ce palais, ombragé par de merveilleux platanes, a remplacé d'anciennes écuries des ducs. Dans l'axe d'une avenue qui s'étend des deux côtés de la route qu'elle coupe à angles droits, de la forme de cette avenue, disposée en T, le palais a reçu le nom de palais du T. Il est peu élevé. Un seul ordre le compose. Ordre dorique, dressé sur un stylobate, il représente un carré de sept cents pieds de tour; ses murs sont de briques enduites de ciment, mais badigeonnés!

Le visiteur pénètre d'abord dans la *chambre des chevaux*, dont les peintures sont des élèves de Jules Romain. Le plafond est orné de magnifiques caissons. Vient ensuite la *chambre de Psyché*, dont le haut est peint à l'huile, tandis que les sujets du bas sont à fresque. Psyché tient une lampe et regarde l'Amour; mille autres sujets gracieux, quelques-uns passablement licencieux, accompagnent le motif principal. La *chambre du zodiaque*, entièrement décorée de stucs, succède à celle-ci. Puis apparaît la *chambre de Phaéton*, avec ses élégantes peintures à l'huile, et ses hardis raccourcis. La chute de Phaéton est particulièrement frappante de beauté, de hardiesse, et de difficultés vaincues.

On est alors au centre du palais, et on traverse la *loggia centrale*, ou, si vous voulez, le vestibule, dont la biographie de David a fourni aux élèves de Jules Romain les principales scènes. Primatice en a fait les médaillons.

La *salle des stucs* est la première. On y voit une frise du Primatice représentant l'apothéose de l'empereur Sigismond d'Allemagne, à l'occasion de la nomination de Francesco di Gonzagua à la dignité de Marquis de Mantoue. La *chambre de César* est la seconde pièce. La troisième s'appelle du nom qu'elle mérite à tous égards, de *chambre des Géants*. Ne vous y trompez pas, la salle est vaste, sans doute; mais, sous ce rapport, elle n'a rien de gigantesque. Ce sont les peintures qui lui obtiennent cette qualification. Figurez-vous les Titans, que la terre eut de son mariage mythologique avec le ciel, à savoir les colosses Océan, Ceus, Creus, Hypérion, Japet, Rhea, Themis, Mnémosyne, Phébé, Thétys et Saturne, escaladant l'Olympe, entassant montagnes sur montagnes, rochers sur rochers, pour l'atteindre, et le tout dégringolant frappé par la foudre de Jupiter, dans un affreux pêle-mêle... Telle est cette vaste et belle composition. Malheureusement on ne peut la juger à l'aise, l'espace manque. On ne peut la voir que de trop près : il faudrait reculer : impossible! Elle est l'œuvre fougueuse, hardie, savante, pleine d'imagination, mais un peu confuse de Jules Romain.

Une étrange particularité de cette salle. Émile placé dans un coin, et moi, dans un autre, à quarante pieds de distance, nous parlons excessivement bas, et nos voix bourdonnent fortement aux oreilles l'un de l'autre les paroles à peine accentuées que nous prononçons de très-loin. Cet effet d'acoustique est très-curieux.

J'ajouterai que l'on voit dans les jardins une grotte et un pavillon qui offrent une suite de tableaux de Jules Romain, toujours plus en harmonie alors avec les traditions reçues de Raphaël. Ces tableaux représentent l'homme dans toutes les phases de son être, depuis la naissance, la vie, la mort, le tombeau, jusqu'à la résurrection. Ce spectacle a quelque chose qui remue l'âme.

Tel est le palais du T. que Jules Romain offrit enfin au duc Frédéric II. Puis l'artiste et le prince moururent. L'un fut enterré dans l'église Saint-Barbara, où nous visitons son tombeau. L'autre... hélas! sa cendre a été emportée par le vent des révolutions!

Frédéric II laissait trois fils, *François* et *Guillaume de Gonzague*, qui lui succédèrent à tour de rôle.

Le troisième, *Louis*, épousant *Henriette de Clèves*, petite-fille de François de Clèves, duc de Nevers, devint la tige de la dernière branche des Gonzague, car la ligne principale s'éteignit, en 1627, dans la personne de *Vincent II*. Le duché de Mantoue dut donc revenir alors au duc de Nevers, titre de Louis. Mais l'Allemagne ne voulant pas le permettre, le cardinal de Richelieu fut obligé de lui en assurer la possession, en faisant forcer le Pas de Suse par une armée française qui s'empara des États du duc de Savoie, et fit reculer l'Autriche.

Mais alors eut lieu la guerre de Trente Ans, et une peste qui coïncida très-malheureusement avec les désastres de la guerre, fit tomber la population de Mantoue, de cinquante mille âmes, à treize mille à peine. Depuis lors jamais cette ville ne s'est relevée. Pour comble de calamités, au moment où elle perdait ses habitants, les Autrichiens lui enlevaient les immenses trésors artistiques que les Gonzague avaient entassés dans ses palais, désormais ruinés.

Enfin la paix de Cherasco, en 1631, arracha le dernier bien qu'elle possédât, son indépendance, à l'infortunée Mantoue. Les Autrichiens, ses plus cruels ennemis, l'occupèrent dévastée, saccagée par eux, et la placèrent sous un joug honteux, comme tout le reste de l'Italie.

Cela n'empêcha pas les Français de s'en rendre maître, en 1701, dans la guerre de la succession d'Autriche; mais ils la rendirent, en 1707, aux Impériaux.

Une fois encore, la France s'en empara, en 1797, quand Bonaparte en chassa Wurmser. Elle devint même le chef-lieu du département du Mincio. Mais encore fallut-il la rendre à l'Autriche, le vautour cruel de cet autre Prométhée. Ainsi le voulurent les traités de 1815.

A cette heure la patrie de Virgile fait partie du royaume Lombard-Vénitien, qui, militairement parlant, la rendue plus forte que jamais, et en a fait souvent le théâtre de sanglantes exécutions.

Voilà, mes bons amis, ce que j'avais à vous écrire sur Mantoue. Respirez maintenant, mon récit est à sa fin. J'ai été trop long, c'est vrai, mais je vous avais donné une recette pour ne pas trop bailler en mon honneur. Que voulez-vous ? Quand j'ai mis ma valise sur mon dos, et mon bâton sur mon bras :

— Ecrivez-nous au moins ! m'avez-vous dit...

J'ai pris la chose au sérieux. Si j'avais assisté à des bals, fréquenté des boudoirs, pris place à des banquets, vu des fêtes, des tournois, des mascarades, des spectacles, vous eussiez été bien aises de lire mes descriptions échevelées, à l'eau de rose et sur papier musqué. Le grand air et le soleil, le vent de la montagne et les bluets de la plaine, les routes et leurs paysages, les villes et leurs monuments, les souvenirs du passé et les drames du présent, tel est notre programme à nous qui voyageons pour nous instruire. Je ne puis vous offrir autre chose.

Mais croyez qu'à chacun des mots de ces longues pages, j'attache un sentiment de tendresse et d'affection. Alors si la gerbe vous semble trop lourde, prenez-en seulement la fleur d'amitié que j'y joins, et dites-vous qu'elle renferme l'âme et le cœur d'un de vos dévoués.

Valmer

X

A M. ET Me WILLIAMS PERKINS, A FLORENCE.

La Vierge de la Victoire. — Saint Louis de Gonzague. — La Capella Santa Maria delle Grazie. — Etrange physionomie de cette chapelle. — Le voisinage de Mantoue, vaste champ de bataille entre les Français et les Autrichiens, en 1796 et 97. — Première expédition d'Italie. — Batailles de Montenotte, de Millesimo, de Mondovi. — Prise des citadelles de Tortone, Coni, Cera. — Bataille du Pont de Lodi. — Reddition de Milan. — Proclamation de la République Cisalpine. — Révolte de Pavie comprimée. — Marche de Bonaparte sur Mantoue. — Prise de Crémone et Pizzighitone. — Victoire de Borghetto. — Prise de la citadelle de Milan. — Arrivée d'Allemagne du feld-maréchal Wurmser. — Bataille de Castiglione. — Bataille de Bassano. — Bataille de Saint-Georges. — Bataille de la Brenta. — La victoire quitte un moment l'armée française à Caldiero. — Représailles immédiates de Bonaparte au Pont d'Arcole. — Reddition de Mantoue. — De Mantoue à Crémone. — *Solférino* et sa tour. — Gavriana. — *Castellaccio.* — *San-Martino.* — *Cicologno.* — Crémone. — Aspect d'une ville moyen-âge. — Dôme. — Le Campanile Torrazzo. — Splendeur de la Piazza del Domo. — Les violons de Crémone. — Départ. — Fin de la première excursion en Italie.

Crémone, 20 décembre 185...

Adieu, paniers, vendanges sont faites!

— Comprends-tu, ma chère Mathilde?

— Pas encore, mon oncle!

— Nous battons en retraite, ma toute bonne... Comment, tu ne devines pas?... Eh bien! nous quittons l'Italie... Est-ce plus clair?

— Quoi ! sans venir à Florence ? Est-ce possible ?

— Hélas ! sans aller à Florence, mon enfant ! Nous ne pouvons pénétrer davantage dans l'Italie, l'heure du travail a sonné, trêve de voyages, on nous rappelle, il faut partir. Reçois donc nos regrets, regrets mal exprimés, mais regrets bien sentis ! Remets dans leur armoire tes beaux draps parfumés des lavandes de l'Apennin, rends à l'Arno ses esturgeons et ses ombrines, replace les fiasques de ton meilleur vin dans ton cellier, rentre tes jolies toilettes dans leurs cartons, et, si le roi est mort, vive le roi ! Nous mettons fin à notre première excursion en Italie, mais nous en préparons une seconde, et à celle-ci succèdera une troisième. Pourquoi ne ferions-nous pas trois campagnes d'Italie : Bonaparte en a bien fait deux. Sois donc bien assurée de nous voir, Émile et moi, aux vacances de l'année qui va suivre. Venise et Florence ! Telle est notre devise, tel est notre cri de voyage pour 185... Dis-le à ton cher Williams, et, pour le mois de septembre, attendez-nous sous l'orme de votre Porta San-Frediano, vous ne nous attendrez pas longtemps. C'est une année à passer, c'est vrai : mais cela viendra.

Il y a deux jours que nous avons quitté Mantoue. Quelle ville forte, Williams ! Je défie vos Anglais de la prendre jamais, il faut être Français pour cela.

Nous sommes imprégnés des mille beautés que nous y avons vues et des souvenirs que nous y avons trouvés. Car c'est la ville des Gonzague, des Gonzague qui ont aimé les arts et qui les ont protégés. Cela vous va au cœur, j'espère. Cette noble famille a eu des guerriers fameux : témoin le marquis de Mantoue, *Giovanni Francesco II*, qui, avec quarante mille gaillards italiens, voulut empêcher Charles VIII de rentrer en France avec neuf mille Français échappés. Mais les pauvres diables passèrent sur le ventre au marquis de Mantoue, et aux quarante mille bravi, et lui tuèrent quatre mille soldats, tandis qu'ils ne laissèrent que deux cents hommes sur le champ de bataille. Cela s'appela la bataille de Fornoue. Il paraît que brave marquis avait de nombreuses infirmités. D'abord il avait la vue basse, et crut voir ses soldats égorger les Français, comme un troupeau de moutons. Mais ensuite il était sourd, le bonhomme. Ses bravi se plaignant à haute voix de la *furia francese*, il crut qu'ils chantaient : Victoire ! En conséquence, le digne marquis commanda aussitôt à *Andrea Mantegna*, un peintre du temps, un tableau commémoratif de ses succès. L'artiste représenta une Vierge entourée de plusieurs saints armés à la mode de l'époque, et, aux genoux de la Vierge, il plaça Giovanni Francesco II, paré de ses ordres, couvert de son armure de combat, et de la ressemblance la plus frappante. Or, il advint qu'un jour notre Bonaparte s'empara de l'imprenable Mantoue, et ce tableau le surprit d'autant plus, qu'on avait écrit au bas cette légende : *Vierge de la Victoire de Fornoue !*

— Alors cette Vierge de la Victoire doit appartenir au vainqueur ! dit Bonaparte.

Et il envoya la toile de Mantegna au Louvre, où vous pourrez contempler, à votre première visite, cette belle œuvre de Mantegna qui fait l'une des gloires de notre Musée de Paris.

Si la famille des Gonzague a eu ses guerriers, elle a eu aussi ses cardinaux : témoin encore le *cardinal Hercule de Gonzague*, qui, en 1563, fut envoyé au concile de Trente, comme légat du Saint-Siége, et dont on possède des ouvrages de piété qui prouvent son grand mérite.

Elle a eu aussi ses saints, ma chère Mathilde, et je te cite avec bonheur *Aloïsius di Gonzaga*, *Louis de Gonzague*, fils de très-haut et très-puissant seigneur Ferdinand de Gonzague, prince du saint empire, marquis de Châtillon, près de Brescia, en Lombardie, et parent au troisième degré du duc de Mantoue, et de très-haute et très-noble dame Marthe Tana Santena, fille de Tano Santena, seigneur de Chery, en Piémont, et dame d'honneur d'Isabelle de France, femme de Philippe II, roi d'Espagne. Jamais vie plus pure, plus chaste, plus candide que celle de ce pieux et saint adolescent. Il faudrait la plume d'un chérubin pour la raconter dignement. Quitter son père et sa mère, les joies de la famille, les délices d'un manoir princier, les grandeurs d'une position splendide, les promesses de l'avenir, pour se consacrer à Dieu dans un noviciat de Jésuites, vivre à Rome dans la solitude, catéchiser les pauvres, visiter les infirmes, prier toutes les nuits, méditer tous les jours, rétablir la paix dans les cœurs ulcérés, et mourir dans les austérités à la fleur de l'âge, telle fut la vie de notre Louis de Gonzague. Quel parfum s'échappe de ce nom seul, et quelle angélique pudeur tient lieu d'auréole à ce doux visage d'ange terrestre ! Aussi divine et triomphante fut l'harmonie des cieux quand notre saint passa de vie à trépas, et par-delà les sphères monta vers les trônes de l'empyrée. Née à Châtillon en 1568, cette belle fleur humaine mourut à Rome en 1591. Vingt-trois ans de vie sur la terre, l'éternité dans les cieux !

Je ne vous dirai certainement pas que Mantoue est essentiellement la *ville des congrès*. A quoi bon ? Il vous importe bien de savoir que le premier, tenu en

1392, avait pour but de signer une confédération entre Florence, Bologne, les seigneurs de Padoue, Ferrare, Mantoue, etc., afin de maintenir l'équilibre en Italie; que le second, en 1459, vit Pie II prêcher vainement la Croisade contre les Turcs, qui venaient de se rendre maîtres de Constantinople; que le troisième n 1511, réunit le pape Jules II, Maximilien d'Autriche, et Ferdinand d'Espagne, pour décider du sort du duché de Milan enlevé à Louis XII; et que dans le quatrième, en 1791, Léopold II, empereur d'Allemagne et les princes émigrés de la maison de Bourbon organisèrent une coalition contre la révolution française?

Aussi je passe outre, et je vous apprends que nous quittions Mantoue le 16 du courant, d'assez bonne heure, montés chacun sur un cheval à nous appartenant, et nous dirigeant vers Crémone. Route charmante, beaux horizons, ciel pur, air frais, car hier nous avons eu de l'orage. Voilà pour le corps. Quant à l'âme : gaité, saillies heureuses, sérénité d'esprit.

Le souvenir des Gonzague nous suit quand même. Voici que dans la plaine, à quelques milles de Mantoue, nous avisons une église qui n'est certes pas une église de campagne. Elle est entourée d'arbres, et semble engager ceux qui passent à venir prier dans son sanctuaire. Temps d'arrêt. Information prise, on nous répond que nous sommes à la *Capella Santa Maria delle Grazie*, œuvre pie et toute de gratitude envers la sainte Vierge de la part du duc de Mantoue, Francesco II, après la peste cruelle qui signala son règne. Nous entrons. De l'architecture, peu de chose à dire; des peintures, travail des élèves de Jules Romain, *L. Costa, Monsignori, L. Gambara*. Mais on oublie l'art et ses magies, en face de singularités étranges, qui prouve les naïvetés de la foi, quand elle est sincère et simple. Cette église est le but d'un pèlerinage en l'honneur de la Vierge à laquelle on vient demander mille faveurs : guérison de maladies, protection dans les dangers, succès dans les entreprises, etc. Or, il est d'usage que chaque pèlerin, en ex-voto, laisse ou sa propre image, buste ou statue, ou un bras, une jambe, une tête, etc., en cire, comme étant l'objet sur lequel il appelle la protection de la Vierge. Nous remarquons, en Italie, une foule de ces ex-voto dans les sanctuaires de Marie. Il advient donc que là, à Sainte-Marie-des-Grâces, et ceci atteste son extrême bonté pour les hommes, nous ne sommes plus dans un temple, mais dans un cabinet de figure de cire : nous ne rêvons plus au XIXe siècle, mais nous remontons au XVIe. Voici Charles-Quint et Ferdinand, son fils; voici Pie II et le connétable, l'indigne connétable de Bourbon; voici même un Japonnais, oui, c'est bien un ambassadeur du Japon. Mes personnages ne sont pas des peintures, figurez-vous bien, mais de véritables statues de cire coloriée, vivante, mouvementée, et habillée des costumes du temps. Seulement on voit que ces grands hommes sont venus de loin en pèlerinage, car leurs manteaux, leurs pourpoints et tuniques sont fort blancs de poussière. En vérité, Curtius n'aurait pas fait mieux (1). Les cires de Westminster n'ont pas meilleure apparence : et les héros des cabinets de nos foires et de nos fêtes populaires ne sont que des pékins à côté de ceux de la chapelle de Notre-Dame-des-Grâces. Autour de ce brillant état-major, représentez-vous aussi des statues de paysans, de paysannes, en costumes de Ferrare, de Padoue, de Vicence, de Venise, de Brescia, de Vérone, de Parme, de Modène, de Crémone, voire même des Calabrais, des Sorrentines, des Napolitaines, que sais-je ? Toutes choses qui montrent la grande renommée de ce lieu de pèlerinage, et la confiance sainte que Marie inspire, fort au loin, aux pieux Italiens. J'oubliais en me retournant, après avoir admiré Charles-Quint en statue, de plus près que je ne l'eusse fait en chair et en os, je me vois tomber sous la dent meurtrière d'un affreux crocodile. Rassurez-vous. C'est tout simplement un crocodile tué, et empaillé par un Mantouan qui en a fait hommage à l'église. Enfin voici la sainte image, image miraculeuse de Marie, image attribuée à saint Luc, et que la contrée vénère. On nous dit que, le jour de l'Assomption, ce pèlerinage compte de quatre-vingt à cent mille visiteurs.

Nous y trouvons le tombeau de Bernardino Corradi, de 1489, fils du fameux général savoyard Louis Corradi, et un autre tombeau, dessiné par *Jules Romain*, celui de Balthasar Castiglione, dont nous avons vu le palais, à Mantoue, et qui fut ambassadeur du duc d'Urbin auprès d'Henri VIII d'Angleterre, et de Clément VII auprès de Charles-Quint. Evêque d'Avila, en Espagne, il mourut à Tolède, se fit enterrer ici, et laissa l'ouvrage qui a pour titre *il Cortegiano*, *le Courtisan*, et en outre l'*Art de réussir à la cour*, 1528.

— A cheval ! à cheval donc ! me crie Emile, déjà en selle, pendant que je fais aussi ma cour à Charles-Quint.

Nous continuons notre route. La journée est si belle que nos chevaux font des

---

(1) *Curtius* était propriétaire d'un fameux cabinet de statues de cire, représentant les hommes les plus fameux du moment, au commencement de la révolution de 1789. C'était chez lui qu'on allait prendre les bustes des Necker, etc., etc., quand les révolutionnaires voulaient les promener dans Paris pour ameuter la foule.

soubresauts et des écarts de plaisir. Nous les livrons à leur humeur sans en prendre souci. Naguère encore ces nobles animaux appartenaient à un régiment autrichien, et parfois il leur revient des ressouvenirs de leur vie militaire : ils respirent bruyamment alors ; l'oreille droite et tendue, ils semblent écouter les bruits de la plaine. Ils hennissent même. On croirait que l'instinct belliqueux va les emporter. Emile me fait remarquer cette noble et fière attitude.

— Que cela ne t'étonne pas, mon très-cher, lui dis-je. Ne partages-tu pas cette ardeur inexplicable ? Mais il y a ici, devine-le donc, dans ces plaines, une odeur de poudre qui s'est attachée au moindre buisson, au plus petit bouquet d'arbres, au gazon, aux digues de ces marais. Ne comprends-tu pas ce que je veux dire ?

— Pas le moins du monde, cher maître ! répond-il.

— Regarde, alors, et vois comme tout autour de nous, tout autour de Mantoue, qui brille au soleil, là-bas, se dessine une série de bourgades et de villages qui forment une vaste couronne.

C'est la couronne de la gloire française ; car il n'est pas un de ces villages, pas une de ces bourgades, pas le plus mesquin de ces hameaux qui n'ait vu quelque brillant fait d'armes de nos vaillants soldats. Et cela, je ne dirai pas comme des Romains, il y a deux mille ans, il y a deux cents ans, mais il y a quelques années à peine.

Alors je lui rappelle, mes chers amis, et je vais vous le rappeler à vous, mon cher Williams, car vous aviez de vos Anglais parmi nos ennemis ; je vais te le rappeler à toi, Mathilde, parce que parmi nos soldats les plus braves tu avais des parents, trois oncles de ton père qui combattaient pour la France, et dont les corps gisent dans ces plaines, inhumés avec les lauriers de la victoire ; alors je lui rappelle qu'à la fin du siècle dernier, après que la révolution de 1793 eut mis en péril tous les principes religieux, détruit toutes les institutions monarchiques, ébranlé les bases de la société, il se fit dans toute l'Europe un craquement effrayant, comme un tremblement universel qui répandit la terreur chez tous les peuples et les fit douter de l'avenir. La France, moteur premier de ce vaste et formidable mouvement, fut bientôt mise au ban des nations qui l'entourent. Une immense coalition, celle même que je vous disais tout-à-l'heure avoir été signée à Mantoue par Léopold II, cet empereur d'Allemagne, fils de François I et de Marie-Thérèse, ce frère de notre Marie-Antoinette, cet homme habile, qui eût créé de grands embarras à la nouvelle république française, si la dyssenterie ne l'eût emporté, et les princes émigrés de la famille de Louis XVI; une immense coalition, dis-je, se forma contre la France. Peu à peu, aux premiers efforts de l'armée de Condé, sur les bords du Rhin, vint se joindre les efforts plus vigoureux de l'Angleterre, de la Russie, des Pays-Bas, de l'Allemagne, des Etats de Naples et du Piémont. Notre brave pays mit alors quatorze armées sur pied pour répondre à tant d'ennemis à la fois.

Mais bientôt c'est contre l'Autriche spécialement que la France tourne sa haine et sa colère. Pour se venger de cette puissance hautaine et irascible, elle décide de porter la guerre en Italie, où les peuples subissent difficilement son joug odieux, ce joug toujours imposé depuis les querelles des Gibelins et des Guelfes, toujours rompu par le parti national, et de nouveau plus durement rétabli.

La *première expédition d'Italie* est donc décidée par le Directoire. Un jeune général est chargé du commandement supérieur. Il s'empresse d'entrer en campagne; mais, au lieu de franchir les Alpes, comme tant d'autres illustres capitaines, *il les tourne*, selon son heureuse expression. Alors, partant de Nice, il ne craint pas d'aller à la rencontre de l'ennemi avec une armée nue, sans vivres comme sans vêtements, indisciplinée, mal inspirée. C'est égal, il s'avance, confiant dans son étoile. En effet, il parle, et sa voix formidable de ces vagabonds fait des héros.

L'Autrichien Beaulieu veut tenir tête à Bonaparte, c'est le nom du jeune général en chef; mais Beaulieu va perdre sa gloire et le poste éminent qu'il occupe. Voici déjà que *Loano, Finase, Savone* sont emportés par nos troupes. A *Montenotte*, première étape de la Victoire qui accompagne Bonaparte, Masséna écrase les Impériaux, le 12 avril 1796. Le 13, *Dégo* est enlevée par La Harpe; et le 14, Augereau triomphe à *Millesimo*. Ces trois premiers faits d'armes nous donnent toute la rivière de Gênes, l'entrée en Italie, huit mille prisonniers, trente-cinq pièces de canon et vingt drapeaux. A son tour, *Mondovi* est emporté par Serrurier. A *Chérasco*, Bonaparte établit la première ville forte qui doit protéger nos derrières.

Le 27 mars, le général en chef était entré à Nice; le 28 avril, il reçoit de la Sardaigne des demandes de paix et de traité. Ainsi le Piémont devient un ami de plus et une force de moins contre nous.

Mais la possession de l'Italie septentrionale tout entière est dans la puissante place de guerre de Mantoue. C'est à Mantoue que Bonaparte veut arriver.

Bientôt les citadelles de *Tortone, Coni, Ceva* sont à nous. *Alexandrie* est prise ; *Pavie* se rend. *Plaisance* fait aussi la paix ; mais elle lui coûte l'œuvre du Corrége, que l'on envoie à Paris décorer notre galerie du Louvre.

A *Lodi*, là, au-delà de Crémone, où nous allons, le pont qui couvre l'Adda est énergiquement défendu par Beaulieu. Sa ligne de bataille est sur la rive gauche ; nous arrivons par la rive droite. Un feu cruel nous accueille. Mais les grenadiers français s'avancent au pas de course sous le regard de Bonaparte, et, le pont enlevé, l'armée passe l'Adda.

A la nouvelle de ce fait d'armes décisif, *Milan* se rend aux Français et envoie une députation au vainqueur. Bonaparte arrive à Milan ; il y proclame la République Cisalpine, et organise le service. Mais il reste à prendre la citadelle, dont les Autrichiens ont fait leur refuge ; on l'investit.

Révolte à Pavie, organisée par l'Autriche. Prompte répression des rebelles, détruits à Binasco, et punition de nos soldats qui ont fléchi devant les factieux.

Bonaparte s'élance vers *Mantoue* par la route centrale ; Augereau se dirige vers le même point par une route latérale ; d'un autre côté Serrurier exécute la même manœuvre. Mantoue sera bientôt le théâtre de la guerre, et son voisinage l'arène d'une lutte de géants.

Beaulieu a reculé jusqu'à cette ville forte ; et, pour la protéger, il appuie l'une de ses ailes à *Peschiera*, puissante citadelle assise, au nord, sur les rivages de Bénaque ou lac de Garde ; son centre est à *Velaggio*, ce château romantique que tu peux voir encore dominer la rive gauche du Mincio, et à *Borghetto*, ce village qui précède la rive droite de la même rivière ; son autre aile s'appuie à *Pozzuolo* et à *Goito*, ces bourgades que voici au nord de notre route. De ces points choisis, l'Autrichien verra s'avancer le Français et pourra lui couper le passage. Cet autre village, *Villa-Franca*, là encore, à notre droite, compte quinze mille hommes de réserve. Enfin Mantoue possède une garnison formidable : comment donc ne pas espérer le succès de la défense.

Bonaparte, le 29 mai, étend sa gauche à *Dezenzano*, sur la route de Brescia à Vérone, au nord ; son centre est à *Monte Chiaro*, et sa droite à *Castiglione*, ces trois villages qui nous regardent de côté, au nord du chemin que nous suivons. Vous le voyez, il arrive bien en face de l'ennemi.

Quant à *Crémone*, une division s'en empare, et *Pizzighitone*, une place forte voisine de Crémone, tombe en notre pouvoir. Plus rien à craindre à l'arrière de l'armée.

Le 30 mai, Bonaparte se décide à manœuvrer de manière à tromper l'ennemi. Au lieu de tenter le passage du Mincio à Peschiera, gardé par les Autrichiens, il tourne à droite et débouche brusquement sur Borghetto, où quatre mille hommes sont retranchés et couverts par trois mille cavaliers, bivouaquant dans la plaine. Murat attaque cette cavalerie ; Gardane, avec les grenadiers, entre au pas de charge dans Borghetto. Mais l'ennemi brûle le pont. Les batteries de Velaggio empêchant d'en construire un autre, Gardane se jette dans le Mincio avec cinquante grenadiers, tombe sur Velaggio et le prend. Deux heures après, le pont est reconstruit, et l'armée triomphante passe le Mincio, comme elle a passé l'Adda, comme elle a passé le Pô.

Cette victoire de Borghetto donne à Bonaparte l'avantage de couvrir le siége de Mantoue et de placer son armée sur la ligne de l'Adige qui vient de Vérone, où trois ponts donnent passage sur le fleuve.

Dès le 1er juin, Vérone se rend d'elle-même aux Français.

Le 4, les *dehors de Mantoue* sont enlevés, et Bonaparte s'empare du *faubourg Saint-Georges*. De son côté, Augereau occupe la *Porte Cerese*. *Pietola, l'Andes de Virgile*, est évacué par l'ennemi ; Miollis s'y installe, et, en l'honneur du poëte, donne à sa division une fête dans l'église même, dont, très-maladroitement, les statues sont travesties en divinités païennes.

Serrurier exécute le premier investissement de Mantoue.

Toute l'Italie, Reggio, Modène, Bologne, d'elles-mêmes viennent à nous. Livourne est purgée de ses Anglais rôdeurs, et Florence voit son gouvernement nous donner la main.

Enfin arrive la nouvelle que la citadelle de Milan est prise. L'avenir semble annoncer le succès de cette grande expédition.

Mais voici que du fond de l'Autriche, par le Tyrol, survient, avec une armée fraiche et nombreuse, le feld-maréchal Wurmser. Beaulieu, tombé en disgrâce, doit lui céder sa place. Ce nouvel ennemi place son quartier général à *Trente*, la ville du Concile de 1563, là-bas, au nord du lac de Garde, que nous pourrions voir briller au soleil, si nos montures avaient seulement vingt-cinq pieds de taille. Quasdanowistch, prononcez ce nom si vous pouvez, Quasdanowistch et Davidowistch, lieutenant de Wurmser, commandent chacun vingt mille hommes et forment les ailes du feld-maréchal. Celui-ci compte trente mille autres hommes sous ses ordres et occupe le centre de cette armée.

Au commencement d'août, *Lonato*, cette bourgade de notre droite, est prise au pas de charge, par Augereau, sur Quasdanowistch.

Puis le 5, grande *bataille de Castiglione*, et victoire!

Le 8, *bataille de Bassano*, victoire encore!

Le 19, *bataille de Saint-Georges*, victoire toujours!

Saint-Georges n'est autre chose que le faubourg de Mantoue. Vous voyez qu'on se rapproche de la ville; et cet excellent Wurmser a déjà perdu plus de cent canons, des drapeaux sans nombre, et des prisonniers en masse.

Cette victoire de Saint-Georges permet de reprendre le blocus de Mantoue, que l'on avait dû interrompre pour recevoir dignement, honorablement, le vieux Wurmser.

Le 6 novembre, *bataille de la Brenta*, victoire!

Le 12, *bataille de Caldiero*. Ah! cette fois, défaite!

Alors, le 14, par suite de ce non-succès, notre armée de siége et toutes les divisions qui l'éclairent opèrent leur retraite devant les vainqueurs de Caldiero. Le siége de Mantoue est levé, l'Italie est perdue. Les Mantouans, entraînés par leur attachement aux destinées françaises, suivent, désespérés, ce mouvement de retraite. La nuit, une lugubre nuit d'hiver, ajoute quelque chose de sinistre à cette scène de tristesse.

Mais brrrrrit! c'est un spectacle d'un nouveau genre que Bonaparte veut donner au point du jour à ces bons habitants de Mantoue, attentifs du haut de leurs murailles et de leurs tours. Tout-à-coup, au lieu de se diriger sur Peschiera, au nord, près du lac de Garde, Bonaparte tourne brusquement à droite, va se jeter sur les Impériaux, qui ne s'attendent pas à cette fanfaronnade, se trouve à *Arcole*, là, au sud-est de Vérone et de Peschiera, franchit un pont qui couvre l'*Alpon*, petite rivière qui traverse des marais pour tomber dans l'Adige à quelques pas plus loin, y fait passer ses soldats, un instant arrêtés, en les précédant à pied, un drapeau à la main, et, pendant trois jours, presque sans interruption, leur livre la mémorable *bataille d'Arcole*, que suit la victoire !

Reprise du siége de Mantoue.

Vient l'année 1797, et avec elle le 15 janvier. Alors, à l'est du lac de Garde, grande *bataille de Rivoli*, et victoire !

Aussitôt, dans tout le voisinage de Mantoue, effroyable tumulte des Autrichiens de Wurmser, de Quasdanowistch, de Davidowistch, de Provera, d'Alvinzi, de tous les généraux de Sa Majesté I. et R. François II. Mais l'armée française arrive, les balaie, avec leurs bataillons, comme le vent purge le grain, et enfin, le 2 février, Mantoue, épuisée d'hommes et de vivres, devient possession française, chef-lieu de l'un de nos départements, et appartient à la République Cisalpine.

L'Italie désormais forme notre domaine, et cette première expédition se termine par le *Traité de Campo-Formio*, qui enlève à l'Autriche, pour les donner à la France, les Pays-Bas et la Lombardie.

Je viens de vous mener un peu vivement à travers le beau théâtre de cette guerre, mes chers amis ; mais cela se conçoit, nous sommes portés sur les ailes de la victoire. Cette matinée passée au milieu des mille scènes des nombreuses péripéties de la première expédition d'Italie, nous offre le plus haut intérêt et des souvenirs précieux ; pardonnez-nous donc de nous y être arrêtés.

Cependant, tout en causant de nos triomphes avec Emile, de Sainte-Marie-des-Grâces nous arrivons au village de *Curtatone*, puis à la bourgade de *Castellaccio*. Une route magnifique nous fait bientôt atteindre *San-Martino*, où nous trouvons l'*Oglio*, belle rivière aux eaux bleues qui vient de la province de Bergame, traverse le petit *lac d'Iseo*, reçoit la *Mella* et la *Chiese*, et joint le Pô, entre l'Adda et le Mincio.

Je vous ai dit que, tournant le dos à Mantoue pour descendre vers la Lombardie, nous avons à notre droite le champ de bataille de Castiglione. La plaine et les mamelons qui l'entourent sont admirablement disposés pour une grande action. Les villages les plus pittoresques, placés à mi-côte, nous sourient dans la brume du matin. C'est ici Cavriana, puis là San-Martino, plus loin Castiglione, Desensano, Montechiaro, etc. Mais ce qui attire le plus nos regards, c'est une chaîne d'éminences, à notre gauche, presque toutes couronnées de vieilles tours. Nous remarquons spécialement, à quelques cents pas de nous, l'une de ces tours que l'on nomme *la Spia d'Italia*, ce qui signifie l'Espionne d'Italie. On lui donne ce nom parce que du haut de cette tour on aperçoit toute la Lombardie, toute la Vénétie, la Toscane et le Piémont. Mais le nom réel de cet antique débris des âges est *Tour de Solférino*. En effet, nous traversons le village de Solférino qui dort à sa base. On nous apprend que les Autrichiens regardent la plaine qui s'étend entre Solférino, Cavriana, Castiglione, Montechiara, etc., comme le point le plus favorable, dans le Lombardo-Vénitien, pour livrer une grande bataille. Aussi, chaque année, les troupes de Vérone et de Mantoue viennent s'y exercer à la manœuvre sur une grande échelle. Si jamais une armée étrangère envahissait l'Italie, la tactique de l'Autriche serait, paraît-il, de l'attirer dans la plaine de Solférino, pour en faire le tombeau de ses projets de conquêtes.

Au sortir de la plaine, nous passons ensuite à *Bozzolo*, médiocre cité qui compte quatre mille habitants, puis le chapelet de villages *Vho, Piadena, San-Lorenzo di Picinardi*, et enfin *Cicognolo*.

Nous avons déjeuné à Solférino, heureusement, car nous venons de faire une étape formidable. Nos coursiers sont moins fringants que le matin, et notre caquet s'est éteint sous la fatigue que donnent douze heures passées à cheval.

A la sortie de Cicognolo, alors que le soir vient, que le soleil illumine l'occident de ses derniers rayons, que la brume d'or du soir s'efface, et que la nature revêt ces teintes exquises que les peintres appellent l'*effet*, nous apercevons dans le lointain une haute tour qui, comme un spectre gigantesque, domine toute la plaine. Des blancheurs, semblables au linceul traînant de ce colossal fantôme, nous révèlent que nous arrivons à une ville qui ne manque pas d'importance.

C'est *Crémone*.

Pour le coup, voilà une ville moyen-âge ! Rues étroites et sombres, maisons grises de vétusté, carrefours obscurs, parvis taillés en coupe-gorges, ruelles sans air, c'est à croire que l'on va se rencontrer ici ou là avec quelque petit drame bien noir qui servira de légende à notre plume. Cette ville de Crémone est très-ancienne, en effet, car elle a eu l'heur et le malheur d'une visite d'Annibal, qui la laissa secouer de la rude main de ses Carthaginois. Elle servit de jouet aux Visigoths, qui la saccagèrent en guise d'amusement. Mais elle fut protégée par Barberousse, en témoignage de bonne amitié, pour avoir guerroyé sans fin contre Milan, Crema, Brescia et Plaisance, les villes liguées contre le terrible empereur. Cela n'empêcha pas que Guelfes et Gibelins s'en donnèrent à cœur joie dans cette pauvre ville de Crémone; ils y bataillèrent à ce point que la cité dut être partagée en deux parties distinctes, l'une Guelfe, l'autre Gibelin, afin que chaque faction trouvât un repos assuré parmi les siens. Enfin Crémone échut aux Visconti de Milan. Philippe-Marie Visconti en fit la dot qu'il livra à Francesco Sforza, en lui donnant en mariage sa fille Bianca Maria.

Jadis l'enceinte des remparts de Crémone était hérissée de hautes tours au ventre rebondi. Elles sont détruites pour la plupart. Le rempart est à cette heure une fraîche promenade d'où la vue s'étend, au sud-ouest, sur les rives de l'Adda, qui passe au-dessous de la ville.

Le lendemain de notre arrivée, hier, nous avons quitté de bonne heure notre *Albergo della Columbina*, pour prendre l'air de la ville. Nous avons bientôt trouvé la *Piazza di Domo*. Eh bien! franchement, je ne m'attendais pas à la surprise qui nous y était ménagée. Cette place est d'un aspect majestueux. D'un côté, le *Dôme*, dont le portail, composé de marbres rouges et blancs, réunit plusieurs styles, est décoré de statues et de doubles colonnes, a une grande rosace que couronne un fronton en attique, et, à droite et à gauche, montre de gracieuses tourelles fouillées à jour, produit le plus bel effet. De l'autre se dresse le *Campanile*, appelé *Torrazzo*, qui, commencé au viiie siècle, fut fini en 1289, est quadrangulaire à sa base, devient octogone depuis la galerie des cloches jusqu'à la flèche que surmonte une croix, le tout dans une hauteur de trois cents pieds, et par une ascension de quatre cent quatre-vingt-dix-huit marches qui vous use les jambes, vous rapproche considérablement des cieux. Mais aussi quelle vue splendide, vaste, inimaginable, sur toute la Lombardie. La Ghirlandina de Modène, tant vantée, n'est plus qu'une quille à côté de ce Torrazzo, célébré par ces vers:

Unus Petrus est in Româ,
Una Turris in Cremona (1).

---

(1) Il n'y a qu'un seul Pierre à Rome, et, à Crémone, il n'y a qu'une seule Tour.

Pour compléter le coup-d'œil de cette place, ajoutez qu'une longue galerie, composée d'arcades, *loggie*, unit le Dôme au Torrazo. C'est magnifique et d'un aspect vraiment monumental.

Dans le Dôme nous trouvons des fresques de *Cossali*, et de *Boccacio Proccacini*, et des peintures des *Campi, Gatti, Romanini* et *B. Bemba. Pordenone* y a peint aussi une crucifixion, et *Giotto* un petit sujet votif, à gauche du chœur.

Le *Baptistère* est du xe siècle et de style lombard.

Crémone possède un *Campo-Santo* voisin du Dôme : mais il n'offre aucune particularité digne d'intérêt.

Une des curiosités de Crémone est la Madone sur le trône, peinte par *Pérugin*, dans la *Chiesa San-Agostino et Giacomo*.

Campi a encore des peintures dans les autres églises de *San-Mazaro*, *San-Agatha*, *San-Margharita*, et *San-Sigismodo*, etc.

On voit à Crémone d'assez nombreux palais qui ont des peintures ou des objets d'arts auxquels nous allons rendre nos hommages. Je signale d'abord le *Palais-Public*, du xiie siècle, puis les palais *dei Persichelli*, *San-Secundo*, *Trecchi*, *Ponzoni* avec des dessins de *Michel-Ange*, *Raimondi*, *Pellaviccino*, etc.

Vous savez, vous, musicien du premier ordre, mon cher Williams, que *Stradivarius* et les *Amati*, fameux fabricants de violons fort recherchés de nos jours, étaient de Crémone. On y voit encore beaucoup de boutiques de luthiers, et force violons. Mais où sont les Amati et les Stradivarius ?

Hélas ! adieu en hâte. Au revoir, ma chère Mathilde ! mille baisers à Thilda et au petit Bibi ! A l'année prochaine, mon bon Williams ! Je vous quitte. Emile m'appelle. Il vient de revendre nos deux chevaux, pauvres amis ! à un bon bourgeois du pays qui lui jure d'en avoir un soin tout particulier et de leur conserver leurs noms de Frère Tranquille et de Fantasque. Je veux aller leur donner une dernière caresse...

Et puis voici notre petite chaise de poste qui entre et fait sonner ses grelots : nous partons à l'instant... Le postillon en habit jaune, avec le cor de chasse à glands en sautoir, et le chapeau chargé d'un pompon fané, sur le coin de l'oreille, nous attend monté sur l'un des trois bidets qui vont nous emporter... Adieu encore, adieu !

Ce soir à Milan, demain à Gênes, après demain à Nice, dans quatre jours à Paris... Adieu !

LIMOGES. — IMPRIMERIE DE DUBOIS FRÈRES.